大型建设工程法律管理
理论与实践

DAXING JIANSHE GONGCHENG FALV GUANLI
LILUN YU SHIJIAN

杜江波◎主 编

北京师范大学出版集团
BEIJING NORMAL UNIVERSITY PUBLISHING GROUP
北京师范大学出版社

图书在版编目(CIP) 数据

大型建设工程法律管理理论与实践／杜江波主编.—北京：北京师范大学出版社,2010.6
ISBN 978-7-303-10941-8

Ⅰ. ①大… Ⅱ. ①杜… Ⅲ. ①建筑法－研究－中国
Ⅳ. ① D922.297.4

中国版本图书馆 CIP 数据核字(2010)第 063276 号

营 销 中 心 电 话　010-58802181 58808006
北师大出版社高等教育分社网　http://gaojiao.bnup.com.cn
电 子 信 箱　beishida168@126.com

出版发行：北京师范大学出版社 www.bnup.com.cn
北京新街口外大街 19 号
邮政编码：100875

印　　刷：北京东方圣雅印刷公司
经　　销：全国新华书店
开　　本：170 mm × 240 mm
印　　张：22.25
字　　数：396 千字
版　　次：2010 年 6 月第 1 版
印　　次：2010 年 6 月第 1 次印刷
定　　价：45.00 元

策划编辑：周彩云　　责任编辑：周彩云　陈婧思
美术编辑：毛 佳　　装帧设计：毛 佳
责任校对：李 菡　　责任印制：李 丽

编 写 分 工

学术顾问：王春江

策划及主编：杜江波

各章作者

前　言　杜江波

第一章　大型建设工程项目运作模式及法律框架　何云彪

第二章　大型建设工程项目行政许可和审批　唐海军

第三章　大型建设工程项目用地　唐海军

第四章　大型建设工程项目 HSE 法律管理　高庆兴

第五章　大型建设工程项目招投标监管　袁国正

第六章　大型工程建设项目劳动用工法律问题　杜江波　李珂

第七章　大型建设工程项目保险法律问题研究　李珂

第八章　大型建设工程项目合同管理　杜江波

第九章　大型建设工程运行外部法律条件管理　贾克俭　袁梅

文字统稿：杜江波　唐海军　李珂

前　言

一

　　大型建设工程就如同一场大型战役，是在大思路、大动作、大手笔、大场面下的大会战。一项大型建设工程，尤其是长周期、跨地域的国家级大型建设工程，参与的队伍千军万马，涉及的事项千头万绪，面临的问题千难万阻，指挥、管理、运作一项大型建设工程，并使之完工、竣工，达到预定目标，就是一场艰苦卓绝的战役。

　　建设工程是人类社会生存、发展的前提条件和物质基础。在人类历史的长河中，辉煌的建设工程铸造了辉煌的文明，辉煌的文明成就了辉煌的建设工程，如古埃及的金字塔和尼罗河灌溉工程、古巴比伦王国的空中花园、古雅典的帕特农神庙和市政建设、古罗马的斗兽场和城市供水系统、古印加文明和古玛雅文明废墟。我国秦汉时期的都江堰、灵渠、郑国渠、直道、长城，隋唐时期的大运河，两宋时期的汴渠漕运、明朝的大型海船等一系列的建设工程，使得中华文明长期领先于世界。

　　人类社会从农耕、畜牧文明进入工业文明之后，建设工程项目可以说既是工业化的基础条件，也是工业化本身的重要内容。但是，近百年来在世界发展的潮流中，我们却落伍了。积贫积弱的中国要发奋图强、重新崛起并屹立世界民族之林，就必须有一大批大型建设工程作为支撑。从林则徐、魏源、龚自珍开始"睁眼看世界"，到洋务运动和戊戌变法，到孙中山著书《建国方略》，无不反映出了这种富国强民的梦想和追求。

　　然而，直到新中国成立，才使得这片古老的土地真正掀开了现代建设大型工程项目、开始工业化道路的新篇章。从第一个五年计划开始，以 156 项工程为代表，中国人民以"一桥飞架南北"、"高峡出平湖"为蓝图，以"当惊世界殊"的磅礴气势，进行着改天换地的伟大事业，迅速改变了一穷二白的面貌，奠定了新中国的物资基础。

二

现代社会的大型建设工程项目，不再是传统的、简单的靠人海战术去大兴土木、开山填海，大型水利枢纽设施、发电和输变电、石油勘探开发、跨海大桥、民航机场、核电站等，不仅仅是高精尖的科学技术的集合，而且是运筹学、管理学、领导科学的结晶。没有现代科学技术和项目管理，要指挥、管理、运作一个大型建设工程寸步难行。

关于什么是大型建设工程，我们可以从工程项目建设要达到的规模来稳定，如工民建筑：建筑物层数≥25层、高度≥100m、单跨跨度≥30m、单体建筑面积≥30 000m²；水利设施：总库容1亿立方米以上的水库；发电和输变电：单机容量为60万千瓦机组或2台单机容量30万千瓦机组或4台单机容量为20万千瓦机组主体工程，220千伏以上且送电线路500公里以上的送变电工程或2座220千伏以上的变电站工程；石油天然气勘探开发：年产30万吨原油或1.5亿立方米天然气的油气田开发；石油化工：500万吨/年以上的炼油装置、30万吨/年以上的乙烯工程装置；通信干线工程：省际微波通信、50公里以上海缆铺设，等等。我们还可以从投资规模、合同金额等价值管理的角度来确定什么是大型建设工程，如单项工程合同额6 000万元以上的公路工程，单项合同额5 000万元以上的铁路工程，单项工程合同额5 000万元以上的城市轨路工程，单项工程合同额5 000万元以上的机场跑道工程，单项工程合同额5 000万元以上的电力工程，总投资在5 000万元以上的冶炼工程，单项工程合同额沿海4 000万元以上或内河2 000万元以上的港口与航道工程，单项工程合同额1 000万元以上的环保工程。总投资规模在3 000万元以上的工程项目都必须实行强制招标和强制监理。

大型建设工程项目的管理理论和实践不仅在宏观上非常成熟，而且还深化细分为了组织管理、目标管理、设计管理、施工管理、过程和进度管理、时间管理、质量管理、投资费用管理、HSE管理、物资管理、资源管理、沟通管理等。关于项目管理的书籍林林总总，蔚为大观。正是因为有了成熟的项目管理的理论和实践，众多的大型建设工程和成千上万的中小型工程项目才得以顺利进行。但是，我们发现在项目管理的理论体系中，法律的内容却相对较少。虽然合同管理已经与项目法人制、招投标制、监理制一起，构成了建设工程项目的四项基本制度，但合同管理制在项目管理理论体系中还不成熟，而且合同管理不能代表法律管理全部。

市场经济就是法制经济，市场经济中"大会战"式的建设工程项目也必须纳入法制的轨道。一项大型建设工程从策划、可行性研究、报批开始，到设计、施工、安装，直至试车、竣工、投产，有着非常清晰的资源配置线路和项目物化固化过程。但是，我们同样可以发现，其实还有一条法律脉络存在。无论是工程项目的管理网络控制图、还是路径图、流程图，在它运行的每个环节、每个阶段、每个方面、每个部分都有法律关系存在，如行政管理法律关系方面的规划、土地、环保行政许可，如民商事法律关系方面的招投标、合同、知识产权问题，如劳动法律关系方面的项目人员管理、派遣劳务工、农民工管理，如诉讼法律关系方面的民事纠纷、行政处罚、刑事犯罪的各类案件，等等。在市场经济和法律社会中，不管你愿意不愿意，承认不承认，法律关系都已经全过程、全方位、全天候地融入到建设工程之中了。

如果说把法律事务看作建设工程项目内容的组成部分是一个进步的话，那么，把法律管理纳为建设工程项目管理的组成部分则是一个飞跃。无论是在现代建设工程项目运作中，还是在企业生产经营、社会管理活动中，法律不仅发挥着服务的功能，而且发挥着管理功能。一份合同文件的审查、一个纠纷官司的诉讼、一次工商登记的办理是个案，是法律服务。而当我们面对成千上万的合同要处理的时候、面对众多的法律风险要防控的时候，"头痛医头、脚痛医脚"，"兵来将挡、水来土掩"被动式、事后型处理问题的思路和方法，显然无法满足实践的需要。而我们知道，一个大型建设工程项目，恰恰是由众多的子项、单项组成的项目群，存在着复杂多变的逻辑关系和流程关系。与之相应的是，建设工程项目中不仅法律事务数量庞大，而且法律关系和法律风险复杂。只有用系统性的、标准化的方法，才能把众多的法律事务、法律关系统领起来，按一定的目标、时间、规范、标准去控制，这就是法律的管理功能，就是按计划、实施、检查、修正的 PDCA 循环来管理建设工程项目中的法律事务和法律风险。

三

本书从九个方面对大型建设工程项目与法律管理相结合及其相互关系方面做了一些粗浅尝试。在法律环境日趋复杂的条件下，大型建设工程项目在策划、可行性研究阶段，对于工程项目的运作模式、商业目标不仅需要经济、技术方面的论证，而且还需要法律方面的支持性、支撑性分析和论证。但是，对于诸如"走出去"到海外开发资源类的高政治风险、高法律风险的大型建设工程项目，法律风险控制方案的设计往往反过来要决定商业方案的选择。因此，本书的第一个探讨课题就是大型建设工程项目运作模式与法律框架之间的关系，通过分析以DBB、EPC、PMC为代表的、传统模式与现代的工程项目运作模式，揭示各种运作模式背后存在的法律"筋络"和这些法律"筋络"对运作模式的影响，探讨项目运作模式与法律管理之间密不可分的共生、共存关系。

在从整体上、宏观上分析了运作模式和法律管理间的关系之后，第二个需要研究的课题是如何对待工程项目所需的审批手续问题。一个建设工程建设项目从开始到结束，过五关、斩六将，一层层、一级级要取得各种许可、批复、批件、批文、证件、函件、手续。而且这些工作往往是零散的、临时的、事后的，如很多是在受到行政处罚才知道需要办理而去补办某种行政许可。经过分析，抽丝剥茧，我们会发现，这些事务性工作的背后，其实是反映了建设工程项目在全生命周期的运行中如何处理与公共权力的关系问题，也就是建设工程项目中的行政法律关系问题。当我们从处理工程项目与行政法律关系的角度和视野来看待各种手续和批文时，就可以从整体上、系统地来筹划、设计、处理各种行政许可事项，变事务性工作为管理性工作。

不论是古巴比伦王国的"空中花园"，还是现代的"阿波罗登月"，它们的根基都要建立在坚实的土地之上。本书的第三个题目是"大型建设工程用地"。在建设工程项目中，土地问题非常复杂，根本原因就在于土地是行政法律关系和民事法律关系的集合体。一个大型建设工程项目在运作的初期，无论是行政许可的办理，还是开始实际施工，都是从土地问题开始的。我们试图从建设项目用地，尤其是新增建设项目用地涉及的土地规划、土地性质确认、土地征收、拆迁补偿、国有土地使用权转移、土地权属、土地他项权的全流程，来分析建设工程项目中的土地法律关系，从而在建设工程项目管理中，建立起清晰的土地法律管理构架。

人命关天、安全第一。大型建设工程项目中，已经全面导入和建立起 HSE 体系，追求的是"本质安全"。HSE 体系首先是由不同专业、不同领域的技术性、操作性的标准、规程、规范及设施、设备、器材、措施构成的。但是，HSE 同时也是由法律与制度、责任与处罚构成的管理体系和法律体系。对一个大型建设工程项目来说，HSE 管理体系既是国家 HSE 管理法律法规对项目的监管约束，也是建设工程项目对国家 HSE 管理法律法规的识别、导入及符合性地执行。不仅如此，建设工程项目管理机构还要建立自身特有的 HSE 制度、规范、措施、设施、设备器材，等等。本书第四个方面的探讨重点就是探讨 HSE 管理体系中的法律问题，即大型建设工程中 HSE 的行政、民事、刑事法律责任，通过合同条款和法律安排把 HSE 制度性规范转化成当事人的约定义务，实现 HSE 管理体系的法定化和约定化的双保险。

本书的第五章是关于大型建设工程的招投标法律监管。作为合同订立的一种特殊方式，在建设工程项目的各项管理中，招投标的法律含量是相当高的。可以说，除商务和技术内容本身外，招投标所有活动全是在法律规定之下的程序性、流程性活动。大型建设工程招投标的管理制度、业务流程是比较成熟的体系，而且很多法律人员直接参加招投标业务活动，如编写、审核招投标文件，担当评标委员。本书没有侧重直接去论述招投标业务本身制度和流程问题，而是试图身在庐山外，跳出招投标看招投标，以监管的角度来审视招投标。对于招投标的监管，目前存在着行业主管部门监管、工商管理部门监管、纪检监察监管、国家司法监管等诸多监管体系。除纪检监察监管外，多数监管是外部监管或事后监管。我们的构想是在建设工程项目内部，在招投标业务流程的各个方面、各个环节，设置相应的法律控制点，使法律监管与招投标业务流程复合在一起，使法律事务上升为法律管理，在法律管理中实现法律服务。

劳动用工问题并不是大型建设工程专有的问题。但是鉴于大型建设工程劳动用工问题的复杂性、多样性，我们还是把它作为本书的第六个探讨课题。大型建设工程的项目管理理论中，一般会在项目管理组织、项目人力资源管理部分涉及一些劳动用工问题。但是，对于大型建设工程与劳动法、劳动合同法之间的关系没做深入研究和探讨。我们在这一章中，虽然直接分析的是大型建设工程各种管理运作模式下的劳动用工现状和特点，但意图还是在于构建大型建设工程项目与劳动法、劳动合同法之间的有机联系，使得大型建设工程项目中正式员工、借聘人员、劳务派遣工、农民工等各种各样的用工形式和劳动法律关系纳入正常的法律管理范围。

我们选择的第七个课题是大型建设工程的保险法律问题。之所以选择这个课题，是因为在大型建设工程中保险既是常见的问题，又是最容易被忽视的问题。保险从本质上讲是财产损失、人身伤害风险防范、控制、救济的法律安排。当事人自愿的商业保险是民事的法律安排，而国家强制的社会保险则是行政法律安排。目前，在大型建设工程项目的总投资中，虽然也有一定比例的保险资金的概算，但如何使用、由谁使用、必须买哪些险种等诸多问题，并没有统一的规范和要求。保险这样一个重要的风险救济的法律机制在建设工程中没有得到应有的重视。本书重点介绍了大型建设工程涉及的保险险种，以及大型建设工程的参与方在每个险种中的法律安排，探讨在大型建设工程中建立完备、系统的保险法律管理体系问题。

大型建设工程项目的法律管理是从合同管理开始的。工程项目与合同是内容与形式的关系，是天然的共生共存关系。所以说，工程项目策划、建设、收尾过程同时也是合同订立、履行、完结过程。合同是载体，把工程项目的全部内容转化成权利义务、法律责任形式集合在一起。现在关于建设工程合同管理理论的书籍很多，但存在两个明显的问题。一是混淆了合同实务与合同管理，如很多名曰合同管理，但实际上是从合同法原理角度讲合同订立过程中的要约与承诺、合同履行过程中抗辩权、合同索赔过程中的违约责任及《合同法》分则部分的建设工程合同。二是混淆了工程项目与工程合同，因为工程项目与工程合同之间存在的内容与形式的特殊关系，容易出现表面上是在论述工程合同管理，其实却是在论述工程项目本身。本书第八章"大型建设工程项目合同管理"，是用建设工程项目管理的原理、方法来管理工程项目所涉及合同的一种尝试。在这种思路下，合同管理是要把大型建设工程项目的成千上万份合同，按照工作分解结构（WBS）要求细化成子项目、分部工程、分项工程，直至工程量清单上最小工作单元一样，然后通过目标管理、进度管理、过程控制、关闭管理，实现每一件合同的运行流程与每一个项目单元的运行流程的融合，并在融合过程中，研究、探索、总结合同管理的特有的规律。

本书最后一章是大型建设工程的外部法律条件管理问题。大型建设工程项目是一个有机生命体，它的产生、发展、运行必然要与工程项目外部的社会环境发生联系。如果说，与外部环境之间的资源、设备、材料交换反映的是工程项目的自然属性的话，那么与外部环境之间的错综复杂的政治关系、经济关系、文化关系、社会关系、法律关系则是反映工程项目的社会属性。前面所述各个章节，虽然或多或少也涉及大型建设工程项目与外部环境之间的法律关系，但多数还是主要"眼睛向内"，重点分析的是大型建设工程项目这个"箱体"内部的法律管理问题。本书之所以专门列出这个课题，是想用系统论和控制论方法分析、研究"箱体"外部的法律环境和法律条件，从而真正地构建起完整的大型建设工程的法律管理体系。

实事求是地讲，在对大型建设工程项目法律管理理论与实践的探讨上，本书所做的更多还只是集成。鉴于我们理论水平和实践经验的欠缺，不仅在创新方面做得很不够，而且还难免存在这样那样的谬误，希望读者们不吝赐教，批评指正，我们将在今后的研究中不断改进。

目　录

第一章　大型建设工程项目运作模式及法律框架 ················ 1
　　第一节　大型建设工程项目的特别法律安排 ··············· 2
　　第二节　大型建设工程参与各方及隶属关系间的运作模式及法律框架
　　　　　　 ··· 15
　　第三节　大型建设工程项目合同关系间的运作模式及法律框架 ······ 20

第二章　大型建设工程项目行政许可和审批 ···················· 69
　　第一节　行政许可和审批相关法律问题 ··················· 71
　　第二节　内部审批 ································· 76
　　第三节　外部审批 ································· 80
　　第四节　问题与建议 ······························· 98

第三章　大型建设工程项目用地 ··························· 101
　　第一节　农村集体土地征收 ························· 103
　　第二节　国有土地使用权转移 ······················· 114
　　第三节　临时建设用地 ··························· 118
　　第四节　建设用地他项权 ··························· 121
　　第五节　土地权利登记 ··························· 124
　　第六节　项目建设用地立法现状和存在问题 ··············· 126

第四章　大型建设工程项目 HSE 法律管理 ···················· 129
　　第一节　HSE 管理体系概述 ························· 131
　　第二节　HSE 法律体系和法律责任 ··················· 143
　　第三节　大型建设工程 HSE 法律安排 ················· 153

第五章　大型建设工程项目招投标监管 ···················· 159
　　第一节　概述 ································· 160

第二节　招投标监管体系 …………………………………………… 169

第三节　招投标监管的主要内容 …………………………………… 173

第四节　招投标监管法律责任 ……………………………………… 190

第五节　招投标活动常见问题 ……………………………………… 195

第六节　招投标存疑问题 …………………………………………… 202

第六章　大型建设工程项目劳动用工法律问题 ………………… 205

第一节　劳动用工法律法规制度体系 ……………………………… 206

第二节　大型建设工程管理模式及用工状况 …………………… 209

第三节　大型建设工程项目部劳动用工特点 …………………… 217

第七章　大型建设工程项目保险法律问题 ……………………… 227

第一节　保险法律法规制度体系 …………………………………… 228

第二节　大型建设工程中涉及的保险法律关系 ………………… 230

第三节　大型工程建设中涉及的保险类型 ……………………… 233

第八章　大型建设工程项目合同管理 …………………………… 251

第一节　建设工程项目与合同 ……………………………………… 252

第二节　建设工程项目合同管理范围 …………………………… 256

第三节　项目法人制与合同管理 ………………………………… 270

第四节　建设工程项目合同目标管理 …………………………… 280

第五节　建设工程项目合同时间管理 …………………………… 287

第六节　建设工程项目合同的效力 ……………………………… 291

第七节　建设工程项目合同履行过程控制 ……………………… 305

第八节　合同关闭管理 …………………………………………… 309

第九章　大型建设工程项目外部法律条件管理 ………………… 319

第一节　大型建设工程项目的外部法律条件构成 ……………… 320

第二节　大型建设工程项目外部法律条件管理的主要内容 …… 325

第三节　规范农民工工资支付管理 ……………………………… 330

第四节　规范相关方的管理 ……………………………………… 333

第五节　规范相邻方的管理 ……………………………………… 338

第六节　规范项目外部法律环境管理 …………………………… 341

后　　记 …………………………………………………………… 344

第一章

大型建设工程项目运作模式及法律框架

第一节
大型建设工程项目的特别法律安排

大型建设工程项目投资规模大、社会影响大、涉及面广、法律关系复杂，事关国计民生，各国一般都有相应的法律安排。我国历来重视大型工程建设的国家管理，对其建设的全过程都做出了一些特别的法律安排，归纳起来着重体现在强制审批、强制评价、强制招标、强制监理四个方面。

一、强制审批

（一）具有政府审批性质的几种管理类型

从行政法律框架上看，我国具有政府审批性质的管理类型主要有三种：审批、核准、备案。这些类型一经法律确认都具有相应的法律强制性。本文为了叙述之便利将其一并称为"强制审批"，但需要说明的是，这三种类型在法律上有着性质、操作上的区别。

审批属"事前管理"措施，指行政机关或授权机构，根据法律法规，对相对人从事某种行为、申请某种权利或资格等进行具有限制性管理的行为。审批最主要的特点是对法律法规规定的审批事项审批机关具有选择决定权，表现在即便相对人提出审批的事项符合法律规定的条件，审批机关可以批准，也可以不批准。对审批机关而言，批准或不批准均是合法行政行为。

核准也属"事前管理"措施，指行政机关或授权机构，根据法律法规，对相对人从事某种行为、申请某种权利或资格等，依法进行确认的行为。在这种管理方式下，只要相对人提出要求核准的事项符合法律法规既定的条件，都应当予以准许，只有不符合法律既定条件的，有关行政机关才能否决，否则核准机关即构成违法。比如，公司的工商登记管理措施即属此类。

备案属"事后管理"措施，指相对人按照法律、法规、规章及相关文件等规定，在要求办理备案的事项办理完结后，根据规定的方式事后向政府有关主管部门报告。

（二）我国对工程建设项目强制审批制度的沿革及现行制度

1. 强制审批制度的阶段划分

通过对我国工程建设强制审批制度的分析，我们认为，以国务院《关于投资体制改革的决定》为分界点，我国对工程建设的审批性管理可分为两个阶段。

第一个阶段为全面审批阶段。2004 年 7 月前的这一阶段，国家对工程建设的审批实行"三不分"，即不分投资主体、不分资金来源、不分项目性质，一律进行严格的国家审批。只不过，在实行全面审批的情况下，才又根据投资规模大小，实行分别由国家、省市及自治区等各级政府及有关部门分级审批。

第二个阶段为"三制"并存的阶段。2004 年 7 月至今，为我国目前实行的审批制、核准制、备案制"三制"并存的阶段。2004 年 7 月，国务院发出了《关于投资体制改革的决定》，以此为标志，我国对工程建设行为的审批彻底改革不分投资主体、不分资金来源、不分项目性质，一律审批的投资管理办法，实行分不同情形分别采取审批、核准和备案的办法。

2. 原审批制和现行"三制"并行制度的主要区别

原审批制度与现行"三制"并行的区别主要表现在三个方面。

一是对企业不使用政府投资建设的项目，一律不再实行审批。

二是程序简化，企业投资建设实行核准制的项目，仅须向政府提交"项目申请报告"，而无须报批项目建议书、可行性研究报告等。

三是政府对企业投资的项目主要从维护经济安全、合理开发利用资源、保护生态环境、优化重大布局、保障公共利益、防止出现垄断等方面进行审查。对于外商投资项目，政府还要从市场准入、资本项目管理等方面进行审查，实现了政府管理角度的改变。

（三）审批制、核准制、备案制的法律框架

1. 审批制的主要规定

审批制，是最严格的一种管理方式，与所有权紧密相关。主要从项目的资金来源上进行确认，即由政府投资的项目和使用政府资金的企业投资项目需审批。这些资金来自于各项税收和政府性收费，保证国家资金合理、有效的使用，涉及全体纳税人和全社会成员的共同利益，国家对这部分资金的使用强化审批管理，体现了所有权原则。

国际金融组织和外国政府的贷款，一般以政府有关部门作为"窗口"单位出面对外借款，由国家实行统借统还，或者由国家财政承担还款担保责任。因此，这类国际金融组织和外国政府的贷款，实际上已成为我国广义国有资金的一部分，与国家投资、融资的建设项目一样，将其纳入审批的范围也当属无异。

2. 核准制的主要规定

核准制，即国家对企业不使用政府性资金投资建设的重大项目、限制类项目不实行审批，而实行核准的办法。需要国家核准的项目范围由国务院《政府核准的投资项目目录》限定，并由国务院根据情况的变化适时进行相应的调整。该目录一般由国务院投资主管部门会同有关行业主管部门研究提出，报国务院批准后实施。未经国务院批准，各地区、各部门不得增减核准范围。

2004 年 7 月，国务院发出《关于投资体制改革的决定》后，随即公布了第一版《政府核准的投资项目目录》。对《政府核准的投资项目目录》原来拟定一般每两年调整一次，但此后一直没有修改和调整。据 2009 年 3 月在长沙举行的全国经济体制改革工作会议有关情况表明，《政府核准的企业投资项目目录》目前正在抓紧修订，总的趋势是政府核准的企业投资项目将会减少，以更好地落实企业投资决策自主权。

目前的《政府核准的投资项目目录》（2004 年本），明确了 14 大类需要核准的投资项目。这 14 大类主要包括：农林水利、轻工烟草、能源、高新技术、交通运输、城建、民航、社会事业、信息产业、金融、原材料、外商投资、机械制造、境外投资。

同时，《政府核准的投资项目目录》（2004 年本）对这 14 大类确定了具体的标准，只有达到了规定标准的限上项目才须核准。以石油化工有关项目为例，《政府核准的投资项目目录》（2004 年本）确定的具体标准如下。

原油：年产 100 万吨及以上的新油田开发项目由国务院投资主管部门核准，其他项目由具有石油开采权的企业自行决定，报国务院投资主管部门备案。

天然气：年产 20 亿立方米及以上新气田开发项目由国务院投资主管部门核准，其他项目由具有天然气开采权的企业自行决定，报国务院投资主管部门备案。

液化石油气接收、存储设施（不含油气田、炼油厂的配套项目）：由省级政府投资主管部门核准。

进口液化天然气接收、储运设施：由国务院投资主管部门核准。

国家原油存储设施：由国务院投资主管部门核准。

输油管网（不含油田集输管网）：跨省（区、市）干线管网项目由国务院投资主管部门核准。

输气管网（不含油气田集输管网）：跨省（区、市）或年输气能力 5 亿立方米及以上项目由国务院投资主管部门核准，其余项目由省级政府投资主管部门核准。

石化：新建炼油及扩建一次炼油项目、新建乙烯及改扩建新增能力超过年产 20 万吨乙烯项目，由国务院投资主管部门核准。

化工原料：新建 PTA、PX、MDI、TDI 项目，以及 PTA、PX 改造能力超过年产 10 万吨的项目，由国务院投资主管部门核准。

化肥：年产 50 万吨及以上钾矿肥项目由国务院投资主管部门核准，其他磷、钾矿肥项目由地方政府投资主管部门核准。

核准机关审查的内容主要包括：项目是否符合国家法律法规；是否符合国民经济和社会发展规划、行业规划、产业政策、行业准入标准和土地利用总体规划；是否符合国家宏观调控政策；地区布局是否合理；主要产品是否未对国内市场形成垄断；是否影响我国经济安全；是否合理开发并有效利用了资源；生态环境和自然文化遗产是否得到有效保护；是否对公众利益，特别是项目建设地的公众利益产生重大不利影响。

3. 备案制的主要规定

备案制，即对企业投资的并在国务院《政府核准的投资项目目录》以外的企业投资项目，实行备案制。项目的市场前景、经济效益、资金来源和产品技术方案等均由企业自主决策、自担风险。除国家另有规定外，由企业按照属地原则向地方政府投资主管部门备案。

二、强制评价

（一）强制评价的法律框架

强制评价就是相关业主根据国家法律法规的规定对拟建工程涉及的环境、可能涉及的安全条件等诸多问题必须经过具有资质的第三方进行研究，拿出科学的依据或办法（措施）后，经国家相关部门来评论（或决定）是否可行的活动。

我国对强制评价一般采取四结构框架，即由法律法规提出要求来明确必须实行评价的内容、由业主与具有相应资质的中介机构订立委托评价合同、由第三方中介机构依据委托评价合同具体实施相关评价工作并提交工作成果、政府对评价情况再进行审查。

（二）强制评价的主要类型

在我国，根据工程建设的实际情况，需要进行不同类型的评价。目前，这些评价主要包括以下类型。

（1）安全评价。对工程建设项目可能存在的危险、有害因素的种类和程度，提出合理可行的安全对策措施及建议。

（2）环境影响评价。对拟议中的建设项目在兴建前（一般在可行性研究阶段）对其选址、设计、施工等过程，特别是运营和生产阶段可能带来的环境影响进行预测分析，提出相应的防治措施，为项目选址、设计及建成投产后的环境管理提出科学依据。

（3）地震安全性评价。对工程建设场地的地震烈度复核，地震危险性分析，地震动参数的确定，场址及其周围地区的地震地质稳定性进行评价等工作。

（4）地质灾害危险性评估。在地质灾害易发区内进行工程建设时，对建设工程遭受山体崩塌、滑坡、泥石流、地面塌陷、地裂缝、地面沉降等地质灾害的可能性和工程建设中、建设后引发地质灾害的可能性做出评估，提出具体预防治理措施的活动。

（5）防洪评价。是工程建设对河道防洪情况的影响进行综合评价，提出防止补救措施的活动。河道的范围包括河滩地、湖泊、水库、人工水道、行洪区、蓄洪区、滞洪区。

（6）职业病危害评价。对建设项目可能产生的职业病危害因素进行识别、分析、预测、确定，对劳动者健康的危害程度及职业病防护设施做出评价。

（7）压覆矿产资源评估。对工程建设实施后，导致已查明矿产资源不能开发利用情况的调查、评价、估算、审查。

（8）水土保持审批。对可能造成水土流失的工程建设用地编制水土保持方案，并报政府水利行政部门审查批准，再根据水土保持方案进行设计施工。

关于强制评价的具体法律安排和操作等，本书将在第二章用专章详细阐述，这里不再赘述。

三、强制招标

（一）招标的含义

1. 招标的含义

招标是指采购人（业主）预先就采购的货物、工程或服务等提出条件和要求，邀请众多投标人参与投标，并按照规定的程序，从投标人中选择交易对象的一种市场交易行为。

我国目前《招标投标法》将招标划分为公开招标、邀请招标两种方式。在国际上的招标中还有议标的方式，但考虑到我国的具体情况，否定了议标方式。

2. 招标与合同固有的法律关系

招标实质上是订立合同的一种特殊方式。订立合同可分为非竞争方式和竞争方式两种。非竞争方式就是采用谈判（或所谓的议标）订立合同。竞争方式就是通过招标或拍卖的方式订立合同。不过，招标和拍卖这两者所要达到的目的一般来讲是相反的，招标是为了获得低标，拍卖是为了获得高价。招标与合同订立之间的关系如图1-1所示。

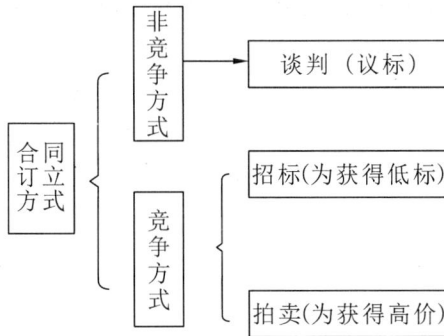

图 1-1　招标与合同的关系

（二）招标的发展情况

一般认为，招标源于 200 多年前的政府采购，最早起源于英国。它是作为一种"公共采购"或"集中采购"的手段出现的。由于公共采购的资金主要来源于税收，为保证公共采购活动的合理、有效和资金的充分利用，招标投标制度便应运而生。

我国近代采用招标方式发包工程的案例可追溯到 1902 年张之洞创办的湖北制革厂。此后，1918 年汉阳铁厂的扩建工程中，业主在汉口《新闻报》刊登广告，进行了公开招标。到 1929 年，当时的武汉市采办委员会曾公布招标规则，规定公有建筑或一次采购物料大于 3 000 元以上者，均须通过招标方式选取承包商。

1949 年新中国成立至改革开放前，我国实行的是高度集中统一的计划经济体制。在这种体制下，一方面是招标"无必要"，由于当时产品购销和工程建设任务都按照指令性计划统一安排，"交易"均非市场行为，招标"无必要"；另一方面是招标也"无条件"，从当时的情况来看，还不存在能够引起卖方竞争的买方市场，同时，尚无明晰的、作为招标所必需的投标人市场主体，因而没有采用招标进行交易的市场条件，无法引起招标的产生。

20 世纪 80 年代初，招投标的交易方式在我国逐步展开。国务院 1980 年 10 月颁布《关于开展和保护社会主义竞争的暂行规定》，这个规定指出："对一些适宜于承包的生产建设项目和经营项目，可以试行招标、投标的办法。"此后，招标活动在我国得到了重视。建设工程行业的招标于 1981 年首先在深圳试行，进而推广至全国各地。1984 年 11 月，原国家计委和城乡建设环境保护部出台了《建设工程招标投标暂行规定》，全面拉开了工程招标投标的序幕。机电设备采购招标于 1983 年首先在武汉试行，继而在上海等地得到推广。1985 年，国务院决定成立中国机电设备招标中心，并在主要城市建立招标机构，招标投标工作正式纳入政府职能。

随着招投标在我国的广泛实践和发展，推动了立法，催生了《招标投标法》的产生。我国的《招标投标法》于 1999 年 8 月 30 日由第九届全国人大常委会第十一次会议通过，当时参加投票表决的常委会组成人员有 132 人，其中投票赞成的为 131 人，1 人弃权，无反对票。这部法律已于 2000 年 1 月 1 日起施行。《招标投标法》的实施将我国的招标投标活动推上了法制的轨道，使招标投标进入了一个新的发展阶段。

（三）强制招标的法律框架

1. 实行强制招标的工程类型

工程建设项目性质和资金来源所确定的强制招标工程类型，我国规定了以下三类。

一是大型基础设施、公用事业等关系社会公共利益、公众安全的项目。

基础设施是指为国民经济各行业发展提供基础性服务的铁路、公路、港口、机场、通讯等设施。公用事业是指为公众提供服务的自来水、电力、燃气等行业。

二是全部或者部分使用国有资金或者国家融资的项目。

使用国有资金投资项目的范围包括如下三个方面：①使用各级财政预算资金的项目；②使用纳入财政管理的各种政府性专项建设基金的项目；③使用国有企事业单位自有资金，并且国有资产投资者实际拥有控制权的项目。

国家融资项目的范围包括如下五个方面：①使用国家发行债券所筹资金的项目；②使用国家对外借款或者担保所筹资金的项目；③使用国家政策性贷款的项目；④国家授权投资主体融资的项目；⑤国家特许的融资项目。

国有资金（含国家融资资金）为主的工程建设项目指国有资金占投资总额 50% 以上，或虽不足 50% 但国有投资者实质上拥有控股权的工程建设项目。

三是使用国际组织或者外国政府贷款、援助资金的项目。包括利用世界银行、亚洲开发银行等一些国际金融组织和外国政府的贷款和援助资金建设的项目。

2. 实行强制招标的范围

工程建设的全过程招标。我国从法律上确定必须进行工程建设招标的范围包括工程的勘察、设计、施工、监理以及与工程建设项目有关的重要设备、材料等的采购。

这里讲的"工程建设项目"，是指各类土木工程的建设项目，不仅是各类房屋建筑工程项目，也指铁路、公路、机场、港口、矿井、水库、通讯线路等专业工程建设项目；既包括土建工程项目，也包括有关的设备、线路、管道的安装工程项目。

这里讲的与工程建设项目有关的重要设备、材料等货物的采购，包括用于工程建设项目本身的各种建筑材料、设备的采购；项目所需的电梯、空调、消防等设施、设备的采购；工业建设项目的生产设备的采购等。

3. 实行强制招标的规模

工程建设有金额划分的招标。根据我国法律规定，目前并不是只要属于上面这三种类型的项目中就不分大小、不分有无必要而一律实行强制招标。根据《工程建设项目招标范围和规模标准规定》（国家发改委 2000 年第 3 号令），这些项目的施工单项合同估算价在 200 万元人民币以上；重要设备、材料等货物的采购，单项合同估算价在 100 万元人民币以上；勘察、设计、监理等服务的采购，单项合同估算价在 50 万元人民币以上；单项合同估算价低于前面规定的标准，但项目总投资额在 3 000 万元人民币以上的才实行强制招标。

4. 违反强制招标的法律后果

违反强制招标的直接法律后果就是合同无效。我国《合同法》第五十二条规定：违反法律（全国人大或其常委会颁布）、行政法规（国务院颁布）的强制性规定的合同无效。最高人民法院《关于审理建设工程施工合同纠纷案件适用法律问题的解释》第一条明确规定：建设工程必须进行招标而未招标或者中标无效的，施工合同无效。

我们不仅要看到违反强制招标将会产生合同无效的法律后果，还应当进一步认识到，一旦合同被确认为无效，合同自始就不产生法律约束力，这对当事者来讲，就会因为合同无效，使合同中的那些关于价款、期限、违约责任、违约金等的约定均归于无效，进而使当事者原来在签订合同时精心设计的合同条款和法律安排失去保障，导致权利保护悬空的情况产生，使工程建设难以顺利进行，最终遭受损失。

下面的案例给我们一些启示：

2005 年 3 月 11 日，某建筑工程公司（以下称乙公司）与某省一家能源公司（以下称甲公司）订立了《电站引水隧洞工程施工合同》，合同的主要内容为：工程为引水隧洞土建工程；合同总金额为人民币 1 750 万元。

合同订立后，乙公司按照合同约定组织人员、设备进场施工。施工过程中，双方于 2005 年 4 月 13 日又订立了《引水隧洞工程补充协议》，对于工程计价方式等事项进行了补充约定并将合同总金额变更为 1 650 万元。

合同履行过程中，乙公司发现甲公司提供的工程地质勘察报告、设计方案不能满足现场施工要求，提出增加工程价款要求，但甲公司不予理睬。乙公司为避免损失进一步扩大，遂向法院提出诉讼，要求法院判决：确认双方订立的合同及补充协议无效，请求判令甲公司向乙公司支付欠付的工程价款 310 万元。

本案经人民法院立案受理后，历经四次开庭。庭审中，乙公司认为，本案所涉工程属于《招标投标法》第三条规定的应当进行强制招标的范围，因甲公司订立合同发包工程时未组织招投标，因此合同违反了国家强制性法律规定而无效。甲公司则认为，自己的公司性质属于私营企业，私营企业投资的项目不属于国家强制招标的范围，故坚持认为合同有效。

本案在庭审中查明的事实是：根据项目核准通知，本案电站工程装机规模为 2.4 万千瓦，工程总投资规模为 1.08 亿元。而本案合同的承包金额，《合同书》的约定为 1 750 万元，补充协议变更为 1 650 万元。

法院于 2007 年 8 月做出了判决，支持了乙公司的诉讼请求。法院认为：双方订立的合同及补充协议所涉及的工程关系社会公共安全，达到了必须进行招投标的规模，工程建设合同的订立应当招标，但双方签订的合同未按照规定进行招投标，故该合同书及补充协议无效，乙公司的请求有法律依据，应予以支持。

这个案例就是无视国家强制招标规定导致败诉的案件。这个案件的中心问题就是所涉工程是否属于国家强制招标范围的问题。对这一问题应当依据《招标投标法》和《工程建设项目招标范围和规模标准规定》确定。根据《工程建设项目招标范围和规模标准规定》（国家发改委 2000 年第 3 号令）规定，施工单项合同估算价在 200 万元人民币以上的，项目总投资额在 3 000 万元人民币以上的应当招标。本案的案涉工程项目无论项目总投资或单项合同金额均在国家规定必须招标的范围和规模内，属应当招标订立合同的范围。甲公司采用谈判（即所谓议标）订立合同并不是《招标投标法》确定的有效招投标方式，《招标投标法》确定的招标方式包括公开招标、邀请招标两种方式，所谓"议标"不是《招标投标法》规定的招标投标方式。业主无视法律的强制性规定，通过谈判的方式订立合同，此合同当属无效。

从这一案例中，我们应当看到，大型建设工程合同的订立和履行，关系到国家利益、社会公共利益。国家对于工程的实施，特别制定了《招标投标法》等法律法规进行规范，凡是属于《招标投标法》规定范围内的工程，都必须进行招标。

但是，在实践中，我们看到还存在因种种原因而忽视合同订立程序的问题，综合起来主要表现为：一是考虑到关联交易，都是自家人，"肥水不流外人田"，所以不招标；二是事前统筹不够，临时"抱佛脚"，"来不及招标"，所以不招标；三是认为招标"费时费力"，划不来，所以不招标；四是不按规定报批，该公开招标却邀请招标，等等。这些都是以所谓的"为企业着想"为借口而无视法律的法制意识淡薄的行为，最终将埋下风险隐患。这一案例值得业主和承包方总结经验，吸取教训。

四、强制监理

(一) 监理制的含义

监理是指具有相应资质的工程监理单位，接受业主的委托对承包商的建设行为进行监控的专业化服务活动。

强制监理是指由法律法规规定范围内的工程建设，必须由业主委托的具备相应资质条件的监理单位进行监理的一种国家对工程建设的管理制度。

在工程建设中，监理单位一般不对工程进行设计和施工，不对业主工程造价负责，也不与承包商收益分成，监理单位的工作主要是派出专业人员，由专业人员利用自己的知识、技能和经验、信息以及必要的试验、检测手段，通过对承包商工程实施行为的监督管理，为业主提供服务。

"监理"一词有明显的中国特色。"监理"在国外统称"管理"，而且是工程建设全过程的咨询服务中的重要内容。从目前的情况看，我国的"工程监理"偏重于工程建设实施阶段监理，但其他阶段的监理也有一些实践。

(二) 监理与其他相关管理的区别

监理不同于建设行政主管部门的监督管理，监理是具有相应资质的监理单位依据有关工程建设的法律、法规、项目批准文件、监理合同及其他工程建设合同，对工程建设实施的投资、质量、工期、HSE 等进行控制的管理，后者则是行政性的监督管理。

监理也不同于业主对工程建设的管理，监理是独立于业主和承包商之外的第三方对工程建设的监督管理。

总承包商对分包商的监督管理也不能等同于监理，总承包商对分包商的管理基于他们的合同关系，而监理实施的前提是业主的委托和授权，监理与被监理的单位间无合同关系。

监理与业主外聘的专家管理也不相同，专家管理性质上仍属业主的自主管理，而监理是第三方的监督管理；监理是由具有国家规定的相关资质的"单位"而不是"个人"实施的管理，监理合同中监理方的主体为法人而不是自然人。

(三) 监理的发展情况

1. 国外监理的发展情况

西方国家的建设工程监理产生于迅速发展的工业化时期，体现了"第三方参与"和"内行人管理"意识。据有关文献记载，16 世纪末，西方国家工程建设出现了工程设计与工程施工的专业分工，一些原从事设计工作的建筑师根据业主的需要，出来提供工程建设的咨询服务或施工管理，形成工程监理的雏形。18

世纪 30 年代，英国及一些欧洲国家出现了业主、工程师、承包商三位一体的工程建设局面。20 世纪 50 年代后期，规模大、投资大的大型工程，如水电站工程、航天工程、核工业工程、石油化工工程、钢铁冶金工程等越来越多，工程建设全过程管理的难度越来越大，业主投资风险越来越高，需要专业的工程建设管理，在这种情况下，一批专门从事工程监理的专业化机构应运而生。20 世纪 80 年代以来，专业的工程建设监理事业迅速发展，越来越多的国家开始推行工程建设监理工作。

2. 我国监理的发展情况

就我国而言，工程建设经历了从最先的集业主、承包商于一体的计划经济条件下的一元结构，到业主、承包商分立的二元模式，一直到目前的业主、监理、承包商的三元模式，工程建设的监理也经历了一个不断发展的过程。

新中国成立至 20 世纪 70 年代末，我国一直没有工程建设中的现代意义上的监理实践。

我国监理工作的实践始见于鲁布革水电站的建设。20 世纪 80 年代初期，我国开始建设第一个利用世界银行贷款的工程——鲁布革水电站。对这个工程，世界银行提出了必须应用国际咨询工程师协会编制的《FIDIC 土木工程施工合同条件》，而 FIDIC 合同的使用条件是业主必须雇用工程师作为中间人负责管理，并且 FIDIC 合同在执行中工程师扮演着十分重要的角色，工程建设的实施运行中一刻也离不开工程师。FIDIC 合同中的工程师可以是个人，也可以是咨询公司，但其地位和作用均相同，都是根据合同条款的有关规定，对工程进行具体的合同管理、费用控制、进度跟踪和组织协调。

根据世界银行的要求，我国对鲁布革水电站工程采用了 FIDIC 合同条件。在实际操作过程中的具体模式是：业主——云南省电力局；业主代表——水电部鲁布革工程管理局；通过工程师对承包商——日本大成建设株式会社的工作和生产施工进行监督和管理，同时协调合同双方关系。通过 FIDIC 合同条件在这个工程建设中的运作，国外的监理制度开始进入我国，并在我国工程建设领域首次运用建设监理。对这一事件，在 2007 年 11 月 27 日召开的中国建设监理协会首届峰会中，中国建设监理协会会长张青林谈道：早在 20 多年前，在我国使用世界银行贷款的第一个云南鲁布革水电站的实施过程中，我们就认识到了业主委托"工程师单位"实施现场监督模式将是建筑业未来的必然趋势。

但是，对将个别工程建设中的监理实践上升为一种监理制度而言，在我国还经历了一个不断发展的过程。

我国工程建设监理制度的试点工作开始于 1988 年。这一年的 7 月 25 日，原建设部制定印发了《关于开展建设监理工作的通知》。《通知》提出，要建立具有中国特色的建设监理制度，以提高投资效益和建设水平。同年 8 月 12 日至 13 日，原建设部在北京召开第一次全国建设监理工作会议，研究监理试点工作。同年 11 月 12 日印发了《关于开展建设监理试点工作的若干意见》，就推行监理制度的试点进行了部署。

为了完善我国的监理体制，在工程监理方面积累更多的经验，1989 年 1 月，原建设部首次组织建设监理考察团赴新加坡考察。新加坡先进的建设监理制度，特别是完整的法规体系给了我们很多有益的启示。同年 9 月，原建设部、原冶金部和江苏省南京市建委组成中国建设监理考察团前往法国进行考察。法国于 1929 年开始实行建设监理制度，几十年来，他们在工程监理方面积累了丰富的经验。这两次考察为我国建设监理制度的创新与发展提供了借鉴。

此后，原建设部于 1989 年 7 月 28 日颁发了《建设监理试行规定》，这是我国开展建设监理工作的第一个法规性文件，全面地规范了参与建设监理各方的行为。

1993 年上半年，中国建设监理协会经原建设部、民政部批准成立，并于同年 7 月在北京召开成立大会。中国建设监理协会的成立标志着我国监理行业基本成形，并走上自我约束、自我发展的道路。

1995 年 12 月 15 日，原建设部和原国家计委印发《工程建设监理规定》的通知，自 1996 年 1 月 1 日起实施。

通过多年来的实践，建设监理制日臻成熟。在这个基础上，我国在 1997 年颁布的《建筑法》中规定，国家推行建设工程监理制度，从而使建设工程监理制度进入全面推行阶段。目前，监理制度与项目法人制、招投标制、合同管理制已成为我国工程建设中必须遵循的四大制度。

值得注意的是，基于监理产生和发展的基础，《建筑法》明确将监理定位为代表业主，对施工单位在施工质量、建设工期和建设资金使用等方面实施监督。将监理定位在施工阶段，并不表明除施工阶段的其他阶段不可以实施监督管理。

（四）强制监理的法律框架

1. 强制监理的范围安排

根据《建筑法》，国务院于 2000 年 1 月 30 日公布了《建设工程质量管理条例》（国务院令第 279 号），该《条例》是《建筑法》实施以后国务院制定的第一个配套行政法规，对实行强制性监理的工程范围作了原则性的规定。随后，原建设部又进一步于 2001 年 1 月 17 日颁布了《建设工程监理范围和规模标准规定》（建设部令第 86 号），对实行强制性监理的工程范围作了具体规定。按照这些规定，目前，在我国进行的下列工程建设必须实行监理。

一是国家重点建设工程。指依据《国家重点建设项目管理办法》所确定的对国民经济和社会发展有重大影响的骨干项目。

二是大中型公用事业工程。指项目总投资额在 3 000 万元以上的供水、供电、供气、供热等市政工程项目；科技、教育、文化等项目；体育、旅游、商业等项目；卫生、社会福利等项目；其他公用事业项目。

三是成片开发建设的住宅小区工程。指建筑面积在 5 万平方米以上的住宅建设工程。

四是利用外国政府或者国际组织贷款、援助资金的工程。包括使用世界银行、亚洲开发银行等国际组织贷款资金的项目；使用国外政府及其机构贷款资金的项目；使用国际组织或者国外政府援助资金的项目。

五是国家规定必须实行监理的其他工程。包括总投资额在 3 000 万元以上关系社会公共利益、公众安全的煤炭、石油、化工、天然气、电力、新能源等项目；铁路、公路、管道、水运、民航以及其他交通运输业等项目；邮政、电信枢纽、通信、信息网络等项目；防洪、灌溉、排涝、发电、引（供）水、滩涂治理、水资源保护、水土保持等水利建设项目；道路、桥梁、地铁和轻轨交通、污水排放及处理、垃圾处理、地下管道、公共停车场等城市基础设施项目；生态环境保护项目；其他基础设施项目。

2. 强制监理的合同安排

法律对强制监理项下的合同有一些特别的安排，主要体现在以下四个方面。

一是合同的委托性质。监理应当由业主委托独立的第三方来进行，并且实行监理的建设工程，业主应当委托具有相应资质等级的工程监理单位进行监理，也可以委托具有工程监理相应资质的该工程的设计单位进行监理。

二是合同的不可转让性。监理合同严格禁止转让。

三是合同的回避制度。工程监理单位与被监理工程的施工承包单位以及材料、构配件和设备供应单位有隶属关系或者其他利害关系的，不得承担该项建设工程的监理业务。

四是合同内容具有一定的法定性。合同的工作范围由双方约定。酬金虽由双方约定，但相关政府部门以颁布"取费标准"等方式进行干预或指导。此外，对其他一些内容法律也做出了安排，必须按法律的规定在合同中进行约定，如：未经监理工程师签字，材料、构配件和设备不得在工程上使用或者安装，施工单位不得进行下一道工序的施工；未经总监理工程师签字，建设单位不拨付工程款，不进行竣工验收等。

第二节
大型建设工程参与各方及隶属关系间的运作模式及法律框架

一、大型建设工程主要参与运作各方及法律关系框架

大型建设工程的参与主体包括业主方、业主为工程建设专门组织的管理机构、工程管理方、贷款方（各类金融机构等）、设计方、施工方、材料设备供应方、监理方、保险机构、中介方（法律顾问、评价、审计、税务咨询服务等）、政府相关部门等，主体众多，各类法律关系十分复杂。

本节从我国目前工程建设三元结构主体为线索，着重讨论其中的主要参与各方，包括业主，业主为工程建设专门组织的管理机构，设计、施工、材料设备供应等各类承包商，监理单位等。我们把这些主体从是否必然存在的角度，将其分为必然存在的主体和可能存在的主体两大类。

（一）必然存在的主体

这是根据工程建设的规律和法律的要求，必须参加到工程建设中来的主体。业主、承包商、监理是大型建设工程必需的参加主体。过去我国工程建设为业主和承包商二元结构，随着我国监理制度的发展，至1994年年底，由业主、监理和承包商三方组成的工程建设三元主体结构初步形成。在目前强制监理的法律框架内，监理成为必须参加的重要一方主体，在这三个主体中，各自分工负责，共同完成工程建设项目。

业主是工程建设的买方，对工程项目的策划、资金筹措、建设实施、生产经营、债务偿还和资产的保值、增值等方面负责。

承包商是工程建设的卖方，负责按照与业主签订的工程承包合同完成相应的工程建设工作，并从中获得收益。国外的承包商主要指施工方，我国的承包商概念中包括设计单位。

监理是根据法律的规定，受业主委托，以独立第三方的角色参加到工程建设中来，为业主提供有偿的专业监督管理服务的单位。

（二）可能存在的主体

这是指业主根据工程建设的需要，由其自主决定是否设置或委托参与到工程建设中来的主体。这类主体主要有业主的建设管理机构和各类工程管理商（工程建设主要参与各方及法律关系框架见图 1-2 所示）。

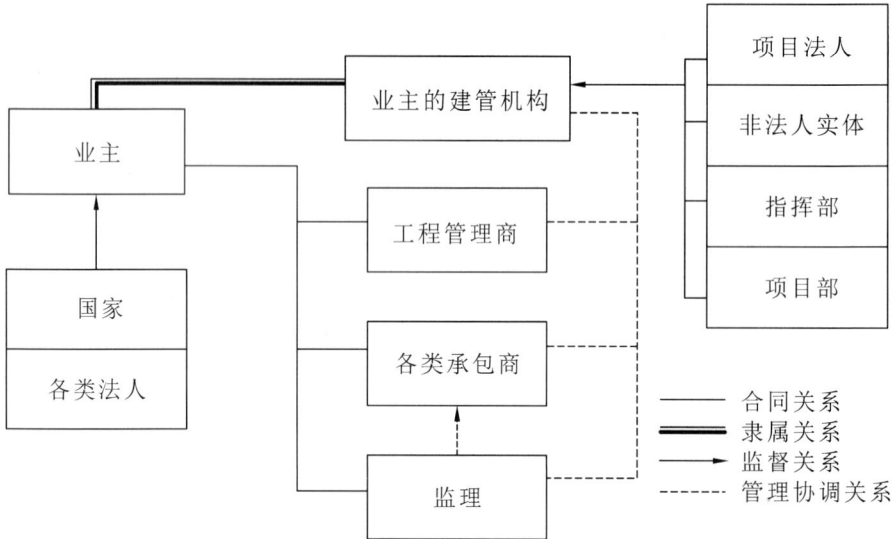

图 1-2　主要参与各方及法律关系框架

二、大型建设工程隶属关系间的运作模式及法律框架

隶属关系是指业主与由业主为工程建设组建的与其有着管理和被管理关系的建设管理机构间的关系。据我们观察，目前在我国，隶属关系的运作模式基本上有四种，即项目法人、非法人实体及有别于过去工程指挥部的项目法人制度下的指挥部、项目部。

（一）项目法人

项目法人是我国工程建设领域的一个专用名词，是指依照有关法律法规要求和特定的程序组建设立，具有法人资格和地位，对建设工程项目负有法定责任的企业或事业单位。

关于工程建设的组织及责任主体，我国在不同阶段有着不同的特点。

1. 自建模式

新中国成立初期，我国在工程建设中所需要的勘查、设计、施工、检测，甚至材料等行业的专业化分工不发达也不完善，相关力量表现得十分薄弱和分散。在这种历史环境下，业主进行工程建设客观上缺少可以利用的外部资源和力量，进行工程建设一般只好依靠自己的力量。这个时期，业主自己动手，"自行组织"、"自行管理"、"自行施工"是工程建设的主要模式。

2. 三方模式

20世纪50年代中期至60年代中期，工程建设主要是学习苏联的做法，从事工程建设的各方"主体"看起来是分明的，表现为工程建设的"三方模式"，即政府中的一个有工程建设计划投资的部门作为"甲方"，由分别隶属于其他不同政府主管部门旗下管理的从事设计的单位为乙方，政府主管的国营或一些集体组织的施工单位为丙方。

这个三方模式是计划经济体制下形成的，从它们之间的关系来看，这时的甲、乙、丙三方还不是现在合同法意义上的完全的合同关系，更多地表现为一种各负其责、分工协作的关系。在这样一种关系中，甲方负责工程建设的管理，乙方和丙方的工作往往不是按甲与乙或丙间的"合同"，而是按乙或丙的主管部门下达任务来开展，工程建设实施过程中的协调及以技术、经济等问题则由政府有关部门直接负责解决。

3. 指挥部模式

20世纪60年代中期年至80年代，许多大型项目的建设，采用工程建设指挥部的模式。这种模式一般由政府从不同部门和单位抽调各类专业人员组成，指挥部负责人由政府任命或由政府领导兼任（项目法人制度下的指挥部虽然也称"指挥部"，但其组织非政府行为）。这种模式实现了工程建设期间和生产运行期间的管理职能相分离，指挥部负责建设期间设计、采购、施工的管理，工程建设后这个指挥部即完成历史使命并将建成的工程移交给生产经营机构运行。

4. 业主责任制模式

1992年，原国家计委颁发了《关于建设项目实行业主责任制的暂行规定》。从1992年起，新开工和进行前期工作的全民所有制单位基本建设项目，原则上都实行项目业主责任制。这个规定明确了项目业主的四种组织形式。

（1）原有企业投资进行建设的项目，业主就是原有企业的领导班子。

（2）不同投资方以合资方式投资的新建、扩建项目（鼓励有条件的项目组建符合规范的有限责任公司）成立董事会，董事会是业主。

（3）单一由政府投资的新建项目，设立管理委员会，管委会是业主。

（4）由投资各方协商组建的各类开发、联营公司的领导班子等也可以成为业主。

上述情况表明，《关于建设项目实行业主责任制的暂行规定》中的所谓"项目业主"为"人"的集合，并非企业或事业单位，而是"管理班子"，是由投资方派代表组成，从建设项目的筹划、筹资、设计、建设实施直至生产经营、归还贷款及债券本息等全面负责并承担投资风险的"管理班子"。

5. 项目法人模式

1996 年 4 月，国家发展计划委员会制定颁发了《关于实行建设项目法人责任制的暂行规定》（计建设〔1996〕673 号）指出：①国有单位经营性基本建设大中型项目在建设阶段必须组建项目法人；②由原有企业负责建设的基建大中型项目，需新设立子公司的，要重新设立项目法人，并按上述规定的程序办理；只设分公司或分厂的，原企业法人即是项目法人。

从这时起"项目法人"成为工程建设领域的一个专用名词。

应当说明，"项目法人"和"项目法人制"是有区别的。"项目法人制"与招标投标制、建设监理制和合同管理制是我国目前实行的工程建设中的四项基本制度。"项目法人制"首先要求工程建设要形成一套由项目法人承担相应责任的制度，并在制度的约束下，对工程建设实施全面的管理；第二，工程建设必须有明确的项目法人，这个项目法人是依法登记成立的，具有法律意义上的法人地位；第三，项目法人在工程实施中享有法律授予的权利，同时，也应当担负起相应的义务并依法律、法规和相关规定承担责任。

为大型工程建设专门组建项目法人的实践，从 20 世纪 90 年代以来在我国得到较大发展，如三峡工程建设伊始国家就着手组建项目法人，并于 1993 年 9 月 27 日成立了"中国长江三峡工程开发总公司"，作为三峡工程建设的项目法人，全面负责工程建设的筹资、投资、建设和运营。在青藏铁路建设中，国务院专门组建了我国第一个公益铁路建设的青藏铁路公司，并于 2002 年 9 月 3 日正式挂牌成立，国务院授权铁道部对青藏铁路公司进行管理和监督。

（二）非法人实体

非法人实体指业主为大型工程建设专门组建并进行工商注册的分公司性质的机构。

分公司是相对于本公司而言的。本公司是依法设立的具有法人资格的机构，而分公司是业务、资金、人事等方面受本公司管辖而不具有法人资格的本公司的分支机构。分公司设立需经工商注册，但与本公司的设立相比程序相对简单。我国公司法规定，公司可以设立分公司，分公司具有民事主体资格，可以自己的名义进行法律行为，但其不具有法人资格，分公司的民事责任最终需由本公司承担。

在大型工程建设中，业主采取设立非法人实体的方式来从事建设活动的案例比较常见，如中国石油天然气股份有限公司就为建设西气东输工程专门组建了这类建设管理单位。西气东输工程于 2000 年 3 月启动。2000 年 3 月 8 日中国石油天然气股份有限公司成立了"西气东输工程项目经理部"。2001 年 4 月 22 日，

"西气东输工程项目经理部"更名为"中国石油天然气股份有限公司西气东输管道分公司",专门负责管道的建设,该分公司不具备法人的地位,是获得中国石油天然气股份有限公司授权的工程建设期间负全责的非法人经济实体。

（三）指挥部

与20世纪80年代中期以前的工程指挥部不同的是,目前在名称上虽然也沿用了"指挥部"提法,但这个指挥部是项目法人制度下的指挥部。

指挥部是业主为完成工程建设而特定成立的一种内设管理部门,它的成立不是依据工商注册,而依据的是业主为其成立而专门制发的"红头文件",这个"红头文件"在法律上看,则为业主的授权。

指挥部无民事主体资格,不具备民事行为能力,不能以自己的名义对外从事签订合同等民事活动。但根据业主的授权,可在授权范围内的以业主的名义从事民事活动,其一切行为均代表业主,法律责任也由业主承担。

目前以指挥部来组织、协调、监督、服务工程建设的实践也是比较常见的。"川气东送"建设工程的指挥部就属此类。"川气东送"建设工程是继三峡工程、南水北调、西气东输、青藏铁路之后,我国又一个重大工程,是国家"十一五"重点工程。2007年4月9日,经国务院正式核准建设。作为"川气东送"建设工程的业主（项目法人）——中国石油化工股份有限公司为这一工程的建设专门组建了"中国石化川气东送建设工程指挥部",负责工程建设的组织、协调和管理等职能。

项目部与指挥部的叫法不同,但法律性质和地位相同,其法律框架参照对指挥部的阐述。

第三节
大型建设工程项目合同关系间的
运作模式及法律框架

在市场经济条件下，每一个工程建设都需要由合同来体现，由合同来实施，由合同来实现，可以说，工程的建设过程实质上也就是合同的履行过程。合同关系是大型工程建设中表现最为广泛，也是最重要的法律关系之一。

在工程建设的合同关系中，不同合同关系又织成了不同的建设运作模式，如DBB、EPC模式等。我们之所以把由不同合同关系织成的不同运作形态称之为模式，主要由于它是人们在工程建设实践中总结提炼出来的，具有模式化及典型性的特点。

"总结提炼"是这些工程建设模式被理论化、典型化的主要方式。一般来讲，在工程建设的模式问题上，少见有先理论再实践的路线，而多是先有实践，再通过人们对实践的总结提炼成为相对固化的理论模式。这也启发我们，可以通过不断的观察来将工程建设实践中的各种创造、创新加以总结提炼，使其成为可供更广泛推广、借鉴的模式。

目前，在大型工程建设中的运作模式多种多样，本节主要介绍10种，其中重点介绍EPC、PMC、BOT和代建制。这些模式有总承包的、有项目管理的、有融资的、有主要由企业适用的，也有主要由政府适用的（企业在一定条件下也可参考适用），具有一定的典型性和代表性。其中重点介绍的这些模式的法律关系复杂，涉及的问题广泛，如主体问题、转分包问题等，这些问题也是其他模式中可能存在的问题，通过对这四种模式集中加以阐述，不仅其他模式可借鉴参考，也免去了重复赘述。

需要说明的是，一方面，某一种模式往往不可能适合于各类工程，并非"放之四海而皆准"；另一方面，实际上在一个具体的建设工程中，往往将出现几种模式同时运用的情况，如在DBB模式下，又采用PMC模式来管理等。因此，某一具体建设工程采用什么样的模式或采用哪些模式的组合，都应根据工程特性、建设条件等多方面因素来设计或选择，以便能确定更好的工程建设模式及交易方式，并合理安排好相应的合同关系，实现科学运作。

一、DBB 模式

（一）DBB 模式的含义

DBB 模式，即设计—招标—建造（Design-Bid-Build）模式。

（二）DBB 模式的发展情况

DBB 模式是专业化分工的产物，这一模式在国际上较早形成，应用广泛，一般又被称为传统模式。DBB 模式表述上虽然只有"设计—招标—建造"而没有"监理"一词，但应当看到，各国在工程建设的实践中普遍通行业主、承包商、工程师三元结构，同时，用以这一模式下的合同文本，特别是《FIDIC 土木工程施工合同条件》均已将"工程师"的作用给予了"定制"，使工程师在工程建设中处于了对工程的实施进行监督管理的特殊的合同地位。结合国际上采用这一运作模式的实践来分析，我们认为，这一模式不仅体现了招标的要求，而且也包含了工程"监理"的内涵。

正是由于 DBB 模式不仅体现了招标，而且还包含了监理的要求，在我国大型工程建设项目实行强制招标、强制监理的制度下，这种传统模式同样适应了我国法律环境，从而使这一模式目前在我国的大型工程建设中被广泛应用。20 世纪 80 年代初我国第一个利用世界银行贷款项目鲁布革水电站工程建设就是采用的这一运作模式。近年来，我国一批国家重点工程建设，如西气东输、川气东送工程虽然在某些分项目、子工程中也采用 EPC 等其他模式（如川气东送工程中的普光净化气厂建设即采用了 EPC 模式），但从总体上观察，还是采用的 DBB 这一模式。

（三）DBB 模式的基本运作方式及法律关系框架

1. 可行性研究及委托设计

就大型建设工程项目采用 DBB 模式而言，业主首先要组织对项目进行可行性研究。可行性研究通过，业主决策实施后与设计单位签订委托设计合同，由委托设计单位进行工程设计。

2. 组织分标

分标就是在初步设计完成并通过审查后，业主为了科学地开展招标工作，而根据工程特点，按子项工程、专业工程或工程设备等，对整个工程进行分标。

分标是招标的前提。

分标是采用 DBB 模式的十分关键的一步，分标的标准问题又是这一步中最重要的环节。通过在大型建设工程中的实践，特别是对工程建设中出现的与分标有关的问题的研究，我们认为，分标至少应当把握以下六个方面的标准。

一是工程本身的客观标准。工程本身各环节间具有内在的客观联系，要防止把一些客观上必须分为一个标的，去人为地加以割断。更要防止从某些不良的思想出发，故意对应当为一个标的项目进行肢解分标，以此来化整体为零散，搞"零售"，从而规避法律对强制招标的要求。

二是有利于竞争的标准。分标应当有利于调动更多的资源，让更多的承包商参与竞争。如果分标不当，可能使一些标段难度过高，对承包商的资质要求也更高、更严格，从而将一些本来可以承担相应工作的承包商排除在参与竞争的行列之外，这样就没有充分发挥更多社会资源的作用，没有让更多的承包商参与竞争。竞争不充分难以优中选优，也就对工程的工期、质量、投资、HSE等没有了更充分的保障。

三是有利于工期的标准。工期就是效益。工期也是风险防范措施，比如防止合理工期的不当延长，对市场变化、不可抗力所带来的费用增加、工期再拖长等不良影响的风险防范来讲本身就是有效的措施。所以，分标应当有助于工期，有利于创造单位时间内让更多的工作得以实施，得以完成的条件。这就要求在分标时，有意地搞好"横向上"的分布，让更多的分项工作可能同时进行，从而保证尽可能地在有限的时间内完成更多的工作。

四是工作面合理利用标准。应当通过分标使有限的工作面得到充分利用。同时又要考虑到，虽然有的工作可以分标，但由于实施作业面的狭窄，各承包商挤在一起无法展开工作，出现"你干我等，我干你等"的现象，甚至出现相互影响、相互扯皮现象的发生，这样不仅没有达到分标的目的，反而增加了协调的难度，不利于工程的进程。

五是分标有利于防止非法分包的标准。实践中，由于分标的不科学，或某些中标人对履行"大标"能力上的不济，往往出现不得不分包的情形，在这种情况下，就十分容易出现非法分包行为的发生。非法分包虽然为法律所禁止，但事实上却大量存在，原因是多方面的，我们认为没有从分标上就加以防范也是重要的因素之一。非法分包往往带来许多不良后果，如：分包商资质、能力业主难以控制；有的分包商诚信度低或没有社会责任感；拖欠农民工工资引发社会稳定，出现阻工现象，造成工期和投资损失等。所以，在分标中应当将有利于防止非法分包作为一个重要的标准。

六是时间上的串联关系标准。防止"后用先招"，"先用后招"。特别是在采购方面更要注意，后用的先来了，场地、保管都是问题。先用的后来了，又出现工程等停。

鉴于分标工作的重要性，我们建议，业主在分标时应当组织专业技术、经济商务和法律人员共同参与，形成"三位一体"的专门工作小组，认真研究，精心分标。

3. 招标订立合同

招标就是在工程各标段设计满足招标条件的情况下，由业主或委托招标代理机构，以公开或邀请招标的方式，同时或分期分批组织施工、采购或监理招标。

招标后，业主与中标的承包商订立合同，各中标签约的承包商根据合同的约定，进场施工或组织设备采购、制造。承包商与业主有直接的合同关系，直接对业主负责，同时接受监理单位监督。在 DBB 模式下，业主可以根据工程规模大小、工程内在联系和专业分工等情况，委托一家或几家监理单位对施工或设备制造进行监督。

4. DBB 模式的主要法律关系框架

在 DBB 模式中，参与工程建设的主要有业主（可成立代表业主的建设管理机构）、设计单位、承包商、监理单位，其相关的法律关系主要有合同关系、监督关系、管理协调关系等（见图 1-3）。

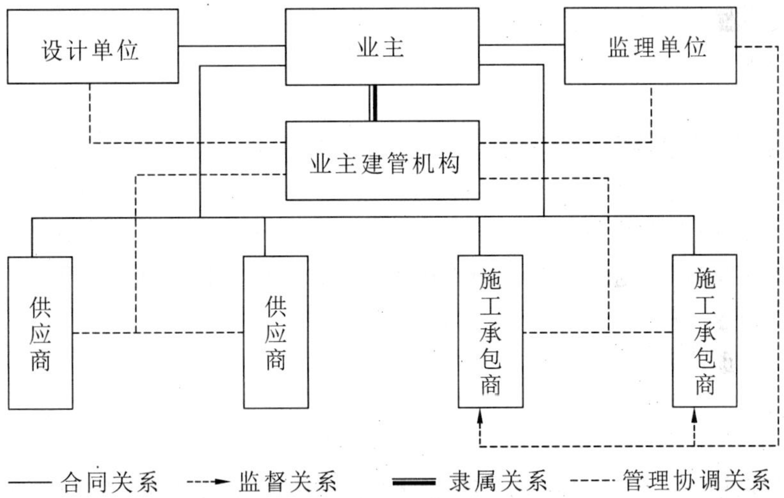

图 1-3　DBB 模式主要法律关系框架

(四) DBB 模式的特点分析

DBB 模式讲究"按顺序进行"。在这一模式下，设计全部完成后，进行招投标，业主分别与设计和其他承包商、监理单位签订合同，然后进入施工。如果与其他工程建设的运作模式相比，DBB 模式十分强调工程建设的实施必须按照设计—招标—建造这一顺序进行，只有一个阶段结束后另一个阶段才能开始，这是其最大的特点。

DBB 模式有着长期的实践经历，适用于 DBB 模式的相应合同文本在实践中得到多次反复运用，工作界面各方都很清楚，运作程序各方均比较熟悉，管理方法也十分成熟，这也可以称其为一个值得注意的特点。

此外，综合国内对 DBB 模式特点研究的成果，其特点还主要表现为以下几点。一是权责清晰。合同四方，即业主、设计单位、承包商、监理单位，权、责、利分配明确，在各自合同的约定下行使自己的权利和履行自己的义务，有利于合同管理、风险管理。二是有利于提高竞争性。采用这一模式，可根据工程特点科学组织分标，让每个标的规模相对较小，使满足招标条件的投标人增加，从而提高工程招标的竞争性。三是有利于防范法律禁止行为的产生。对一些专业性较强的工程合理分标后，有利于直接选择优秀的专业化承包商，避免过多的分包，避免或减少违法转包、非法分包的发生。四是工程建设周期可能较长。由于工程要经过设计、招标、施工三个环节之后才移交给业主，一般来看工程建设的周期可能较长，投资成本容易失控。五是易产生"施工性"差的现象。由于计设与施工的分离，承包商无法参与设计工作，可能出现设计的"施工性"差，在管理上导致设计与施工的协调困难。六是可能较易发现纠纷。由于设计"施工性"因素，可能会导致设计变更频繁，进而引起较多的索赔及纠纷发生。

二、CM 模式

（一）CM 模式的含义

CM 模式，即建设管理（Construction Management）模式。这一模式就是业主从工程建设的开始阶段就委托具有施工经验的 CM 单位参与到工程建设的具体实施过程中来，目的是发挥 CM 单位特长，由其根据自己掌握的施工经验，协助业主为工程设计提供施工方面的建议，并且在施工过程中代表业主负责管理施工工作。

（二）CM 模式的发展情况

CM 模式产生于 20 世纪 60 年代的美国，在美国、加拿大、欧洲和澳大利亚等许多国家，广泛地应用于大型建设工程项目上，比较有代表性的是美国的世界贸易中心和英国诺丁安地平线工厂。这一模式在 20 世纪 90 年代后在我国也得到了一定程度上的应用，如上海证券大厦建设项目、深圳国际会议中心建设项目等。

（三）CM 模式与 DBB 模式的比较

CM 模式采取分阶段发包的方式，改变了 DBB 模式那种必须按照设计—招标—建造顺序进行，并且只有一个阶段结束后另一个阶段才能开始的运行方式，而是采用当某个方面的主要决策一经确定、一部分或某个单项工程一经设计完成后，即对该部分进行招标并进行施工的方式（CM 模式与 DBB 模式的比较见图

1-4）。

DBB 模式下较严格地按顺序实施：

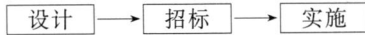

设计 ⟶ 招标 ⟶ 实施

CM 模式下有条件的"边设计、边实施"及分阶段的多个单项发包施工：

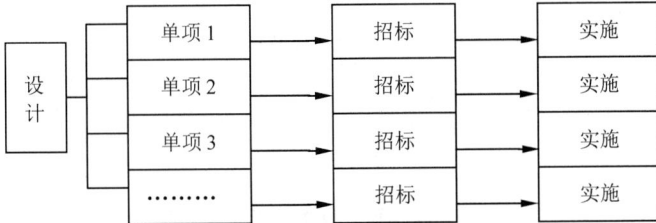

图 1-4　CM 模式与 DBB 模式的比较

（四）CM 模式的运作方式及法律关系框架

从国际上的应用实践观察，在 CM 模式中，业主委托 CM 单位承担工作内容十分广泛也非常灵活，按照不同的线索对具体的运作方式的分类也有所不同。从目前国内对 CM 模式运作方式研究的成果来看，一般对 CM 模式的分类主要是以合同关系为线索。这种分类方法按合同规定的 CM 单位的工作范围和角色，将 CM 模式具体分为代理型和风险型两种方式。

1. 代理型 CM 模式

在代理型 CM 模式下，CM 单位是业主的咨询机构和代理人，CM 单位不直接与承包商签订合同，与承包商之间没有合同关系，合同均由业主在各施工阶段和承包商签订。

代理型 CM 模式中的 CM 单位可以只是提供某一阶段的服务，也可以提供全过程服务，但在整个过程中 CM 单位与业主都是委托代理关系。

一般来讲，由于 CM 单位介入工程时间较早又不承担设计工作，所以 CM 单位尚不具备向业主直接报出具体工程的价格的条件。因为前面这些条件的限制，在业主与 CM 单位之间合同的商务安排上，往往体现为 CM 费，这个 CM 费可能不是一个确定的具体数额，主要是约定确定计价原则和方式。CM 合同在本质上属于成本加酬金合同的一种特殊形式，因此，对于代理型 CM 单位来说，风险较小。

代理型 CM 模式中的 CM 单位对设计单位一般没有指令权，只能向设计单位提出一些合理建议，CM 单位与设计单位、监理单位、承包商之间体现为协调管理关系（代理型 CM 模式法律关系框架见图 1-5）。

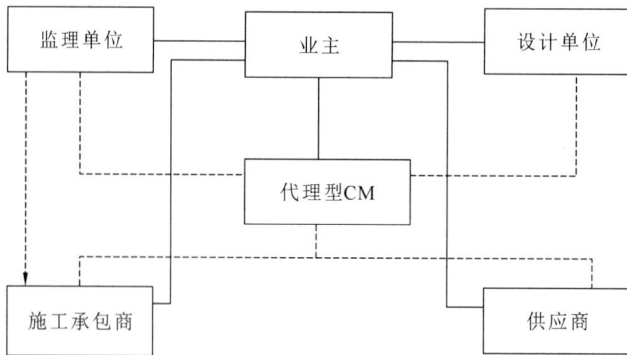

图 1-5　代理型 CM 的法律关系框架

2. 风险型 CM 模式

在风险型 CM 模式下，CM 单位不仅承担咨询和管理服务，同时也担任施工总承包商的角色。

在业主与风险型 CM 单位间合同的商务安排上，业主一般要求 CM 单位提出保证最高成本限额，以保证业主的投资控制，如最后结算超过最高成本限额，双方可约定由 CM 单位赔偿，如低于最高成本限额，则由双方约定节约的部分归业主所有，当然也可约定分成的办法。业主要求 CM 单位保证最高成本限额也是有代价的，这个代价表现为合同价款的增加上。由于有了最高成本限额，所以从业主一方来看，投资的风险得以减少，而从 CM 单位来看，风险却增加了。

在这种模式中，CM 单位的地位实际上相当于一个总承包商，它与各分包商直接签订合同，有着直接的合同关系。另外，虽然 CM 单位与分包商直接签订合同，但 CM 单位对各分包商的招标和签约都对业主公开并必须经过业主的确认（风险型 CM 的法律关系框架见图 1-6）。

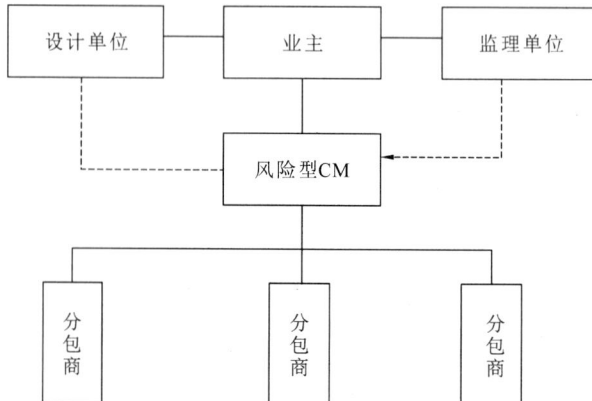

图 1-6　风险型 CM 的法律关系框架

（五）CM 模式的特点分析

CM 模式的优点主要在于：一是 CM 模式的基本思想就是缩短工程从规划、设计、施工到交付业主使用的周期，采用分阶段发包实施的运作方式，有利于工程工期缩短；二是 CM 单位从工程一开始就参与，做到了早期介入，可以通过合理化建议来影响设计；三是 CM 单位一般应当是具有施工实践经验的单位，其建议有利于设计的"施工性"。CM 模式也存在一些不足：一是分阶段招标可能导致承包费高；二是业主在一定程度上有赖于 CM 单位，那么 CM 单位能力、信誉将直接影响工程的进程。

三、DB 模式

（一）DB 模式的含义

DB 模式，即设计—建造（Design-Build）模式，起源 20 世纪 60 年代，是近年来在国际工程建设中常用的运作模式。在这种模式下，业主只选定一家实体，由这家实体既负责工程的设计又承担工程的施工。DB 模式的出发点在于让工程的设计和施工捆绑在一起，实现早期的关联结合，以便提高设计的可施工性，促进工程造价的降低和工程进度的缩短。

（二）DB 模式与总承包

工程总承包是指从事工程总承包的企业受业主委托，按照合同约定对工程项目的勘察、设计、采购、施工、试运行（竣工验收）等实行全过程或若干阶段的承包。

DB 模式，常常又被称为"一揽子工程承包"。无论是从国际上还是我国的情况来看，DB 模式都被列入建设工程总承包的范围，成为建设工程总承包的一种模式。

1. 国际上对总承包界定的范围

目前，在国际上称之为工程总承包的，主要是 DB 和 EPC 模式。同时，从合同工作范围上看，凡是同一实体既从事设计（不论设计的阶段）又负责施工的都看成为总承包（见图 1-7）。

国际上一些大型的工程公司都致力于开展工程总承包服务。根据建设部组成的专家考察团 2002 年对美国和加拿大的柏克德（BECHTEL）、凯洛格（KBR）、福斯特威勒（FOSTER WHEELER）、鲁姆斯（ABB LUMMUS）、福陆（FLU-OR）、兰万灵（SNC LAVALIN）等六家大型国际型工程公司考察显示，它们总承包业务占其总业务量的 60％以上，覆盖石油与化工、基础设施、铁路、公路、电力、机场建设等多个领域。

2. 我国对总承包界定的范围

我国的总承包起步比较晚，从 20 世纪 80 年代开始出现。关于总承包制度的相关政策较早见于 1984 年第六届全国人大第二次会议政府工作报告。在这份政

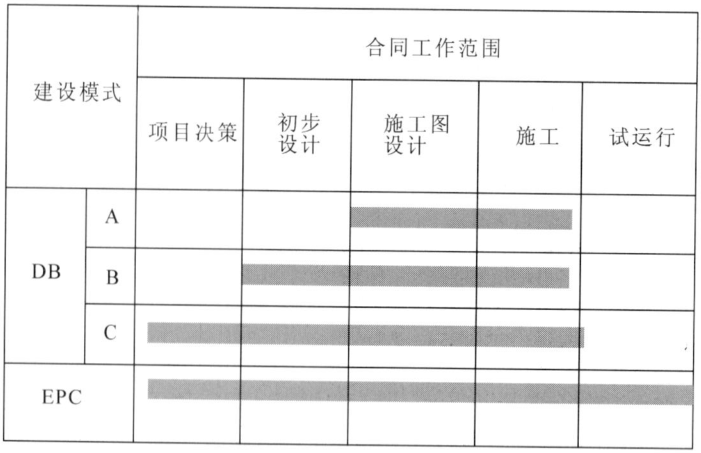

建设模式		合同工作范围				
		项目决策	初步设计	施工图设计	施工	试运行
DB	A			▬▬▬▬	▬	
	B		▬▬▬	▬▬▬		
	C	▬▬▬	▬▬▬	▬▬▬	▬	
EPC		▬▬▬	▬▬▬	▬▬▬	▬▬▬	▬

图 1-7　国际上总承包模式合同工作范围

府工作报告中提出："着手组建多种形式的工程承包公司和综合开发公司。工业、交通等生产性建设项目由专业性工程承包公司投标，从可行性研究、设计、设备配套、工程施工到竣工试车进行全过程的总承包；然后再由工程承包公司向各设计、施工、设备供应单位招标，签订分包经济合同。"随后由国务院颁发的《关于改革建筑业和基本建设管理体制若干问题的暂行规定》也指出："各部门各地区都要组建若干具有法人地位、独立经营、自负盈亏的工程承包公司，并使之逐步成为组织项目建设的主要形式……可以选择部分设计单位或者组织部分设计人员，组建工程咨询公司和工程承包公司。工程承包公司的主要任务，是受主管部门或建设单位的委托，承包项目的建设。可以从项目的可行性研究开始直到建成试车投产的建设全过程实行总承包，也可以实行单项承包。"这些成为了我国早期实施总承包制度的政策和法律基础。

　　为了进一步推进总承包，2003 年 2 月建设部颁布《关于培育发展工程总承包和工程项目管理企业的指导意见》，规定凡是具有勘察、设计资质或施工总承包资质的企业均可在企业等级许可范围内开展工程总承包业务。2004 年 11 月，印发了《建设工程项目管理试行办法》。随后颁布《建设项目工程总承包管理规范》（GB/T50358-2005），这些标志着我国工程总承包进入了一个新阶段。

　　就哪些模式可称其为总承包的问题，在《关于培育发展工程总承包和工程项目管理企业的指导意见》中对我国的总承包的几种模式及工作范围进行了界定，成为目前我国建设工程总承包的操作依据（我国目前总承包模式见图 1-8）。

　　从图 1-8 我们可以看出，根据建设部《关于培育发展工程总承包和工程项目管理企业的指导意见》的界定，我国工程建设总承包的范围比国际上广泛。从合同工作范围上看，我国的工程总承包不仅是同一实体负责设计和施工称为总承包，同时，由同一实体负责采购和施工的也称为总承包，总之承包商的工作范围能对工程建设的诸阶段——计划、设计、施工、运转的全过程或至少包括施工的若干阶段进行承包的都是我国工程建设的总承包。

建设模式		合同工作范围					
		方案设计	初步设计	施工图设计	采购	施工	试运行
DB	A			■		■	
	B		■	■		■	
	C	■	■	■		■	
EPC		■	■	■	■	■	■
EP	A	■			■		
	B		■		■		
	C			■			
EP	A	■				■	
	B		■			■	
	C			■		■	
PC					■	■	

图 1-8　我国总承包合同工作范围

（三）DB 模式的运作方式及法律关系框架

在 DB 模式下，一般是在项目原则确定后，业主只选定唯一的实体负责项目的设计与施工，设计—建造承包商不但对设计阶段负责，而且也可用招标的方式选择分包商（DB 模式的法律关系框架见图 1-9）。

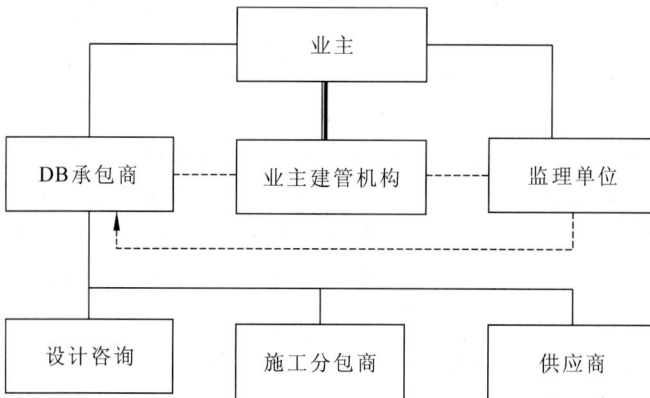

图 1-9　DB 模式法律关系框架

（四）DB 模式的特点分析

DB 模式的主要特点是业主和同一实体签订单一合同，由该实体负责实施项目的设计和施工。在国外，该实体可以是大型承包商，或者是具备项目管理能力的设计咨询公司，或者是专门从事项目管理的公司。设计和施工同为一个实体，使设计和施工做到了早期的有机结合，对提高设计的"可施工性"有了一定的保证，使得设计更加合理和实用，避免了两者之间的矛盾，也有利于缩短工期。在DBB 模式下，设计与施工互相独立，各自对业主负责，遇到设计或者施工变动都需要通过业主，产生矛盾也通过业主进行协调，DB 模式实行设计与施工的结合，设计与施工的地位和关系产生了很大的变化，二者不再是相互独立的利益主体，承包商对工程建设的全过程负有全部的责任，这种责任的单一性避免了工程建设中各方相互矛盾和扯皮。

但是，采用这一模式也有需要注意的问题，主要是在这种模式下，承包商拥有了更大的权利，它可以选择分包商、材料供应商和设计咨询公司，业主对工程实施过程的控制力较弱，易发生"以包代管"的现象。

四、DM 模式

（一）DM 模式的含义

DM 模式，即设计—管理（Design-Manage）模式。这种模式是在 CM 模式的基础上发展起来的。DM 模式可以看做是 CM 模式与 DB 两种模式相结合的产物。该模式一般由同一实体向业主提供设计，并在施工过程中进行施工管理。

（二）DM 模式的运作方式及法律关系框架

DM 模式的实现可以有两种形式。

第一种，业主与 DM 单位和施工总承包商分别签订合同，由 DM 单位负责设计并对施工总承包商的施工行为进行管理。

第二种，业主只与 DM 单位签订合同，由 DM 单位分别与各个单独的承包商和供应商签订分包合同（两种形式的法律关系框架见图 1-10）。

（三）DM 模式的特点分析

由于这种模式由 DM 单位负责设计和管理，可以像 CM 模式那样对总承包商或分包商采用阶段发包方式以加快工程进度。同时，由于 DM 单位负责设计工作，对工程的情况十分清楚，有利于对施工的科学管理。

但从另一个方面来看，该模式业主不仅仅要求 DM 单位要有很强的设计能力，而且还要依靠 DM 单位的管理能力，如果 DM 单位缺少管理能力，设计能力再强，也会影响工程建设进程。

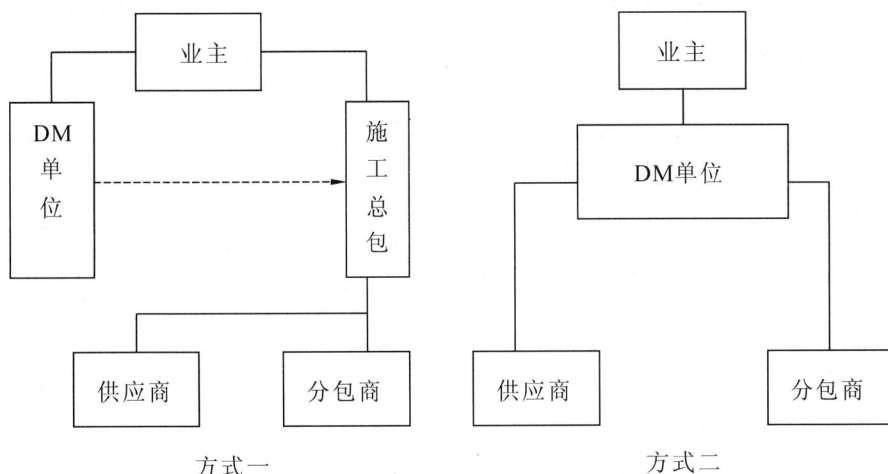

方式一　　　　　　　　　　　　方式二

图 1-10　DM 运作的两种方式法律关系框架

五、IPMT 模式

(一) IPMT 模式的含义

IPMT 模式，即工程一体化项目管理（Integrated Portfolio Management Team）模式。

IPMT 模式是顺应现代建设工程规模越来越大，工程的内容越来越复杂，工程的技术要求越来越高的需求而发展起来的、意在使各方资源得到优化配置的工程建设运作模式。目前 IPMT 模式已成为国外对大型复杂工程建设进行实施运作的重要模式。在我国，近年来，这一模式在一些大型建设工程中也得到了运作，如扬巴一体化项目、赛科项目（漕泾乙烯）等。

IPMT 模式要求业主与 PMC 组织结构一体化，运行程序和体系一体化，设计、采购、施工一体化等。通过一体化使各方不再是独立运行的单元，避免了各自为政，实现了按一套体系工作，按一套计划实施，按一套程序运作，保证工程建设的整体运行。

(二) IPMT 模式运作方式及法律关系框架

1. 一体化的基础

从实践观察，IPMT 模式主要建立在业主与 PMC 承包商之间。这说明，一般来讲只有工程建设采用 PMC 模式，才有可能实现 IPMT 模式，PMC 模式的运用为建立 IPMT 模式提供了前提和基础。

2. IPMT 合同

一体化项目管理实施的依据是业主与 PMC 之间的合同。这个合同主要包括三方面内容，一是明确各种交付成果及业主的期望及要求；二是明确商务安排，合同的商务基础是据实报销和按计费工时计算；三是明确激励机制和标准，按照 PMC 的绩效和项目实际成果对其进行激励和奖惩。

3. 联合项目组

实施 IPMT 模式，首先需建立一体化项目组，这个项目组由业主与 PMC 联合组成。一体化项目组是业主功能的延伸，是业主的、而不是工程建设其他参与主体的机构，它是一个大业主的概念。在联合项目组中，比较常见的是由业主代表任项目主任（项目总监），PMC 代表任项目执行副主任。项目主任对整个项目负责并给业主报告。项目执行副主任对管理组的工作负责。项目部其他成员根据最优化资源配置原则可能来源于业主，也可能来源于 PMC。在项目组内，虽然来源不同，但是不管是来源何方，组织内部的人员之间只有职责之分，没有业主人员与 PMC 人员之分。

（三）IPMT 模式的特点分析

在 IPMT 模式下，业主和 PMC 通过有效组合达到资源及特长的最优化配置。业主可以直接利用 PMC 常年积累的管理经验，同时又不失去对项目的决策权，有利于克服"以包带管"。此外，业主把项目管理的日常工作交给专业的 PMC，不仅自身可以把主要精力放在专有技术、功能确定、资金筹措、市场开发及自己本身的核心业务上，而且还有助于解决自身存在的非专业机构和非专业人员管理项目的问题。

（四）IPMT 模式运作案例——扬巴一体化项目

扬巴一体化项目是我国批准的一个大型石化合资项目，是国家"十五"重点建设工程。工程位于南京扬子江北岸，由中国石化与德国的巴斯夫（BASF）各出资 50％建设，拥有 9 套具有较强竞争力的世界级规模的工艺生产装置。该项目 2004 年年底机械完工，2005 年 5 月核心装置——乙烯装置一次开车成功并生产出合格产品，同年 6 月 28 日，以 60 万吨/年乙烯装置为核心的扬巴一体化工程 9 套化工装置全部试车成功并投入商业运营。

项目采取 IPMT 模式，组建了由业主和 PMC（美国福陆丹尼尔公司）组成的一体化联合管理组，负责一体化项目的实施。联合管理组由项目主任组统一领导，主任组设主任一名，副主任一名和执行主任一名，执行主任负责日常工作。

业主与 PMC 签订合同费用的构成包括固定成本和利润加奖励。业主聘请第三方对 PMC 的工作进行检查和审计，包括质量、费用、进度等方面；审计结果直接影响到 PMC 的利润和奖励。

六、Partnering 模式

（一）Partnering 模式的含义

Partnering 模式，即伙伴或合伙模式。Partnering 模式的基本思想就是变工程建设参与各方之间的"对立"关系为合作伙伴关系，使原来各方单纯追求自己的目标转变为各方都追求共同确立的目标。

Partnering 模式突破了传统的组织界限，在充分考虑参与各方的利益的基础上，通过共同订立合作协议，确定共同的目标，建立共同参与的工作小组，共同解决工程建设中的问题，共同分担风险和成本，即时沟通避免争议和诉讼的发生，以工程建设目标的实现来保证参与各方目标利益的实现。

Partnering 模式于 20 世纪 80 年代中期首先出现在美国，到 20 世纪 90 年代中后期，应用范围逐步扩大到英国、澳大利亚、日本等国家及中国香港地区。由于这种模式具有提高工作效率、降低施工成本、加强产品品质、避免或减少索赔等优点，逐渐成为发达国家或地区工程项目的重要模式，并且日益受到建设工程管理界的重视。

（二）Partnering 模式的运作方式及法律框架

1. Partnering 模式的两种运作方式

（1）短期的 Partnering。

短期的 Partnering 是指在某一单独具体的特定工程中采用 Partnering 模式。它一般从战役层面考虑而结成，强调在业主、承包商、监理方等外部参与主体间（不包括业主的建管机构）建立合作互信和双赢的关系。由于某一个具体的工程不论建设期多长，也是有时限性的，因此，形成的伙伴关系也具有一定的时限性。

（2）长期的 Partnering。

长期的 Partnering 模式是从战略层出发确定项目范围，从参与企业的生命周期出发建立长期性的合作关系，既考虑特定项目的生命周期，也要考虑参与企业的自身发展。长期的 Partnering 与企业的战略发展紧密相关，适用于有连续项目需求的情况。

2. Partnering 模式的基本法律关系框架

（1）Partnering 协议。

Partnering 模式以各方签订的 Partnering 协议为实施基础。这个协议并不仅仅是业主与施工单位双方之间的协议，而需要建设工程参与各方共同签署，包括业主、总承包商、分包商、设计单位、咨询单位、主要的材料设备供应单位等。

Partnering 协议与具体的工程合同性质不同，不能相互替代。一般来讲，短期的 Partnering 协议，在工程合同签订后，工程建设参与各方经过讨论协商签订，工程合同在前，Partnering 协议在后。而长期的 Partnering 协议一般先于具体的工程合同签订，是一种战略层面考虑的协议。

（2）Partnering 管理小组。

这是在参与各方之间建立一个合作性的管理小组。这个小组的建立突破了传统的组织界限，业主直接与设计、承包商、供货商等参与方在一个小组工作。小组着眼于各方的共同目标和利益，并通过一定的程序来确保目标的实现。

（3）Partnering 模式的争议处理机制。

Partnering 模式的争议处理机制主要是制定争议的处理权限层次和各权限层次解决问题的时间与责任。其基本原理是：规定争议解决的层次，每一个层次都设定了解决争议的时限，当争议在限定时间未被解决时，移交上一级管理层处理，一旦在任一层达成协议，争议就算得到解决。这一机制同样适用于协调某一个需要解决的问题。争议处理机制，可以快速地解决工程建设实施中出现的问题及合同纠纷，为工程建设的运行提供良好的合作环境。

（4）Partnering 模式评价机制。

这是衡量 Partnering 整体水平，评定 Partnering 模式成功与否，找出不足并制定有效改进措施，从而不断提高合作方运营水平的一种手段。

Partnering 模式的评价分为管理系统评价和项目业绩评价。对管理系统的评价包括计划执行的满意情况，工作关系维持情况，成本开支情况，商业运作情况等方面；而业绩评价则是包括对成本的控制程度，完成工作质量的鉴定与统计，工作效率与工期目标的达到，决策的高效和协调性，争议处理的有效性以及完成的项目达到的价值和效益等方面的评价。

（三）Partnering 模式的特点分析

Partnering 模式改善了工程建设的环境和参与工程建设各方的关系，明显减少了索赔和诉讼的发生。Partnering 模式强调资源共享，信息作为一种重要的资源对于参与各方必须公开，以保证能被参与各方及时、便利地获取，因此，各方容易形成有效的沟通，有利于在相互信任的氛围中直接监督工作。

七、EPC 模式

（一）EPC 模式的含义

EPC 模式，即设计—采购—施工（Engineering-Procurement-Construction）模式，它是业主将建设工程发包给总承包单位，由总承包单位承揽整个建设工程的设计、采购、施工，并对所承包的建设工程的质量、安全、工期、造价等全面负责，最终向业主提交一个符合合同约定、满足使用功能、具备使用条件并经竣工验收合格的建设工程总承包模式。

应当说明的是，一方面，由于 EPC 模式无论是在国内还是在国外都将其归入总承包的一种，而总承包概念容易引起误解，人们喜欢将总承包等同于工程建设全过程承包；另一方面，在普遍使用或参照使用的 FIDIC《设计采购施工

（EPC）/交钥匙工程合同条件》的前言中，对推荐此类合同条件说明为"可适用于以交钥匙方式提供加工或动力设备、工厂或类似设施、或基础设施工程或其他类型开发项目。""这种方式，（i）项目的最终价格和要求的工期具有更大程度的确定性，（ii）由承包商承担项目的设计和实施的全部职责，雇主介入很少。交钥匙工程的通常情况是，由承包商进行全部设计、采购和施工（EPC）；提供一个配备完善的设施，（转动钥匙时）即可运行。"等等原因，人们往往将EPC模式理解为工程建设从头到尾的全过程承包。

实际上，目前对EPC模式的工作范围还没有公认的定义，即从工程建设的全过程来看，EPC模式工作的起点及终点没有定势。这种模式可以让承包商提供从项目策划开始，提出方案、进行设计、市场调查、设备采购、施工、安装和调试、技术培训、直至竣工移交的全套服务，全过程承包，也可以不是全过程承包，而只要承包商的工作范围包括了设计深度的一个阶段，采购或施工都是EPC模式。

正是基于上述情况，目前国内外在EPC框架下都存在着不同的做法。

从国内看，许多企业在长期的实践中，根据市场的情况和本企业管理的特点往往形成各自的EPC工作范围，如在石油化工领域，大型炼油化工装置EPC一般就是从详细设计开始到工程联动试车止。

从国外看，对EPC还有诸多的变通。常见的主要变通形式包括：设计—采购—施工管理（EPCm, m-management）EPCm，即总承包商负责工程项目的设计、采购和施工管理，不负责组织施工，但对工程的进度、质量全面负责。设计—采购—施工监理（EPCs, s-superintendence）EPCs，即总承包商负责工程项目的设计、采购和施工监理。业主和施工承包商另外签订合同。设计—采购—施工咨询（EPCa, a-advisory）EPCa，即总承包商负责工程项目的设计、采购和施工阶段向业主提供施工咨询服务，但不负责施工的管理和监理。设计—采购—施工—试运（EPCc, c-commissioning）EPCc，即总承包商除了设计、采购、施工外，还要负责试运行，移交后的工程直接进入生产，是真正的交钥匙，等等。

（二）EPC模式的发展情况

1. EPC模式在国外的发展情况

从发展的根源来看，在工程建设实践中，随着业主对建设工程的功能要求的日益多样化，建设工程的规模越来越大，复杂程度也越来越高，原来那种将设计、采购、施工各个环节分离的工程建设模式，由于存在工程进度衔接不畅、工程质量、责任难以划分等问题，被认为已经越来越不适应形势发展的需要。在这种情况下，由一个总承包商对整个工程设计、建设过程、工程质量、工程造价负责的EPC模式慢慢在实践中兴起，定形。

从运作的规则发展来看，EPC模式成型于20世纪80年代。随着实践的不断深入和工程建设市场的需求，国际咨询工程师联合会（FIDIC）于1995年出版《设计—建造总承包与交钥匙工程合同条件》，这是专门为EPC模式编制的合同条件。这个合同条件不仅仅是起到了为各方提供合同文本的服务作用，而且它在内容上还为EPC模式提供了一套基本的运作程序，成为目前EPC运作的主要规则体系。

从市场的运用情况来看，EPC模式目前在国外得到越来越广泛的运用，并且比其他一些模式发展得快。据美国工程总承包学会（DBIA）的研究显示，EPC模式是目前国际工程建设市场发展最快的模式，到2005年，采用EPC模式运作的工程已经超过DBB传统模式（见图1-11）。

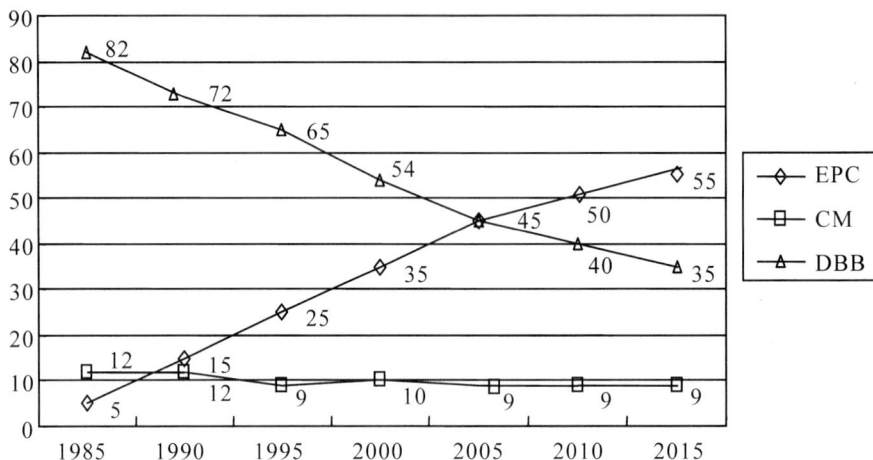

图1-11　美国工程总承包学会预测工程总承包的发展趋势

从总承包商群体发展来看，随着EPC模式的广泛实践，在国外，采用EPC业务模式的工程总承包商也得以迅速发展，一大批承包商具有与EPC模式相匹配的能力，表现为，第一，这批承包商拥有大量技术人才和管理人才，功能齐全，可以提供全过程服务，包括项目管理、设计、采购、施工、开车服务等。即使存在某些环节自己不能完成，也能依靠战略伙伴来完成相关工作。第二，这些承包商主要收入来源是为业主提供工程建设服务，包括工程总承包和项目管理等。

2.EPC模式在我国的发展情况

从EPC模式在我国推行的环境来看，20世纪90年代以前虽然存在一些实践，但由于人们对总承包的认识问题、承担总承包队伍能力问题以及过去计划经济体制下各系统都有自己的工程队伍而存在的行业垄断、部门分隔等多种因素，推行 EPC 模式还有一定的阻力。

进入 20 世纪 90 年代后，EPC 模式得到了一定程度的发展。为加强与国际惯例接轨，进一步推进工程建设总承包制，我国《建筑法》第二十四条规定：提倡对建筑工程实行总承包；建筑工程的发包单位可以将建筑工程的勘察、设计、施工、设备采购一并发包给一个工程总承包单位，也可以将建筑工程勘察、设计、施工、设备采购的一项或者多项发包给一个工程总承包单位。《建筑法》的这一规定，在法律层面为 EPC 总承包模式在我国的推行提供了具体法律依据。2003年 2 月 13 日，为进一步贯彻《建筑法》第二十四条的相关规定，建设部颁布了[2003] 30 号《关于培育发展工程总承包和工程项目管理企业的指导意见》，在该规章中，明确将 EPC 总承包模式作为一种主要的工程总承包模式予以推广。

从国内适用于 EPC 模式的合同文本建设情况来看，虽然我国已制定了《土木工程施工合同示范文本》以及勘察、设计、施工和劳务、专业分包合同，但还没有制定专用的 EPC 总承包合同示范文本。主要借鉴的是，FIDIC 1995 年出版的国际通用的《设计—建造总承包与交钥匙工程合同条件》和 1999 年 9 月，FIDIC 在总结以往合同条件的基础上，新出版的《EPC/交钥匙项目合同条件》，EPC 总承包模式基本由业主与工程总承包商参照 FIDIC 示范文本在合同中约定，如承包具体方式、工作内容和分包责任等。我们在下文中将对运用 FIDIC 合同文本需关注的问题进行一些分析和提示。

目前，随着我国总承包的深入发展，"中国式"的总承包示范合同文本的编制工作已经引起了高度重视。由中国勘察设计协会建设项目管理和工程总承包分会承担并组织有关单位开展的《工程总承包合同范本》专题研究已全面展开，2008 年 3 月《工程总承包合同示范文本》第四稿审查会在北京召开，这使我们看到了国内总承包合同出台的希望。

在国内无专用合同文本的情况下，在一些法律机构比较健全的企业，法律机构根据企业的业务需要，着手编制了一些 EPC 模式下使用的合同文件。这些合同文本对本企业采用 EPC 模式从事工程建设活动起到了良好的规范作用。

从 EPC 模式对工程企业的能力要求来看，目前我国总承包企业在能力上依然面临着需要不断发展的情况。如国际上以 EPC 模式从事工程建设服务的企业多数是综合能力比较强的大型企业，虽然我国也有很多大型工程企业，但其服务功能、组织体系、技术管理体系、人才结构方面与国际上一些知名总承包企业相比还有差距。一些企业尚没有形成自己的专利技术和专有技术，缺乏国际先进水平的工艺技术和工程技术等。虽然还存在这些需要加强的地方，但是随着 EPC 模式在国内工程建设中的运用，一大批企业积蓄了经验，能力在不断提升，为EPC 模式在国内的发展提供了承包商方面的支持。

（三）EPC 模式特点分析

从业主角度看，EPC 模式的合同总价固定，业主通过固定总价的安排，实际上实现了对风险的安排，将工程建设过程中的大部分风险转移给 EPC 总承包商，从而使工程项目的投资具有较大的确定性。采用 EPC 模式，总承包商在工程设计时会主动实行限额设计、优化设计方案。由于设计、采购、施工的组织实施是统一策划、统一组织、统一指挥、统一协调和全过程控制的，可以对工程设计、采购、施工统筹考虑，让承包商的工作具有连贯性，可以防止设计者与施工者之间的责任推诿，同时，相关工作可以进行合理、有序、深度交叉，从而降低工程建设成本，缩短建设工期。在这种模式下，业主的管理责任单一，业主只需单独与总承包商进行沟通协调和管理，减少了业主参与建设管理的工作力度和管理费用。正因此，这一模式一出现，就得到了那些希望尽早确定投资总额和建设周期的业主的重视，在国际工程承包市场中的应用逐渐扩大。

但是，这一模式的业主较少参与管理的特点又会造成如果不加强管理则会出现"以包代管"的现象。另外国际上通行的 EPC 模式下没有监理（工程师）这个专业监控角色和独立的第三方，由二元结构替代了业主、承包商、监理（工程师）的三元结构，这一点与我国强制监理制度的要求又存在冲突，实践中需按法律的规定加以完善。

从 EPC 承包商的角度看，也正是由于总价固定，EPC 模式给承包商提供了相当大的弹性空间，特别是利润空间。同时尽管 EPC 模式给承包商提供了相当大的空间，但业主从风险的分配约定上也给承包商带来了风险。

（四）EPC 模式的法律框架

1.EPC 模式的主要法律关系

在国外，以 EPC 模式进行工程建设的参与主体主要是业主和总承包商的二元结构，业主与承包商订立总承包合同。

在我国，由于有强制监理制度的法律安排，参加工程建设的除了业主和总承包商外，还应有监理。

无论是在国内外，都有一个共同的方面，即如果需要，总承包商可以自己的名义与其他分包商在法律规定框架内订立分包合同，由总承包商与分包商共同完成设计、采购、施工工作。根据法律安排及目前的实践，我国典型 EPC 模式的法律关系框架如图 1-12 所示。

2.EPC 模式下承包商主体资格

（1）国内外的资质管理体制。

在一些发达国家，承担 EPC 总承包的组织形式主要有两种，一种是永久组织，即永久性的经济实体，包括以施工企业为主导的总承包实体和以设计企业为

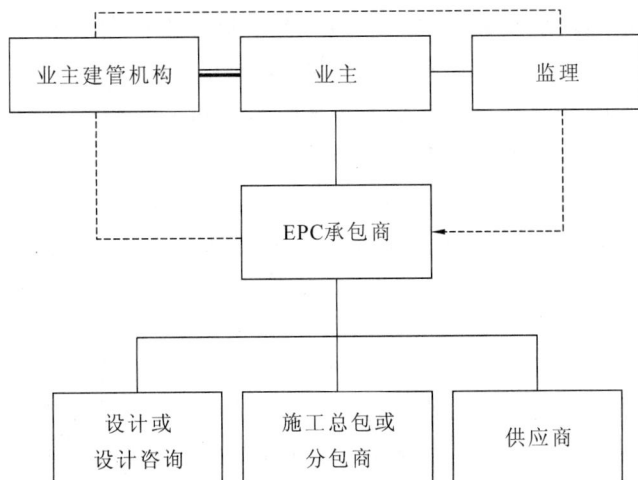

图 1-12 我国典型 EPC 模式法律关系框架

主导的总承包实体；另一种是临时性的组织，即针对一个具体特定的项目，由若干个设计单位和施工单位组成的临时性联合体组织。在资质管理方面，一般没有专门对总承包单位规定资质等级。一个 EPC 工程需要什么条件的承包商主要由业主提出有关能力、工程建设的经历、业绩方面的要求，并按这些要求进行评价确定承包商。

在国内，资质管理是我国对工程建设市场参加主体的核心管理手段，主要表现在，通过法律法规及大量的部门规章来确定严格的资质管理法律框架，无论是对企业资质还是个人执业资格都实行严格管理，构成了双重的管理体系，形成了工程建设市场的准入法律制度。

目前我国法律按照注册资本、专业技术人员、技术装备和已完成的建筑工程业绩等资质条件，划分为不同的资质等级，对从事工程建设的施工企业、勘察单位、设计单位和工程监理单位进行资质审查，对合格的颁发相应等级的资质证书。参加工程建设的主体只有取得资质后方可在其资质等级许可的范围内从事工程建设活动。

（2）我国总承包资质管理的发展情况。

就总承包而言，政府颁发的企业资质证书是对企业能力的认证书，市场的准入证。1992 年，原建设部颁发了《工程总承包企业资质管理暂行规定》，第一次通过规章形式对工程总承包资质作出规定，同时颁发了《设计单位进行工程总承包资格管理的有关规定》，对设计单位进行工程总承包资格问题做出了规定；1993 年颁发了《关于开展工程总承包资质就位工作的通知》。1997 年 11 月，我国颁布了《中华人民共和国建筑法》，规定从事建筑活动的主体取得相关资质等级后才可在其范围内从事建筑活动。2003 年，原建设部印发了《关于培育发展工程总承包和工程项目管理企业的指导意见》，规定凡是具有勘察、设计资质或施工总承包资质的企业都可以在企业资质等级许可的范围内开展工程总承包业务；2006 年颁发了四个设计与施工专项资质标准，随后颁布了修订后的《建设工程勘察设计资质管理规定》。2007 年 3 月 13 日，又颁布了新的《施工总承包企业特级资质标准》，推动了施工企业从施工总承包向工程总承包方向转型。

2007 年 6 月 26 日，建设部发布了《建筑业企业资质管理规定》，自 2007 年 9 月 1 日起施行。该规定明确：第一，建筑业企业是从事土木工程、建筑工程、线路管道设备安装工程、装修工程的新建、扩建、改建等活动的企业；第二，建筑业企业应当按照其拥有的注册资本、专业技术人员、技术装备和已完成的建筑工程业绩等条件申请资质，经审查合格，取得建筑业企业资质证书后，方可在资质许可的范围内从事建筑施工活动，取得建筑业企业资质证书的企业，可以从事资质许可范围相应等级的建设工程总承包业务，可以从事项目管理和相关的技术与管理服务；第三，建筑业企业资质分为施工总承包、专业承包和劳务分包三个序列，取得施工总承包资质的企业，可以承接施工总承包工程，施工总承包企业可以对所承接的施工总承包工程内各专业工程全部自行施工，也可以将专业工程或劳务作业依法分包给具有相应资质的专业承包企业或劳务分包企业，取得专业承包资质的企业，可以承接施工总承包企业分包的专业工程和建设单位依法发包的专业工程，专业承包企业可以对所承接的专业工程全部自行施工，也可以将劳务作业依法分包给具有相应资质的劳务分包企业，取得劳务分包资质的企业，可以承接施工总承包企业或专业承包企业分包的劳务作业；第四，施工总承包资质、专业承包资质、劳务分包资质序列按照工程性质和技术特点分别划分为若干资质类别，各资质类别按照规定的条件划分为若干资质等级。该规定同时废止了2001 年 4 月 18 日建设部颁布的《建筑业企业资质管理规定》（建设部令第 87号）。

（3）工程建设合同主体合格的重要性及基本判别要求。

企业资质是合同主体资格是否合格的十分重要的法律判断标准。在我国实行严格的资质管理制度下，承包人的资质决定了工程承包的范围、方式及其合法性。EPC 模式下的承包商需有相应的总承包资质才是合格的合同主体，主体不合格不能从事 EPC 业务，所订立的合同也将归属无效。

那么如何对工程建设中的合同主体进行审查判断，我们通过对法律的综合并结合长期从事法律工作的实践，认为应该把握好"四看四查"，防止"四个倾向"。

"四看四查"，一是看执照，查资格，如：营业执照、事业单位法人证书。二是看证书，查资质，如政府颁发的企业资质证书。三是看许可，查能力，如生产许可证、安全生产证等。四是看委托，查授权，如授权委托书，代理证书。

防止"四个倾向"，一是防止注重形式，轻视实质的倾向，如只看执照有没有，不管执照是否年检，不管注册资金与招标项目投资是否符合。二是防止注重时点，忽视持续的倾向，如只管合同相对方当时主体合格，不问随后经营资格、资质等级是否有变化。三是防止注重多少，不抓关键的倾向，如要求合同相对方提交证照若干种，"越多就是越好"，却不知哪些是主体合格的证明。四是防止只看现象，不理关系的倾向，如合同相对方将母公司资质混入资质文件中，却理不清关系，看不出问题。

3. EPC 模式下转分包及其责任的法律安排

（1）我国法律对转包和分包的基本安排。

从国内外的实践来看，转包的情况时有发生，EPC 模式下总承包商的分包更是常态，普遍存在，如国际大承包商往往不具有自己的施工队伍，总承包之后可能将大部分工程的不同专业分包给专业分包商。

对转包和分包，我国制定了专门的法律制度。综合我国法律的安排，主要有以下六个方面的规定。

一是禁止转包，即禁止承包单位将其承包的全部工程转包给他人。

二是禁止承包单位将其承包的工程肢解以后以分包的名义分别转包给他人。

三是总承包单位可以将承包工程中的部分工程发包给具有相应资质条件的分包单位；但是，除总承包合同中约定的分包外，必须经业主同意。

四是施工总承包的，工程主体结构的施工不得分包，必须由总承包单位自行完成。

五是禁止总承包商将工程分包给不具有相应资质条件的单位。

六是禁止分包商将其承包的工程再分包。

（2）实践中与转包有关的主要表现。

转包就是转让合同或工程"倒手"，是承包商将自己在合同中的权利和义务一并转让给第三人，法律对此做出了禁止性规定。之所以做出这样的规定，一方面由于业主确认承包商时，除价格因素外，主要考虑的是承包商本身的履约能力，另一方面也是为了防止承包商通过层层转让合同坐收渔利，确保工程质量。

应当说明的是，除了典型的"倒手"转包外，我们在大型工程建设的实践中还发现往往存在另外三种现象，对此，我们认为需要加以区别。

一是工程"零售"。就是将工程肢解成若干较小的所谓标段后，全部、分别地向他人转让，原承包商自己一点不干。我们理解，这虽然不是把承包的工程一把"倒手"出去，也是分别、分部地全部"倒手"出去，这只是转包的一种"零售"形式，本质上仍属转包，因而也在禁止之列。

二是只提钱不尽责。就是原承包商虽然表面上也设立项目部，派遣少量技术、财务人员在现场，并按原承包商与业主签订合同约定的工程费用一定的比例提取所谓的管理费，实际上工程都转给其他方干，管理上虚设、技术上虚投、质量上虚控、利益上实收，不干活只拿钱，坐享其成，我们认为这也应是转包，应当禁止。

三是尽责管理的劳务性工程。就是承包商组织项目管理机构，在管理、财务等方面由自己的项目部实际控制；在技术、质量、HSE 等方面对劳务队伍进行实际指导和监督；在结算上不是按与业主签订的合同价款一定比例提取管理费，而是按劳务合同约定的劳务费进行结算。对此，我们认为不构成转包，不应按转包处理。

（3）实践中与分包有关的主要表现。

分包就是承包商将自己在合同中的一部分权利义务转让给第三人。根据我国法律的规定，如业主同意或按照合同约定分包合是可以的，法律一般不予禁止。之所以允许分包，主要是承包商对完成某部分工作不一定具有优势，将该部分分包给有优势的其他方完成，对主业不仅没有什么损害反而有利。

实践中常见的分包情况主要有三种。

一是指定分包。就是总承包商根据业主的指定将承包的一部分工作分包给其他方。产生这种分包，一般是由于业主认为某一分包商在工程建设某方面的专业技能值得信赖或其熟悉某一工序、能提供某种令业主满意的材料或工程设备，或由于长期合作对其产生信任等，希望由这个特定的分包商来完成这些工作，所以要求总承包商分包。分包是相对于总承包而言，从法律关系上讲，业主指定的分包商还是总承包商的分包商，分包合同也是由总承包商与分包商签订的，业主与相对方签订的合同只存在承包合同，不可能是分包合同。从合同的相对性上讲，分包商的责任由总承包商承担，如基于指定分包商的原因导致工期的延误，总承包商一般无权向业主申请延期，但是总承包商可以按合同约定从指定分包商处获得补偿等。

应当说明，《建筑法》实施后，原建设部颁布了《房屋建筑和市政基础设施工程施工分包管理办法》（建设部令第 124 号），该办法规定："建设单位不得直接指定分包工程承包人。任何单位和个人不得对依法实施的分包活动进行干预。"这一规定对在房屋建筑和市政基础设施工程中是否采用指定分包模式持否定态度。但是，通过对该办法和有关法律精神的分析，我们认为在这方面有三点值得关注。第一点是虽然该办法对分包持否定态度，但是却没有规定相应的处罚规则，从而使违反这一规定的行为无具体处罚性，其操作性、法律约束性较弱。事实上在这一领域的实践中指定分包并非个别现象，并未有效得到禁止。第二点是该办法仅是对房屋建筑和市政基础设施工程施工分包作出规定，对其他分包并不具有否定的效力。第三点是尚未见有规范性文件对其他领域是否可以指定分包作出规定，根据法律精神，一般在民事问题上法律没有禁止性规定的，都可以去做。

二是专业分包。就是工程的总承包商将其所承包工程中的专业工程部分分包给具有相应资质的企业完成。总承包商依据工程建设的需要可自由选择专业分包商，但应经业主的认可，这种认可包括在总承包合同中对分包做出许可的约定，也包括通过其他形式得到业主的认可。是否得到业主的认可，是总承包商进行专业分包是否违法的条件，分包商是否具有专业承包的相应资质则是总承包商与专业分包商间分包合同主体合格与否的条件。

三是劳务分包。就是总承包商或者专业承包商将其所承包工程的沟渠开挖、回填、场地平整等劳务作业分包给具有相应劳务资质的劳务承包商完成。劳务分包指向的对象是劳务作业而不是工程本身，这是劳务分包和专业分包的界限。合同商务上，劳务分包的合同价是人工费用以及劳务施工中的相应管理费用，而不是工程款。工程分包计取直接费、间接费、税金和利润，劳务分包仅能计取直接费中的人工费以及相应的管理费，这是劳务分包和工程分包在计取价款方面的本质区别。根据我国法律规定，劳务分包由总承包商自己确定，无须业主的认可，但接受劳务分包的分包商应当具有相应劳务分包资质。目前，在实践中存在只讲而不需业主同意，却往往没有对劳务分包的资质引起足够重视的现象。

应当强调的是，无论是何种分包都应当考量的一个突出的问题就是分包给"具有相应资质"的分包商问题。分包给具有相应资质的企业，不仅是国家法律的要求，更是业主或承包商自身防范风险的要求。

（4）违法转包非法分包的危害。

非法转分包贻害无穷。第一害是，在转分包过程中，有的企业为了获取非法利益，只有将工程压价转给他人，"转包扒皮"的现象，导致最后可用于工程建设的资金大大减少，接受转分包的企业为了自己的利益和赚取一定的利润，只好采用偷工减料，这将使得实际工程施工标准远远低于设计要求和国家有关技术规范和标准，留下严重的工程质量隐患；第二害是，一些工程转分包后往往落入不具备相应资质条件和相应施工技术和管理水平的包工队中，一方面可能造成工程质量不合格，另一方面因缺乏相应的施工技术和管理水平导致工期延误；第三害是，转分包还往往带来工程款拖欠，前手的转包人在收取相应的管理费和工程款后并不能及时支付给下家，这样往往会发生转包人拖欠转下家工程款，下家再拖欠农民工工资，引发堵路、堵车、堵楼，最终造成稳定问题；第四害是，转分包必将破坏合同关系应有的稳定性和严肃性，在建设工程合同订立过程中，我们往往经过慎重选择，确定与其所信任并具有相应资质条件的承包人订立合同，承包人将其所承包的工程转包给他人，擅自变更合同，违背了甲方的意志，损害发包人的利益，违背了诚实信用原则；第五害是，转分包对廉政建设还会构成危害，一些人出事就出在这上面。

（5）我国对转分包责任的法律安排。

对转包行为我国法律严格禁止，由于违反法律强制性规定将导致合同无效，这当属不论。

分包在法律责任安排上，我国法律做出了规定，相关合同示范文本也有所体现，将这些综合起来，我们认为，分包责任安排的基本架构有以下两个方面。

一方面，EPC 总承包商向业主承担全部法律责任，分包商仅向总承包商负责，与业主没有直接法律关系，除非合同另有约定。在 EPC 模式中，虽然分包商的选择要得到业主的同意，但这并不导致任何分包商与业主之间直接产生任何合同关系和义务。但是对指定分包，《最高人民法院关于审理建设工程施工合同纠纷案件适用法律问题的解释》规定，业主直接指定分包商分包专业工程，造成建设工程质量缺陷，应当承担过错责任，承包人有过错的，也应当承担相应的过错责任。

另一方面，原建设部和工商管理总局于 2003 年 9 月联合发布了《建设工程施工专业分包合同（示范文本）》、《建设工程施工劳务分包合同（示范文本）》。这些合同文本也体现了法律的要求，如明确专业分包的分包方应对分包工程的质量负责，同时对分包工程合同的履行与总包人负连带责任；而劳务分包的分包人只对分包劳务的质量负责，对劳务所涉的工程不与总承包人负连带责任等。

4.EPC 模式合同中的特色内容安排

EPC 模式下的合同内容十分庞大、复杂，但是，我们认为下列几个内容是其特色安排，应引起高度地注意和重视，以便搞好相应的风险防范工作。

一是商务安排上为固定总价。EPC 合同的商务安排上表现为固定总价是由客观条件决定的。由于 EPC 模式包含了设计、采购，也就是说在签订 EPC 合同时，采用其他价款形式的基础——设计尚未开始，业主可能连一张最简单的图纸也没有，对拟建的工程只是个概念，这时的 EPC 合同不像施工合同那样，工作范围、工作内容、质量要求等在合同签订时就已明确，所以就无法采用工程量清单的单价方式对合同价款等商务做出约定。

二是质量上的"最低性能标准"要求。也正是由于设计尚未开始，对拟建的工程还只是个概念，EPC 模式下的合同只能给出工程的功能性描述，所以，典型的 EPC 合同约定的合同工程概念一般用概述性的文字对这个工程最终的使用功能进行表达。FIDIC 合同条件称为"最低性能标准",这是承包商所做的工程各项技术指标参数应达到业主要求中规定的最低性能要求。

三是责任安排上为承包商的严格责任。这主要体现在以下方面。第一,业主的批准或同意不解除承包商的缺陷责任。FIDIC 合同文本对此有着充分的体现,如无论业主是否给予了批准或同意,承包商应对全部现场作业、所有施工方法以及全部工程的完备性、稳定性和安全性承担全部责任,业主批准设计文件不解除承包商的设计责任。第二,业主提供的资料缺陷不解除承包商的责任。在 EPC 模式下,总承包人一般被认为在订立合同前,就已经理解和审查了业主的要求,业主向承包人提供的任何数据或资料,不免除承包人承担的设计、采购和施工责任。

四是设计变更一般不构成承包商的索赔理由。设计变更指设计方根据业主的要求更改工程有关部分的标高、基线、位置和尺寸,或是改变有关工程的施工时间和顺序,或是增减合同中约定的工程量,以及其他有关工程需要的附加工作,等等。合同变更就是双方对原合同确定的权利义务通过协商一致后进行改变,双方按改变后的合同执行。

在一般的合同中,设计变更即引起了承包商工作范围的变化,这种设计变更将导致合同的变更,承包商可据此向业主提出索赔。但是在 EPC 合同中,设计变更往往不等于合同变更。因为设计工作本来就是总承包商做的,业主对总承包商提供的设计的修改意见被视为是符合工程预期目的的完善和优化,这种完善和优化是 EPC 合同的应有之义,而不是总承包商的额外工作,不引起合同工作范围的变化,所以不是合同变更,这些完善和优化已包死在合同固定总价之中,承包商一般也难以或不能提出额外的索赔。

(五) FIDIC 合同条件需关注的问题

1. FIDIC 的基本情况

FIDIC 是 Federation Internationale des Ingenieurs-Conseils 的法文缩写,中文音译为"菲迪克"(国际咨询工程师联合会)。FIDIC 于 1913 年由法国、比利时、瑞士三个国家的咨询工程师协会发起成立。FIDIC 实行一国一席,中国工程咨询协会于 1996 年正式加入菲迪克组织。FIDIC 的目标在于推动成员之间就国际工程咨询与承包进行研究,其主要工作为研究国际工程中存在的问题,提出解决问题的策略;召开工程管理国际专题研讨会;编制和推行国际工程中的各类合同范本。

2. FIDIC 合同条件

FIDIC 的权威性主要体现在其高质量的工程合同范本上,FIDIC 编制的合同文本一般被称为"FIDIC 合同条件",被人们看成为国际承包合同的"圣经",不仅世界银行的贷款项目要求在工程发包时采用 FIDIC 合同条件，而且美国总承包商协会（FIFG）、中美洲建筑工程联合会（FIIC）、亚洲及西太平洋承包商协会国际联合会（IFAWPCA）均推荐在实行土木工程国际招标时以 FIDIC 作为合同条件的范本。

我国是接受世界银行和亚洲开发银行贷款较多的国家之一，自 20 世纪 80 年代初以来我国利用世行和亚行贷款项目基本上都是采用 FIDIC 施工合同条件。不仅如此，原建设部和国家工商管理局联合颁布的 1992 年和 1999 年施工合同示范文本也是在参考 FIDIC 的基础上编纂的。

在 1998 年之前，FIDIC 出版的各版本主要合同文件如下：

——《土木工程施工合同条件》（1957、1965、1977、1987、1992）；

——《土木工程施工分包合同条件》（1994）；

——《机电设备安装合同条件》（1963、1980、1987）；

——《设计—建造与交钥匙合同条件》（1995）；

——《业主与咨询工程师标准服务协议书》（1979、1990、1998）。

为了适应国际工程建设发展的需要，FIDIC 又于 1999 年出版了 4 本新的合同条件第一版，内容如下。

——《施工合同条件》。被推荐用于由雇主或其代表工程师设计的建筑或工程项目。这种合同的通常情况是，由承包商按照雇主提供的设计进行工程施工。但该工程可以包含由承包商设计的土木、机械、电气和（或）构筑物的某些部分。

——《生产设备和设计－施工合同条件》，被推荐用于电气和（或）机械设备供货和建筑或工程的设计与施工。这种合同的通常情况是，由承包商按照雇主要求，设计和提供生产设备和（或）其他工程；可以包括土木、机械、电气和（或）构筑物的任何组合。

——《设计采购施工（EPC）/交钥匙工程合同条件》。被推荐适用于以交钥匙方式提供工厂或类似设施的加工或动力设备、基础设施项目或其他类型开发项目，这种方式（ⅰ）项目的最终价格和要求的工期具有更大程度的确定性，（ⅱ）由承包商承担项目的设计和实施的全部职责，雇主介入很少。交钥匙工程的通常情况是，由承包商进行全部设计、采购和施工（EPC），提供一个配备完善的设施，（"转动钥匙"时）即可运行。

——《简明合同格式》。被推荐用于资本金额较小的建筑或工程项目。根据工程的类型和具体情况，这种格式也可用于较大资本金额的合同，特别是适用于简单或重复性的工程或工期较短的工程。这种合同的通常情况是，由承包商按照雇主或其代表（如果有）提供的设计进行工程施工，但这种格式也可适用于包括或全部是由承包商设计的土木、机械、电气和（或）构筑物的合同。

3. FIDIC 合同条件需注意的几个问题

FIDIC 合同条件是在国际工程实践中形成并总结出来的被广泛采用的国际工程惯例，反映出了国际工程实践中的管理方式和普遍的做法。目前，在我国内适用于 EPC 模式的权威文本缺失，而 FIDIC 的文本在国内 EPC 模式中被借鉴，各地、各企业自己编制的适用于 EPC 模式的合同文本都有其影子。但是，这是个"外来文本"，有一个在我国如何适用的问题。我们认为在国内适用过程中需关注以下几个问题。

（1）英美法系合同理念问题。

土木工程施工合同是 FIDIC 合同文件的基础，这个合同文本的母本为 ICE（英国土木工程师协会）合同。ICE 于 1945 年出版了用于工程建设的 ICE 文本。1957 年，FIDIC 与欧洲建筑工程联合会一起在英国土木工程师协会编写的《标准合同条件》（ICE Conditions）的基础上编纂了 FIDIC 土木工程施工合同条件第一版，这版合同条件反映出来的传统做法、法律框架、表述方式都具有英国特点。FIDIC 合同文件厚、长、细、全、严，体现了英美法系下合同就是法律，合同即是处理争议的唯一依据，合同只需要清楚不妄言公平等理念。我国是成文法国家，在我国，合同是依据，法律更是依据，适用 FIDIC 合同文件既要体现合同双方的意思表示，又要依法约定。

（2）B. Q. 单（Bill Of Quantities）问题。

FIDIC 合同的最大特点是单价合同。工程量清单（B. Q. 单）是西方国家于 19 世纪 30 年代产生的，是 FIDIC 合同文本中的重要组成部分。在 FIDIC 合同下，B. Q. 单的合同单价地位高于一切，填上的单价就是业主支付和承包商索要的法律依据。如果 B. Q. 单中的单价与总价发生矛盾则以单价为准。在 B. Q. 单中指明的工程如果承包商没有填报单价，业主不予支付。

我国从定额计价到工程量清单的时间不长，1992 年，建设部提出了"量价分离"，即"控制量、指导价、竞争费"的改革措施，指令性的定额变为指导性的，但由于定额中的消耗量依然是指令性的，仍然没有完全跳出定额计价的框框。1999 年，广东顺德率先试行工程量清单计价办法的改革取得了很好的效果。2003 年 7 月 1 日，国家标准《建设工程工程量清单计价规范》（GB50500－2003）施行。2008 年 7 月 9 日，我国住房和城乡建设部以第 63 号公告，发布了《建设工程工程量计价清单规范》GB50500－2008，从 2008 年 12 月 1 日起实施。

我国的《建设工程工程量计价清单规范》（GB50500－2008）也明确了："投标人应按招标人提供的工程量清单填报价格。填写的项目编码、项目名称、项目特征、计量单位、工程量必须与招标人提供的一致。工程量清单中的每一个项目均需填报单价和合价，对于没有填入单价和合价的项目，其费用应视为已包括在工程量清单的其他项目的单价或合价中。承包人必须按照发包人现场代表或发包人授权的监理工程师指令完成工程量清单中未填入单价或合价的工程项目，但不能得到另外的结算和支付。"

应当看到，第一，在我国，工程量清单起步晚，需要加快熟悉的过程，培养运用的专业人才；第二，虽然 FIDIC 合同的最大特点是单价合同，是以 B. Q. 单为基础的，但是其 EPC 模式下的合同则不是 B. Q. 单，而是固定总价。虽然如此，但由于 EPC 合同工期长，存在受市场影响的风险，实践中不能简单认为 EPC 合同是总价合同，就忽视价格变更条款的设计，而需在合同中对有关的价格变更条款予以更加注意、更加明确，这不仅是对承包商利益保护的要求，也是业主利益保护的需要。

（3）合同运作结构问题。

FIDIC 合同的运作结构是业主、工程师、承包商三元结构，并且是以工程师为中心的运作方式，这是其重要的特点。但是 FIDIC 的 EPC 合同运作结构中又无工程师，而是业主和承包商的二元结构。业主行权往往是通过"受托人员"，即"所有这些人员包括已被指派任务、付托权力的雇主代表和助手，应只被授权在付托规定的范围内向承包商发布指示。"

这里应当注意的是两个方面，一方面，FIDIC 合同的工程师与我国监理制度有差异，FIDIC 的工程师按合同的约定进行"监理"，而我国的监理是受业主委托并按国家监理规范进行监理，是独立的第三方监督。FIDIC 合同中的工程师，不仅为"单位"而且还包括"个人"，我国的监理均为"监理单位"，并且是取得国家相应监理资质的单位。另一方面，应当看到，虽然业主、工程师、承包商三元结构是 FIDIC 合同的特点，但是在其 EPC 合同中又没有工程师的体现，造成建设过程"监理"角色的缺失。这种合同运作结构将于我国强制监理制度发生冲突。由于在我国实行强制监理，所以在我国 EPC 合同运作过程中，应当采用第三方过程监督模式，这样才适应法律的要求，这就要求在合同中将 EPC 总承包商与监理职能划分明确。

（4）工程师"实权"控制问题。

FIDIC 合同设有暂定金额和计日工的使用，工程师有权处理工程中的变更和意外事件，决定使用它。另外还有一个具有灵活性和约束性的规则，即承包商必须"让咨询工程师满意"。总之工程师在合同结构中处于很大的"实权"地位。对业主而言，这就需要加强措施，切实防止以包代管，防止出现投资失控的局面发生。

（5）工程师的验收合格问题。

FIDIC 合同工程由工程师验收合格。我国原为政府有关部门验收，现在《建设工程质量管理条例》则规定由业主组织验收，报政府相关部门备案，否则不能投入使用。适用 FIDIC 合同需根据我国法律的加以处理，确保合同条款正确性。

（6）工程质量问题。

在 FIDIC 合同条件中规定，工程质量必须达到工程师满意。而在我国，有关工程质量有工程合格、不合格的规定。尤其当套用国内工程定额计算工程造价时更要注意，因为定额约定的工程造价是合格工程的造价。应当在《专用条件》中根据我国法律来约定当工程达到合格或不合格以及如何处理等问题。

（7）程序时间问题。

FIDIC 合同处理问题的程序多，时间一般都是七的倍数日。如"进度计划：承包商应在开工日期后 28 天内，向雇主提交一份进度计划。……除非雇主在收到进度计划后 21 天内向承包商发出通知，指出其中不符合合同要求的部分，承包商即应按照该进度计划……"，一个事件按这个程序处理下来可达 49 天。又如："拖长的暂停：如果第 8.8 款［暂时停工］所述的暂停已持续 84 天以上，承包商可以要求雇主允许继续施工。如在提出这一要求后 28 天内，雇主没有给出许可……"，这个程序时间则可高达 112 天。如不注意日期的合理性，照搬照抄，不仅实际上会拖长建设期，而且可能造成各方频繁违约，合同流于形式。

（8）争议解决的前置程序问题。

FIDIC 合同规定，任何争议，雇主和承包商均应首先以书面形式提交工程师，工程师在收到文件后的 84 天内做出决定。对做出的决定，雇主和承包商有任何不满意，应在收到工程师决定后 70 天内由工程师通知另一方将争端提交仲裁的意向。否则，不应将这一争端开始仲裁。如达不成一致，仲裁可在仲裁意向通知发出后第 56 天或在此之后开始。这些约定将争端提交工程师做出决定是仲裁开始的必经程序，但是我国《仲裁法》和《民事诉讼法》规定的案件受理条件没有这样的约束条件。这一约定在我国难以构成约束力。

（9）争端解决机构问题。

FIDIC 合同设立了争端裁决委员会（DAB）、友好解决、仲裁（争端应根据国际商会仲裁规则最终解决）的程序。在我国的工程建设中，如双方都是国内单位时，要防止照搬照抄。另外，一些大型企业的管理制度中规定了一个集团系统内部单位的争议应采取内部纠纷调处来解决的要求，这些规定应当遵守。

（10）不同版本选取问题。

FIDIC 合同的同一种合同条件有不同年份的版本，但是后来年份的版本并非废除前一个版本，虽然有的版本是变革性的而不是前一个版本的"升级版"也是如此，如 1999 年最新版就被称为第一版。这些版本都可以根据工程建设的实际情况选用，并非越新越好。

总之，由于 FIDIC 合同比较严密、完备，又涉及国外法和我国法的冲突和衔接的专门问题，在工程建设的运用过程中应给予广泛地关注。

八、PMC 模式

（一）PMC 模式的含义

PMC 模式，即工程管理承包（Project Management Contracting）模式，按《关于培育发展工程总承包和工程项目管理企业的指导意见》的定义，这个模式是指工程项目管理企业按照合同约定，在工程项目决策阶段，为业主编制可行性研究报告，进行可行性分析、项目策划、融资方案；还可以负责完成合同约定的工程初步设计（基础工程设计）等工作。对于需要完成工程初步设计（基础工程设计）工作的工程项目管理企业，应当具有相应的工程设计资质。在工程项目实施阶段，为业主提供招标代理、设计管理、采购管理、施工管理和试运行（竣工验收）等服务，代表业主对工程项目进行质量、安全、进度、费用、合同、信息等管理和控制。代表业主进行项目管理的这家公司被称作 PMC 承包商。

PMC 承包商是业主的代表或业主机构的延伸，受业主委托，代表业主对前期工作和工程实施工作进行管理和指导。它只对业主负责，与业主的目标和利益保持一致，通过自己的工作保证工程建设的成功实施，达到工程全寿命周期各项指标的最优化。

PMC 与 EPC 是两种不同性质总承包，前者是管理总承包，后者是建设总承包，两者的主要区别见表 1-1。

表 1-1　PMC 与 EPC 的主要区别

比较内容	PMC	EPC
工作性质	专业化管理服务	具体项目实施
商务框架	成本加酬金（CPIF）	固定总价
承担角色	业主的机构或代表	独立的承包方
进度责任	无进度担保	对工期负责

（二）PMC 模式的发展情况

从现有文献来看，PMC 产生于 20 世纪 70 年代中期至末期。PMC 的产生有其特有的条件，在 20 世纪 70 年代以前，大型工程的项目管理基本上是由业主完成的。20 世纪 70 年代中期以来，在一些发达国家，专业化工程和咨询公司发展十分迅速，具备了成为项目管理承包商的实力，PMC 模式得以产生和推行。目前，PMC 模式已广泛应用到欧美地区的一些大型工程建设项目。

伴随着我国加入 WTO，国内工程公司加快了进入国际型工程公司的步伐，

PMC 模式在我国工程建设中的运用越来越多。建设部《关于培育发展工程总承包和工程项目管理企业的指导意见》对 PMC 进行了专门界定，并给予推广，近年来我国以 PMC 模式运作的部分工程见表 1-2。

表 1-2　我国以 PMC 模式运作的部分工程

工程名称	PMC 承包商	说明
南海石化项目	美国柏克德（BECTHEL）、中石化工程建设公司（SEI）、英国福斯特惠勒（FW）组成	
扬巴 IPS 项目	美国福陆丹尼尔公司	业主和 PMC 组成联合管理组共同管理
漕泾乙烯项目	AMEC 公司	业主和 AMEC 公司组成项目管理组

（三）PMC 模式的特点及适用因素分析

根据 PMC 模式的特性和目前国内的研究成果，一般认为，PMC 模式特点的主要表现，一是由于 PMC 模式具有高度的专业化、系统化和集成化，可以大大提高整个项目的管理水平，可充分发挥 PMC 方在项目管理方面的专业技能，统一协调和管理项目的设计与施工，减少矛盾。二是 PMC 方承担的风险较低，有利于激励在工程建设管理中的积极性和主观能动性，充分发挥其专业特长。三是这种模式管理力量相对固定，能积累一整套管理经验，并不断改进和发展，使经验、程序、人员等有继承和积累，形成专业化的管理队伍，同时可大大减少业主的管理人员，有利于解决业主的"养兵千日，用兵一时"的不经济问题。但是也应当看到，对业主来说，在一个工程建设中增加了一个管理层，也就增加了一笔费用。同时，这一模式对履约信用具有高度依赖性，如果业主过分干预 PMC 的工作，不及时支付款项，或者 PMC 能力出现问题，不能完成工作，都会导致这种模式优势的丧失。

选用 PMC 模式应当考虑的主要条件，一是项目投资大，工艺技术相当复杂。二是工程投资通常需要从商业银行取得或国际贷款，需要通过 PMC 取得贷款信用，以便获取款项。三是业主感到凭借自身的资源和能力难以完成的项目，需要寻找由 PMC 来代业主完成项目管理。总之，一个工程的投资额越高，越复杂，难度越大，就越有必要选择 PMC 模式。

（四）PMC 模式的基本运作方式及法律关系框架

1.PMC 模式的几种运作方式

典型的 PMC 模式的运作方式是业主与 PMC 承包商签订项目管理合同，由

PMC 承包商自主选择施工承包商和供货商并签订施工合同和供货合同，但不负责设计工作。这种模式下，PMC 承包商通常保证工程费用不超过一定限额（即总价承包或限额承包），法律关系框架见图 1-13。

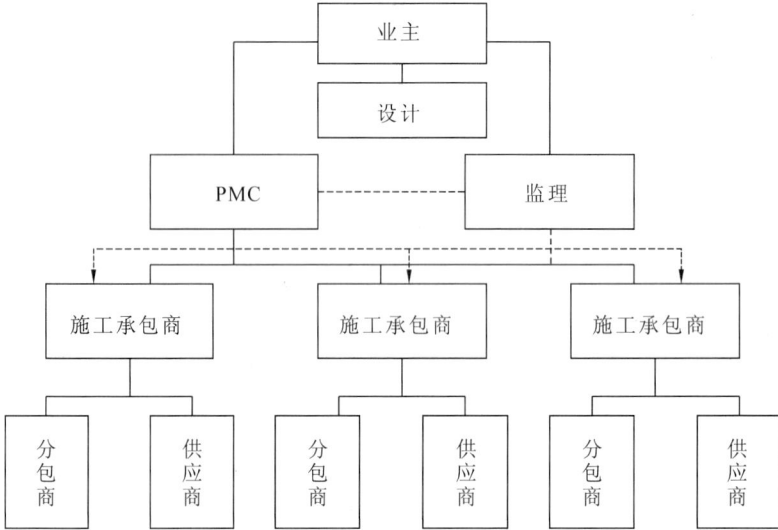

图 1-13　典型的 PMC 模式法律关系

除了上面这种典型的 PMC 模式运作方式外，实践中还有三种变通的运作方式。

一是业主选择设计单位、施工承包商、供货商，并与之签订设计合同、施工合同和供货合同，委托 PMC 承包商进行工程项目管理。在这种模式中，PMC 承包商作为业主管理队伍的延伸，代表业主对工程项目进行质量、安全、进度、费用、合同等管理和控制。

二是作为业主的顾问，对项目进行监督、检查，并将未完工作及时向业主汇报。这种 PMC 模式风险最低，接近于零，但回报也最低。

三是业主与 PMC 承包商签订项目管理合同，业主通过指定或招标的方式选择设计单位、施工承包商、供货商（或其中的部分），但不签合同，由 PMC 承包商与之分别签订设计合同、施工合同和供货合同。

2. PMC 模式的工作阶段划分

国际上流行将 PMC 模式的工作阶段划分为两个阶段，即定义阶段和实施阶段。

定义阶段主要是指工程详细设计开始之前的阶段。在定义阶段的主要工作为，工程建设方案的优化，价值增值管理；对风险进行优化管理，分散或减少项目风险；提供融资方案，并协助业主完成融资工作；审查专利商提供的工艺包设计文件组织基础设计、初步设计和总体设计；协助业主完成政府部门对项目各环节相关审批工作；提出设备、材料供货厂商的名单，提出进口设备、材料清单；提出项目实施方案，完成项目投资估算；完成承包商招标、评标。

实施阶段是指从详细设计开始的计划、采购、施工的阶段。实施阶段的主要工作有，编制并发布工程管理制度及相关规定；全面负责对承包商的管理和协调；工期、质量、投资、HSE 四大目标的监督实现；设计管理、协调技术条件；采购管理并为业主的采购提供服务；同业主配合进行生产准备、组织试车，组织装置考核、验收。

在各个阶段，PMC 及时向业主报告工作，业主则派出少量人员对 PMC 的工作进行监督和检查。

（五）PMC 模式下的合同法律安排

在 PMC 模式下，通常，业主和 PMC 之间签订带有风险激励的合同，即成本加激励酬金合同模式（Cost Plus Incentive Fee，简称 CPIF 合同），这种合同模式把 PMC 的利益建立在业主目标实际的基础之上，能鼓励 PMC 和业主的目标高度一致，双方在工程建设中共担风险，共享成功，实现共赢。

PMC 的费用由三部分组成：工时费用（成本）、利润（固定酬金）和风险酬金（激励部分）。

1. 工时费用（成本）

工时费用是业主同 PMC 进行商务谈判的核心内容之一，分为固定费率部分和可变费率部分（构成的主要项目见图 1-14）。

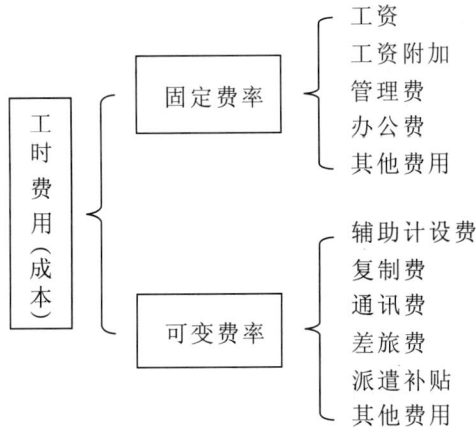

图 1-14　工时费用（成本）的基本构成

2. 利润（固定酬金）

业主和 PMC 一般设置的一些工作内容及完成这些工作的节点，PMC 在完成按这些节点完成约定的工作时便可得到相应部分的酬金，这部分酬金相对固定，也称为固定部分酬金。

3. 风险酬金（激励部分）

业主和PMC设立激励酬金，同时，为这部分酬金的取得设定目标及相应考核原则。该部分酬金对应于在PMC合同中给PMC定下的目标，并对于每一目标都设定了一些具体的考核原则，每个目标都占一定的权重，如双方约定质量和人力投入20％，HSE20％，可持续性发展10％，进度计划20％，装置考核5％，执行情况20％，协助业主融资5％等。工程结束时，业主按双方约定的目标进行考核，当PMC十分出色地完成任务并通过考核，才能拿到这部分酬金。

（六）PMC模式案例——南海石化工程

南海石化项目是由中海壳牌石油化工有限公司（中国海洋石油公司、壳牌公司及广东投资开发银行组建的合资公司）在广东惠州投资兴建的大型石化项目，项目总投资45亿美元，建设地点位于广东省惠州市大亚湾北侧。南海石化选择PMC模式主要原因是该工程不同于单一的产品生产装置项目，工程规模巨大、工艺复杂，中海壳牌石油化工有限公司的合营双方难以有足够的有经验的项目执行人员承担如此规模和复杂的特大型石油化工项目。中海壳牌石油化工有限公司的核心业务是生产和销售，合营公司或任何一方也难以在短期招聘到如此规模的项目管理人力资源和承担如此大的组织风险等。

1. 建设模式及参与单位

该工程采用国际通行的PMC模式来进行建设，由美国柏克德公司（BECH-TEL）、中国石化工程建设公司（SEI）、英国福斯特惠勒公司（FW）组成的联营体（BSF）作为PMC承包商代表业主对工程建设的全过程进行管理。

美国柏克德公司是国际最著名的工程承包商之一，负责项目执行程序、进度计划、人力招聘、费用估算和控制、采购、建设管理、与业主的关系协调，同时负责乙烯及大部分公用工程的基础设计，项目主任由该方担任。

英国福斯特惠勒公司在化工工程领域有丰富经验，负责质量保证和技术支持以及国外标准规范和大部分工艺装置的基础工程设计的组织工作，在开车阶段作技术支持。

中石化的SEI熟悉国内工程标准规范，负责全厂初步设计文件的编制、地方政府管理的协调、国内标准规范和Shell工程标准的整合。负责管理部分共用工程和服务性设施的设计、采购、施工管理工作。

2. 合同模式

业主与PMC之间签署CPIF合同。PMC商务报价主要由两个部分构成：PMC所投入的人工时成本利润加奖励，这个奖励包括固定奖励金和节约工程建设投资奖励金。节约投资奖金的设立是为鼓励PMC工作的创新并鼓励其降低工程投资，它将工程目标按一定权重和 PMC 的与这部分奖金挂钩。在项目定义阶段结束前，业主和 PMC 共同商定一个项目预算控制目标，即批准的预算，双方约定如果在保证质量、安全和工期的前提下，PMC 承包商能把整个项目投资控制在批准的预算目标之内，则可取得一定比例的奖励，反之则要承担一定数额的罚款。

3. 实施过程

PMC 工作已于 2001 年 3 月正式启动。整个项目被分为定义阶段和实施阶段来完成。项目定义阶段工作后，于 2002 年 9 月正式转入实施阶段。现场施工建设工作于 2003 年开始，首期工程在 2005 年投入运营。

九、BOT 模式

（一）BOT 模式的含义

BOT 模式，即建设—营运—移交（Build-Operate-Transfer）模式，这是国际上为了利用私人资本进行基础设施建设而采取的一种建设模式。

在 BOT 模式下，政府通过特许权协议，将原属于政府的基础设施建设权和经营权在一定时期内让渡给民营、外商或法人国企，由其联合其他公司为工程成立专门的项目公司并由项目公司筹资融资，进行该工程的设计、建造、运营和维护，在规定的特许期内向该工程的使用者收取适当的费用，由此回收工程的投资、经营和维护等成本，并获得合理的回报。特许期满后，一般将工程必须无条件地、免费移交给政府。

（二）BOT 模式的发展情况

1. BOT 模式在国外的发展情况

近年来，在国内的研究中一般都认为，BOT 模式是由土耳其总理奥扎尔于 1984 年首次提出的。对此，也存在不同的观点，这种观点认为，BOT 远非一种新生事物，至今已有至少 300 年的历史。持这种观点者的例证是，17 世纪英国的领港公会负责管理海上事务，并拥有建造灯塔和向船只收费的特权。但是，从 1610 年到 1675 年的 65 年当中，领港公会连一个灯塔也未建成。而同期私人却建成了一批灯塔。这种私人建造灯塔的投资方式与现在 BOT 模式相同，即：私人首先向政府提出准许建造和经营灯塔的申请，申请中必须包括许多船主的签名以证明将要建造的灯塔对他们有利并且表示愿意支付过路费；在申请获得政府的批准以后，私人向政府租用建造灯塔必须占用的土地，在特许期内管理灯塔并向过往船只收取过路费；特权期满以后由政府将灯塔收回并交给领港公会管理和继续收费。通过采用这种模式，到 1820 年，在全部 46 座灯塔中，有 34 座是私人投资建造的。这一例证说明 BOT 模式早已有了雏形和实践。

BOT 的起源我们不再深究，一个事实是，20 世纪 80 年代初期到中期，项目融资在国际上处于低潮阶段，在这一阶段，特别是发展中国家的基础设施项目在寻找资金，但是，由于世界性的经济衰退和第三世界债务危机所造成的影响，如何增加项目抗政治风险、金融风险、债务风险的能力，如何提高项目的投资收益和经营管理水平，成为投资者、政府在安排融资时所必须面对和解决的问题。BOT 模式就是在这样的背景下发展起来的一种主要用于公共基础设施工程建设并突出融资要求的模式。BOT 模式一出现，就引起了广泛重视，在应用于一些国家的交通运输、自来水处理、发电等服务性或生产性基础设施的建设中，显示了旺盛的生命力，被认为是代表国际项目融资发展趋势的一种好的模式。

这一模式在发达国家得到采用，建设了一批 BOT 工程，如横贯英法的英吉利海峡海底隧道工程、香港东区海底隧道项目、澳大利亚悉尼港海底隧道工程等。

这一模式也正受到发展中国家青睐，如马来西亚的南北高速公路及菲律宾那法塔斯一号发电站等都是成功的案例。

2. BOT 模式在我国的发展情况

从 BOT 模式的实践看，我国 BOT 模式的实践是改革开放初期从地方省市开始的。在我国，大型基础设施由于对国民经济有重大影响，投资大、周期长、风险高以及在国民经济发展中的重要地位，过去的投资主体历来由各级政府承担，其投资方式也一直是政府直接投资。

1984 年，深圳以中外合作方式引进国外贷款，建设沙角电厂 B 厂，成为我国第一次 BOT 模式的实践运用。不久，上海黄浦江延安东路隧道复线工程、广州深圳高速公路、海南东线高速公路、三亚凤凰机场等项目也相继采用 BOT 模式引进外资建设。

1993 年国家开始研究规范化引进 BOT 投资方式。1993 年 11 月正式成立了北京博拓投资开发公司，这是我国第一家专业从事 BOT 投资的实体。

1994 年以后，基础设施建设方面利用外资的政策发生了变化，由限制外资直接投资转向了引导外资从事基础设施直接投资。1994 年 5 月和 11 月，原国家计委分别与世界银行、亚洲开发银行、世界银行外国投资咨询服务中心联合召开了关于吸引外商投资于我国基础设施建设的国际研讨会，并组织了有关人员分别对泰国、菲律宾等发展中国家和中国香港地区、澳大利亚、英国等发达国家和地区进行了考察，分析研究了这些国家和地区吸引私人资本投资基础设施的操作方式以及经验教训，BOT 概念在国内开始广泛传播。

1995 年年初，原国家计委决定在中国推进 BOT 投资方式，并确定在电力、公路、桥梁和城市供水设施等行业，先选择一些项目进行 BOT 方式试点工作。

1995 年 5 月批复广西来宾电厂二期工程采用 BOT 方式建设，使该项目成为我国第一个经国家批准的 BOT 试点项目。来宾电厂二期工程项目的招标、评标、合同谈判等工作都是在国家有关部门的直接指导下于同年 6 月份开始进行的。来宾电厂二期工程的成功，引起了国际上的重视，1996 年 12 月《亚洲融资》（Asia Inance）评选来宾 B 电厂为 1996 年度最佳项目融资。

BOT 模式的实践推动了我国在这方面法律规范建设。从 BOT 模式的法律规范来看，各国对 BOT 问题的立法主要采取三种模式：一是制定适用于全国的 BOT 统一法；二是不制定全国性统一法，而由地方政府以地方条例或规章的形式对 BOT 进行规范；三是不就 BOT 专门立法，而以现行法律加以规范。虽然目前我国尚没有以规范 BOT 为内容的适用于全国的法律，但一大批部委规章和地方性规章就有关 BOT 的问题做出了规定。

就部门规章而言，1995 年 1 月，原对外经济贸易合作部颁发了《关于以 BOT 方式吸引外商投资有关问题的通知》，1995 年 8 月原国家计委、电力工业部和交通部联合发布了《关于试办外商投资特许权项目审批管理有关问题的通知》，建设部于 2004 年颁布实施了《市政公用事业特许经营管理办法》为 BOT 在中国的进一步发展奠定了法律基础。2005 年《国务院关于鼓励支持和引导个体私营等非公有制经济发展的若干意见》，为 BOT 提供了政策上的条件，等等。

就地方性规章而言，许多省市都对 BOT 模式出台了办法，如 1994 年 2 月 5 日上海市发布《上海市延安东路隧道专营管理办法》，以地方政府规章的形式正式授予沪港双方合作设立的项目公司 30 年的延安东路隧道专营权，2001 年 7 月天津市发布《关于鼓励社会投资主体投资重大基础设施项目的政策意见》，2003 年 8 月北京市发布《北京市城市基础设施特许经营办法》，等等。BOT 模式具有复杂的法律结构，这些法律规范的支撑表明了政府对 BOT 项目的支持。

（三）BOT 模式的特点分析

BOT 模式与其他工程建设模式相比具有狭义项目融资的典型特征。表现在：利用项目的期望收益和资产进行融资，建成的工程投入使用所产生的现金流量成为偿还贷款和提供投资回报的唯一来源。贷款者对项目发起人的其他资产没有追索权或仅有有限的追索权，融资不是依赖于发起人资信或涉及的有形资产，放贷者主要考虑项目本身是否可行及其现金流和收益是否可还本付息。

BOT 模式具有特许权的国家性。但是应当说明，并不是所有的 BOT 项目都由政府出面，某些特许权可能表现为一家有政府背景的国有企业授予，即项目的建设和融资并不是依靠政府特许权协议，而是由具有政府背景的企业出面签订的协议授给。

BOT 模式具有特许协议的主导性。投资者必须有特许协议取得建设权和一定期间内的专营权，投资成本收回及获利依赖特许的经营权；投资的风险由投资主体自行承担。

BOT 模式具有参与主体的众多性。BOT 项目涉及投资、融资、建设、经营、转让等一系列活动，参与主体众多，包括政府、项目公司、贷款人、项目原材料供应商、融资担保人、保险公司等。这些决定了 BOT 法律关系的复杂性。

BOT 模式的优势表现为，通过采取民间资本筹措、建设、经营的方式，吸引各种资金参与工程建设，融资的所有责任都转移给私人企业，减少了政府借债和还本付息的责任，降低了财政负担。工程资金投入大、周期长，由于有民间资本参加，贷款机构对项目的审查、监督就比政府直接投资方式更加严格，同时，民间资本为了降低风险，获得较多的收益，客观上就更要加强管理，控制造价，这从客观上为项目建设和运营提供了约束机制和有利的外部环境，有利于提高运作效率。此外，项目回报条件明确以及如采用外国的公司融资建设，还会带来先进的技术和管理经验，既给本国的承包商带来较多的发展机会，也促进了国际经济的融合。

当然，BOT 也有其局限性，如投资方和贷款人风险大，所以融资也并非易事。政府和投资者往往都需要经过一个长期的调查了解、谈判过程，以致工程前期过长，费用较大。在特许期内，政府易失去控制权，由于工程往往事关民生，若出现问题，可能对政府的形象带来负面影响等。

（四）BOT 模式的基本运作及法律关系框架

1. BOT 模式的运作方式

BOT 模式是一个复杂的系统工程，涉及的当事方众多，当事方通过签订一系列合同来确立和调整相互关系及其权利义务，这些构成了 BOT 模式的基本法律框架（BOT 模式的典型法律关系框架见图 1-15）。

目前实际上 BOT 模式并不存在国际统一的、唯一的运作方式，除了上面这种典型的 BOT 外，还有诸多变种，可根据实际情况分别选用，具体如下。

BOO，即建设—拥有—运营，这种方式是私人企业按照政府授予的特许权，建设并经营工程，但并不将此基础设施移交给政府。

BLT，即建设—租赁—移交，政府出让项目建设权，在工程运营期内，政府有义务成为工程的租赁人，在租赁期结束后，所有资产再转移给政府。

BT，即建设—移交，工程建成后立即移交，政府按工程的收购价格付款或分期付款。

POT，即购买—运营—移交，即由政府出售已建成的、能够正常运转的完好的基础设施并授予特许专营权，由投资者购买基础设施项目的股权和特许专营权，然后再根据特许权协议运营，期限到后移交给政府，如上海内环线高架路和

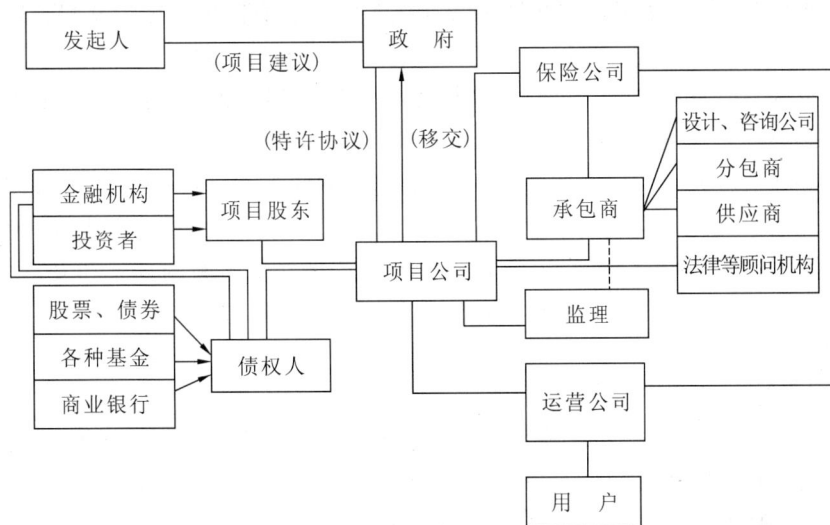

图 1-15　BOT 模式的典型法律关系框架

南北高架路等。这对一些投资者来说避免了对高风险阶段投入的担心。

上面这些变种虽然提法不同，具体操作上也存在一些差异，但结构与 BOT 并无实质差别。

随着 BOT 模式的实践和发展，为了弥补 BOT 模式的不足，出现了一种新的工程建设融资模式——PPP（Public-Private-Partnership）模式，就是政府与私人企业合作模式。PPP 模式的实质是政府通过长期特许经营权和收益权的授予，来加快工程建设，促进运营。1992 年英国最早应用 PPP 模式。

PPP 与标准 BOT 的区别是政府不是把项目的责任全部转移给私人企业，而是也投资一定比例，从而作为参加方加入进来与其他各方共同承担责任。PPP 模式的典型结构是，政府通过招标选择中标者，由中标者组成项目公司，随后，政府与中标者组成公司签订特许合同，工程建设的筹资、建设及后续的运营都由中标者组成的公司负责。近年来，我国对这一模式也有了一些实践，如我国主办29 届奥运会时兴建的国家体育场项目就采用了这一模式（国家体育场融资结构见表 1-3）。

表 1-3　国家体育场融资结构

出资人		出资比例
北京市国资公司		58%
中信集团联合体	中信集团公司	27.3%
	北京城建集团	12.6%
	美国金州集团	2.2%

国家体育场由中信联合体与北京市国有资产经营有限责任公司共同组建项目公司，负责项目的融资、建设和赛后的运营、维护和移交等。2003 年 8 月 9 日，联合体分别与北京市政府、奥组委、北京市国资公司签署了《特许权协议》、《国家体育场协议》和《合作经营合同》。项目公司获得 2008 年奥运会后 30 年的国家体育场经营权，中信联合体通过 30 年的运行回收投资，2038 年将国家体育场移交给北京市人民政府或其指定的接收人。这是 PPP 在我国成功实践的一例。

总之，在实践中与 BOT 相关的新的模式总是处于不断的创新和发展之中，需要我们不断的跟踪研究，吸取有益的成分，借鉴其长处，为工程建设的运作打开更广阔的思路。

2. BOT 模式下的合同法律安排

BOT 项目中的法律关系错综复杂，从不同的主体角度分析有不同的层次构架，同时，法律框架因项目而异，并非一成不变。法律框架既关系到可操作性、合同之间的协调性，更关系到各方的实体权利义务，这些主要通过以下合同做出法律安排。

一是特许协议。这是 BOT 运作中政府授权特许私人投资者进行 BOT 项目建设和经营的协议。BOT 模式的核心内容在于项目公司对特定基础设施建成后的特许专营权的获取，以及特许专营权具体内容的确定。不论何种 BOT 方式，特许协议都是 BOT 模式的关键和前提。随后的贷款、工程承包、经营管理、担保等诸多合同均以此协议为依据，从合同法意义上说，特许协议是 BOT 法律关系的主合同，其他合同均为从合同。又由于特许协议双方主体法律地位并不完全平等，政府享有为维护公共利益所必需的特权，如发生自然灾害、意外事件及重大情势变更时，政府基于维护公共利益的需要可单方面中止或变更特许协议，因此政府和项目发起人之间的法律关系是一种"行政合同"关系，即政府介入的带有行政监督和管理内容的契约关系。

在实践中，特许授权的法律形式可以是立法性特许授权文件，也可以是合同性特许授权文件。目前中国法律对特许协议的形式和内容并没有明确要求，在实践中可以非常灵活的运用。

立法性特许授权文件，是政府与私人投资者进行谈判，达成特许协议的各项条款，双方签订特许协议。

立法性特许授权文件，是一种政府颁布的特许经营办法来授予专营特许权，如《上海市延安东路隧道专营办法》。这个办法明确由上海市人民政府授权上海中信隧道发展有限公司（投资外方为香港中信泰富有限公司）经营、管理延安东路原隧道，投资兴建并经营、管理新隧道（即延安东路隧道复线）的专营权，特许期限 30 年。这是上海市第一个有关专营基础设施的立法性特许性文件。此后又颁布了诸如两桥一隧、奉浦大桥、大场自来水处理厂、沪嘉高速公路、徐浦大桥、延安高架路、内环高架路和南北高架路、逸仙路高架和蕴川路大桥、沪宁高速公路（上海段）等多个专营管理办法。

二是合股协议。一般来讲，BOT 投资大、风险高，一家公司往往无力承担。为了分散整个 BOT 项目的风险，聚集与其规模相适应的财力。BOT 项目多是由多家公司组成财团共同进行投资。财团可由工程承包公司和投资公司组成，它们共同向项目公司出资而成为项目公司的股东。它们之间的出资及权利义务关系即由共同签订的合股协议来约定。合股协议涉及投资者实质性权利义务，关系到在合作期内各方合作是否顺利，从而对整个 BOT 项目是否成功有重要的影响。

三是贷款协议。BOT 项目的资金来源有两种，股本与贷款。项目贷款协议通常由金融机构与项目公司达成，约定贷款人向某一特许工程提供贷款，以该项目的预期收益偿还贷款，而无权向项目公司股东追偿，故项目贷款又称无追索权或有限追索权贷款。为了保证贷款的安全性，贷款人往往要求项目公司以其财产或权益作为抵押或质押，或要求政府提供担保承诺。

四是工程承包合同和经营管理合同。BOT 模式中的项目公司一般只作为融资中介而存在，本身并不具备自行设计、建设、经营项目的条件。因此项目公司会寻找合适的工程承包商和经营管理者，与之分别签订工程承包合同和经营管理合同。

五是"原材料"供应合同和"产品"购买协议。项目公司与原材料的主要供应商和产品或服务的主要购买方达成原材料供应合同和产品购买协议。此类合同往往有"照供不议条款"。

由于 BOT 项目的性质所决定，如公路、隧道等项目，该项目建成后所需"原材料"可以随时在公开市场"购买"则不必签订此类合同。

BOT 项目的产品或服务必须销售出去才能回收投资和还贷。但一些 BOT 项目的产品或服务是无法在公开市场上以自由价格直接销售给社会大众的，如电厂生产的电、污水处理厂处理过的污水。所以需要事前签订产品或服务收购合同。此类合同往往有"照付不议条款"。

除上面这些合同以外，项目公司还可能根据需要签订工程咨询合同、审计合同、法律咨询合同、保险合同等诸多法律文件，共同构成一个使 BOT 项目得以顺利运转的复杂而完善的合同法律框架。

（五）BOT 运作模式案例——我国第一个国家正式批准的 BOT 项目广西来宾电厂 B 厂

广西来宾电厂 B 厂位于广西壮族自治区的来宾县。装机规模为 72 万千瓦，安装两台 36 千瓦的进口燃煤机组。该项目总投资为 6.16 亿美元，其中总投资的

25%，即1.54亿美元为股东投资，两个发起人按照60：40的比例向项目公司出资，具体出资比例为法国电力国际占60%，通用电气阿尔斯通公司占40%，出资额作为项目公司的注册资本，其余的75%通过有限追索的项目融资方式筹措。我国各级政府、金融机构和非金融机构不为该项目融资提供任何形式的担保。项目融资贷款由法国东方汇理银行、英国汇丰投资银行及英国巴克莱银行组成的银团联合承销，贷款中3.12亿美元由法国出口信贷机构——法国对外贸易保险公司提供出口信贷保险。项目特许期为18年，其中建设期为2年9个月，运营期15年3个月。特许期满项目公司将电厂无偿移交给广西壮族自治区政府。在建设期和运营期内，项目公司向广西壮族自治区政府分别提交履约保证金3 000万美元，同时项目公司还将承担特许期满电厂移交给政府后12个月的质量保证义务。广西电力公司每年负责向项目公司购买35亿千瓦时（5 000小时）的最低输出电量。工程1997年9月3日开工建设，2000年11月7日投入商业运营。

十、代建制模式

（一）代建制模式的含义

代建制是指投资方经过规定的程序，委托具有相应资质的工程管理公司或具备相应工程管理的其他企业，代理投资人组织和管理工程建设，在工程建设完成后交给使用单位使用的模式。

代建制的实质，就是把过去由投资者（政府）和使用单位的职责在建设期间划分出来，以专业化的公司代替它们行使建设期的职责，从而将传统管理体制中的"建、用合一"改为"建、用分开"，工程的使用单位不直接参与建设。

代建期间，代建单位按照合同约定代行类似于业主的职责。其工作一般包括工程前期征地拆迁和市政配套等工作的协调管理；协助完成项目可行性分析、项目策划和项目可行性研究报告；完成项目开工前所需的各项审批手续；协助招标公司组织工程勘察、设计、监理、施工、安装、材料设备采购等的招标工作；提供咨询服务，参与合同谈判与签订；负责优化设计，核查初步设计、施工图设计、工程预算和施工组织方案等工作；负责合同管理，按照所签订的各种合同组织工程建设，协调各单位之间的关系；负责对工程进度、质量、投资、安全、文明施工的统一管理以及工程建设期间的投资控制和工程设计签证，并对各施工工序的质量进行全面监管；编制项目实施用款计划、建设进度计划和财务预决算，并报审批；组织工程竣工验收和项目生产试运营，协助办理权属登记，负责编制竣工档案并移交业主；办理其他委托的工作。

（二）代建制模式的发展情况

代建制模式是20世纪90年代在我国才出现的一种政府投资项目的工程建设

模式。在此之前，作为政府投资工程主体包括：出资人，项目使用单位和建设单位（包括设计、施工、监理及其他咨询服务机构）。在传统的投资体制下，出资人的工作重心基本放在项目立项、资金审批等前期环节上，而项目的实施，则是由使用单位来完成。一般由这些使用单位下属的建设机构（有专门的单位，如基建队，也有兼职的部门，如基建处、科）等承担建设管理任务。后来，随着建设工程领域市场竞争机制的引入，许多政府部门成立了直属的建设工程管理公司，由这些公司实施政府投资工程的管理。另外，还有一些使用单位在缺乏必需的工程技术人员的情况下组建临时基建班子管理，而该班子在项目结束后即行解散等。虽然形成多样，但都有一个共同的特点，就是集自投、自建、自管、自用四种职能为一体。

在实践中，人们发现自投、自建、自管、自用于一身的这种模式存在许多问题，如自建自用往往让使用单位受利益驱动争项目、争资金，导致"钓鱼"工程产生，普遍存在"超规模、超预算、超标准"的三超现象；自建自用使项目建设过程难以得到有效监督，缺少约束，无法及时纠正建设过程中的违法违规问题；一些使用单位组建临时的基建班子进行建设管理，而这些基建班子缺乏工程建设的专业背景，人员不专业，不熟悉建设程序，没有掌握现代工程建设管理方法，导致建设周期长，工作效率低，投资效益差，并且机构重复设置，有一次教训，没二次经验等。

为了克服这些问题，我国开始了代建制模式的实践。

从各地情况上看，1993年始，厦门市针对政府投资工程四位一体的弊端，以及由此导致的各方行为主体责任不明确，过程无法有效控制等问题，通过采用招标或直接委托等方式，将工程交给一些有实力的专业公司，由这些公司代替业主对项目实施建设。2001年7月，厦门市开始在重点工程建设项目上全面实施项目代建制，制定了《厦门市重点工程建设项目代建管理暂行办法》。2002年3月开始在土建投资总额1 500万元以上的市级财政性投融资建设的社会公益性工程项目中实施项目代建制度，制定了《厦门市市级财政性投融资社会事业建设项目代建管理试行办法》。厦门的实践一般被称为代建制在我国的起源。

随后，上海、北京、天津、浙江、贵州、江苏、山东、云南、四川、重庆等省市先后开展代建制试点工作。2001年年底，上海开始在高速公路建设中强制实行代建制，后被广泛推广到其他市政工程建设中。上海市市政局发布了《关于本市市政行业开展代建制（工程建设管理）试点方案》，大连路越江隧道、北环高速公路等均实行了代建制模式。从2002年起，北京市发改委在回龙观医院、残疾人职业培训和体育锻炼中心、疾病预防控制中心等项目中实行了代建制试点，并取得良好效果。2004年3月1日，北京市发布《北京市政府投资建设项目代建制管理办法（试行）》并自发布之日起实施，其要求代建单位必须是具有相应资质、并能够独立承担履约责任的法人。

从国家层面上看，2002 年，原建设部组织政府投资工程管理方式改革课题研究，提出以代建制改革现有政府投资工程管理模式。2004 年 7 月 16 日，国务院结合各地试点的成功经验发布《关于投资体制改革的决定》，明确认可了代建制管理模式，决定明确："加强政府投资项目管理，改进建设实施方式"，"对非经营性政府投资项目加快推行'代建制'，即通过招标等方式，选择专业化的项目管理单位负责建设实施，严格控制项目投资、质量和工期，竣工验收后移交给使用单位"，同年 11 月，建设部出台《建设工程项目管理试行办法》，对代建制操作进行了规范。2002 年 9 月，财政部《关于切实加强政府投资项目代建制财政财务管理有关问题的指导意见》对实行代建制项目的建设资金拨付程序做出了安排。2007 年 3 月在第十届全国人民代表大会第五次会议上，国家发改委在《关于 2006 年国民经济和社会发展计划执行情况与 2007 年国民经济和社会发展计划草案的报告》第二部分"2007 年经济社会发展的总体要求和主要目标"中提出了"在深化投资体制改革中继续推行代建制，抓紧建立政府投资决策责任追究制度"，这些文件对确认代建制的法律地位、推进代建制发展的步伐起到了积极的作用。

（三）代建制模式与其他模式的区别

代建制模式与 EPC、PMC 等工程建设的运作模式看起来十分相似，易产生混淆，但是它们之间是有区别的。

1. 代建制模式与 EPC 的区别

代建制的核心是代建单位按照合同约定代理项目建设的主体职责，但不承包工程本身的实体建设工作。在代建制下，将项目建设人与项目使用人分离，由代建人对建设全过程进行组织管理，竣工后交付业主指定的使用单位，委托的主体是投资者（政府）。而 EPC 模式是从事工程总承包的企业，按照合同约定对工程项目的勘察、设计、采购、施工、试运行（竣工验收）等实行全过程或若干阶段的承包，从事的是工程本身的实体建设工作。EPC 是代建制模式下可以选取的从事实体工作的一种具体模式，委托的主体是代建人。

2. 代建制模式与 PMC 的区别

PMC 是业主聘请专业机构作为业主代表或业主的延伸，对项目进行集成化管理，扮演的是受人之托、忠人之事的角色。而代建制中的代建单位则不同，它在代建合约中很大程度上被赋予了业主的权利并相应履行业主的责任和义务。如北京市发展和改革委员会 2004 年 3 月 1 日颁布的《北京市政府投资建设项目代建制管理办法（试行）》（京发改［2004］298 号）对代建制作了这样的说明："代建制，是指政府通过招标的方式，选择社会专业化的项目管理单位（以下简称代建单位），负责项目的投资管理和建设组织实施工作，项目建成后交付使用单位的制度，代建期间代建单位按照合同约定代行项目建设的投资主体职责。"可见 PMC 是被委托"管理"，代建制的代建单位是被委托代行投资主体职责。

（四）代建制模式的基本运作方式及法律关系框架

1. 代建制模式下特殊的三方法律关系

代建制模式与其他工程建设模式相比，在其内部存在着一种政府、代建单位、使用单位特殊的三方法律关系。

一是政府和使用单位之间的关系。政府掌握投资决策权，使用单位有项目申请权。使用单位提出项目建议书和可行性研究报告或者项目建设内容、规模、标准的报告，由政府投资管理部门进行审定。使用单位无权决定增加建设内容、扩大建设规模和提高建设标准等事项，其要求应报政府批准后由代建单位执行。

二是政府和代建单位的关系。政府提出项目的建设质量、建设进度和建设投资控制要求，拨发建设资金，对项目的建设管理进行监督管理。代建单位按照要求自主组织建设，在政府要求的投资范围内组织建成工程。政府的财政部门直接向代建单位拨付建设管理费，有权更换不合格的代建单位。

三是使用单位和代建单位之间的关系。代建单位直接对政府负责，与使用单位没有直接的利益关系。但是，一般来讲使用单位对代建单位的工作有参与权、监督权、建议权。在工程建设过程中，使用单位可以派人行使监督权，提出自己的建议。

2. 代建制模式几种运作方式

在代建制模式的总体概念下，各地又有着不同的操作实践，形成了一些有代表性的运作方式。

一是以上海市等地运用为代表的政府指定代建公司模式，被称为上海模式。由政府组建或指定若干家具备较强经济和技术实力的建设公司、投资公司或项目管理公司，对政府投资项目实行代理建设（指定代建公司模式的法律关系框架见图 1-16）。

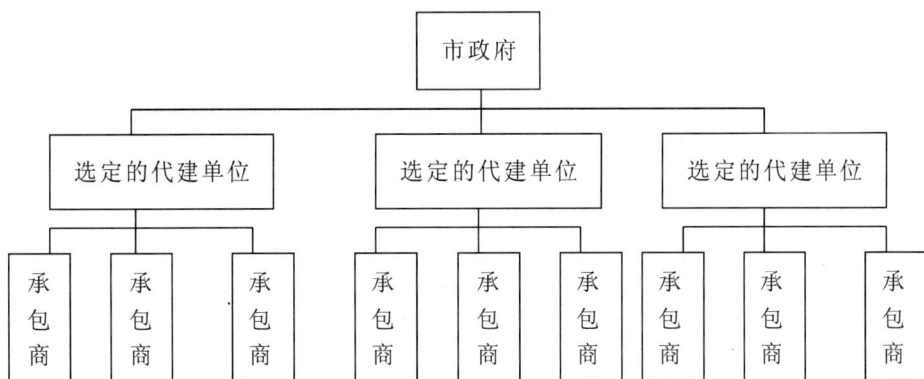

图 1-16　指定代建公司模式的法律关系框架

二是以深圳等地运用为代表的，被称为深圳模式。主要是借鉴香港等地的做法设立工务局，作为负责政府投资工程的专门机构。工务局承建的政府投资工程一律实行"交钥匙工程"，由政府财政拨款，由工务局负责组织协调、监督管理和建设管理任务。这样做打破了政府投资工程"一次性业主"的做法，解决政府投资工程分散管理的弊端，让"一个业主"负责所有的工程建设（政府专业管理机构模式法律关系框架见图1-17）。

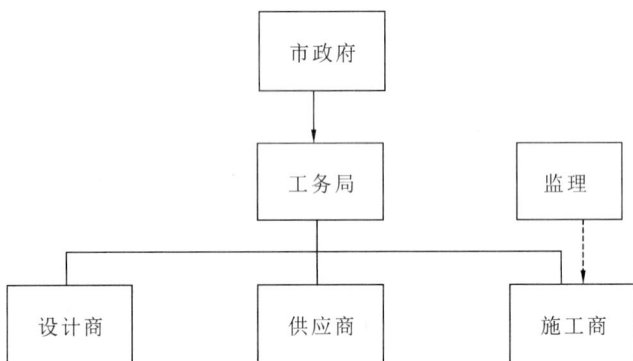

图 1-17　政府专业管理机构模式的法律关系框架

三是以北京等地运用为代表的代建公司竞争模式，被称为北京模式。由政府设立准入条件，按市场竞争原则，批准若干家具有较强经济和技术实力，有良好建设管理业绩并可承担投资风险的代建公司参与项目代建的竞争，通过公开招标选择代建单位（代建公司竞争模式法律关系框架见图1-18）。

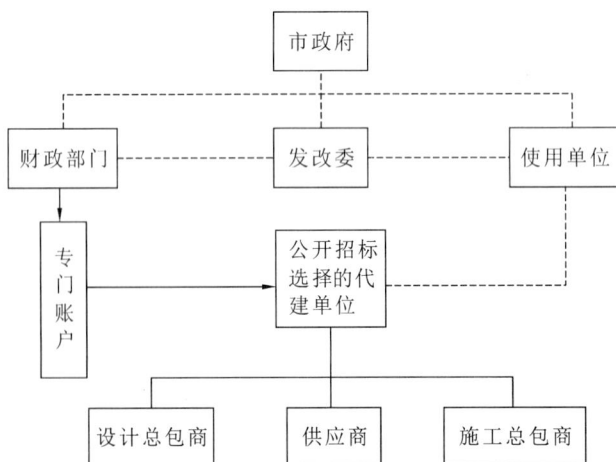

图 1-18　代建公司竞争模式的法律关系框架

（五）代建制模式的合同法律安排

代建制模式下的代建合同是其特有的主要合同法律文件，是监督、考核、评价代建活动和对代建单位进行奖惩的依据，也是落实政府权利义务的法律文书。

1. 合同主体的法律安排

合同的主体为政府机构和代建单位，一般来看，虽然工程建成后最终要交给使用单位，但使用单位并不是代建合同的一方。

2. 代建单位资格的法律安排

代建制作为一种为政府投资而专门设计的制度安排，代建单位具有法人资格应是必需条件，并且要求是具有一定资金实力与信用，具有相关项目管理经验与实施能力，具有相关资质的可以独立承担民事责任的企业。

但对于具体的资格要求目前尚无全国层面上专门的统一规定。各地方文件均规定代建单位应是具有相应资质、并能够独立承担履约责任的法人，但具体要求上又有所不同，如，重庆要求具有综合甲级工程设计资质，或综合甲级监理资质，或本专业施工总承包一级以上资质，或综合甲级工程咨询资质；相应资产；与建设管理相适应的组织机构和项目管理体系；与工程建设规模和技术要求相适应的技术、造价、财务和管理等方面的专业人员，有从事同类工程建设管理的经验的企业才能申请代建资格。《厦门市市级财政性投融资社会事业建设项目代建管理试行办法》规定，可以参与代建的单位是应具有一、二级房地产开发，甲、乙级监理，甲级工程咨询，特级、一级施工总承包其中之一资质的单位。北京市曾经推出1＋X的代建人资质要求，即代建人必须具备工程咨询的甲级资质，同时兼有1项以上的其他与建设工程相关的资质等。此外，有的地方在实践中，一般要求代建单位具有相应工程咨询、勘察、设计、施工、监理资质。但是，工程总承包企业不能在同一个工程项目上同时承担工程总承包和代建业务。

3. 合同内容的法律安排

从合同的内容上观察，代建合同主要有以下法律安排。

一是代建单位管理费计取。根据各地的实际操作，代建单位管理费一般在建设管理费总额中计取一定比例。如北京规定最高可按管理费总额的3：7比例确定。

二是设立奖罚机制。项目建成竣工验收后，如决算投资比合同约定投资有节余，代建单位可参与分成。例如北京、宁波规定其中30％左右的政府投资节余资金可作为对代建单位的奖励。

同时，为了有效地控制代建风险，在代建制度安排中设计了处罚机制，大致可以分为三个层面：第一个层面主要涉及代建合同的赔偿责任，如果代建单位未能完全履约致使投资增加或工程质量不合格，所造成的损失或投资增加额一律将从其银行履约保函中补偿，履约保函金额不足的，相应扣减项目代建费，仍不足的，扣减代建单位自有资金，北京代建即为这样的规定；第二个层面主要涉及质量责任追索保证，即代建人要承诺对工程质量终身负责；第三个层面是从政府监管的角度，对重大违约代建人除承担赔偿责任外，还要接受一段时间市场禁入的处罚。

三是回避条款。鉴于代建项目的特殊性，无论是何种类型或具有何种资质的代建单位，一般只从事该项目的代建工作，不能直接或间接地从事与代建项目相关的勘察、设计、施工、监理、材料设备供应等业务。

四是免责条款。一般对三种情况进行约定，一种为不可抗力，第二个是如果出现由于项目前期勘察设计失误造成增加投资的情况，投资人或使用单位如何免除代建单位的责任，第三个是如果政府资金拨付不及时造成工期延误，代建单位如何免责。

本章主要参考文献

[1] 赵向东. 国际工程项目管理模式对比分析 [EB/OL]. http：//www. witroad. com.

[2] 陈柳钦. 国际工程大型投资项目管理模式探讨 [EB/OL]. http：//www. tianya-book. com.

[3] 顾长浩，等. BOT投融资模式的起源与发展 [EB/OL]. http：//www. leadge. com.

[4] 马琳，陆惠民. 国际工程项目管理新模式——Partnering模式研究 [EB/OL]. http：//www. leadge. com.

[5] 余杭. 招投标通论 [M]. 北京：经济日报出版社，1999.

[6] 雷丙寅. 代建制的运营特征及其法律关系分析 [EB/OL]. http：//www. jjxj. com. cn.

[7] 林波. PMC模式在中海壳牌石化项目管理上的应用 [EB/OL]. http：//www. leadge. com.

[8] 高显义. 工程合同管理 [M]. 上海：同济大学出版社，2006.

[9] 白思俊. 现代项目管理 [M]. 北京：机械工业出版社，2000.

[10] 中国勘察设计协会建设项目管理和工程总承包工作委员会. 关于我国在工程建设中开展工程总承包和项目管理的调研报告 [R]. 2002-06-20.

[11] FIDIC合同条件，1999.

[12] 《建设工程项目管理规范》（GB/T50326－2001）.

[13] 《建设项目工程总承包管理规范》（GB/T50358－2005）.

第二章

大型建设工程项目
行政许可和审批

大型建设工程项目是国家根据社会经济发展战略、产业布局、城乡规划等涉及社会公共利益的需要批准进行的，在工程开工前需要经过建设单位内部审批和国家有关部门的行政许可，这些审批和许可一般都是工程项目建设的必经程序，是一个大型建设工程项目实现合法性的必由之路。这些程序包括建设单位内部的充分调研论证，经过立项、可研、规划、各种评估评价、基础设计、详细设计等程序，中介机构的安全、环境影响、职业卫生、地质灾害、地震等各种评估评价，还有政府各级管理部门一系列依照法律规定进行的严格的立项、规划、用地以及消防、人民防空设施设计审查等审批程序，在进程上往往体现出不可逆转性。这些程序涉及不同的专业领域，内容复杂，有些还相互独立，存在许多法律问题，值得研究。

第一节
行政许可和审批相关法律问题

一、审批相关概念

（一）审批、核准、备案以及审核

在讨论大型工程审批程序前，有必要分清审批与其他相关的几个概念。根据《国务院关于投资体制改革的决定》（国发〔2004〕20号），按照"谁投资、谁决策、谁收益、谁承担风险"的原则，转变政府管理职能，确立企业的投资主体地位，落实企业投资自主权，彻底改革原来不分投资主体、不分资金来源、不分项目性质，一律按投资规模大小分别由各级政府及有关部门审批的企业投资管理办法。对于企业不使用政府投资建设的项目，一律不再实行审批制，区别不同情况实行核准制和备案制。其中，政府仅对重大项目和限制类项目从维护社会公共利益角度进行核准，其他项目无论规模大小，均改为备案制。项目的市场前景、经济效益、资金来源和产品技术方案等均由企业自主决策、自担风险，并依法办理环境保护、土地使用、资源利用、安全生产、城市规划等行政许可手续和减免税确认手续。该《决定》实际上从政府行政管理的角度对审批、核准、备案的含义进行了界定，我们认为，审批、核准、备案不仅仅是政府行政管理行为，而应该是包括政府、企业、事业单位在内更广泛意义上的管理行为。

（1）审批：是指政府机关、企事业单位，根据法律、法规、规章及单位内部文件，对管理相对方从事某种行为、申请某种权利或资格等进行具有限制性管理的行为。审批机关有选择决定权，如烟草专卖、旅馆、公章刻制特种行业的许可，企业签订合同的立项审批等。

（2）核准：是指政府机关、企事业单位，根据法律、法规、行政规章及单位内部文件，对管理相对方从事某种行为，申请某种权利或资格等，依法进行确认的行为。只要符合规定的条件，一般都会通过批准。如证监会和保监会对证券公司、保险公司高级管理人员任职资格的核准。

（3）备案：是指管理相对方按照法律、法规、行政规章及单位内部文件等规定，向主管部门报告制定或完成的事项的行为。

（4）审核：与审批相关的还有一个概念是审核，指由本部门审查核实，报上级部门或其他部门审批的行为。它是审批部门内部审批程序的一部分，实际上属于审批的范围。

大型工程项目建设中，有企业内部职能部门的审批，也有政府上下级之间的审批，以及常见的政府对非政府单位的审批。审批、核准和备案行为都属于管理的范畴，但反映了管理方对相关事项干预和管理强度的不同。

（二）行政审批与行政许可

通过审批相关概念的分析可以知道，审批包括企业内部审批和外部审批，外部审批就是通常所说的行政审批，包括政府上下级之间以及政府对外部单位的审批，而行政许可仅指政府对其外部的个人、企事业单位等进行的审批行为，不包括政府上下级之间的审批，因此行政审批并不等同于行政许可。两者的区别主要表现为以下几个方面。

一是概念性质不同。行政审批是行政管理学上的概念，侧重于行政管理上使用；行政许可是行政法学上的概念，侧重于法律意义上使用。

二是规范的关系不同。行政审批除包含行政许可外，还有内部行政行为；行政机关对内部的人、财和外事等的审批就属于行政审批，而不是行政许可。

三是救济途径有所不同。对行政审批不服有些情况下不能提起行政复议、行政诉讼；而行政许可是一种具体行政行为，行政相对人如果认为该行政许可侵害了自己的利益，可以以行政复议或者行政诉讼的方式救济。

四是内涵和外延不同。行政审批的概念无论其内涵还是外延都要比行政许可宽泛得多。一般说来，行政许可就是通常所说的行政审批，但行政审批未必都是法律意义上的行政许可。值得注意的是，我国《行政许可法》并未区别这两个概念。

（三）行政许可的表现形式

根据《国务院决定对确需保留的行政审批项目设定行政许可目录》规定，我国各级政府的行政许可包括以下几种形式。

（1）许可：如国土资源部批准的古生物化石采掘和出入境许可，国家发展改革委员会批准的煤炭出口经营许可。

（2）审批：如原国防科工委负责的核电站建设消防设计、变更、验收审批，地震部门管理的超限高层建筑工程抗震设防审批。

（3）核准：如商务部对外承包工程项目投标（议标）核准。

（4）审查：如地市级政府食品药品监督部门负责的保健食品广告审查。

（5）认定：如省级政府农业主管部门负责的鲜茧收购资格认定。

（6）认可：如各级政府安全生产部门负责的安全培训机构资格认可。

（7）登记：如县级以上各级工商部门负责的户外广告、商品展销会登记。

（8）注册：如建设部门负责的城市规划师执业资格注册，海关总署各直属海关负责的承运境内海关监管货物的运输企业、车辆注册。

（四）企业内部审批与外部审批

为了更好地讨论大型建设工程审批程序，我们在此将这些程序分为两种，一种是内部审批，另一种是外部审批。内部审批是指建设单位内部职能部门对项目启动的投资决策程序，一般属于企业的内部管理行为。包括预可行性研究报告、项目建议书、可行性研究报告、总体设计、基础设计、详细设计、开工报告。外部审批是指政府各级部门根据法律规定在其职责范围内对项目建设的各种审批，也称为政府行政审批，法律性质为行政许可。主要包括立项、安评、环评、地震、地灾、职业病以及水土保持、消防设计、人民防空设计审查等14项审批。

值得注意的是内部审批程序和外部审批程序并不是绝对分开的，两者是同时进行的，有些程序甚至联系密切。如环境影响评价法规定，建设项目有行业主管部门的，其环境影响报告书或者环境影响报告表应当经行业主管部门预审后，报有审批权的环境保护行政主管部门审批。而有些大型建设工程项目的建设单位往往承担着行业主管部门的性质，因此外部审批需要内部审批作为前置程序。如《中国石油化工股份有限公司固定资产投资决策程序及管理办法》规定，投资2亿元及以上的建设项目的环境影响报告书（表）由股份公司组织预审，并报国家环保总局审批；总投资在3 000万元及以上、2亿元以下的建设项目由股份公司安全环保部预审，报省级环保部门审批。

二、工程建设行政审批制度情况

行政许可法实施前，我国工程建设领域涉及行政许可多达4部法律以及18部行政法规、86个部门规章，地方法规、政府规章多达1 300余部。行政许可法实施后，由国务院做出取消两批行政审批项目和改变一批行政审批项目管理方式的决定，其中取消的审批项目多达1 195项，改变管理方式的审批项目也有82项。其中取消的审批项目涉及建设部门就有153项，改变管理方式的审批项目涉及建设部门也有5项。尽管行政许可法实施后，政府在项目审批方面进行了大刀阔斧的改革，但由于大型建设工程项目的复杂性，涉及国家和社会生活的方方面面，影响较大。大型建设工程项目的实施仍然涉及60多个国家层面的法律法规、技术规范和各省市的各种法规和规章，建设单位有可能要跑14个政府主管部门，这还不包括相同部门有多级审查的情况。可见，我国工程建设行政审批制度还需要进一步改革和完善。

三、涉及的相关主体间关系

在大型工程建设审批过程中涉及几个主体之间的关系。一种是内部审批关系。内部审批关系是建设单位内部上下级之间的内部管理关系，它们之间由内部管理制度和单位规章进行调整，严格来说既不受民事法律又不受行政法律调整，一般不会出现争议，即使有争议也可以内部解决。这里之所以将内部程序在文中单独列出，是为了论述方便，与外部程序分开，同时突出审批程序的完整性。另一种是行政管理关系，即政府部门与建设单位之间的行政许可法律关系，体现的是政府部门对建设单位进行项目建设是否履行某些法定义务的监督、管理、审查职能，这种关系受行政复议法、行政诉讼法等法律法规的调整。如安全评价报告的审批，是政府对建设项目安全性的监督，他们从维护建设人员的劳动安全和整个社会的公共利益出发，主要审查建设单位是否落实了工程项目安全设施"三同时"工作，是否对该建设项目可能存在的危险、有害因素的种类和程度有足够的认识，是否提出了合理可行的安全对策措施及建议等。第三种是委托合同关系，即建设单位与中介评估评价机构之间的关系。尽管不少中介机构为政府审批部门的事业单位，有些还是行政拨款性事业单位，但他们与建设单位之间的法律地位是平等的，双方之间需要签订委托咨询、论证类合同来开展业务，这种法律关系应受合同法的调整。

四、法律责任

在大型建设工程项目的行政审批过程中，建设单位、中介机构、政府审批部门以及相关责任人的法律责任，因审批事项的不同而有所不同，但基本上大同小异。建设单位的法律责任通常是法律规定的重点。根据《行政许可法》的规定，行政相对人隐瞒有关情况或者提供虚假材料申请行政许可的，行政机关不予受理或者不予行政许可，并给予警告；行政许可申请属于直接关系公共安全、人身健康、生命财产安全事项的，申请人在一年内不得再次申请该行政许可；以欺骗、贿赂等不正当手段取得行政许可的，行政机关应当依法给予行政处罚；取得的行政许可属于直接关系公共安全、人身健康、生命财产安全事项的，申请人在三年内不得再次申请该行政许可。公民、法人或者其他组织未经行政许可，擅自从事依法应当取得行政许可的活动的，行政机关应当依法采取措施予以制止，并依法给予行政处罚。根据相关法律规定，建设单位不办理审批或办理审批不当的，行政处罚的形式包括警告、责令限期补办手续、责令停建（或停止生产、施工、使用）、限期拆除、行政罚款等。如果构成犯罪的，依法追究刑事责任。对于民事责任，则规定得比较简单，主要包括工程项目停建、变更后对土地权利人、地上建筑物、附着物的权利人损失的赔偿，以及对中介机构等合同相对人的民事赔偿等。

中介机构的法律责任一般都由专门的法律和专业评估资质管理办法的规定予以调整，如《中华人民共和国安全生产法》、《地质灾害危险性评估资质管理办法》、《地震安全性评价资质管理办法》等。法律责任主要表现为责令停止违法行为、罚款、没收违法所得、吊销资质、刑事责任。

对政府审批部门的法律责任则规定得比较简单，一般只对相关责任人给予降职、撤职、开除等行政处分、刑事责任。对审批部门单位的责任，即国家赔偿责任，缺少相关规定。

第二节
内部审批

大型建设工程项目的内部审批程序主要包括项目的投资决策程序和项目实施阶段的施工准备审批程序，而投资决策程序一般包括投资机会研究阶段、预可行性研究阶段、项目建议书阶段、可行性研究阶段、项目评估阶段。除详细设计和施工图设计外，以下内部审批程序中通常都需要在投资主体内部审批的基础上由政府相关部门进行外部审批。

一、投资机会研究

投资机会研究（Opportunity Study），也称投资机会鉴别，是指为寻求有价值的投资机会而对项目的有关背景、资源条件、市场状况等所进行的初步调查研究和分析预测，它包括一般机会研究和特定项目机会研究。一般机会研究又分为地区机会研究（寻找某一特定区域内的投资机会）、部门机会研究（寻找某一特定产业部门的投资机会）和资源开发机会研究（即以资源开发和加工为目的的投资机会研究）三类。机会研究是进行初步可行性研究之前的准备性调查研究，它把项目设想变为概略的项目投资建议，以便进行下一步的深入研究。机会研究的方法主要是依靠经验进行粗略的估计，不进行详细的分析计算，建设投资和生产成本的估算主要参考类似项目套算。

二、预可行性研究报告

预可行性研究（Pre-feasibility Study），也称初步可行性研究，是在投资机会研究的基础上，对项目方案进行的进一步技术经济论证，对项目是否可行进行初步评价和判断。在我国目前的大型工程建设程序中，预可行性研究属于前期工作，需要比较系统地对国内外该项目资源、储量、生产、消费进行调查和初步分析，需要对国内外市场的需要量、产品品种、质量要求和价格趋势做出初步预测，初步研究并提出项目建设规模、产品种类、工程建设轮廓和工艺技术的原则方案，参照类似企业选择合适评价当时市场价格的技术经济指标，初步提出建设总投资、主要工程量和主要设备以及生产成本等，进行初步经济分析。预可行性研究报告通过国内外市场调查和预测资料，综合工程项目资源条件、工艺技术、建设条件、环境保护以及项目建设的经济效益等方面因素，从总体上、宏观上对项目建设必要性，建设条件的可行性以及经济效益的合理性做出评价，为是否进行工程建设及推荐项目和编制项目建议书提供依据。一般情况下，建设单位的计划、投资部门需委托有资质的设计单位编制预可行性研究报告，并在预可行性研究报告的基础上编制项目建议书。

三、项目建议书

项目建议书（Proposals for the Projects）主要是分析和论证投资项目的必要性，一般由投资主体的计划部门根据中长期固定资产投资预算提出，并委托中介机构编制。投资项目原则上必须编制和报批项目建议书。项目建议书编织出来后，计划部门还可以委托中介机构对建议书进行评估，再提交投资主体内部相关职能部门会签，并按照各部门意见修改后形成正式的项目建议书，经总经理办公会讨论通过，由总经理或其委托的主管投资副总经理签发，按照规定上报政府有关部门。对于大型建设工程项目和引进外资项目，都要有预可行性研究报告、项目建议书和可行性研究报告，但对于比较简单的建设项目，如非涉外的中小型建设工程项目，有时为了方便，通常不编制预可行性研究报告和项目建议书，而是直接编制可行性研究报告。

四、可行性研究报告

可行性研究（Feasibility Study）是我国于 20 世纪 80 年代从国外引进的工程学名词，是工程建设项目投资决策前进行技术经济分析论证的一种科学方法和工作手段。1983 年 2 月原国家计委将建设项目可行性研究工作正式列入我国基本建设程序，并执行至今。可行性研究是在投资决策前对项目有关的社会、经济和技术等诸方面情况进行深入细致的调查研究；对各种可能拟定的建设方案和技术方案进行认真的技术经济分析与比较论证；并对项目建成后的经济效应进行科学的预测和评价。在此基础上，综合研究建设项目的技术先进性和适用性、经济合理性和有利性、建设的可能性和可行性。为项目决策部门对项目投资的最终决策提供科学依据。

可行性研究报告是项目决策的主要依据，重点研究项目的原料供应、产品市场、方案优化、经济效益和竞争能力，论证项目的可行性。可行性研究报告中要对建设项目进行多方案论证，并提出推荐方案。可行性研究报告的编制报批程序与项目建议书基本相同。如果涉及设备技术引进的，在可行性研究报告批准并按规定程序决策后，对外技术引进合同方可正式签订，并报政府主管部门审批后生效。

五、总体设计

总体设计（Overall Design）是指完成大型工程体系的总体方案和总体技术途径设计，主要用于统一与工程有关的各子项目（或装置及配套公用工程设施等）的建设标准与设计规范，保证工程总体的完整性和先进性，有利于控制建设投资，提高投资回报，同时也是指导开展初步设计和详细设计的重要技术文件。通常同一项工程存在多个设计单位、重大投资项目（含有 3 套及以上工艺装置的项目）需要进行总体设计。

六、基础设计

在介绍基础设计（Foundation Design）时，需要分清楚初步设计（Predesign）和施工图设计（Execution Design）、详细设计（Detailed Design）等概念。基础设计最初是国外的说法，基础设计对应的下一步工作是详细设计，石油化工行业目前习惯称为基础设计。而初步设计是以前国内的说法，初步设计所对应的下一步工作是施工图设计。目前电力行业习惯称为初步设计。这两组概念的含义基本相同，许多地方都具有相同的含义，如《中国石化集团公司石油化工装置基础设计（初步设计）内容规定》。从专业上区分这几个概念，如果说他们有所区别，那也只是在行业习惯以及设计深度方面的细微差别。一般来说基础设计的设计深度大于初步设计，初步设计的设计深度大于总体设计。而详细设计和施工图设计差不多，但设计深度更大，是工程施工的主要依据，一般不需要进行审批。基础设计不得任意改变已批复的可行性研究报告的建设方案，不得突破批准的总投资。基础设计文件的深度应能满足开展详细设计、设备订货、施工招标以及适应工程总承包的要求。基础设计编制完成后，报送计划部门按程序委托组织审查并批复。基础设计经批准后方可组织设备订货。

七、开工报告

在工程项目施工准备工作完成后，施工单位应当在具备如下条件后上报开工报告（Commencement Report）：

（1）项目法人或委托法人已经设立（制度、项目经理及培训、管理机构成员）；

（2）项目的总体设计或初步设计已批复；

（3）资金落实；

（4）项目施工组织设计大纲已经编制完成；

（5）主体或控制性工程的施工单位已经通过招标选定，施工承包合同已经签订；

（6）设计监理单位已经确定；

（7）四通一平完成；

（8）主要设备材料完成订货（设计图纸和材料满足连续 3 个月施工的需要）。

开工报告经批复后，方能进行工程施工（见图 2-1）。

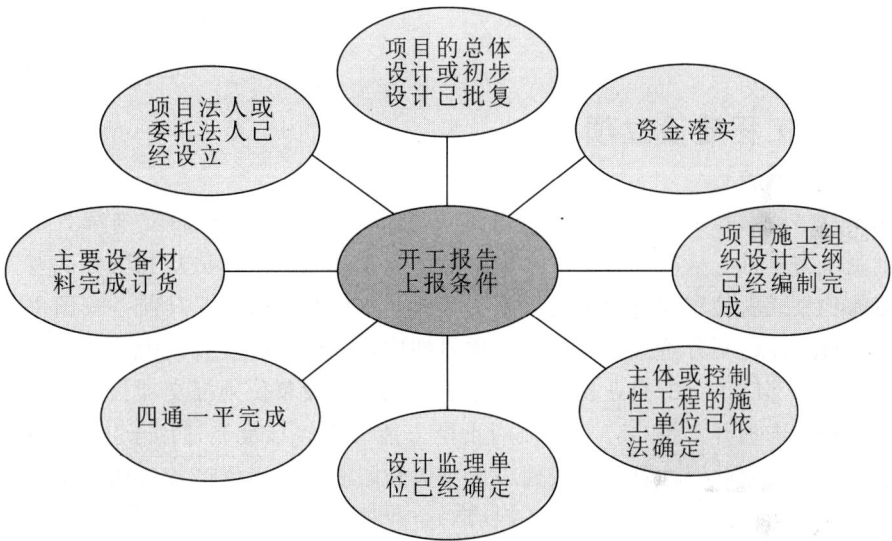

图 2-1　开工报告上报条件

第三节
外部审批

一、工程建设立项审查

（一）概述

依据《政府核准的投资项目目录》，我国大型建设工程项目立项审查由单一审批制改为审批、核准、备案制。审批制适用于对国家法律法规和国务院有专门规定的项目或者使用政府资金的项目的审批。2004 年 7 月 16 日前，我国仍实行不分投资主体、不分资金来源、不分项目性质，一律按投资规模大小分别由各级政府及有关部门审批的企业投资管理办法。项目建设单位须提交项目建议书、可行性研究报告和开工报告，并经政府批准方能开工。核准制适用于依据《目录》规定，对不使用政府性资金投资建设的重大和限制类固定资产投资项目从维护社会公共利益角度进行的项目审查。政府对企业提交的项目申请报告，主要从维护经济安全、合理开发利用资源、保护生态环境、优化重大布局、保障公共利益、防止出现垄断等方面进行核准。对于外商投资项目，政府还要从市场准入、资本项目管理等方面进行核准。备案制适用于《目录》以外的企业投资项目，由企业按照属地原则向地方政府投资主管部门备案。备案制的具体实施办法由省级人民政府自行制定。

（二）立项审批的程序

（1）项目申报单位应向项目核准机关提交项目申请报告一式 5 份。项目申请报告应由具备相应工程咨询资格的机构编制，其中由国务院投资主管部门核准的项目，其项目申请报告应由具备甲级工程咨询资格的机构编制，并先经国务院投资主管部门提出审核意见，向国务院报送项目申请报告。

（2）项目核准机关如认为申报材料不齐全或者不符合有关要求，应在收到项目申请报告后 5 个工作日内一次告知项目申报单位，要求项目申报单位澄清、补充相关情况和文件，或对相关内容进行调整。收集齐全后，并向项目申报单位出具受理通知书。

（3）项目核准机关在受理核准申请后，如有必要，应在 4 个工作日内委托有资格的咨询机构进行评估。项目核准机关在进行核准审查时，如涉及其他行业主管部门的职能，应征求相关部门的意见。相关部门应在收到征求意见函（附项目申请报告）后 7 个工作日内，向项目核准机关提出书面审核意见；逾期没有反馈书面审核意见的，视为同意。

（4）项目核准机关应在受理项目申请报告后 20 个工作日内，做出对项目申请报告是否核准的决定并向社会公布，或向上级项目核准机关提出审核意见。经本机关负责人批准，可以延长 10 个工作日。

（5）项目核准机关应向项目申报单位出具项目核准文件或不予核准决定书，同时抄送相关部门和下级项目核准机关；经国务院核准同意的项目，由国务院投资主管部门出具项目核准文件。

（6）项目核准文件有效期 2 年，也可届满 30 日前向原项目核准机关申请延期，项目在核准文件有效期内未开工建设也未向原项目核准机关申请延期的，原项目核准文件自动失效。

（三）立项审批涉及的法律法规

《中华人民共和国行政许可法》（2004.7.1）

《国务院关于投资体制改革的决定》（国发［2004］20 号）及其附件《政府核准的投资项目目录》

《企业投资项目核准暂行办法》（发改委 2004 年 9 月 15 日）

各省企业投资项目备案，如《辽宁省企业投资项目核准暂行办法》、《山西省企业投资项目核准暂行办法》、《江西省企业投资项目核准暂行办法》

二、安全评价

（一）概述

安全评价包括安全预评价、安全验收评价、安全现状综合评价、专项安全评价，危险化学品建设项目还需要进行安全设施设计审查和竣工验收，在大型工程建设启动程序中的安全评价主要是指安全预评价。安全预评价是指根据建设项目可行性研究报告内容，分析和预测该建设项目可能存在的危险、有害因素的种类和程度，提出合理可行的安全对策措施及建议。开展安全预评价的目的是落实生产经营单位新建、改建、扩建工程项目安全设施"三同时"工作，主要内容包括危险、有害因素识别、危险度评价和安全对策措施及建议等。根据我国《安全生产法》规定，大型建设工程项目中的矿山建设项目和用于生产、储存危险物品的建设项目，应当分别按照国家有关规定进行安全条件论证和安全评价，项目竣工投入生产或者使用前，还必须依照有关法律、行政法规的规定对安全设施进行验收；验收合格后，方可投入生产和使用。大型建设工程中的危险化学品生产、储存装置和设施，伴有危险化学品产生的化学品生产装置和设施的建设项目，应当进行建设项目安全许可，即建设项目设立（审批、核准、备案）前的安全审查、建设项目安全设施设计的审查和竣工验收。建设项目安全许可适用国家安监总局2006年9月2日颁发的《危险化学品建设项目安全许可实施办法》。但危险化学品的勘探、开采及其辅助的储存，石油、天然气长输管道及其辅助的储存，城镇燃气辅助的储存等建设项目，不适用该规定。陆上油气田开发项目、陆上油气长输管道建设项目（不含成品油管道和油气田集输管道）的范围、国家和省级安监部门职责分工以及审查评审等，按照《国家安全生产监督管理总局关于陆上石油天然气建设项目安全设施设计审查与竣工验收有关事项的通知》（安监总管一〔2006〕151号）办理。

（二）安全评价的程序

大型建设工程项目安全评价有许多种，作为工程建设的启动审批程序中的安全评价主要是安全预评价。安全预评价的主要程序如下。

1. 委托安全评价机构

安全评价必须由具有相应资质的评价公司承担，根据《安全评价机构管理规定》，资质证书分为甲、乙两级，并根据安全评价机构的专业特长、资质条件确定其业务范围。取得甲级资质证书的安全评价机构，可以根据资质证书确定的业务范围在全国范围内从事安全评价活动；取得乙级资质证书的安全评价机构，可以根据资质证书确定的业务范围在所在的省、自治区、直辖市范围内从事安全评价活动。建设单位委托安全评价机构除有关部门指定的情况外，一般都要选择三家以上的机构进行洽谈，最后根据其收费、业务量以及建设单位实际情况等确定一家，并与之签订委托安全评价合同。

2. 安全评价机构开展评价

合同签订以后，建设单位应当按照合同约定，准备项目相关情况和评价所需的基础材料，为评价机构开展工作提供便利。评价机构在评价工作期间，一般会组织专家组进行考察。评价工作结束后，安评机构将按照合同约定提交项目安全评价报告，并经专家组审查通过。

3. 安全许可实施部门审查

建设单位按照相关规定将安全评价报告上报安全许可实施部门，大型建设工程项目一般应向国家安全生产监督管理总局申请审批。安全部门收到材料后，会组织专家和相关人员进行评审，评审结束后，最后做出结论。结论一般为通过、原则通过和不通过。

4. 取得建设项目设立安全审查意见书

专家评审通过后，安全许可实施部门将向建设单位下达建设项目设立安全审查意见书。

（三）安全评价涉及的法律法规

《中华人民共和国安全生产法》（2002.11.1）

《危险化学品安全管理条例》（2002.3.15）

《安全生产许可证条例》（2004.1.13）

《危险化学品建设项目安全许可实施办法》（2006.10.1）

《安全评价机构管理规定》（2005.10.1）

《危险化学品建设项目安全评价细则（试行）》（2008.1.1）

《国家安全生产监督管理总局关于陆上石油天然气建设项目安全设施设计审查与竣工验收有关事项的通知》（2006.7.21）

三、环境影响评价

（一）概述

环境影响评价有广义和狭义之分。广义的环境影响评价是对拟议中的人为活动（包括建设项目、资源开发、区域开发、政策制定、立法等）可能造成的环境影响（既包括环境污染和生态破坏等不利影响，也包括有利的影响）或环境后果进行分析论证的全过程，并在此基础上提出采取的防治措施和对策。而狭义的环境影响评价则是对拟议中的建设项目在兴建前即可行性研究阶段对其选址、设计、施工等过程，特别是运营和生产阶段可能带来的环境影响进行预测分析，提出相应的防治措施，为项目选址、设计及建成投产后环境管理提出科学依据。环境影响评价在项目建议书批准后开始进行评价。国家根据建设项目对环境的影响程度，对建设项目的环境影响评价实行分类管理。建设单位应当按照下列规定组织编制环境影响报告书、环境影响报告表或者填报环境影响登记表：①可能造成重大环境影响的，应当编制环境影响报告书，对产生的环境影响进行全面评价；②可能造成轻度环境影响的，应当编制环境影响报告表，对产生的环境影响进行分析或者专项评价；③对环境影响很小、不需要进行环境影响评价的，应当填报环境影响登记表。预审、审核、审批建设项目环境影响评价文件，不得收取任何费用。

（二）程序

大型建设工程项目环境影响评价的主要程序如下。

（1）委托环境影响评价机构。环境影响评价必须由具有相应资质的评价公司承担，根据《建设项目环境影响评价资质管理办法》，资质证书分为甲、乙两级，国家环境保护总局在确定评价资质等级的同时，根据评价机构专业特长和工作能力，确定相应的评价范围。取得甲级评价资质的评价机构，可以在资质证书规定的评价范围之内，承担各级环境保护行政主管部门负责审批的建设项目环境影响报告书和环境影响报告表的编制工作。取得乙级评价资质的评价机构，可以在资质证书规定的评价范围之内，承担省级以下环境保护行政主管部门负责审批的环境影响报告书或环境影响报告表的编制工作。国家对甲级评价机构数量实行总量限制，有效期为四年。建设单位委托环境影响评价机构除有关部门指定的情况外，一般都要选择三家以上的机构进行洽谈，最后根据其收费、业务量以及建设单位实际情况等确定一家，并与之签订委托评价合同。

（2）环境影响评价机构开展评价。合同签订以后，建设单位应当按照合同约定，准备项目相关情况和评价所需的基础材料，为评价机构开展工作提供便利。评价机构在评价工作期间，一般会组织专家组进行考察。评价工作结束后，环评机构将按照合同约定提交项目安全评价报告，并经专家组审查通过。

（3）环境保护行政部门审批。建设项目的环境影响评价文件，由建设单位按照国务院的规定报有审批权的环境保护行政主管部门审批；建设项目有行业主管部门的，其环境影响报告书或者环境影响报告表应当经行业主管部门预审后，报有审批权的环境保护行政主管部门审批。环保部门收到材料后，会组织专家和相关人员进行评审，评审结束后，最后做出结论。除国家规定需要保密的情形外，对环境可能造成重大影响、应当编制环境影响报告书的建设项目，建设单位应当在报批建设项目环境影响报告书前，举行论证会、听证会，或者采取其他形式，征求有关单位、专家和公众的意见。涉及水土保持的建设项目，还必须有经水行政主管部门审查同意的水土保持方案。

（4）取得建设项目环境影响评价审批决定书。环境保护行政主管部门应当自收到建设项目环境影响报告书之日起 60 日内、收到环境影响报告表之日起 30 日内、收到环境影响登记表之日起 15 日内，分别做出审批决定并书面通知建设单位。

（三）涉及法律法规

《中华人民共和国行政许可法》（2004.7.1）

《中华人民共和国环境保护法》（1989.12.26）

《中华人民共和国环境影响评价法》（2003.9.1）

《建设项目环境影响评价资质管理办法》（2006.1.1）

《建设项目环境保护管理条例》（1998.11.29）

各行业环境影响评价规范，如《标准水利水电工程环境影响评价规范（试行)》、《内河航运建设项目环境影响评价规范》

四、项目规划审批

（一）概述

政府规划部门根据本地城乡规划，对建设项目选址进行审查，并颁发建设项目选址意见书、建设用地规划许可证、建设工程规划许可证的行为，一般称为"一书两证"。申请选址意见书仅限于使用国有划拨土地的情况。

（二）程序

（1）申请选址意见书。按照国家规定需要有关部门批准或者核准的建设项目，以划拨方式提供国有土地使用权的，建设单位在报送有关部门批准或者核准前，应当向城乡规划主管部门申请核发选址意见书。

（2）申请建设用地规划许可证。建设单位携建设项目的批准、核准、备案文件（出让地需要国有土地使用权出让合同），向城乡规划主管部门提出建设用地规划许可申请，领取建设用地规划许可证。

（3）向土地部门申请用地。建设单位持项目相关文件和建设用地规划许可证，向土地部门申请用地。

（4）向规划部门领取建设工程规划许可证。

（三）相关法律法规

《中华人民共和国土地管理法》（2004.8.28 修订）

《中华人民共和国土地管理法实施条例》（1999.1.1）

《中华人民共和国城乡规划法》（2008.1.1）

五、消防设计审查

（一）概述

新建、改建、扩建、建筑内部装修、用途变更工程项目开工前，以及这些项目的消防设计方案发生变更和工程竣工时，由公安消防机构对其是否符合国家工程建筑消防技术标准进行的审查。消防审查包括消防设计审查和消防设施竣工验收。消防设计未经审核或者经审核不合格的，建设行政主管部门不得发放施工许可证，建设单位不得施工；消防设计发生变更时的审查，应当报经原审核的公安消防机构核准，未经核准的，任何单位、个人不得变更；建筑工程竣工时，必须经公安消防机构进行消防验收；未经验收或者经验收不合格的，不得投入使用。大型建设工程项目启动程序主要是指消防设计审查。

（二）程序

（1）提交申请材料。包括《建筑消防设计防火审核申报表》、《自动消防设施防火审核申报表》或者《建筑内部装修设计防火审核申报表》，以及消防设计图纸和其他相关资料（包括相关部门批准文件、消防设计变更情况、消防设计专家论证会纪要及有关说明）等。

（2）公安消防机构受理申请。申请材料齐全、符合法定形式后，由公安消防机构出具《建筑工程消防设计审核受理通知书》。

（3）组织专家论证消防设计。公安消防机构受理以后，可以组织专家进行论证。

（4）审核并签发审核意见。自受理之日起，一般工程在 10 日之内，国家、省级重点建筑工程以及设置建筑自动消防设施的建筑工程在 20 日之内，需要组织专家论证消防设计的工程，可延长至 30 日，在规定的期限内由公安消防机构对送审的建筑工程消防设计进行审核，并签发《建筑工程消防设计审核意见书》。

（三）涉及相关法律法规

《中华人民共和国消防法》（2008.10.28 修订）

各省消防法规，如《四川省消防条例》（1999.11.9）

表 2-1　20 类建筑消防设计规范

序号	标准名称	标准号
1	建筑设计防火规范	GBJ16－87（1997 年版）
2	高层民用建筑设计防火规范（1999 年局部修改）	GB50045－95（1997 年版）
3	人民防空工程设计防火规范	GB50098－98
4	自动喷水灭火系统设计规范	GBJ84－85
5	水喷雾灭火系统设计规范	GB50219－95
6	火灾自动报警系统设计规范	GB50116－98
7	村镇建筑设计防火规范	GBJ39－90
8	建筑灭火器配置设计规范	GBJ140－90（1997 年版）
9	卤代烷 1301 灭火系统设计规范	GB50163－92
10	卤代烷 1211 灭火系统设计规范	GBJ/T110－87
11	二氧化碳灭火系统设计规范	GB50193－93（1999 年修订）
12	低倍数泡沫灭火系统设计规范	GB50151－92
13	高倍数、中倍数泡沫灭火系统设计规范	GB50196－93
14	火力发电厂与变电所工程防火设计规范	GB50229－96
15	汽车库、修车库、停车场设计防火规范	GB50067－97
16	石油化工企业设计防火规范	GB50160－92（1999 年修订）
17	原油和天然气工程设计防火规范	GB50183－93
18	电力系统典型消防规程	DL5027－93
19	自动喷水灭火系统施工及验收规范	GB50261－96
20	气体灭火系统施工及验收规范	GB50263－97

六、地震安全性评价

（一）概述

地震安全性评价是指在对具体建设工程场址及其周围地区的地震地质条件、地球物理场环境、地震活动规律、现代地形变化及应力场等方面深入研究的基础上，采用先进的地震危险性概率分析方法，按照工程所需要采用的风险水平，科学地给出相应的工程规划或设计所需要的一定概率水准下的地震动参数和相应的资料。地震安全性评价工作的主要内容包括：地震烈度复核、地震危险性分析、设计地震动参数（加速度、设计反应谱、地震动时程曲线）的确定、地震小区划、场址及周围地震地质稳定性评价、场区地震灾害预测等工作。重大建设工程和可能发生严重次生灾害的建设工程，以及核电站和核设施工程等都必须进行地震安全性评价，并根据地震安全性评价结果，确定抗震设防要求。

2008 年 5 月 12 日发生的汶川 8 级大地震，直接经济损失 8 000 多亿元人民币，直接遇难人数 69 000 多人，受伤 370 000 多人，失踪 18 000 多人，损失惨重。但我们发现，在同一个地方，甚至是一墙之隔，有的建筑安然无恙，有的却被夷为平地。这是否说明除了天灾，也存在人祸。在人为因素当中，除了偷工减料违反建筑法律规定的行为以外，是否还应该对我们的建筑物抗震标准、规范进行一些反思。我国 1989 年国家规范对新建工程的抗震防灾目标要求是："小震不坏（$M=2\sim4$）、中震可修（$M>5$）、大震不倒（$M>7$）"，这里 M 是指里氏震级。衡量地震强度有地震震级和地震烈度两个参数，地震震级是衡量一次地震释放能量大小的等级。通常由里氏震级表示，它是利用标准地震仪距震中 100 千米处记录的最大水平地面位移（振幅）的常用对数值。地震烈度是指地震时在一定地点震动的强烈程度。从 1966 年 M7.2 级的邢台地震，到 1976 年 M7.8 级的唐山地震，再到 2008 年汶川 M8.0 级地震，几乎每 10～30 年发生一次大地震，且又临界特大地震，所以特大地震所面临的现实概率不容忽视。现行抗震设防目标未提特大地震，只规定了"大震不倒"的目标，显然不能应对特大地震。因此，我国有可能会提高新建工程的抗震设防标准，"中震不坏，大震可修，特大震不倒"或许应该成为下一步修改工程建设抗震规范的目标。根据《地震安全性评价管理条例》规定，下列建设工程必须进行地震安全性评价：

（1）国家重大建设工程；

（2）受地震破坏后可能引发水灾、火灾、爆炸、剧毒或者强腐蚀性物质大量泄露或者其他严重次生灾害的建设工程；

（3）地震破坏后可能引发放射性污染的核电站和核设施建设工程；

（4）政府认为对本行政区域有重大价值或者有重大影响的其他建设工程。

（二）程序

（1）委托地震安全性评价单位。地震安全性评价必须由具有相应资质的机构承担，根据《地震安全性评价资质管理办法》，评价资质分为甲级、乙级、丙级，国务院地震工作主管部门是全国地震安全性评价资质的管理部门，负责甲级、乙级资质的审批，省级地震工作主管部门负责丙级资质的审批，并报国务院地震工作主管部门备案。建设单位委托地震安全性评价机构除有关部门指定的情况外，一般都要选择三家以上的机构进行洽谈，最后根据其收费、业务量以及建设单位实际情况等确定一家，并与之签订委托评价合同。

（2）评价机构开展评价。合同签订以后，建设单位应当按照合同约定，准备项目相关情况和评价所需的基础材料，为评价机构开展工作提供便利。评价机构在评价工作期间，一般会组织专家组进行考察。评价工作结束后，评价机构将按照合同约定提交项目地震安全性评价报告，并经专家组审查通过。

（3）地震工作主管部门审查。建设单位按照相关规定将评价报告上报政府地震工作主管部门。收到材料后，审批部门会组织专家和相关人员进行评审，评审结束后，最后做出结论。地震管理部门收到报告之日起15日内，对评审结果进行审定，确定建设工程的抗震设防要求。

（4）取得建设项目地震安全性审查意见。审批部门将审批结果书面告知建设单位，并告知建设工程所在地的市、县人民政府负责管理地震工作的部门或者机构。

（三）涉及相关法律法规

《中华人民共和国防震减灾法》（1998.3.1）

《地震安全性评价管理条例》（2002.1.1）

《地震安全性评价资质管理办法》（2002.2.27）

各省、市防震减灾条例，如《四川省防震减灾条例（修正）》（1999.12.10修订）

《工程建设场地地震安全性评价管理暂行规定》（1994.8.31）

《工程场地地震安全性评价》技术规范（GB17741—2005）

七、地质灾害危险性评估

（一）概述

地质灾害危险性评估是指在地质灾害易发区内进行工程建设和编制城市总体规划、村庄和集镇规划时，对遭受山体崩塌、滑坡、泥石流、地面塌陷、地裂缝、地面沉降等地质灾害的可能性和工程建设中、建设后引发地质灾害的可能性做出评估，提出具体预防治理措施的活动。其内容主要包括阐明工程建设区和规划区的地质环境条件基本特征；分析论证工程建设区和规划区各种地质灾害的危险性，进行现状评估、预测评估和综合评估；提出防治地质灾害措施与建议，并做出建设场地适宜性评价结论。

（二）程序

（1）委托地质灾害危险性评估单位。地质灾害评估必须由具有相应资质的机构承担，根据《地质灾害危险性评估资质管理办法》，地质灾害危险性评估单位资质，分为甲、乙、丙三个等级，国土资源部负责甲级地质灾害危险性评估单位资质的审批和管理，省、自治区、直辖市国土资源管理部门负责乙级和丙级地质灾害危险性评估单位资质的审批和管理。建设单位委托评估机构除有关部门指定的情况外，一般都要选择三家以上的机构进行洽谈，最后根据其收费、业务量以及建设单位实际情况等确定一家，并与之签订委托评估合同。

（2）评估机构开展评估。合同签订以后，建设单位应当按照合同约定，准备项目相关情况和评价所需的基础材料，为评估机构开展工作提供便利。评估机构在工作期间，一般会组织专家组进行考察。评估工作结束后，评估机构将按照合同约定提交地质灾害危险性评估报告，评估单位自行组织专家对报告进行技术审查，并由专家组提出书面审查意见。

（3）国土资源部门备案。评估单位应在1个月内到国土资源部门备案。材料包括《××……地质灾害危险性评估报告》、《××……地质灾害危险性评估报告专家组审查意见》和《××……地质灾害危险性评估报告备案登记表》。一级评估报告需要到省级国土资源部门备案，二级、三级分别到地市和区县国土部门备案。

（三）涉及法律法规

《地质灾害防治条例》（2004.3.1）

《地质灾害危险性评估单位资质管理办法》（2005.7.1）

《国土资源部关于加强地质灾害危险性评估工作的通知》（国土资发〔2004〕69号）

八、防洪评价

（一）防洪评价概述

防洪评价是指在河道管理范围内新建、扩建、改建项目，建设单位委托具有相应资质的评价机构，依照国家法律法规和相关技术标准，就项目建设对河道防洪情况的影响进行综合评价，提出防止补救措施的活动。主要适用于全国河道管理范围内大、中型及对防洪有较大影响的小型建设项目的新建、扩建、改建工程。防洪评价的时间在项目建议书或预可行性研究报告审查批准后、可行性研究报告审查批准前进行。

（二）防洪评价程序

（1）建设单位委托具有相应资质的防洪评价机构。

（2）受托单位进行防洪评价，编制《防洪评价报告书》。

（3）建设单位向河道主管机关申请，提交《防洪评价报告书》及项目立项文件。

（4）河道主管机关在收到申请后 60 日内，提出审查意见，并书面通知申请单位。

（5）审查同意，发给审查同意书，并抄报上级水行政主管部门和建设单位的上级主管部门。建设单位在报送项目立项文件审批时，应附有河道主管机关的审查同意书。审查不同意或者要求就有关问题进一步修改补充后再行审查，建设单位收到后 30 日内可向上级水行政主管部门申请复议，上级水行政部门商同级计划部门处理。

（6）工程竣工 6 个月内报送竣工资料，并经检验合格后方可启用。

（三）涉及相关法律法规

《中华人民共和国水法》（2002.10.1 修订）

《中华人民共和国河道管理条例》（1988.6.10）

《河道管理范围内建设项目管理的有关规定》（1992.4.3）

《河道管理范围内建设项目防洪评价报告编制导则（试行）》（水利部办公厅〔2004〕109 号）

九、职业病危害评价

（一）概述

职业病危害评价是指取得省级以上人民政府卫生行政部门资质认证的职业卫生评价机构，依照国家有关职业卫生方面的法律和规范，对新建、扩建、改建和技术改造、技术引进项目可能产生的职业病危害因素进行识别、分析、预测、确定，对劳动者健康的危害程度及职业病防护设施，做出客观、真实的评价结论。包括职业病危害预评价报告审查、职业病防治设施设计审查和职业病危害控制效果评价报告审查。根据《建设项目职业病危害分类管理办法》规定，建设项目职业病危害评价实行分级管理：

（1）危害轻微的建设项目职业病评价报告应当向卫生行政部门备案；

（2）危害一般的建设项目，其职业病评价报告应当进行审核、竣工验收；

（3）危害严重的建设项目，除进行审核和竣工验收外，还应当进行设计阶段的职业病防护设施设计的卫生审查。

（二）程序

（1）建设单位委托职业卫生技术服务机构。职业卫生技术服务机构必须由具有相应的资质，根据《职业卫生技术服务机构管理办法》，职业卫生技术服务机构资质，分为甲、乙两个等级，卫生部负责甲级机构的资质、省级卫生部门负责乙级资质的机构审定。建设单位委托职业卫生服务机构除有关部门指定的情况外，一般都要选择三家以上的机构进行洽谈，最后根据其收费、业务量以及建设单位实际情况等确定一家，并与之签订委托合同。

（2）评价机构开展评价。合同签订以后，建设单位应当按照合同约定，准备项目相关情况和评价所需的基础材料，为评价机构开展工作提供便利。评价机构在工作期间，一般会组织专家组进行考察。职业卫生技术服务机构应当依据建设项目的可行性论证报告或设计文件，按照职业卫生有关技术规范、标准进行职业病危害预评价和职业病危害控制效果评价，并出具评价报告。职业卫生技术服务机构应当组织 5 名以上专家（国家或省级专家库抽取），对评价报告进行技术审查。

（3）卫生行政主管部门审核。建设单位向卫生行政部门提交《建设项目职业病危害预评价报告审核（备案）申请书》及相关资料，属于审核管理的，卫生行政部门在 5 个工作日内做出是否受理申请的决定或出具申请材料补正通知书，备案的，出具备案通知书。

（4）批复。卫生行政部门对职业病危害预评价报告审核同意的，应当在受理之日起 20 个工作日内予以批复；不同意的，应当书面通知建设单位并说明理由。

（三）涉及相关法律法规

《中华人民共和国职业病防治法》（2002.5.1）

《使用有毒物品作业场所劳动保护条例》（2002.5.12）

《建设项目职业病危害分类管理办法》（2006.7.27）

《卫生部关于实施〈建设项目职业病危害分类管理办法〉有关问题的通知》（卫监督发［2006］415 号）

《建设项目职业病危害评价规范》（卫法监发［2002］63 号）

《职业卫生技术服务机构管理办法》（2002.7.31）

十、压覆矿产资源评估

（一）概述

压覆矿产资源评估是指对建设项目或规划项目实施后，导致已查明矿产资源不能开发利用情况的调查、评价、估算、审查行为。我国矿权的基本框架：即矿权分为矿产资源所有权与矿业权；矿业权又分为探矿权与采矿权，表现为具有勘查许可证和采矿许可证。物权法将两权定位为用益物权。采矿权是用益物权没有疑义，但将探矿权作为用益物权，有文章提出不同观点。他们认为，探矿权应该属于知识产权的范畴，其客体是地质矿产调查报告（资料）。法律规定申请人经批准取得探矿权，其目的是国家保证探矿权人在特定区域内正常的矿产资源勘查活动不受侵犯，禁止他人进入同一范围进行勘查研究，实质就是使用一定范围内地表以下的空间进行勘查研究的权利。因此，当事人在取得探矿权时，是取得国家准许其在一定范围内地表以下的空间进行勘查研究的权利。根据《矿产资源勘查区块登记管理办法》规定，国家对矿产资源勘查实行统一的区块登记管理制度。矿产资源勘查工作区范围以经纬度 $1'\times1'$ 划分的区块为基本单位区块。每个勘查项目允许登记的最大范围，根据其矿产的不同而不同，如金属矿产、非金属矿产、放射性矿产最大为 40 个基本单位区块，地热、煤、水气矿产最大为 200 个基本单位区块，石油、天然气矿产最大为 2 500 个基本单位区块。勘查许可证有效期最长为 3 年；但是，石油、天然气勘查许可证有效期最长为 7 年。需要延长勘查工作时间的，经延续登记每次延续时间不得超过 2 年。石油、天然气滚动勘探开发的采矿许可证有效期最长为 15 年；但是，探明储量的区块，应当申请办理采矿许可证。实行区块登记管理制度，是国际上的一种通行作法。它可以简化申请审批手续、避免范围交叉、减少权属纠纷、提高管理透明度，便于实现探矿权管理的科学化、标准化和信息化。

我国没有实行矿产资源分层管理的制度，由于矿产资源与土地紧密结合在一起，统一的区块登记管理实际上是一种平面管理，而非立体式的分层管理。如果在某一区块已经存在探矿权或采矿权，其他人要在该区块勘探、开采不同的矿产，不仅要取得土地矿产部门的批准，还应当取得原有矿业权人的同意，并签订协议，防止影响其在先权利的行使。这在地方法规也有体现，如《河北省地质勘查管理条例》规定，"在同一区块范围内，申请与已经取得探矿权和采矿权的主要矿种及其共生、伴生矿种以外的不同矿种的探矿权的，应当征得原矿业权人的同意，双方达成协议后，报经省人民政府地质矿产主管部门审查批准，可以办理探矿权申请登记手续。"因历史或其他各种原因，矿业权人对其矿区范围发生争议的，由当事人协商解决；协商不成的，由发证的登记管理机关中级别高的登记管理机关裁决。根据《国土资源部关于开展勘查许可证、采矿许可证换证工作有关规定的通知》，探矿权人、采矿权人为不同民事主体且分属不同行政主管部门或无主管部门的，由当事双方协商；协商不成，由有关登记管理机关共同研究，提出意见。意见不一致的，由级别较高一级的登记管理机关裁决。裁定原则如下：①采矿权在探矿权之前设立的，应保护采矿权人利益，优先划定矿区范围；②探矿权在采矿权之前设立的，应保护探矿权人利益。探矿权人已探明矿产储量并准备开采的，原则上采矿权人应撤出。采矿已形成一定规模的，可经协商在给予探矿权人一定补偿的前提下，保留采矿权人最低限度的矿区范围，探矿权范围做相应的变更。因此，在矿业权的纠纷解决中，采取的是在先权利优先，兼顾历史和实际情况的处理原则。

关于矿业权与土地权利的冲突，即在他人取得采矿权或探矿权的土地上进行建设施工，以及在已有的建筑区内进行地下勘探开发的问题，前者通过压覆矿产评估及政府审批，后者通过探矿权、采矿权申请、批准、登记的方式解决。《矿产资源法》规定"在建设铁路、工厂、水库、输油管道、输电线路和各种大型建筑物或建筑群之前，建设单位必须向所在省、自治区、直辖市地质矿产主管部门了解拟建工程所在区的矿产资源开采情况。非经国务院授权的部门批准，不得压覆重要矿床。"而根据《国土资源部关于规范建设项目压覆矿产资源审批工作的通知》规定，重要矿产资源是指国家规划矿产区、对国民经济具有重要价值的矿区，或者《矿产资源开采登记管理办法》附录中 34 个矿种的矿床规模在中型以上的矿产资源。经评估审查压覆矿产资源的，建设单位应当与采矿权人签订补偿协议，报批准压覆的部门备案，采矿权人应及时到原发证机关办理相应的矿区范围变更手续。

（二）程序

（1）建设单位委托地质勘查单位开展调查评估。地质勘查单位必须由具有相应的地质勘查调查资质。除有关部门指定的情况外，建设单位一般都要选择三家以上的机构进行洽谈，最后根据其收费、业务量以及建设单位实际情况等确定一家，并与之签订委托合同。

（2）编制建设项目压覆矿产资源调查评价报告。合同签订以后，建设单位应当按照合同约定，准备项目相关情况和评价所需的基础材料，为评价机构开展工作提供便利。地质勘查单位编制《建设项目压覆矿产资源调查评价报告》后，还应当出具对该报告的审查意见，并组织专家对报告进行评审，出具评审意见。

（3）建设单位报政府国土部门审查。压覆重要矿产资源的，由省厅出具审查意见，报国土资源部审批。非重要矿产的，由县市国土局出具审查意见，报省厅审批。该审批不收费。

（4）建设单位权利人签订协议。经审批压覆矿产的，建设单位与采矿权人签订补偿协议，报批准压覆的部门备案，采矿权人应及时到原发证机关办理相应的矿区范围变更手续。

（三）涉及相关法律法规

《中华人民共和国矿产资源法》（1996.8.29 修订）

《矿产资源勘查区块登记管理办法》（1998.2.12）

《矿产资源开采登记管理办法》（1998.2.12）

《国土资源部关于规范建设项目压覆矿产资源审批工作的通知》（国土资发〔2000〕386 号）

《国土资源部关于开展勘查许可证、采矿许可证换证工作有关规定的通知》（1998.6.26）

各省矿产资源管理规定，如《四川省矿产资源管理条例》（1998.1.1）

各地建设项目压覆矿产资源管理办法，如《河北省建设项目压覆矿产资源管理暂行办法》（2005.6.23）

十一、使用林地审查

（一）概述

使用林地审查是指需要占用、征收林地或者需要临时占用林地的用地单位，在申请建设用地前，向县级以上人民政府林业主管部门提出申请，预交森林植被恢复费，领取使用林地审核同意书的过程。其适用范围包括：勘查、开采矿藏和工程建设需要占用或者征用林地的审批、工程建设需要临时占用林地的审批，以及森林经营单位在所经营的林地范围内修筑直接为林业生产服务的工程设施需要占用林地的审批。森林植被恢复费属于政府性基金，实行专款专用，用于林业主管部门组织的植树造林、恢复森林植被，包括调查规划设计、整地、造林、抚育、护林防火、病虫害防治、资源管护等开支，不得平调、截留或挪作他用。该费用依审核权限预收。使用林地审查不同于《森林资源资产评估管理暂行规定》中的森林资产评估，该规定属于森林资源资产价值评估，适用于森林资源资产的转让、置换、收购、出资、合作、损失测定等方面。

（二）程序

（1）建设单位委托林业调查规划设计单位并签订合同；

（2）受托单位按规定完成项目的《使用林地可行性报告》或《使用林地现状调查报告》；

（3）用地单位与被占用或者被征用林地的单位签订林地、林木补偿费和安置补助费协议（临时占用的无安置费）；

（4）建设单位向县级以上林业主管部门提出申请，林业部门受理后派出有资质的人员进行现场查验，林业部门签署审核、审批意见；

（5）林业主管部门按照规定预收森林植被恢复费，向用地单位发放《使用林地审核同意书》；

（6）建设单位持《使用林地审核同意书》到土地部门申请建设用地。

（三）涉及相关法律法规

《中华人民共和国森林法》（1998.4.29）

《中华人民共和国森林法实施条例》（2000.1.29）

《占用征用林地审核审批管理办法》（2001.1.4）

《财政部、国家林业局关于印发〈森林植被恢复费征收使用管理暂行办法〉的通知》(2002年10月25日财综〔2002〕73号)

《使用林地可行性报告编写规范》(林资发〔2002〕237号)

十二、水土保持审批

(一) 概述

水土保持审批是指建设项目开工前，建设单位委托具有相应资质单位对有可能造成水土流失的项目用地编制水土保持方案，再根据水土保持方案进行设计施工，并报政府水利行政部门审查批准的过程。水土保持方案审批主要是为了防止因项目建设导致水土流失，保护、改良与合理利用山区、丘陵区和风沙区水土资源，维护和提高土地生产力，建立良好的生态环境。包括水土保持方案报告书和水土保持方案报告表。审批制项目，报送可行性研究报告前完成报批；核准制项目，提交项目申请报告前完成报批；备案制项目，办理备案手续后、项目开工前完成报批。水土保持方案通常包含在环境影响评价报告中。国家实行水土保持方案分级审批制度，中央立项，且征占地面积在50公顷以上或者挖填土石方总量在50万立方米以上的开发建设项目或者限额以上技术改造项目，水土保持方案报告书由国务院水行政主管部门审批；中央立项，但不足上述标准的，由省级水行政主管部门审批；地方立项的开发建设项目和限额以下技术改造项目，水土保持方案报告书由相应级别的水行政主管部门审批；水土保持方案报告表由开发建设项目所在地县级水行政主管部门审批。由于水土流失是建设项目影响环境的重要形式，根据相关规定，水土保持方案审批成了环评审批的前置程序，在环评审批材料中还必须有经水行政主管部门审查同意的水土保持方案。

(二) 程序

(1) 建设单位在编制环评报告时委托具有水行政部门颁发了相应资格证书的规划、设计、科研、咨询单位；

(2) 受托单位按照规定编制建设项目水土保持方案；

(3) 建设单位向水行政主管部门提交申请材料；

(4) 水行政主管部门受理申请后，自行组织专家审查或委托有关机构进行技术评审后，做出审查决定；

(5) 水土保持方案审批部门在竣工验收时验收水土保持设施。

(三) 涉及相关法律法规

《中华人民共和国水土保持法》(1991.6.29)

《中华人民共和国水土保持法实施条例》(1993.8.1)

《开发建设项目水土保持方案管理办法》(水保〔1994〕513号)

《开发建设项目水土保持方案编报审批管理规定》（2005.7.8 修订）

《开发建设项目水土保持设施验收管理办法》（2005.7.8 修订）

《编制开发建设项目水土保持方案资格证书管理办法》（1995.6.9）

《开发建设项目水土保持方案技术规范》（GB50433－2008，2008.7.1）

十三、民用建筑防空地下室审查

（一）概述

民用建筑防空地下室审查是指县级以上人民政府人民防空主管部门参与城市应建防空地下室的民用建筑计划和项目报建联审，按照国家有关规定负责防空地下室防护方面设计审查和质量监督的过程。城市新建民用建筑，按照国家有关规定应修建防空地下室。民用建筑包括除工业生产厂房及其配套设施以外的所有非生产性建筑。无法或不适合建设防控地下室的，也可以缴纳易地建设费实行易地建设，按照规定应修建防空地下室可以缴纳相应的易地建设费，由人民防空主管部门统一就近易地修建。下列项目需修建民用建筑防空地下室：

（1）新建 10 层（含）以上或者基础埋深 3 米（含）以上的民用建筑，按照地面首层建筑面积修建 6 级（含）以上防空地下室；

（2）新建除第一款规定和居民住宅以外的其他民用建筑，地面总建筑面积在 2 000 平方米以上的，按地面建筑面积 2％～5％修建 6 级（含）以上防空地下室；

（3）开发区、工业园区、保税区和重要经济目标区除第一款规定和居民住宅以外的新建民用建筑，按照一次性规划地面总建筑面积的 2％～5％集中修建 6 级（含）以上防空地下室；

（4）新建除第一款规定以外的人民防空重点城市的居民住宅楼，按照地面首层建筑面积修建 6B 级防空地下室；

（5）人民防空重点城市危房翻新住宅项目，按照翻新住宅地面首层建筑面积修建 6B 级防空地下室。

由于人民防空是法律规定的一项义务，防空地下室建设费用由建设单位承担，人民防空工程平时由投资者使用管理，收益归投资者所有，战时由政府统一调配使用。

（二）程序

（1）建设单位在工程初步设计阶段委托设计单位；

（2）受托单位出具防空地下室初步设计文件；

（3）向人民防空主管部门申请，审批部门出具的初步审查意见；

（4）施工图设计审查，取得《防空地下室建设意见书》；

（5）建设单位办理规划许可证、施工许可证；

（6）申请竣工验收备案，人防部门出具认可的文件；

（7）工程竣工验收后，持人防部门认可文件向建设部门备案。

（三）涉及相关法律法规

《中华人民共和国人民防空法》（1997.1.1）

《人民防空工程建设管理规定》（［2003］国人防办字第 18 号）

《人民防空地下室设计规范》（GB50038－94，2003.6.3 修订）

《人民防空工程施工及验收规范》（GB50134－2004）

十四、港口岸线审批

在港口总体规划区内建设港口设施，使用港口深水岸线的，由国务院交通部门和国家发改委批准；使用非深水岸线的，由港口行政管理部门批准（港务局）。使用港口深水岸线（万吨级以上）的，一般需要经市级港口建设发展委员会讨论后，由市港口管理局上报省人民政府交通主管部门审核，再由省人民政府交通主管部门上报国务院交通主管部门审批；使用适宜建设 3 000 吨级以上泊位的沿海港口非深水岸线的，经市级港口建设发展委员会讨论后，由市港口管理局上报省人民政府交通主管部门审批；使用适宜建设 1 000 吨以上不满 3 000 吨级泊位的沿海港口非深水岸线的，经市级港口建设发展委员会讨论后，由市港口管理局征求省人民政府交通主管部门意见后批准。港口岸线使用审批原则主要包括：①符合地方政府和港区控制性详细规划，并与城市总体规划、土地利用总体规划、海洋功能区划以及法律、法规规定的其他有关规划相衔接、协调；②深水深用，创造条件争取浅水深用，支持大型集装箱码头和大型公用散货码头建设；③合理、集约利用港口岸线资源，促进港口结构调整和优化升级；④与产业布局规划相协调，临港工业配套的码头项目应符合产业发展政策；⑤项目申请人应具备完成项目建设的实际能力，并出具项目建设资金证明、投建时间和建设工期的承诺文书。

经国家发改委批准立项的建设项目占用港口岸线的，不再另行办理使用港口岸线的审批手续。由于这里主要讨论大型工程建设项目，这类工程一般都要经国务院发改委立项审批，不需要另行办理使用港口岸线审批手续，故此不展开。

第四节
问题与建议

一、目前工程建设行政许可和审批存在的问题

（1）各审批部门之间缺乏程序制约，各自独立、重复审批。我国的大型建设工程项目审批制度基本上是按照政府部门的职责范围设立的，每个部门都制定一套各自业务领域内的行政规章，行政审批程序基本相同，除水土保持审查纳入环境影响评价审查等少数程序有联系外，基本各自独立，甚至是重复审批，使大型工程建设单位的审批成本大大增加。由于许多手续实际上都是由中介机构完成的，因而也增加了建设项目的投资成本。有些审批程序重复，不仅造成实际工作中的执行力不足，可审批也可不审批，有些审批甚至成了某些部门谋取利益的手段。

（2）评价报告不审批和未经批准的处罚轻。由于大型建设工程项目的审批程序有不可逆转性，而且许多都是国家级重大工程，地方部门行政执法力度有限。虽然这些审批程序都是法律法规的强制性规定，但对于这些审批未通过或没有审批就开工的行为，处罚措施比较轻，使实际工作中有些审批手续不能及时办理。

（3）从事评价的中介机构及其有资质的专家缺乏独立性。在我国政府的每个职能部门下面，几乎都有各种各样的事业单位，有些甚至还是国家行政拨款的事业性单位，他们有些依据部门规章，有些根据行政部门授权，有些甚至是被审批部门暗示、指定承担这些评估评价业务。这些单位和专家跟政府审批部门有着千丝万缕的联系，中介机构及相关专家在评审工作中缺乏应有的独立性，难以发挥专业机构的作用。

（4）公众参与决策的规定名存实亡。许多行政审批制度都规定了公众的参与权，但由于长期以来形成的政府行政审批过程不公开，导致了公众参与决策权、知情权被剥夺。比如《中华人民共和国城乡规划法》第四十条规定，规划部门在发放建设工程规划许可证时，"应当依法将经审定的修建性详细规划、建设工程设计方案的总平面图予以公布。"《企业投资项目核准暂行办法》第十四条规定

"对于可能会对公众利益造成重大影响的项目，项目核准机关在进行核准审查时应采取适当方式征求公众意见。"但对于以何种方式公布，何种方式征求公众意见，并没有明确规定，而是由审批部门自己决定。具体操作中也存在着实际上不公布、不征求意见的情况，损害了公众的合法权利。

（5）政府部门及其工作人员违法违规审批的法律责任不具体。关于政府审批部门及其工作人员违法审批以及不当审批法律责任，相关法律法规的规定都比较模糊，不利于行政审批的规范化。如环境影响评价报告审批中只是规定由上级或监察部门行政处分，刑事责任只有构成徇私舞弊，滥用职权，玩忽职守，才按犯罪处理。由于有些审批程序直接关系到当地群众的生命财产权益，对于不应批准而批准的，如何进行处罚和救济，基本上都没有规定。

二、工程建设行政许可和审批的建议

（1）鉴于我国大型建设工程项目审批程序的现状，建议相关部门尽快制定《行政许可程序法》，将审批事项对外公布，切实保证公众的知情权；公开行政审批程序，防止暗箱操作；在审批过程中给各方表达意见的机会，按法律规定组织听证、论证会；将审批结果纳入司法审查范畴，确保建设项目审批的公正性。

（2）鉴于我国大型工程建设项目审批程序的复杂性和重复性，建议对工程建设各种行政审批进行梳理，对不必要程序进行删减，对相似的审查进行合并，同时对每项审批的审批环节进行梳理，简化流程。

（3）加快推进政府审批制度改革，对由中介机构承担的审批项目，取消再经政府审批的规定。在工程建设审批程序中，基本上都需要建设单位聘请中介机构进行评估评价，有些审批还需要中介机构出具审核意见。政府部门再审批实际上只是流于形式，而且政府也很难承担责任，政府的审批实际上也在一定程度上免除了中介机构的法律责任。因此，对于那些可以移交社会力量审查把关的业务，不再由政府进行审批，不仅可以加强中介机构的独立性，加大中介评估的法律责任，还可以提高效率，减少项目建设费用。

本章主要参考文献

[1] 廖扬丽. 政府的自我革命：中国行政审批制度改革研究 [M]. 北京：法律出版社，2006.

[2] 杨春宝，安涛. 略论工程建设领域的行政许可 [EB/OL]. http：//www. law—bridge. net.

[3] 汪劲. 圆明园湖底防渗工程环评报告书及其审批问题的法律思考 [EB/OL]. 北大法律信息网，2005.

[4] 朱芒. 日本的行政许可——基本理论和制度 [J]. 中外法学，1999，4.

[5] 马秋，杨利雅. 对矿产资源分层管理的法律制度探析 [J]. 中国矿业，2004，10.

［6］高福平，顾权. 我国矿业权物权化立法的基本思路［J］. 法学杂志，2001，6.

［7］安徽省国土资源厅. 论探矿权是知识产权［J］. 中国矿业，2000，5.

［8］朱维究. 行政许可法的实施与行政审批改革［J］. 国家行政学院学报，2004，3.

第三章

大型建设工程
项目用地

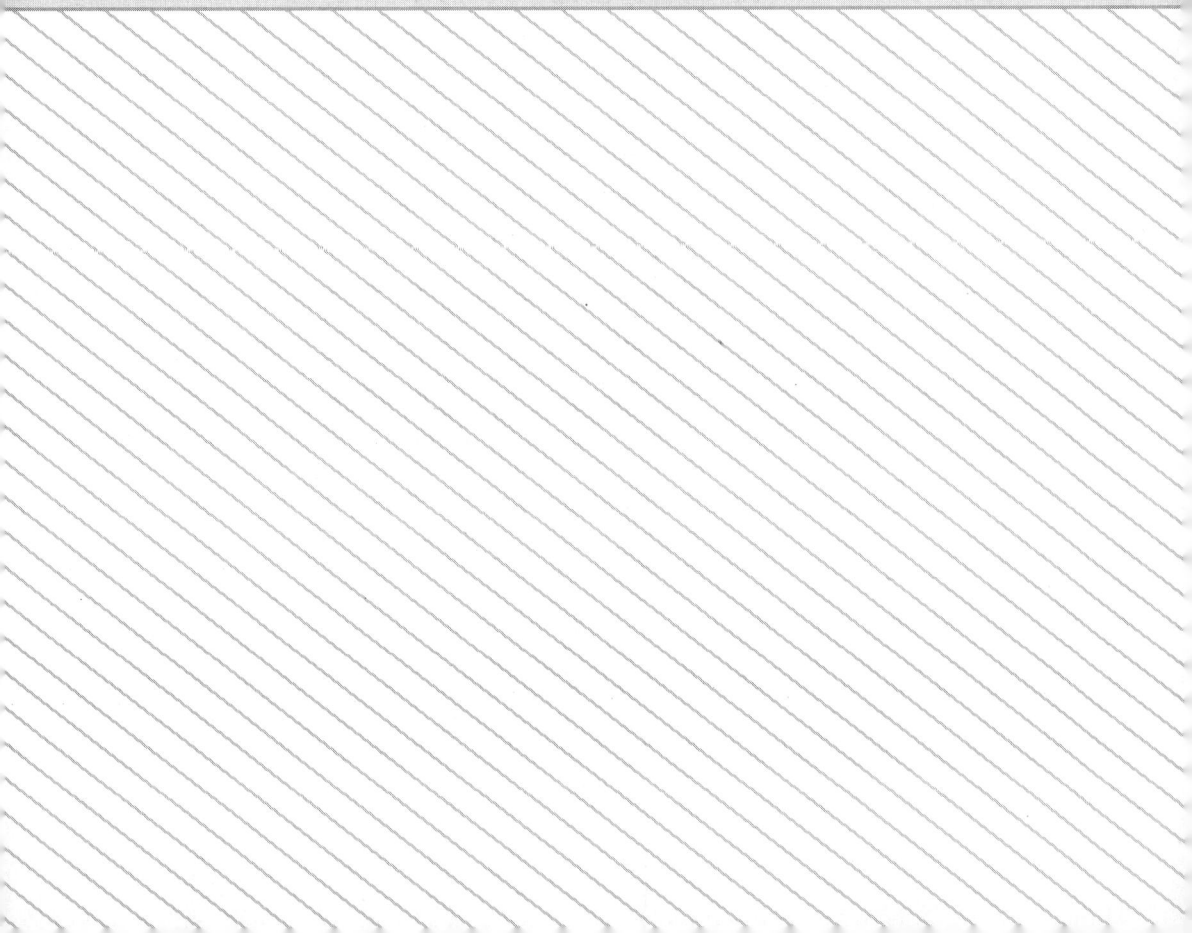

当今社会，人们对土地的依赖虽然不像农业社会时期那样强，但土地作为一种不可再生的稀缺资源，仍然是最重要的资产之一，当然也是财富的一种重要表现形式。大型工程建设项目是经过法定程序审批立项的，必然要占用大量的土地，尤其是集体土地。这样，如何平衡项目建设单位与集体土地权利人之间的利益关系，是项目征地过程中必须解决的问题。大型工程建设项目法律问题的重点是建设单位如何按照法律规定的程序取得土地和相关权利，以及如何对征地过程中参与各方进行利益平衡。在目前城乡二元体制的影响下，"三农"问题已经成了影响中国经济和社会和谐发展的重要内容。"三农"问题的核心是农民问题，而土地是农民的命根子。无论是"2010年全国耕地保有量保持18亿亩"的"十一五"规划目标，还是《土地管理法》严格的土地用途管制制度，都反映了国家希望通过严格限制农用地转为建设用地，控制建设用地总量，保护耕地，维护农民利益的态度和决心。本章拟通过分析农村集体土地的征收、国有土地使用权的转移（划拨或出让）、临时用地、建设用地他项权利、土地法律立法趋势和存在的问题等方面，阐述大型建设工程项目用地法律问题。

第一节
农村集体土地征收

　　我国的大型建设工程，如三峡工程、西气东输、南水北调、川气东送、青藏铁路、京沪高铁等，几乎都要占用大量的土地，而且相当一部分是集体土地。在我国城乡二元结构和农村社会保障制度未完全建立的情况下，土地不仅是农民最重要的财产，也是具有社会保障功能的"命根子"。大型工程项目的建设可能直接导致农村土地所有权的消亡，集体所有的土地将成为大型建设工程项目用地。这就涉及我国土地的一项重要制度——土地征收。大型工程建设征地包括土地征收、土地征用，我国的《土地管理法》在2004年8月28日修改之前并没有区分这两个概念，而是统一采用了"土地征用"一词，目前这一概念仍然在《土地管理法实施条例》、《四川省〈中华人民共和国土地管理法〉实施办法》等法规中使用，实际上大多数都是指"土地征收"。其实，征收与征用这两个概念来源于行政征收与行政征用，行政征收具有法定性、强制性、无偿性等特点，典型的如税收；行政征用则以不转移资产所有权为特征，不仅是财物，还可能是劳务，一般在抢险救火等紧急情况下采用。土地征收是指国家根据公共利益的需要，依法定程序强制改变土地所有权的归属而给予土地权利人合理补偿的行为，如国家征收农村集体土地的行为。征收用在土地法领域仍然具有法定性、强制性的特点，但无偿性的特征被不断弱化。从新中国成立初期土地改革无偿没收地主阶级的土地，到后来的最低补偿，再到今天的合理补偿，都是我国土地法律制度不断完善的结果。今后我国的土地征收还将向着按市场价值补偿的方向发展。因此，土地征收到目前已不具备无偿性的特征。土地征用是国家根据公共利益的需要，在保持土地所有权不变的情况下，强制使用他人土地并给予补偿的行为，如根据公共利益需要的临时用地。我国的土地征收主要是指将农村集体土地按照法律规定的程序变为国有土地并给予补偿的过程。

一、集体土地征收的必要性

（一）特殊的土地所有权制度

全民所有制和集体所有制是我国社会主义公有制的两种形式，土地作为重要的财产之一，也有两种形式，一种是国家所有，一种是农村集体所有。两种土地虽然都属于公有制的范畴，但权利主体并不一致。如果我国的法律实行单一的国家所有制，就不存在土地征收的问题。如果像有些国家一样实行土地私有制，一般非国家所有的大型建设工程也不需要进行土地征收（直接购买土地即可）。因此，农村集体的土地征收是我国特殊土地所有权制度的必然要求。

（二）严格的土地管理制度

由于我国人多地少的实际国情，国家实行了严格的土地管理制度，包括禁止土地买卖、土地用途管制、耕地特殊保护等，我国是世界上少数实行土地用途管制的国家之一。由于禁止买卖土地，国家必须从制度上设置一条途径，以保证在涉及社会公共利益的工程项目需要用地时，建设单位能够合法地取得土地使用权。这样农村集体土地征收成为一种必然的选择。

二、集体土地征收的复杂性

集体土地征收的复杂性来源于集体土地所有权、乃至集体所有权的复杂性。由于集体所有权来源于集体所有制这种社会主义的公有制制度，本身既是一个政治学概念，又是经济学、法学概念，改变所有权主体的集体土地征收就显得更为复杂。近几年来，我国有许多专家、学者对此进行了比较深入的研究，取得了一些进展。

（一）集体土地所有权的性质

关于农村集体土地所有权的性质，主要存在有以下三种不同的观点。

一是集体所有说。其主张所有权主体应为劳动群众集体，也有一些类似说法，如"集体所有制组织"、"集体经济组织"、"集体组织"等。此即为民法通则所主张，亦为我国通行的民法学理论所主张。主要内容是：①集体所有权主体是劳动群众集体组织；②此集体组织有独立的法人资格；③集体组织成员非主体。"集体"一词看似主体确定十分清楚，然而其未明确主体具体究竟是谁。传统民法上包括我国《民法通则》对民事主体的规定只有自然人（公民）和法人（至多在有些情况下还包括国家），并未有"集体"的概念。它既不可能是自然人，否则会导致土地私有化；也不可能是法人，因为其并无法人具体特征，如意思机关、执行机关、监督机关的缺失以及不可能破产等。它的存在与我国历史有着密切关系，但它现今的虚化甚至不存在也是与历史相关。它已无法继续很好的充当农村土地这一重要财产的主体。

二是集体成员所有说。其主张集体所有应为集体内部成员共同所有。此观点借鉴"总有"制度已确定集体组织成员共同所有，将集体所有退为成员共有，否定集体组织和其行使所有权的功能。有一些法学专家建议，"宪法及法律制定的国有以外的农村和郊区的土地属当地全体居民共同所有"，"集体所有权，是指集体组织的成员对依法属于集体所有的财产，共同享有占有、使用、收益和处分的权利"，并解释为这"实际上是将集体所有权规定为一种特殊的共同所有"。

三是集体和个人共同所有说。其主张集体土地所有权主体应为集体和个人双重混合所有。但是，这种观点存在明显缺陷。其一，其与大陆法系物权法中所有权的一物一权原则相悖；其二，这种所有未曾有过，混合所有亦即无人所有，易造成人们对农村集体土地所有权主体的理解混乱，从而产生纠纷而不利于切实保障农民甚至农民集体利益；其三，集体和个人混合所有出现两者各自弊端的可能性较大。

此外，还有各种说法，如组织体说、新型总有说、法人所有说、社区成员说、创办人所有说等。

从以上各种观点可以看出，农村集体土地所有权的主要特征。一是无明确的出资人，且集体组织所有成员地位平等。二是它为全体成员所有，不同于一般的共同所有，每个成员都不能单独行使这种所有权。三是不能继承转移，一旦丧失成员身份（如死亡、出嫁、迁徙等），即丧失经营管理的权利，亦即不再享有共同所有权，也不得分割其所谓的应有部分以继承或作其他移转。四是具有社会保障功能。农村集体土地所有权是目前中国广大农民最后一道保障线，承担着养老、医疗等社会保障职能。从法律上明确农村集体土地所有权的性质，不仅有利于解决近年来征地拆迁过程中的企地矛盾，也是一个影响到全国几亿人口生存和社会稳定的问题。我国新颁布的《物权法》仍然采用"集体所有说"，其中第五十九条规定，农民集体所有的不动产，属于本集体成员集体所有。但"集体所有"仍然是个模糊的概念，实际上是回避了"集体所有"这一问题的法律性质界定。农村集体土地所有权是一种特殊的法人所有权，这种法人区别于行政组织或自治组织。法人内部的集体成员是所有权的最终主体，集体成员享有的是一种依据社员身份形成的财产权。

（二）集体土地改革的尝试

集体土地的特殊性，不仅在法学理论上进行了许多有益的探讨，在实践中也进行了许多改革的尝试。关于农村集体土地改革，我国近些年来各地进行了各种不同的改革，主要包括南海模式、昆山模式、天津模式、重庆模式、嘉兴模式五种。

（1）南海模式：最早产生于 1992 年，由村庄组成股份公司向工业投资方出租农地，地租收益按股在农户和集体之间分红。集体土地经市县国土资源原部门批准转为建设用地时，对土地流转做了限制性规定，但承包经营权入股也突破了公司法规定，是一种步子比较大的改革形式。

（2）昆山模式：产生于 1998 年，由村集体先通过复垦等方式获得一些非农建设用地的"额度"，然后向本村农户"招标"（50 年为期），由农户或由农民成立的合作经济组织（例如"投资合作社"或"富民合作社"）联合投资修建标准厂房、商铺或打工宿舍楼，向外来工商投资者出租。昆山模式下的非农用途的土地转让权不再完全归集体，而主要是通过集体与农户的合约直接界定给农户或农民的合作组织。

（3）天津模式：产生于 2006 年，是一种政府强力主导下的农民宅基地换房，通过"宅基地换房"、"土地换保险和补偿"，先把全镇土地收归镇政府，整合后将农地转为国有土地再通过招、拍、挂方式出售。无论是天津的华明镇还是葛沽镇，"宅基地换房"一般都是遵循 1∶1 无偿置换的大原则，葛沽镇每人还有 5 万元/亩的失地补偿和人均 1 万元到 6 万元的保险。

（4）重庆模式：产生于 2007 年，重庆市工商局推出《服务重庆统筹城乡发展的实施意见》（简称《意见》），在农村土地承包期限内和不改变土地用途的前提下，允许以农村土地承包经营权出资入股设立农民专业合作社；经区县人民政府批准，在条件成熟的地区开展农村土地承包经营权出资入股，设立有限责任公司和独资、合伙等企业。由于改革的步子较大，有人将其称为新中国成立以来的"第三次土地革命"，由于这一改革的依据效力层次较低，又突破了宪法和公司法的规定，在全国引起了轩然大波，没有得到很好的实施。

（5）嘉兴模式：嘉兴模式的特点是"两分两换"，就是把农民的宅基地和承包地分开，搬迁和土地流转分开，以宅基地置换城镇房产，以土地承包经营权置换社会保障。土地置换后，不改变土地所有权性质和土地用途。土地流转后，农民凡是非农就业的，三年内必须实现养老保险的全面覆盖；对已经进入老龄阶段的农民，逐步提高养老保险的待遇。

我国农村集体土地所有权的特殊性，越来越不符合社会经济的发展，在一定程度上制约了农村集体土地的合理开发利用，因此，全国各地都对农村集体土地进行了许多有益的尝试。总的来看，这些改革因为涉及土地制度这一涉及社会主义公有制性质的问题，改革的步子迈得越来越谨慎，目前主要是集中在两个方面：一个是农村土地经营权的流转，另一个就是包括宅基地使用权在内的集体建设用地使用权的流转问题。关于集体土地流转的改革多数都保证了三个不变的原则。第一，土地所有权没有改变。交易、抵押的只是土地的使用产权，而不是所有权，不改变土地归集体所有的根本性质，土地并没有私有化。第二，农民承包权没有改变。土地使用产权制度改革不涉及土地承包权，承包权的主体始终是农民，不会因土地使用产权的转移而发生任何改变。第三，农地性质没有改变。关于农村宅基地在内的集体建设用地流转，也是物权法起草中争议较大的一个问题。争议的结果形成了《物权法》第一百五十三条的规定："宅基地使用权的取得、行使和转让，适用土地管理法等法律和国家有关规定。"物权法实际上回避了这个问题，交由土地法修改时解决。2008 年 10 月 12 日发布的党的十七届三中全会会议公报，也只字未提"土地流转"，与土地有关的仅有两句话："稳定和完善农村基本经营制度、健全严格规范的农村土地管理制度。"因此，我国下一步的集体土地流转改革的方向是土地承包经营权流转方面，即按照依法自愿有偿原则，允许农民以转包、出租、互换、转让、股份合作等形式流转土地承包经营权，发展多种形式的适度规模经营。

从以上分析可以看出，农村集体土地所有权问题是非常复杂的，其复杂性也就导致了集体土地征收的复杂和艰巨。

三、集体土地征收的程序

尽管农村集体土地征收问题很复杂，但推动经济发展的大型工程建设不可避免地要进行农村土地的征收。在经济发展的强劲需求和严格的土地管理制度下，我国土地法律法规有一套比较规范的征地程序。主要包括以下几个环节。

（一）预报预审

建设项目用地预审，是指国土资源管理部门在建设项目审批、核准、备案阶段，依法对建设项目涉及的土地利用事项进行的审查。根据 2009 年 1 月 1 日实施的《建设项目用地预审管理办法》，建设项目用地实行分级预审，需人民政府或有批准权的人民政府发展和改革等部门审批的建设项目，由该人民政府的国土资源管理部门预审。需核准和备案的建设项目，由与核准、备案机关同级的国土资源管理部门预审。需审批的建设项目在可行性研究阶段，由建设用地单位提出预审申请。需核准的建设项目在项目申请报告核准前，由建设单位提出用地预审申请。应当由国土资源部预审的建设项目，国土资源部委托项目所在地的省级国土资源管理部门受理，但建设项目占用规划确定的城市建设用地范围内土地的，委托市级国土资源管理部门受理。受理后，提出初审意见，转报国土资源部。未经预审或者预审未通过的，不得批复可行性研究报告、核准项目申请报告，不得批准农用地转用、土地征收，不得办理供地手续。

（二）申请用地

单独选址的建设项目使用土地的，建设单位向省级土地行政主管部门和项目所在地的市、县（市）人民政府土地行政主管部门提出用地申请；分批次使用土地的，由项目所在地的市、县（市）级土地行政主管部门向省级土地行政主管部门提出用地申请。

提出用地申请时，应附以下材料：①建设项目计划文件或者项目可行性研究报告，初步设计批复；②建设项目用地预审报告书；③建设项目总平面布置图或者拟用地建设规划图；④占用耕地的还应提出补充耕地方案。

（三）组织现场踏勘

土地行政主管部门在接到用地申请后，组织现场踏勘。凡能源、交通等国家重点工程以及占地在 6.66 公顷（100 亩）以上的，由省级土地行政主管部门组织现场踏勘、测量定界以及组织征地工作。其他建设项目用地分别由市、县土地行政管理部门负责。

（四）拟定方案

符合条件的建设单位，由土地所在地的市、县土地行政主管部门会同有关部门拟订农用地转用方案、补充耕地方案、征地方案和供地方案，并编制建设用地呈报说明书。

（五）上报审批

拟用地所在地的市、县土地行政主管部门将有关资料按要求整理成册，先报本级人民政府审核签署意见，然后逐级上报审批（上报时应按规定缴纳新增建设用地有偿使用费）。

上报审批应附以下资料：①建设单位用地申请；②建设用地呈报说明书；③工程可行性研究报告，初步设计批复或者计划批准文件；④建设项目用地预审报告书；⑤农用地转用计划批准文件；⑥征地方案；⑦补充耕地方案、耕地开垦费（复垦费）资金证明或者耕地开垦验收报告，占用基本农田的提供基本农田补充方案；⑧国有土地使用权出让、出租或者划拨合同和土地估价报告；⑨乡级土地利用总体规划图、总平面布置图、征地审批红线图、土地利用现状图（位置图）、城市规划用地红线图；⑩土地权属证明文件；⑪林业、水利等有关部门的意见；⑫社会保障费用落实方案；⑬其他相关文件资料。

（六）批复

经有批准权的政府土地行政主管部门审查，报同级人民政府批准后，土地行政主管部门代批准机关下达批复，向建设单位颁发建设用地批准书。有偿使用国有土地的，由市县土地部门与土地使用者签订《国有土地有偿使用合同》；划拨国有土地的，由市县土地部门向土地使用者颁发《国有土地划拨决定书》，然后由土地使用者依法办理土地登记。

（七）实施

经批准的农用地转用方案、补充耕地方案、征地方案和供地方案，由县人民政府按"两公告一登记"组织实施。

具体包括：①发布征地批准公告（在土地所在的乡、村两级公告批准机关、文号、土地用途范围面积、征地补偿标准、农业人口安置办法和办理补偿登记期限等内容）；②办理补偿登记；③拟定征地补偿、安置方案（县级土地部门拟定方案，县级政府批准）；④发布征地补偿安置方案公告（市县政府批准）；⑤签订补偿安置协议。对补偿标准有争议的，市县政府协调；协调不成由批准征地的政府裁决。争议期间不影响征地方案的实施。

（八）供地

在征地补偿安置工作结束后，由被征用土地单位将被征用土地交付给土地所在地县土地行政主管部门，市县土地行政主管部门再将土地交付用地单位。

四、土地征收相关法律问题

（一）土地征收三要件

关于土地征收，理论上都已基本达成一致，即国家根据公共利益的需要，依法定程序强制改变土地所有权归属而给予合理补偿的行为。土地征收包括三个条件：为了公共利益需要、依据法律规定、合理补偿。关于公共利益的定义，是各国法学理论界历来争论的焦点，也是立法上的难点。但是立法上的不完善总比没有好，所谓"聊胜于无"。重要的是相关法律对"公共利益"的界定必须明确，在立法上可以采用列举和排除的方式，使这一概念清晰化，增强可操作性。关于补偿，著名德国学者爱普森把它和土地征收称为"唇齿条款"，说明两者关系密不可分。根据我国宪法和土地管理法规定，国家为了公共利益的需要，可以依法对土地实行征收或者征用并给予补偿，我国物权法也规定"为了公共利益的需要，依照法律规定的权限和程序可以征收集体所有的土地和单位、个人的房屋及其他不动产。征收集体所有的土地，应当依法足额支付土地补偿费、安置补助费、地上附着物和青苗的补偿费等费用，安排被征地农民的社会保障费用，保障被征地农民的生活，维护被征地农民的合法权益。"因此我国也从立法上确定了土地征收的三要件。

（二）统一征地

1. 统一征地的含义

统一征地是指依照相关法规、规章，由各级土地管理部门或其征地服务机构在征地实物指标调查和费用测算的基础上与用地单位签订征地包干协议并明确双方权利和义务的一种特殊征地方式。

2. 征地方式

根据《国家物价局、财政部关于发布土地管理系统部分收费项目与标准的通知》（价费字［1992］597号）附件《征地管理费暂行办法规定》，征地包干只有三种形式，第一种是全包方式，即由政府土地管理部门或所属的征地服务机构，采取包工作、包费用、包时间的三包方式，负责征地全过程的全部工作，征地所发生的全部费用经测算后，由用地单位一次交付土地管理部门，土地管理部门或征地服务机构按规定期限将土地交付用地单位；第二种是半包方式，即由政府土地管理部门或所属的征地机构采取只包工作、包时间、不包费用的方式，负责征地的全部工作，在规定的期限内将土地交用地单位，征地费用按实际发生计算、由用地单位直接支付给被征地单位；第三种是单包方式，即政府土地管理部门或所属的征地服务机构，采取只包工作，不包费用和期限的方式，代表征地单位负责对拟征用的土地勘察、登记，做好征地的组织协调工作，协调用地单位与被征地单位制定征地安置、补偿方案，办理用地手续等事宜。

3. 统一征地的特征

目前我国统一征地存在以下几个主要特征。一是立法层级不高。一般以省级人民政府规章的形式发布，有的还是省级国土资源部门规章，甚至是地级市政府规章形式，如安徽省《芜湖市国家建设用地统一征迁安置暂行细则》。二是土地部门统一组织、分级负责。统一征地的协议主体是建设单位委托的政府土地管理部门，或者其所属的征地服务机构，具体统征工作由各级土地部门共同完成。三是征地部门与建设单位之间为民事关系。政府土地部门（或征地服务机构）接受建设单位委托统一组织，双方签订征地包干协议，明确各自的权利义务。四是费用包干。土地部门在签订协议前一般都要进行初步的调查测算，评估全部征地工作的费用总额，在双方协商的基础上对征地费用包干使用，因此，有些地方也将其称为"统征包干"。综合地方各省市的规定，通过分析其的特征，我们可以看出统一征地是我国目前的一种特殊征地方式。

4. 统一征地的应用

统一征地一般适用于大面积集中征地或跨地域征地情况，如大型水利水电工程、长输油气管道工程、大型油气田建设工程等。统一征地协议的内容主要包括：协议主体、征地方式、交地时间、征地费用及其支付，当然还有违约责任、争议解决条款等。统一征地得以推行的重要原因，不仅是建设单位可以节省大量的时间和精力，利用地方政府的优势，而且地方土地部门对征地费用进行包干后，结余的费用可以留存。关于统征费用，各地规定各不相同，但大体上包括土地补偿费、安置补助费、青苗补偿费、地上、地下附着物、构筑物补偿费、房屋拆迁补偿费、菜地开发基金、征地管理费、不可预见费等，有的还包括被征地农民的社会保险。其中的征地管理费，由于比较敏感，国家和地方都对收取的标准有明确规定。所谓征地管理费，系指县以上人民政府土地管理部门受用地单位委托，采用包干方式统一负责、组织、办理各类建设项目征用土地的有关事宜，由用地单位在征地费总额基础上按一定比例支付的管理费用。征地管理费属于行政事业性收费，主要用于征地部门在征地、安置、拆迁过程中的办公、业务培训、宣传教育、经验交流，仪器、设备的购置、维修、使用费和其他人员的必要开支。根据 1992 年《国家物价局、财政部关于发布土地管理系统部分收费项目与标准的通知》（价费字［1992］597 号）规定，征地管理费的收取按照统征方式的不同，以及一次性征地的种类和数量，按统一征地费用总额的 1.5％～4％收取，如果土地部门只办理征地手续不负责征地工作的，不得收取征地管理费。

（三）拆迁安置

1. 拆迁违宪问题

2002 年杭州市一百多位市民上书给全国人大的时候就提出，认为拆迁违宪，要求人大对拆迁进行违宪审查。我国《立法法》规定对非公有财产的处分，必须依照法律的规定。《拆迁管理条例》是行政法规并非法律，与宪法关于保护公民私有财产的立法原则不相匹配，也与《立法法》、《民法通则》等其他部门法法理上相抵触，这个问题在宪法修正后得到了解决。2004 年 3 月 14 日发布的《中华人民共和国宪法修正案（2004 年）》将第十条第三款"国家为了公共利益的需要，可以依照法律规定对土地实行征用"，修改为"国家为了公共利益的需要，可以依照法律规定对土地实行征收或者征用并给予补偿。"修正案第十三条"国家依照法律规定保护公民的私有财产的继承权。"修改为"公民的合法的私有财产不受侵犯。""国家依照法律规定保护公民的私有财产权和继承权。"这在宪法层面初步解决了拆迁违宪的问题。2007 年我国又颁布了《中华人民共和国物权法》，并在第四十二条中对房屋拆迁进行了明确规定，使拆迁违宪问题得到了基本的解决，但关于城乡房屋拆迁的主体、程序、补偿等方面仍需制定统一的规范。

2. 拆迁安置的要求

由于立法的不完善，在大规模的征地拆迁过程中，曾出现了行政权力不当干预拆迁补偿安置的现象，侵害了被征地农民的合法权利，造成了一些地方大量的拆迁纠纷。为解决这一问题，国家从 2006 年开始颁布了许多规定，不仅要按照房地产拆迁的办法规定对农民进行补偿，还要求保障他们的居住条件。如国家劳动和社会保障部发布的《关于切实做好被征地农民社会保障工作有关问题的通知》（劳 2007 年 14 号）规定，各地在制定被征地农民社会保障实施办法中，要明确和落实社会保障资金渠道。被征地农民社会保障所需资金，原则上由农民个人、农村集体、当地政府共同承担，具体比例、数额结合当地实际确定。被征地农民社会保障所需资金从当地政府批准提高的安置补助费和用于被征地农户的土地补偿费中统一安排，两项费用尚不足以支付的，由当地政府从国有土地有偿使用收入中解决；地方人民政府可以从土地出让收入中安排一部分资金用于补助被征地农民社会保障支出。这些措施在很大程度上扭转了拆迁安置过程中拆迁人和被拆迁人双方利益严重失衡的现象，维护了农民的利益。

（四）征地补偿

1. 征地费的性质

关于征地费的性质，实践中存在着一定的认识误区，有些地方还将征地补偿称为征地赔偿，对征地工作产生了不利的影响。其实补偿与赔偿、补助是截然不同的概念。补偿是基于合法行为造成的损害，与赔偿的违法性（或者是推定违法性）不同，而且补偿主要是填平补齐原则，受损害一方不能获得超过损失的价值。补偿也与补助不同，补助具有对象的特殊性、无损害性特征，是针对特殊对象的补贴和帮助，不是损害的弥补。所以补偿是指一定主体的合法行为给他人的合法权益造成损失，依法由其对相对人所遭受的损失予以弥补的行为。由于征地是依据法律规定而进行的一种合法行为，因征地造成土地权利人损失给予的弥补，属于补偿的范畴。所以准确的称呼应该是土地补偿费，而不是土地赔偿费。征地过程中地上附着物、青苗损失虽然也有赔偿的意味，但并都不能改变其补偿的性质。

2. 征地费用的构成

根据我国的土地法律的规定，征地补偿包括土地补偿费（前三年土地平均收入的6～10倍）、安置补助费（前三年土地平均收入的4～6倍）、地上附着物（实际损失补偿）、青苗补偿（各地制定标准）。其中，安置补助费是指国家征用土地时，为安置被征地单位因征地而失去土地的农业人口的生产、生活而向其支付的款项。安置补助费为需要安置的农业人口数按照被征用的耕地数量除以征地前被征地单位平均每人占有耕地的数量计算。每一个需要安置的农业人口的安置补助费标准为该耕地征用前三年平均年产值的4～6倍，但每亩耕地的安置补助费最高不超过平均年产值的15倍。我国的征地制度，经过多次修改已经比较合理，但在补偿标准的基数确定、补偿范围方面仍然不尽合理。补偿标准的基数目前采用的是产值标准不是市场价值标准，许多情况下该标准明显偏低。补偿范围偏小，邻接地补偿、残存地补偿等均未列入补偿范围，在实际操作中容易引起纠纷。

3. 征地补偿费的分配

征地费用的分配纠纷是近年来经常发生的案件，如何分配，甚至法院是否应该受理等都是基层法院审判中面临的难题。由于征地费中包括土地补偿费、地上物补偿费和安置补助费等，其性质并不相同，物权法也只是模糊的规定"土地补偿费等费用的使用、分配办法应当依照法定程序经本集体成员决定。"如何分配征地费用是征地中必须明确的问题，否则很有可能影响到大型建设工程征地工作顺利开展。根据我国的物权法规定，农村集体土地为村集体经济组织、村内集体经济组织或者村民小组、乡镇集体经济组织三级所有，土地补偿费归农村集体经济组织所有，集体组织可以按照自治规定集体决定是否分配及分配办法。地上附着物和青苗补偿费归其所有人所有，已无疑义。但安置补助费如何分配，法律仍未明确规定。本书认为，安置补助费应本着专款专用、谁安置谁所有原则处理。由农村集体经济组织安置的归农村集体经济组织所有，其他单位安置的归安置单位所有，经本人同意不需要统一安置的发给个人。没有安置的应当用于支付被安置人员的保险费用，按照相关规定办理社会养老保险。

4. 征地补偿费分配纠纷

关于农村集体经济组织征地补偿款分配纠纷案件人民法院应否作为民事案件受理，最高人民法院的有关解释也前后不一。最高人民法院自 1994 年至 2004 年就村民征地款分配纠纷问题是否受理做了五个复函或答复。一是《关于王翠兰等六人与庐山区十里黄土岭村六组土地征用费纠纷一案的复函》（〔1994〕民他字第 285 号），其主旨是不予受理；二是《关于人民法院对农村集体经济所得分配是否受理问题的答复》（法研〔2001〕51 号），其主旨是受理；三是《关于村民因土地补偿费、安置补助费与村民委员会发生纠纷人民法院应否受理问题的答复》（法研〔2001〕116 号），其主旨是受理；四是《关于徐志君等十一人诉龙家市龙渊镇第八村委会土地征用补偿费分配纠纷一案的复函》（〔2002〕民立他字第 4 号），其主旨是不予受理；五是《关于村民请求分配征地补偿款纠纷法院应否受理的请求的答复》（〔2004〕民立他字第 33 号），其主旨是不予受理。由于最高人民法院内部各部门所出的复函或答复内容冲突，使得下级法院对这类案件是否受理掌握不一，各取所需。我们认为，农村集体经济组织包括村民委员会、村民小组和乡镇集体经济组织只是村民自治组织或管理经济的组织，均不是一级政府机构。所以，其进行的管理、分配等活动不具有行政性。集体经济组织分配土地征用补偿费用的行为，也是依法行使集体土地的经营权、收益管理权的具体体现，本身就是一种民事行为。因此，集体经济组织成员（或村民）与集体经济组织（或村、组）之间因土地征用补偿费分配所引发的争议应属于平等主体之间的民事争议，只要符合民事诉讼法第一百零八条的规定，人民法院应当作为民事案件予以受理。新颁布的《中华人民共和国物权法》第六十三条规定，集体经济组织、村民委员会或者其负责人做出的决定侵害集体成员合法权益的，受侵害的集体成员可以请求人民法院予以撤销，这实际上是从另一个角度肯定了征地补偿费分配纠纷案件的民事性和可诉性。

第二节
国有土地使用权转移

农村集体土地经过征收以后，就变成了国家所有的土地，国家所有的土地又可以通过土地划拨、出让、出资入股、租赁、授权经营、临时用地等方式，成为工业、商业、娱乐、旅游等行业的建设用地。由于临时用地作为一种特殊用地方式，不仅适用于国有土地，也适用于集体土地，本文将在后面单独论述。划拨、出让、出资入股、租赁、授权经营在大型建设工程中，都有可能会遇到，下面将对其分别进行介绍。

一、划拨

指县级以上地方人民政府依法批准，在土地使用者缴纳补偿、安置等费用后将该幅土地交付其使用，或者将国有土地使用权无偿交付给土地使用者使用的行为。一般无期限限制，取得划拨土地受建设项目的性质和范围限制，划拨后其流转也受到限制。2001年10月22日，国土资源部发布了《划拨用地目录》，明确了十九类可以采用划拨方式用地的项目类型，除此之外，一般不得使用划拨国有土地。属于《划拨用地目录》中的建设项目，申请划拨用地的，还必须经过有批准权的人民政府批准。划拨用地并非绝对无偿取得，一般还要缴纳土地开发费，如果上面有建筑，还要支付相应的安置费。

（一）划拨用地的类型

根据《划拨用地目录》（2001年中华人民共和国国土资源部第9号令），划拨用地使用的大型建设工程类型主要包括：

（1）党政机关和人民团体办公用地和安全、保密、通讯等特殊专用设施用地；

（2）人民军队军事用地；

（3）城市基础设施项目用地；

（4）非营利性的文化、体育、公共卫生、教育、科研、社会福利设施项目用地；

（5）国家重点扶持的能源、交通、水利、邮政通讯等基础设施项目用地等。

（二）申请划拨用地的程序

（1）建设单位在项目可行性研究阶段，到土地部门进行预审；

（2）到规划主管部门申请核发选址意见书和建设用地规划许可证；

（3）持立项批文、选址意见书、用地规划许可证等材料到县级土地部门申请划拨用地；

（4）土地部门拟定农用地转用方案、补充耕地方案、征用土地方案和供地方案；

（5）用地申请材料经县级以上人民政府批准，并经逐级上报审批，颁发建设用地批准书；

（6）县级以上土地部门核发《国有土地划拨决定书》。

划拨用地是我国长期以来大型建设工程项目采用的一种用地方式，是我国计划经济体制下的必然结果，也是我国大型工程建设大多与国家安全、社会公共利益密切相关的缘故。在市场经济体制已经建立并不断完善的今天，划拨用地方式已逐渐限制在政府行政办公用地、军事用地以及国家直接投资的项目上，民用建设工程项目多数都是采用出让方式取得土地使用权。

二、出让

出让国有土地使用权是指在一定年限内将国家所有的土地出让给土地使用者，由土地使用者向国家支付土地使用权出让金，并对该幅土地享有的占有、使用、收益等权利。出让土地是最为常见的一种国有土地使用权转移方式。大型建设工程采用出让方式取得国有建设用地使用权，用地单位支付给政府的土地出让金，将形成新增建设用地有偿使用费，即国务院或省级人民政府在批准农用地转用、征用土地时，向取得出让等有偿使用方式的新增建设用地的市县人民政府收取的平均土地纯收益。原来是 30％上交中央财政，70％归地方政府。2007 年 1 月 1 日起，地方分成的 70％部分，一律入省级（含计划单列市）国库。这一款项专款专用于基本农田的建设和保护、土地整理、耕地开发等开支。

（一）国有土地使用权出让的期限

根据《中华人民共和国城镇国有土地使用权出让和转让暂行条例》（1990 年 5 月 19 日中华人民共和国国务院令第 55 号）规定，土地使用权出让最高年限按下列用途确定：

（1）居住用地 70 年；

（2）工业用地 50 年；

（3）教育、科技、文化、卫生、体育用地 50 年；

（4）商业、旅游、娱乐用地 40 年；

（5）综合或者其他用地 50 年。

（二）申请国有土地出让地的程序

（1）建设单位在项目可行性研究阶段，到土地部门进行预审；

（2）到规划主管部门申请建设用地规划许可证；

（3）持立项批文、用地规划许可证等材料到县土地部门申请用地；

（4）土地部门拟定农用地转用方案、补充耕地方案、征用土地方案和供地方案；

（5）县级政府批准，并经逐级上报审批，颁发建设用地批准书；

（6）县级土地部门与土地使用者签订国有土地有偿使用合同。

三、国有土地使用权出资入股

国家出资、入股国有土地使用权是指国家以一定年限的国有土地使用权作价，作为出资投入改组后的新设企业，该土地使用权由新设企业持有，可以依照土地管理法律法规关于出让土地使用权的规定转让、出租、抵押的行为。《土地登记办法》第三十条规定，依法以国有土地使用权作价出资或者入股方式取得国有建设用地使用权的，当事人应当持原国有土地使用证、土地使用权出资或者入股批准文件和其他相关证明材料，申请作价出资或者入股国有建设用地使用权初始登记。

四、国有土地使用权租赁

租赁国有土地使用权是指土地使用者与县级以上土地行政主管部门签订一定年限的土地租赁合同，并支付租金的行为。如果集体土地直接出租作为非农建设用地，为土地管理法所禁止，集体土地可以进行以农业用途为目的出租，或经过国家征收后再进行出租。《土地登记办法》第二十九条规定，依法以国有土地租赁方式取得国有建设用地使用权的，当事人应当持租赁合同和土地租金缴纳凭证等相关证明材料，申请租赁国有建设用地使用权初始登记。

五、授权经营

授权经营（国有土地使用权授权经营）是指国家为了支持国有企业改革和发展，进一步推行土地有偿使用制度，对改制的国有企业涉及的划拨土地使用权进行资产处置的一种方式。具体指国家根据需要，将一定年期的国有土地使用权作价后授权给经国务院批准设立的国家控股公司、作为国家授权投资机构的国有独资公司和集团公司经营管理的行为。国有土地使用权授权经营主要针对自然垄断的行业、提供重要公共产品和服务的行业以及支柱产业和高新技术产业中的重要骨干企业，根据企业改革和发展的需要，国家可以采取授权经营的方式，向集团公司或企业注入土地资产。国有土地使用权授权经营只对下列企业适用：经国务院批准设立的国家控股公司、作为国家授权投资机构的国有独资公司和作为国家授权投资机构的集团公司。

申请程序为申请人持下列申请文件在取得国有土地使用权经营管理授权书后30日内申请国家授权经营国有土地使用权设定登记：①企业改制方案及批准文件；②土地资产处置方案及批准文件；③土地估价报告备案材料；④《国有土地使用权经营管理授权书》；⑤被授权经营土地使用权公司土地配置的材料；⑥建设用地批准书；⑦原《国有土地使用证》；⑧其他证明文件。

上述各种用地方式在大型工程建设中都可能会采用，但由于大型工程往往都是涉及国防安全、国家能源战略、产业布局、城市规划等国家安全、社会公共利益的大型项目，实践中主要采用划拨和出让方式，其他用地方式如国有土地使用权租赁、国家出资入股等也可能是一个项目中部分土地的用地方式。划拨和出让都属于永久建设用地方式，与临时建设用地方式相对应。国有土地通过划拨、出让、租赁、出资入股、授权经营等方式，实现了土地所有权与使用权的分离，所有权仍归国家，使用权由工程建设单位享有。这样我国两种性质的土地——农村集体土地、国家所有土地，前者通过土地征收和国有土地使用权转移，后者直接通过国有土地使用权转移程序，使大型工程建设单位取得了土地使用权。

第三节
临时建设用地

与划拨、出让永久建设用地方式相对，在大型工程建设中还有一种用地方式同样必不可少，这就是临时建设用地。临时用地是指在工程施工和地质勘查过程中，经县级以上人民政府土地行政主管部门批准，临时使用国有土地或者农民集体所有的土地，并在使用完毕后恢复原貌的一种用地方式。由于临时用地不仅可以用于国有土地，还可以用于集体土地，在目前我国耕地保护形势严峻和永久性用地成本增加的情况下，临时用地方式越来越发挥着重要的作用。

一、临时用地的范围

我国土地管理法及其实施条例规定了两种临时建设用地使用方式，即建设项目施工和地质勘查，根据相关法律规定，工程项目施工临时用地主要包括临时堆料、取土、弃土（渣）、架设地上、敷设地下管线设施、建临时生活区、抢险救灾临时用地等情况，地质勘查包括地质地貌勘查、石油天然气井勘探开发等。勘探开发井场用地一般采取先行办理临时用地手续，期满后视情况决定是否办理永久用地手续或者恢复耕种条件。长输管道建设工程除沿线站场、阀室外，线路施工标段作业带位置目前一般都采用临时用地方式深埋敷设。抢险救灾等急需使用土地的，可以先行使用土地。其中，属于临时用地的，灾后应当恢复原状并交还原土地使用权人，不再办理用地审批手续。

二、临时用地的性质

临时用地具有来源的多样性、时间的临时性、对价的补偿性等特点，无论是国有土地和集体土地均适用。我国大型建设工程主要包括能源、水电、交通、军事等方面，一般都会涉及社会公共利益或国家利益，具备了公益性；临时征地必须对土地权利人进行补偿，具备了补偿性；需要征地的工程必须由政府土地部门审批，也具备了国家强制性。而公益性、补偿性和强制性正是土地征用的典型特征，因此从这个角度来说，我国的大型工程建设项目临时用地基本属于土地征用的范畴。除中小型民用建设项目等情况下的弃土场、堆料场用地，因缺少公益性而不符合土地征用的特征外，多数情况下的临时用地都属于土地征用。临时用地与土地租赁比较相似，但与租赁有着本质的区别。根据土地法规定，临时用地可以使用国有土地，也可以是农村集体土地，但集体土地的使用权不得出租用于非农业建设。因此在大型工程建设中，不能以租赁方式取得集体土地，土地租赁一般是指国有土地使用权租赁。

临时用地与国有土地使用权租赁有以下区别。第一，适用范围不同，临时用地可以是集体土地，也可以是国有土地，土地租赁只能是国有土地。第二，使用土地的对价性质不同，临时用地的使用对价具有补偿性，租赁土地使用对价具有营利性。第三，取得方式不同，临时用地应当先与土地所有权人签订临时用地补偿协议，包括土地补偿费和地上附着物补偿费，再经过县级以上土地管理部门审批，土地租赁只需与县级以上国土部门签订《国有土地使用权租赁合同》，不需要另行办理审批手续。第四，期限不同，临时用地期限一般不超过 2 年，自期满之日起 1 年内应当恢复种植条件，且不能修建永久性建筑，国有土地使用权租赁最长可以 20 年，没有恢复原状和修建永久性建筑的限制。第五，权利登记要求不同，临时用地不需要进行土地权利登记，土地租赁需要根据《土地登记办法》持租赁合同和土地租金缴纳凭证等相关证明材料，申请租赁国有建设用地使用权初始登记。因此，临时用地是在我国严格的土地管理制度下产生的一种来源于土地征用，又超出土地征用范围的特殊用地方式。

三、临时征地的程序

（1）达成初步协议。用地单位与土地所有者或者国有土地使用权人就用途、补偿费用和使用后恢复等事项初步达成协议。

（2）提出申请。用地单位持临时用地申请书、临时用地协议书、临时用地审批表、项目用地位置图、临时用地规划许可证和临时用地红线图（城市规划区及控制区）、限期复垦保证书及复垦费缴纳凭证等材料，向当地县级以上土地部门提出申请。

（3）审核批准。土地部门在收到临时用地申请材料后，经审查同意的，颁发临时用地批准文件。

（4）签订正式合同并付费。用地单位持临时用地批准文件与土地权利人正式签订临时使用土地合同，并支付临时用地补偿费。

四、临时用地的补偿和复垦

临时用地补偿包括临时用地补偿费、青苗补偿费、地力恢复补偿费、地上附着物补偿费等，各地都规定了详细的标准，集体土地的临时用地补偿费一般是根据该土地被占用前3年的年平均产值逐年给予补偿。临时用地补偿费由双方根据地方政府相关征地补偿标准规定，经双方对临时用地面积和地上实物的数量、价值共同确认后，在临时用地合同中约定，于县级以上土地管理部门批准并签订正式临时用地协议后支付给土地权利人。

临时用地单位或个人应当按照临时用地合同约定的用途使用土地，并不得修建永久性建筑物。临时使用土地期限一般不超过2年，自期满之日起1年内应当恢复种植条件。临时用地施工结束的同时，由业主或施工单位负责土地复垦，并经县级国土局、相关乡镇、村验收认可；若达不到复垦质量的，可以依据达到标准所需工程量由实施复垦单位补助其相对应工程资金交由村组织完成后续工程。若用地单位无力直接采取复垦措施，可以委托镇、村复垦的，签订委托复垦协议，须按恢复土地原生产条件工作量向当地村组支付土地复垦费，但必须保证临时用地达到农业利用状态。大型工程建设实际操作过程中，有些临时用地如钻井井场、弃石场等最终无法达到复耕条件的，也可以按照法律规定的程序办理征地手续。

第四节
建设用地他项权

一、他项权的概念和种类

建设用地他项权利是指用于工程建设的土地所有权和使用权以外与土地有密切关系的权利。他项权利主要有以下几种类型：①地役权；②地上权，指在他人土地上建筑、种植的权利，如建厂房、住宅、耕种；③空中权，指在他人土地上空建造设施的权利，如桥梁、渡漕、高架线等；④地下权，指在他人土地之下埋设管线、电缆、建地下设施的权利；⑤土地租赁权；⑥土地抵押权。

二、地役权

（一）概念

地役权一直以来只是法学理论上的概念，我国土地法律并没规定，物权法颁布以后，将这一概念进行了明确规定，改变了我国法律长期只有相邻权而无地役权的现象。根据物权法规定，地役权是指权利人根据合同约定，利用他人不动产，以提高自己不动产收益的权利。地役权与相邻关系是相似的两种法律制度，都涉及对他人不动产的利用。相邻关系属于最小限度不动产利用的调整，是实现相邻不动产和谐利用的必要前提，认识相邻关系的关键在于如何判断最小限度利用。从妨害相邻关系的判断标准入手论证：凡是属于最小限度利用的情形，必然构成相邻关系，除此以外的不动产利用应以地役权约定实现，所以相邻关系属于对不动产权利的限制或延伸，地役权则是一种约定权利，属于用益物权。

相邻权与地役权二者的区别在于以下几方面：

（1）相邻权是法定权利，地役权是约定权利；

（2）相邻权无须登记，地役权需要登记；

（3）相邻权无对价，地役权可有对价；

（4）相邻权是权利行使的必须，地役权是对权利的自由处分；

（5）相邻权的不动产之间是相邻的，地役权的不动产间并不必然相邻；

（6）相邻权发生在任何不动产权利人之间，地役权的主体是有选择的。

（二）地役权的表现

1. 设定安全控制范围

工程建设期间以及建成后的生产运营期间，为了周边的人身、财产安全而设定的安全控制范围，即是大型工程建设中一项重要的地役权。如在石油天然气行业中，对高含硫化氢（有毒气体）的天然气开采、净化、集输工程建设，建设单位通常会在建筑工程一定范围设定一个安全控制距离。根据国家发展改革委员会《钻前工程井场布置技术要求》规定，在距探井井口 100 米、高含硫化氢湿气集输管线中心线 100 米、高含硫化氢开发井井口 300 米、高含硫化氢集输站外 300 米（一般集输站外 30 米，不含永久用地部分）、天然气净化厂主装置 800 米范围（不含永久用地范围）为临时用地控制范围，行业上简称"138"范围。随着安全技术水平的提高，相关单位正在起草缩小这一范围的行业标准。在这一范围内，土地权利人的权利受到了许多限制，包括不允许居住、盖房和修建其他设施，以及禁止或限时通行、耕种等，这种土地权利的分配不是相邻权，而是地役权。首先，这一安全控制距离的设定不是依据国家法律的规定，只是一种行业标准，而权利是否具有法定性正是两者的重要分水岭。其次，相邻关系是最小限度不动产利用的调整，建设单位有义务防止有毒硫化氢气体泄露，保证相邻土地权利人的人身财产安全，并且通过加强管理、提高安全技术水平也完全可以达到这一目标。在实践中，建设单位需要与不动产权利人签订相关协议，明确土地利用的程度和期限，并给予补偿。地役权是相邻权的延伸，有利于土地资源的充分利用，有利于权利人之间的和睦相处。

2. 设定工程施工作业带宽度

大型建设工程施工作业过程中以及建成后正常运营期间，需要设立的地役权，如为长输管道、通讯光缆、电线铺设工程而设立的一定宽幅的施工作业带。

关于长输管道工程在他人土地下穿过这一权利本身，由于管道具有的公益性和我国立法现状而被视为相邻权，许多国家则把它作为地役权，我国也有人建议把它作为一种特殊地役权或公共地役权来对待。本书认为，在实际操作中线路施工越来越多的采用临时用地的情况下，从保护农民利益的角度考虑，今后设立特殊地役权制度是有必要的。第一，管道敷设采用的是临时用地，工程建成后临时用地期限届满，农村集体组织又重新实现了对其土地的完整所有权，而管道企业所拥有的只是土地的他项权，即地下通过权，是在土地上设定的一种负担，也是对土地权利的限制。第二，《石油天然气管道保护条例》颁布于 2001 年，而且是根据 1989 年《石油、天然气管道保护条例》修改后颁布实施的，而明确规定地役权的《物权法》是 2007 年 3 月份才颁布，管道保护条例颁布时我国还没有地役权制度，而且后者的效力层次略高。第三，管道保护条例是以管线用地采用永久用地方式为隐含前提的，这从当时的实际操作方式，以及该条例第十三条、第十五条（二）款的规定可以看出。在目前通常使用临时用地的情况下，仍然作为相邻权无偿利用农民土地显失公平。第四，把它作为特殊地役权，可以进行土地他项权登记（地役权），有利于维护管道企业的权利。第五，有利于提高农民收入，减少土地权利纠纷，缓解企地矛盾。因此，在立法上设立特殊地役权制度，对平衡管道企业和土地权利人之间的利益更为公平合理。

（三）地役权的设定

由于地役权是一种利用他人不动产以提高自己不动产收益的权利，客观上会限制他人权利的行使，因此需要双方平等协商，协商的结果通常是需役地权利人支付供役地权利人一定金额的补偿。因此地役权能实现土地的充分利用，对双方都有利。在大型工程建设过程中，设定地役权应当采取书面合同形式或在相关协议中设立地役权条款，否则建设单位的合法权利难以保障。同时地役权人应当及时办理土地他项权登记，否则一旦当地农村集体组织利用该供役地兴办乡镇企业，对外承包，或采取其他的土地流转方式，建设单位只能追究农村集体组织的违约责任，不能对抗第三人。

三、长输管道相遇关系权利

长输管道建设中必不可少的会存在管道与管道、铁路、公路的交叉穿越，由于这些设施有的是永久用地，有的只是建设时的临时用地（如管道），这种相遇关系对土地的利用是什么权利呢？根据管道保护条例第十九条规定，"管道企业进行管道设施维修作业和建设保护工程时，管道穿越区域的有关单位和个人应当给予必要的协助。上述作业对有关单位或者个人的合法权益造成损失的，管道企业应当依法给予补偿。"第二十条规定，"后建、改（扩）建的建设工程与已有的管道设施相遇而产生的管道设施保护问题，由后建、改（扩）建的建设工程项目单位与管道企业协商解决。"因此从我国的规定来看，这种权利的性质还是比较模糊，"必要的协助"似乎是一种相邻关系，但具体是什么并不清楚。管道相遇时由"项目单位与管道企业协商解决"似乎又是一种地役权。我们认为，相邻权一般是存在于两个已有的不动产之间，在管道穿越施工过程中，管道还未形成不动产。而且管道与其他工程的相遇是可以避免的，如果不能避免，相遇点也可以由双方协商进行调整。因此，管道工程建设交叉穿越施工过程中双方之间应当是一种地役权关系，而"必要的协助"是管道工程属于公益性设施的要求，这也正是长输管道地役权被称为"特殊地役权"的特殊之处。一旦工程建成后，两者之间将形成相邻关系，互相需要提供必要的便利，比如通行、巡查、检修等。当然如果两条管线所经过的土地都不是永久用地，这些权利应当由土地权利人让渡，管道企业之间适用相邻关系予以调整。

第五节
土地权利登记

一、土地登记的范围

根据《土地登记办法》的规定，我国除了国有土地所有权无须登记外，集体土地所有权、国有土地使用权、集体土地使用权、土地他项权都需要办理登记。国有土地使用权中的国有建设用地使用权和国有农用地使用权，集体土地使用权中的集体建设用地使用权、宅基地使用权和集体农用地使用权以及他项权中的承租权、抵押权都必须登记。根据《物权法》第一百五十八条规定，他项权中的地役权是非必须登记的物权，地役权自地役权合同生效时设立。当事人要求登记的，可以向登记机构申请地役权登记；但未经登记，不能对抗善意第三人。《土地登记办法》不适用土地承包经营权的登记，可能由于该办法为国土资源部部门规章，而土地承包经营权由《农村土地承包经营权流转管理办法》、《农村土地承包经营权证管理办法》调整，是农业部颁布的部门规章。土地承包经营权是从土地使用权中分离出来的一项权利，属于土地使用权的下位概念，实际上是农村集体土地用途受限制的一种权利，法律上属于不动产物权的范畴。根据《中华人民共和国物权法》第十条规定，国家对不动产实行统一登记制度。统一登记的范围、登记机构和登记办法，由法律、行政法规规定。而目前我国在不动产登记方面仍然采取按照部门利益条块分割的方式，不仅与世界各国不动产统一登记的原则不符，也与我国物权法的规定相违背，建议国务院或全国人大尽早出台《不动产统一登记法》。

二、土地登记的申请

《土地登记办法》根据土地权利的主要种类，规定土地证书分为国有土地使用证、集体土地所有证、集体土地使用证以及土地他项权利证明书四种。同时，规定了国有建设用地使用权和国有农用地使用权在国有土地使用证上载明；集体建设用地使用权、宅基地使用权和集体农用地使用权在集体土地使用证上载明，在土地证书上体现了与《物权法》和土地相关法律法规规定的土地权利的衔接。

（1）划拨：依法以划拨方式取得国有建设用地使用权的，当事人应当持县级以上人民政府的批准用地文件和国有土地划拨决定书等相关证明材料，申请划拨国有建设用地使用权初始登记。新开工的大中型建设项目使用划拨国有土地的，还应当提供建设项目竣工验收报告。

（2）出让：依法以出让方式取得国有建设用地使用权的，当事人应当在付清全部国有土地出让价款后，持国有建设用地使用权出让合同和土地出让价款缴纳凭证等相关证明材料，申请出让国有建设用地使用权初始登记。

（3）国有土地使用权租赁：依法以国有土地租赁方式取得国有建设用地使用权的，当事人应当持租赁合同和土地租金缴纳凭证等相关证明材料，申请租赁国有建设用地使用权初始登记。

（4）国有土地使用权出资入股：依法以国有土地使用权作价出资或者入股方式取得国有建设用地使用权的，当事人应当持原国有土地使用证、土地使用权出资或者入股批准文件和其他相关证明材料，申请作价出资或者入股国有建设用地使用权初始登记。

（5）授权经营地：以国家授权经营方式取得国有建设用地使用权的，当事人应当持原国有土地使用证、土地资产处置批准文件和其他相关证明材料，申请授权经营国有建设用地使用权初始登记。

（6）土地他项权登记：按照《土地登记办法》规定，当事人在申请登记时，就须提交权属证明和不动产界址、面积等必要材料，而且申请人提交的地籍调查表、宗地图及宗地界址坐标，可以委托有资质的专业技术单位进行地籍调查获得。

第六节
项目建设用地立法现状和存在问题

总体认识我国当前有关工程建设土地的法律法规，一方面在体现"以人为本、构建和谐社会、全面落实科学发展观"方面，更趋完善，更加有利于保障土地权利人的合法权益；另一方面可以说基本建设日新月异，法规修订马不停蹄，行政法规交叉现象普遍，用地申报程序更加繁琐，用地门槛逐步增高，补偿标准日益高涨，土地补偿政策稳定周期越来越短。

一、建设项目用地立法的特点和趋势

（一）法律规定零散、繁杂

征地、拆迁、补偿方面的规定分散在国家各部委规章、地方法规规章中，各地的规定差异较大，给实际操作过程带来了困难。

（二）用地申报程序更加繁琐

我国的工程建设项目用地程序有许多种，包括建设用地预审、农用地转用审批、耕地占补平衡、征地方案编制审批和公布、补充耕地方案、基本农田补充方案、耕地开垦费（复垦费）缴纳或者耕地开垦验收，以及国有土地使用权出让、出租或者划拨、临时用地审批等，还有社会保障资金的落实方案等，都要牵扯建设单位大量精力，增加建设单位的成本。

（三）用地门槛逐步提高

在我国耕地数量急剧下降，18亿亩红线的压力下，国家加强了耕地的保护力度，建设单位用地门槛越来越高，建设用地指标控制越来越严。

（四）补偿标准日益高涨

随着人民生活水平的提高，国家对民生问题的关注程度加大，人们法律意识的提高，建设用地成本不断提高。我国的土地补偿费、安置补助费也随着土地管理法律法规的修改而提高，拆迁补偿标准也在各地的规定中不断提高。

126

（五）土地补偿政策稳定周期越来越短

我国的土地法律法规分散在国家和地方不同层面的法律法规和规章制度中，土地政策也随着中央的政策在不断调整，近几年的土地政策调整的频率也越来越高，导致建设单位在投资计划做完后，征地费用不足，影响了建设工程的进展。

二、大型工程建设用地过程中存在的问题和建议

（一）我国的大型工程建设项目用地存在的问题和法律风险

（1）行政处罚风险。由于大型工程建设往往涉及公共利益，工期要求比较紧，实践中由于各种各样的原因，可能存在边施工、边办理征地手续的情况，而根据相关法律规定，这种行为将受到行政处罚。我国《土地管理法》第七十六条规定，未经批准非法占用土地的，由县级以上人民政府土地行政主管部门责令退还非法占用的土地，对违反土地利用总体规划擅自将农用地改为建设用地的，限期拆除在非法占用的土地上新建的建筑物和其他设施，恢复土地原状，对符合土地利用总体规划的，没收在非法占用的土地上新建的建筑物和其他设施，可以并处罚款；对非法占用土地单位的直接负责的主管人员和其他直接责任人员，依法给予行政处分。超过批准的数量占用土地，多占的土地以非法占用土地论处。

（2）工期推迟风险。征地过程中，大型工程建设用地数量比较大，经常采用与地方土地部门统一征地的方式，费用包干进行征地，存在后续费用仍大量增加、征地补偿费难以到位、容易引起农民集体上访等现象，而解决这些问题往往需要各方面的协调，花费大量的时间，影响工程建设的顺利完工。

（3）土地权利登记风险。征地过程中，许多权利因各种原因未及时登记，如地役权、地下权等土地他项权利，不仅会影响到建设单位保护自己的合法权利，也为今后发生土地纠纷埋下了隐患。

（4）合同管理风险。由于工期紧张，有些单位的征地工作有独立的部门操作，有些临时征地、拆迁补偿等需要及时签订合同脱离合同法律部门监管，容易引发纠纷。

（二）大型工程建设项目用地建议

（1）在工程项目立项时，建设单位应当做好充分的调查研究论证，统筹考虑，确定合适的建设地址，测算用地面积、征地补偿费用，做好征地拆迁宣传、组织实施准备工作。

（2）在投资概算、预算时，考虑到征地补偿标准的不断提高趋势和征地拆迁工作的复杂性，应当留有余地，在确定预备费时予以考虑。

（3）在项目设计阶段，建设单位应当优化用地方案，减少项目用地指标。尤其是长输管道工程，优化路由，减少永久用地，可以节约大量投资。

（4）在征地拆迁实施过程中，为保证工程建设的顺利进行，补偿协议的签订履行要在符合规定程序的前提下，适当加快，防止补偿标准的变化和被征地拆迁单位的反复增加投资成本。在通过统一征地方式办理征地手续的情况下，尽可能采取费用全包的方式。

（5）在征地拆迁过程中，建设单位应当请法律人员全过程参与，严格按照法律法规的规定操作，及时提供法律意见，处理用地纠纷。

本章主要参考文献

［1］严浩. 农村集体土地所有权问题初探［EB/OL］. 北大法律信息网，2008.

［2］王名扬. 法国行政法［M］. 北京：中国政法大学出版社，1998.

［3］王才亮. 农村征地拆迁纠纷处理实务［M］. 北京：法律出版社，2006.

［4］王明水. 关于农村征地补偿款分配纠纷问题的探讨［EB/OL］. 江西律师网，2009.

［5］李仁玉，吴万军. 地役权与相邻关系［J］. 法学杂志，2006，4.

［6］叶坚. 公共利益的认定［EB/OL］. 北大法律信息网，2007.

［7］莫于川. 中国土地征收征用的若干问题［EB/OL］. 法治政府网，2007.

［8］高圣平，刘守英. 集体建设用地进入市场：现实与法律困境［EB/OL］. 中国民商法律网，2007.

［9］左志平，程瑛. 审理农村集体经济组织收益分配纠纷案件中问题之浅析［EB/OL］. 北大法律信息网，2006.

［10］陈利根，龙开胜. 我国农村集体建设用地流转的发展历程及改革方向［J］. 中国农史，2008，2.

第四章

大型建设工程项目 HSE 法律管理

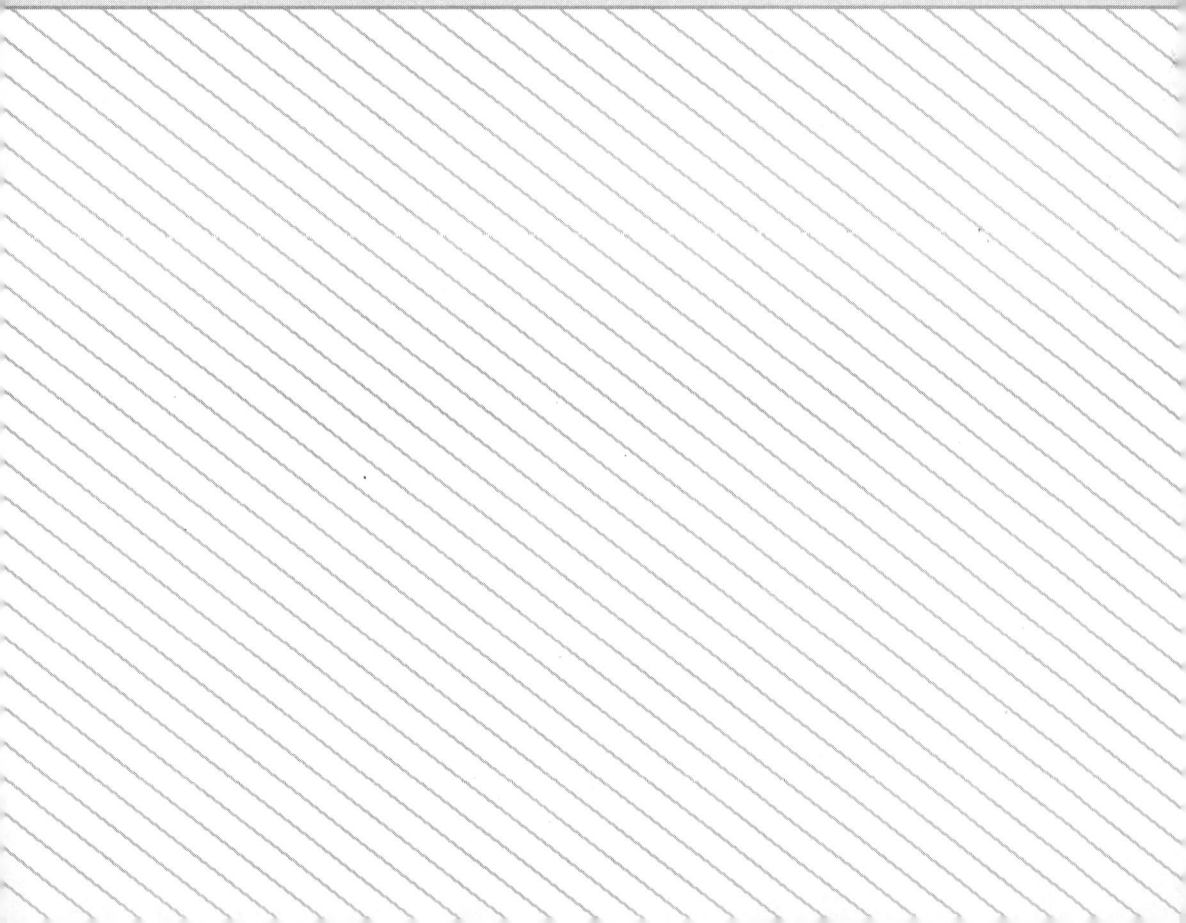

HSE 管理是目前国际上通行的一种管理模式，从 20 世纪 60 年代起，就有许多人开展这方面的研究，其在西方国家的发展和研究已经颇具影响，并且具有良好的发展。在我国，随着科学发展观的深入人心，尤其在大型建设工程领域，在注重质量、进度和投资的控制的同时，以人为本、环境友好、资源节约、持续发展的 HSE 法律管理体系也迅猛发展起来。

第一节
HSE 管理体系概述

一、HSE 管理体系概念

HSE 管理体系是指由实施健康（Health）、安全（Safety）与环境（Environment）管理的组织机构、职责、资源、程序和过程等构成的动态管理系统。

HSE 管理体系三位一体。

H（健康）是指人身体上没有疾病，并在心理上保持一种完好的状态。

S（安全）是指在劳动生产过程中，努力改善劳动条件、克服不安全因素，使劳动生产过程中生命不受伤害、财产不受损失。

E（环境）是指与人类密切相关、影响人类生产和生活的各种自然力量、作用的总和。劳动生产不应使环境遭受污染和破坏。

HSE 管理体系遵循戴明（PDCA——计划、执行、检查、改进）模式，由多个要素组成，相互关联、相互作用。通过实施风险管理，采取有效的预防、控制和应急措施，以减少可能引起的人员伤害、财产损失和环境污染。HSE 管理体系是当今企业在大市场环境下规范运作的必然选择，体现了以人为本、预防为主、全员参与、持续改进的科学管理思想，具有高度自我约束、自我完善、自我激励的机制，是企业走向现代化、国际化的通行证。

HSE 管理的核心思想是 PDCA 动态循环，呈螺旋上升的系统化管理模式，通过不断转动 PDCA，使之持续改进，使管理系统更高效，并不断优化。

P——策划（Plan）：根据组织的管理需求，制定 HSE 管理方针，建立 HSE 管理目标，策划实现目标所需过程的方法和准则，确定过程所需的资源和信息。

D——实施（Do）：按照策划的结果实施过程，并使实施过程处于受控状态，以确保系统运行符合策划安排并实现预期目标。

C——检查（Check）：通过检查，组织可评价计划实施的效果，对不符合策划安排的情况，采取相应的纠正、预防措施，以确保系统有效运行。检查的结果应向组织的管理层报告。

A——改进（Action）：组织评审系统整体的运行情况，并根据组织内部和外部的变化，对系统不断进行完善，使系统保持有效性、充分性和适宜性。

二、HSE 管理体系的发展历史

HSE 管理体系的催生，根本上出于两方面的因素。

一是在工业生产的发展过程中，HSE 事故不断突现，人们在寻求有效的 HSE 管理方法时，期待有一个系统的、结构化的管理模式。

二是随着世界经济贸易活动不断增加，企业的活动、产品或服务中所涉及的 HSE 问题普遍受到关注，需要统一的国际标准来规范相关的 HSE 行为，特别是 ISO 9000 和 ISO 14000 标准在全世界范围内的成功实施，促进了国际 HSE 管理体系朝标准化方向的发展。

（一）工业生产过程中发生的事故

1988 年 6 月 6 日，欧洲北海英国大陆架发生了帕玻尔—阿尔法钻井平台事故，167 人死亡，经济损失近 3 亿美元。英国政府组织了由卡伦爵士率领的官方调查团，调查报告提出建议 106 条。其中有条建议是形成近代 HSE 思想的基础，即应在正规安全评估基础上建立安全管理体系（SMS）和安全个案（CASE）。

1989 年，Exxon 公司在阿拉斯加的瓦尔迪兹油轮发生重大泄油污染事故，造成 8 000 平方千米海洋不同程度的污染，治理耗资 12.5 亿美元，环保罚款 10 亿美元。国际海事组织对 Exxon 瓦尔迪兹泄油事故讨论提出了强化风险评估和一体化管理的概念。

正是由于石油行业重大事故的惨痛教训，引发了 HSE 一体化管理思想。

（二）贸易活动中的问题

关贸总协定（GATT）乌拉圭回合谈判协议要求，各国不能因法规和标准的差异而造成关税贸易壁垒和不公平竞争，而应该尽量采用国际标准。

美欧等发达国家要求"公平竞争"。这是因为各国 HSE 状况差异使他们在成本价格和贸易竞争中处于不利地位，发展中国家在劳动条件改善方面投入不够因而生产成本降低，导致贸易竞争中对发达国家"不公平"，美欧等国家认为无法接受。他们认为，应把人权、环境保护和劳动生产条件纳入国际贸易范畴，将劳动者权益和安全健康状况与经济问题挂钩，这就是所谓的"社会条款"。

北美和欧洲都已在自由贸易区协议中作出规定：为了对抗通过降低环境和劳动保护投入（低标准）作为贸易竞争手段的地区和国家，谴责和制裁环境保护及职业安全健康条件较差而又不采取措施改进的国家与地区，应当对参与贸易区国际贸易活动的主体规定统一的环境及职业安全健康标准。

乌拉圭回合谈判中指出，在国际贸易自由化的同时，应在贸易协议中制定出统一的国际劳工标准，并对达不到国际标准国家的贸易进行限制；新加坡宣言（1996）将"核心劳工标准"作为新议题明确列入宣言的 23 个内容之中；西雅图会议（1999）上，发达国家坚持将劳工标准与国际贸易相联系，声称这关系到 WTO 的信誉问题。

（三）HSE 管理的发展历程

国外有些专家曾这样评述过 HSE 管理的发展过程，即 20 世纪 60 年代以前主要是通过对装备的不断完善，如利用自动化控制手段使工艺流程的保护性能得到完善等，来达到对人们进行保护的目的；70 年代以后，注重了对人的行为研究，注重考察人与环境的相互关系；80 年代之后，逐渐发展形成了一系列全面、系统、全新的管理模式。纵观 HSE 发展历程，大致可分为以下四个阶段。

（1）1985 年，为更好地提高安全成效，壳牌公司咨询了世界上工业安全成效最好的杜邦公司，首次在石油勘探开发中提出强化安全管理（Enhance Safety Management）的构想。1991 年，壳牌公司委员会颁布了健康、安全与环境（HSE）方针指南。

（2）1991 年在荷兰海牙召开了第一届油气勘探、开发的健康、安全、环境国际会议，HSE 这一完整概念逐步为大家所接受。

（3）1994 年 7 月，壳牌公司为勘探开发论坛（E&P Forum）制订的《开发和使用健康、安全、环境管理体系导则》正式出版；1994 年 9 月，壳牌石油公司 HSE 委员会制订了"健康安全与环境管理体系"，经壳牌公司领导管理委员会批准正式颁发。

（4）1996 年 1 月，国际标准化组织 ISO/TC 67 的 SC6 分委会结合 ISO 9000 和 ISO 14000 的管理思想，发布了《石油和天然气工业健康、安全与环境管理体系》（ISO/CD 14690 标准草案）。

国际石油界认识到加强安全管理的重要性。许多大石油公司相继提出 HSE 管理体系。

目前，在全世界排在前 100 名的石油天然气公司中，约有 53％每年发布 HSE 年度报告，约有 1/3 的公司对其 HSE 年度报告进行第三方验证，以体现报告数据的可靠性。

三、世界主要石油公司的 HSE 管理

20 世纪 80 年代后期，国际上的几次重大事故对世界主要石油公司 HSE 管理工作的深化发展与完善起到了巨大的推动作用，大家都深深认识到，石油石化作业是高风险的作业，必须进一步建立更有效更完善的 HSE 管理系统以避免重大事故的发生。

（一）壳牌公司的 HSE 管理
——1986 年，形成管理手册
——1987 年，发布环境管理体系指南
——1989 年，颁发职业健康管理导则
——1990 年，制定安全管理体系
——1991 年，颁布健康、安全与环境方针指南
——1992 年，正式出版安全管理体系标准 EP92—01100
——1994 年，正式颁布健康、安全与环境管理体系导则

（二）中国石油天然气集团公司（CNPC）的 HSE 管理

1996 年 9 月，原中国石油天然气总公司组织人员对 ISO/CD 14690 标准草案进行了翻译和消化，在吸收其自身以往行之有效的安全生产、环境保护的规章制度和管理经验的基础上，将上述国际标准进行了转化，于 1997 年 6 月 27 日正式颁布了我国石油天然气行业标准《石油天然气工业健康、安全与环境管理体系》（SY/T 6276—1997），1997 年 9 月 1 日起实施。

1999 年 12 月，中国石油天然气集团公司（中石油）在经过下属石油、炼化企业广泛试点的基础上，根据国家石油天然气行业标准 SY/T 6276—1997，以及国际石油勘探开发论坛的 HSE 指南，并综合了 ISO 9000 质量管理体系、ISO 14000 环境管理体系及国家职业安全卫生管理体系所涉及的主要要素，发布了《中国石油天然气集团公司健康、安全和环境管理体系管理手册》，HSE 管理体系自此在中石油全面推行。

（三）中国海洋石油总公司（CNOOC）的 HSE 管理

中国海洋石油总公司（中海油）在与国外企业合作过程中，较早地建立和实施了 HSE 管理体系，特别是通过与壳牌、BP、菲利普斯等国际石油公司的合作，直接引进这些公司比较成熟的 HSE 管理体系，与国外先进的 HSE 管理体系完全接轨。1996 年 10 月发布了《海洋石油作业安全管理体系原则》及《海洋石油安全管理文件编制指南》，从 1997 年逐渐开始实施 HSE 一体化管理。

（四）中国石油化工集团公司（SINOPEC）的 HSE 管理

中国石油化工集团公司（中石化）的 HSE 管理主要分为以下四个阶段：

（1）1998 年年底至 1999 年 12 月，引入 HSE 管理体系；

（2）1999 年 12 月至 2000 年 4 月，编制起草 HSE 标准；

（3）2000 年 4 月至 2001 年 1 月，HSE 标准在中石化 10 个下属的上、中、下游企业进行试点、修订；

（4）2001 年 3 月，中石化 HSE 标准——Q/SHS 0001.1—2001《中国石油化工集团公司安全、环境与健康（HSE）管理体系》，向全社会发布。

截至目前，中石化形成一个体系、四个规范和五个指南为框架的 HSE 管理体系。

一个体系：HSE 管理体系，明确了中石化管理的十大要素。

四个规范：油田企业 HSE 管理规范；炼化企业 HSE 管理规范；销售企业 HSE 管理规范；施工企业 HSE 管理规范。

这四个管理规范是在 HSE 管理体系基础上，根据中石化已颁发的各种制度标准、规范，对十大要素的具体要求，并根据各专业特点编制的油田企业、炼油企业、销售企业、施工企业 HSE 管理规范。

五个指南：油田企业 HSE 实施程序编制指南；炼化企业 HSE 实施程序编制指南；销售企业 HSE 实施程序编制指南；施工企业 HSE 实施程序编制指南；职能部门 HSE 实施计划编制指南。

四、HSE 管理理念

一个管理体系建立的实质是其管理思想的推行，体系的形成首先要有一个成熟的思想理念，理念强调的是人们内心对待事物的态度和观念。因此，要想使企业实施 HSE 管理上一个新台阶，必须树立下列 11 个管理新理念。

（一）安全、环境与健康一体化管理的理念

石油石化行业是一种高风险的行业，而且它们在安全、环境与健康方面的事故往往是相互关联的，必须将安全、环境与健康实施进行一体化管理，以适应现代企业管理的需求。尤其是在我国加入 WTO 后，为适应国际市场规则，这种需求更加迫切。

（二）领导承诺和社会责任理念

领导承诺和社会责任是指企业自上而下的各级管理层的领导承诺和企业对社会的责任，它是 HSE 管理体系的核心。这种承诺和责任，要由企业最高管理者在体系建立前提出，并在正式提出前，充分征求员工和社会的意见，经认真细致地研究后决定并形成文件。

（三）任何事故都可预防的理念

推行 HSE 管理体系的目的是减少事故，做好安全、环境与管理工作是企业的切身利益所在，这要求我们在思想观念上树立任何事故都可预防的理念，即"零事故"的新理念。从 HSE 观念上来看，制定安全措施，对待每一个事故隐患，可以将不安全因素转为安全。我们的企业，尤其是基层单位，不仅要在制定 HSE 目标时，而且要在实施过程中努力实现"三无"（无事故、无伤害、无污染）。

（四）职能部门 HSE 职责落实的理念

HSE 要求企业的各级组织和全体员工都应落实 HSE 管理职责，并通过审核考核，不断提高企业的 HSE 业绩。特别强调要定期检查，确保 HSE 职责全面落实，并以此为依据，确定部门、个人业绩实际情况，对照年度 HSE 目标进行考核，考核结果要与经济责任制挂钩。

（五）承包商和供应商与业主 HSE 业绩密切相关联的理念

在 HSE 管理体系中，对于业主的定义是在合同情况下的接受方。承包商的定义为合同情况下的供方，即受业主或操作者雇用完成某些工作或提供服务，供应原料与设备的个人、部门或合作者。企业在签订合同时，要对 HSE 管理的内容加以约定，使承包商和供应商必须按照建设方的 HSE 管理体系要求和条款运作，并与本企业的 HSE 管理体系相一致，这样因工程任务交给承包商完成而造成健康、安全与环境的危害不仅可以避免，工作过程中的意见分歧也可以大大减少，有利于业主 HSE 管理水平的提高。承包商与供应商的 HSE 表现要反映到业主的业绩中来，必须树立承包商和供应商与业主 HSE 业绩密切相关联的理念。

（六）程序化、规范化管理的理念

HSE 管理体系就是依据管理学的原理，建立 PDCA 模型——计划（P）、实施（D）、检查（C）、改进（A）四个相关联的环节，以持续改进的思想，指导企业系统地实现 HSE 无事故、无伤害、无污染的"三无"目标。因此，在实施 HSE 管理体系时，一定要树立程序化、规范化管理的理念，形成一个动态循环的管理框架。

（七）HSE 管理从设计抓起的理念

HSE 的标准中，规定了企业的最高管理者对 HSE 管理必须先从计划抓起，要认真落实设计单位和部门高层管理者的 HSE 责任和考核奖惩制度。新建、改造、扩建装置（设施）时，应按照"三同时"即劳动安全卫生和环境保护设施要与主体工程同时设计、同时施工、同时投入使用的原则。

（八）风险评价实行各级预防方针的理念

在 HSE 管理体系的实施过程中，评价和风险管理主要是指识别确定 HSE 关键活动中存在的风险和影响，制定防止事故发生的措施和一旦发生事故后的恢复措施。可能发生的危险、危害都可能发生事故，事故无论大小，都会给企业造成经济上和政治上的影响。对风险的正确、科学评价和有效的管理是达到杜绝事故，实现事先预防的关键所在，防止事故发生，将危害和影响降低到可接受的范围内是 HSE 管理体系运行的最直接的目的。

（九）动态循环管理的理念

HSE 管理体系标准，在将体系有机组织、形成体系的运行机制时，它基于一个共同的概念框架，即 PDCA 模型，即把 HSE 活动分为计划、实施、检查、改进四个相联系的环节。

计划环节就是作为行动基础的某些事先的考虑，它预先决定谁去干、干什么、如何干、什么时候干等问题；实施环节是将计划予以实施；检查环节是对计划实施效果进行检查衡量，并采取措施，消除可能产生的行动偏差；改进环节是针对管理活动实践中所发现的缺陷和不足，不断进行调整、完善。

（十）配置资源以保证"安全第一"方针的理念

资源是指实施安全、环境与健康管理体系所需的资金、设备、设施、人员、技术等。HSE 体系的建立和运行以及各活动的实施都离不开资源的支持，只有配置必要的资源，才可以实现"安全第一"和 HSE 的方针全部目标。

领导承诺中规定，各级企业的最高管理者是 HSE 的第一负责人，对 HSE 应有形成文件的承诺，并确保承诺转变为人、财、物的资源支持。

（十一）把各种形式检查、整改过程融入体系的审核和评审的理念

审核是对体系是否按照预定要求进行运行的检查和评价活动，可分为内部审核（审核组成员来自于公司内部）和外部审核（应公司要求，由外部审核机构进行）；评审是对体系的充分性、适宜性和有效性进行的检查，由公司最高管理者

组织进行。

通过审核可以确定：HSE 管理体系各要素和活动是否与计划要求一致，是否有效实施；在实现企业的方针、政策和表现原则上，HSE 管理体系是否有效地发挥了作用；是否符合相关法规、标准的要求；通过这些审核，确定改进的方面，以实现 HSE 管理的逐步改善。

评审主要进行适应性、充分性和有效性的评价，企业可根据持续改进的原则，根据审核后评审的结论对 HSE 管理体系进行改进，使之更加完善。

五、HSE 管理体系要素

管理体系要素是指为了建立和实施体系，将 HSE 管理体系划分成一些具有相对独立性的条款。从一些大型石油企业所建立的体系来看，从几个到十几个一级要素的都有，综合分析一下这些管理体系，它们的结构模式和基本框架基本相同。特别是目前，世界上各个大型石油企业都在相互学习对方的 HSE 管理经验，取长补短，使得各大石油公司的 HSE 管理体系在保持自己特点的基础上，结构和要素逐渐趋向融合。

（一）壳牌石油集团公司 HSE 管理体系要素（见图 4-1）

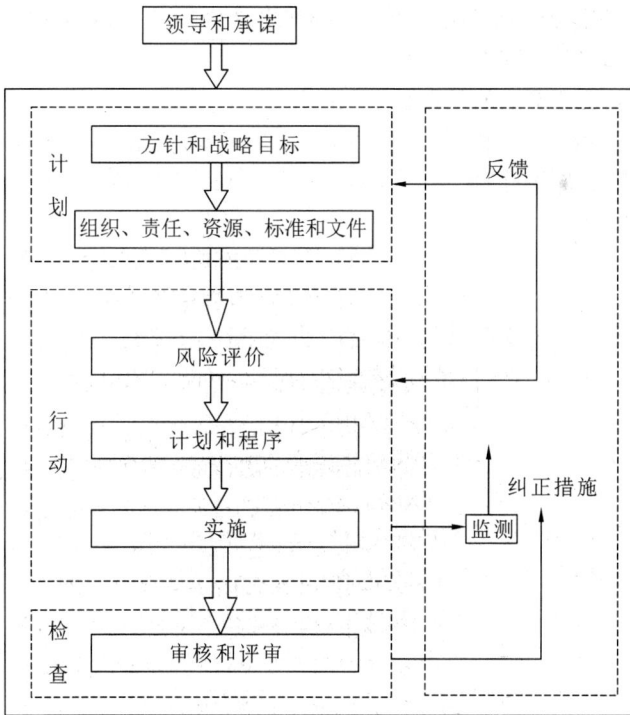

图 4-1　壳牌石油集团公司 HSE 管理体系要素

(二) 挪威国家石油集团公司 HSE 管理体系要素（见图 4-2）

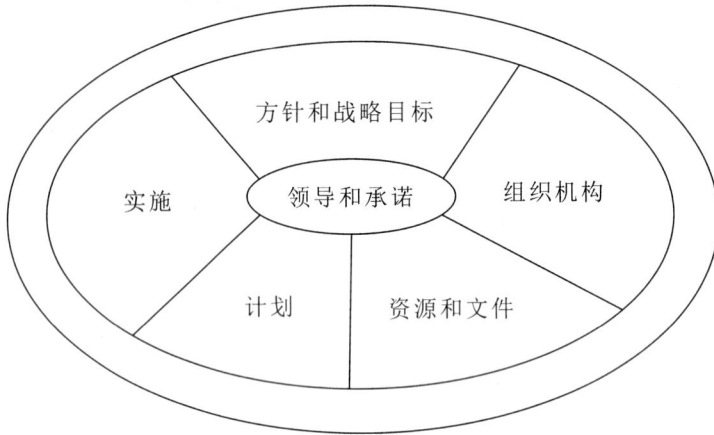

图 4-2　挪威国家石油集团公司 HSE 管理体系要素

(三) 中国石油天然气集团公司 HSE 管理体系要素（见图 4-3）

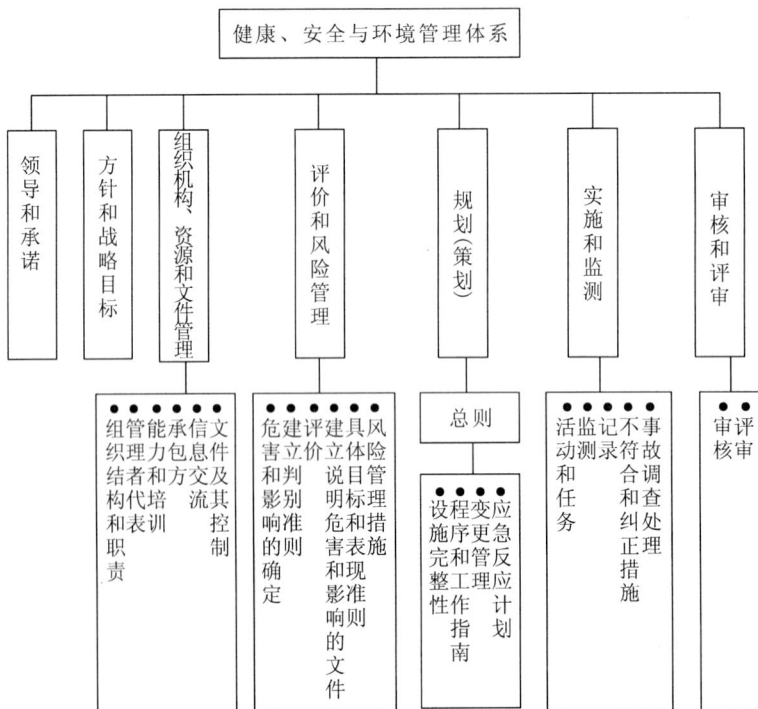

图 4-3　中国石油天然气集团公司 HSE 管理体系要素

（四）中国石油化工集团公司 HSE 管理体系要素

中国石油化工集团公司（中石化）HSE 管理体系明确了 HSE 管理的十大要素。

1. 领导承诺、方针目标和责任

在 HSE 管理上应有明确的承诺和形成文件的方针目标，最高管理者提供强有力的领导和自上而下的承诺，是成功实施 HSE 管理体系的基础。集团公司以实际行动来表达对 HSE 的重视，努力实现不发生事故、不损害人身健康、不破坏环境的目标，这是集团公司承诺的最终目的。

2. 组织机构、职责、资源和文件控制

公司和企业为了保证体系的有效运行，必须合理配置人力、物力和财力资源，广泛开展培训，以提高全体员工的意识和技能，遵章守纪，规范行为，确保员工履行自己的 HSE 职责。同时为了给 HSE 管理提供切实可行的依据，必须有效地控制 HSE 管理文件，定期评审并在必要时进行修订，确保 HSE 文件与企业的活动相适应。

3. 风险评价和隐患治理

风险评价是一个不间断的过程，是建立和实施 HSE 管理体系的核心。它要求企业经常对危害、影响和隐患进行分析和评价，采取有效或适当的控制、防范措施，把风险降到最低程度。企业领导应直接负责并制定风险评价的管理程序，亲自组织隐患治理工作。

4. 承包商和供应商管理

要求企业从承包商和供应商的资格预审、选择及开工前的准备、作业过程的监督、承包商和供应商的表现评价等方面对其进行管理，这一工作是当前各企业的薄弱环节，应重点加强。

5. 装置（设施）设计与建设

要求新建、改建和扩建的装置（设施），必须按照"三同时"的原则，按照有关标准规范进行设计、设备采购、安装和试车，以确保装置（设施）保持良好的运行状态。

6. 运行与维护

要求企业对生产装置、设施、设备、危险物料、特殊工艺过程和危险作业环境进行有效控制，提高设施、设备运行的安全性和可靠性，并结合现有的、行之有效的管理制度，对生产的各个环节进行管理。

7. 变更管理和应急管理

变更管理是指对人员、工作过程、工作程序、技术、设施等永久性或暂时性的变化进行有计划的控制，以避免或减轻对安全、环境与健康方面的危害和影响。应急管理是指对生产系统进行全面、系统、细致的分析和研究，确定可能发生的突发性事故，制订防范措施和应急计划。

8. 检查、考核和监督

企业定期对已建立的 HSE 管理体系的运行情况进行检查和监督，建立定期检查、监督制度，保证 HSE 管理方针目标的实现。

9. 事故处理和预防

建立事故处理和预防管理程序，及时调查、确认事故或未遂事件发生的根本原因，制定相应的纠正和预防措施，确保事故不会再次发生。

10. 审核、评审和持续改进

企业只有定期地对 HSE 管理体系进行审核、评审，确保体系的适应性和有效性并使其不断完善，才能达到持续改进的目的。

通过比较，我们可以看出，在上面四个大型石油公司的 HSE 管理体系结构框架中，虽然用语和要素数目等方面有差别，但关键要素和基本内容是相同的，并在结构上具有以下几个特点。

（1）是按"戴明"模式建立的，具有质量管理体系的特点，是一个持续循环和不断改进的结构，即"计划—实施—检查—持续改进"的结构。

（2）由若干个"要素"组成。关键要素主要有：领导和承诺，方针和战略目标，组织机构、资源和文件，风险评估和管理，计划，实施和监测，评审和审核等。

（3）各"要素"不是孤立的，而是密切相关的。这些要素中，领导和承诺是核心，方针和战略目标是方向，组织机构、资源和文件是支持，计划、实施、检查、改进是循环过程。

六、HSE 管理体系认证

对于建立了 HSE 管理体系的企业，经过一段时间的运作后，企业可以根据内部需要开展 HSE 管理体系认证，由于 HSE 管理体系认证可以与国家职业安全卫生管理体系认证一并进行，企业可依据国家经贸委第 983 号文件《关于开展职业安全卫生管理体系认证工作的通知》的有关精神，开始策划 HSE 管理体系的认证工作。

对审核通过的企业，HSE 认证中心向其颁发认证证书和认证标志。认证证书的有效期为三年，获证企业应在认证证书有效期届满后重新提出认证申请，HSE 认证中心受理后，对企业进行复评。

七、国际石油工程中的 HSE 管理

国际石油工程管理的监理、业主的 HSE 管理理念不仅着眼于当前的工程，而且是从设计、施工、运行到该项工程结束的各个阶段，考虑对员工以及周边人群的健康有何种影响，安全上存在何种隐患，对环境造成什么影响。可以用"瞻前顾后"这一成语来形容。

"瞻前"就是在工程尚未开始前，对可能造成的后果进行评估。这些评估大多采用定量和定性的方法，定量的评价主要借助于相应的计算机软件进行；定性的评价主要借助于法律法规或业主的要求。在欧美等国家的大型石油公司，都有自己开发的用于 HSE 管理的计算机软件，如某些风险评价软件，用数字表示风险的等级，用云状图表示安全区域的范围，这样既可以直接表示某个区域的危险等级，又可以划分出区域的安全状态，令人一目了然。

"顾后"可以理解为对事先分析的风险在实际操作中可能造成的后果的评价，这种后果可能对人员健康造成影响，可能威胁人员的安全或者对环境造成破坏。针对分析的风险制定相应的应急措施，可以防止风险造成的后果扩大化，把因风险带来的人员伤亡、财产损失和环境影响降到最低。

HSE 管理的核心是风险管理，通过危害辨识、风险评价等活动，优化组合各种风险管理技术，对风险实施有效的控制，期望达到以最小的 HSE 成本投入取得最大的健康、安全与环境管理保障目标。对危险的辨识分析，通常采用 HAZOP（Hazard Operability）会议的形式分析可能存在的危险源，对危险源可能带来的风险进行评价，这个评价既包含定性的评价也包括定量的评价，但是主要采用定量的方法评价风险。借助于软件对关键的设计、施工工序、工艺、运行管理、环境影响等进行相关的分析，并且对识别出的重大危险源由承包方、业主（投资者）和监理共同确认，对已经识别出来的重大危险源进行风险评价，建立相关的跟踪程序文件，属于哪个阶段的风险应在哪个阶段的工作开始前制定相应的措施，能关闭的进行关闭，不能关闭的要制定风险管理计划，使风险始终处于受控状态。

八、国内部分大型工程的 HSE 管理

（一）西气东输的 HSE 管理

西气东输工程建立起了行之有效的 HSE 监督管理体制。工程 HSE 管理分为公司监督、工程监理和监造管理以及承包商和制造商控制三个层面。公司监督对 HSE 管理工作提出目标和要求，并对目标的实现进行监管，工程监理和监造管理按照西气东输工程有关标准对工程建设的 HSE 事务进行监督和管理，承包商则按照相关合同和承诺履行 HSE 管理义务。西气东输工程建设中 HSE 总投资占到了工程投资的 3%。这些经费主要用于管道建设中的水土保护、地表恢复等工作。

（二）青藏铁路的 HSE 管理

青藏铁路建设工程首次在国内铁路建设史上推行环境保护目标责任制和工程环境监理制，组织编制了《青藏铁路环境保护监督管理工作手册》和《青藏铁路施工期环境保护手册》，在中国铁路建设史上首次引入环保监理制度，创造性地建立了建设、施工、工程监理、环保监理"四位一体"的环保管理体制。

（三）川气东送的 HSE 管理

川气东送建设工程积极与国际惯例接轨，2007 年年底发布《川气东送建设工程指挥部健康、安全与环境管理体系》。参建各单位根据指挥部 HSE 管理体系要求，建立了各自的 HSE 管理体系，对川气东送建设工程中的勘探、开发、建设过程中的 HSE 事务进行管理。

第二节
HSE 法律体系和法律责任

一、HSE 法律体系

（一）HSE 法律体系及其与各相关法律部门的关系

1. 宪法部门

2. 行政法部门

3. 民法部门

4. 刑法部门

5. 经济法部门

6. 劳动法部门（职业安全健康）———→

7. 婚姻法部门

                                        HSE 法律体系

8. 环境资源法部门（环境）———→

9. 诉讼法部门

（二）我国 HSE 法律体系的特点

从上面的结构图中可以看出，目前，我国的 HSE 法律体系具有以下特点。

（1）我国的 HSE 法律尚不是一个独立的法律部门，而是一个以宪法为依据，由有关法律、行政法规、地方性法规和有关行政规章、标准所组成的混合体系。

（2）健康、安全、环境三个要素中，健康、安全法统一于职业安全健康法规体系中，环境与资源法则作为一个独立的法律部门存在。

（3）人们倾向于把职业健康安全法规体系作为劳动法部门中的一个分支来看待，原因是：我国劳动法部门是以《劳动法》为基本法律，并辅之以一系列的劳动法律、行政法规、规章与地方法规。包括六大分支：劳动就业与管理；职业培训；工时、休假与劳动报酬；社会保险与福利；劳动安全卫生；劳动争议。由于职业健康安全与劳动安全卫生的关系紧密，显然，可以将职业健康安全法规看作是劳动法部门的一个组成部分。

（三）职业安全健康法规体系（见图4-4）

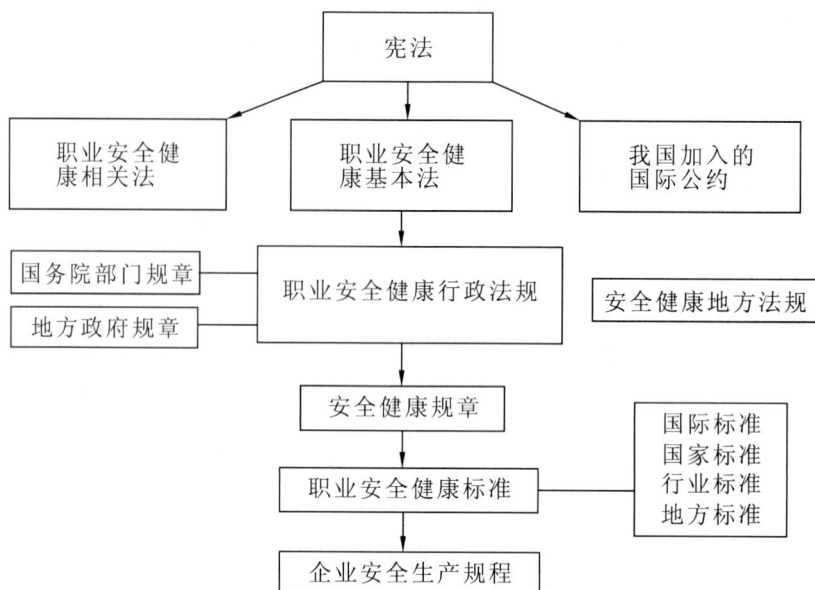

图 4-4　职业安全健康法规体系

（四）职业安全健康法规体系分述

1. 宪法

《中华人民共和国宪法》第四十二条规定："国家通过各种途径，创造劳动就业条件，加强劳动保护，改善劳动条件，并在发展生产的基础上，提高劳动报酬和福利待遇。国家对就业前的公民进行必要的劳动就业训练。"

第四十三条规定："中华人民共和国劳动者有休息的权利。国家发展劳动者休息和休养的设施，规定职工的工作时间和休假制度。"

第四十八条规定："国家保护妇女的权利和利益。"

宪法中的这些规定，是我国职业安全健康立法的基本依据和指导原则。

2. 职业安全健康基本法

职业安全健康基本法是制定各项职业安全健康专项法的依据，是职业安全健康法规体系中的母法，是通用的综合性法律。通常认为，2002年11月1日起施行的《中华人民共和国安全生产法》是职业安全领域的基本法，2002年5月1日起施行的《中华人民共和国职业病防治法》是职业卫生领域的基本法。

3. 职业安全健康专项法

职业安全健康专项法是针对特定的安全生产领域和特定保护对象而制定的单项法律。我国第一部有关职业安全健康的专项法律是1993年5月1日起施行的

144

《中华人民共和国矿山安全法》，随后，又陆续颁布了《中华人民共和国消防法》、《中华人民共和国道路交通安全法》等。

4. 职业安全健康相关法

职业安全健康涉及社会生产活动各个方面，在其他部门法中包含了大量的职业安全健康法律规范。这些法律可分为两大类：①与安全生产监督执法有关的法律，如《刑法》、《民法通则》、《行政处罚法》等；②涵盖安全生产内容的其他法律，如《劳动法》、《工会法》、《全民所有制工业企业法》等。

5. 职业安全健康行政法规

职业安全健康行政法规是由国务院根据宪法与法律而组织制定并批准施行的，为实施职业安全健康法律或规范安全管理制度而颁布的条例、规程等。职业安全健康行政法规也可分为通用和专用的两类，前者如《国务院关于特大安全事故行政责任追究的规定》、《安全生产许可条例》；后者如《危险化学品安全管理条例》、《特种设备安全监察条例》等。

6. 职业安全健康地方法规

省、自治区、直辖市的人民代表大会及其常务委员会根据本行政区域的具体情况与实际需要，在不与宪法、法律、行政法规相抵触的情况下，可制定职业安全健康地方性法规。较大的市的人民代表大会及其常委会也有相应的地方立法权。职业安全健康地方性法规是对国家安全生产法律、法规的补充完善，以解决本地区某一特定的安全生产问题为目标，具有较强的针对性和可操作性。例如：我国目前有 27 个省（自治区、直辖市）制定了《安全生产条例》或《劳动保护条例》，26 个省（自治区、直辖市）制定了《矿山安全法实施办法》。

7. 职业安全健康规章

职业安全健康规章分为国务院部门规章和地方政府规章。

国务院各部委及有行政管理职能的直属机构，可以根据法律、行政法规，在本部门的权限范围内，制定职业安全健康规章。如原劳动部颁布的《爆炸危险场所安全规定》、《劳动防护用品规定》；原国家经贸委颁布的《特种作业技术人员培训考核管理办法》；原国家技术质量监督局颁布的《特种设备质量监督与安全监察规定》；卫生部颁布的《工业企业听力保护规范》；原国家安全生产监督管理局颁布的《安全生产违法行为行政处罚办法》等。

省、自治区、直辖市和较大的市人民政府，也可根据本行政区的具体情况和实际需要，制定职业安全健康规章。但地方政府规章不得与法律、行政法规和同级人大及其常委会颁布的地方法规相抵触。

8. 职业安全健康标准

《中华人民共和国标准化法》规定："国家标准、行业标准分为强制性标准和推荐性标准。凡保障人体健康、人身、财产安全的标准和法律、行政法规规定强制执行的标准是强制性标准。"这就说明了职业安全健康标准属于强制性标准，赋予了职业安全健康标准的法律地位。职业安全健康标准是职业安全健康法规体系的重要组成部分，是安全生产管理的基础和监督执法的技术依据。

9. 国际职业安全健康公约

我国批准生效的国际劳工组织制定的有关职业安全健康公约，也是我国职业安全健康法规体系的重要组成部分。自 1919 年国际劳工组织成立以来，该组织制定颁布了近 60 个涉及职业安全卫生方面的公约，我国加入了 21 个此类公约，如《作业场所安全使用化学品公约》、《三方协商促进履行国际劳工标准公约》等。

10. 企业安全生产规程

由于法律规定从业人员应遵守安全生产规章制度和操作规程，因而，作为法律的延伸与补充，企业安全生产规程也具有约束力，是安全生产法规体系中不可缺少的组成部分。

11. 涉及建设工程的主要职业安全健康法规

安全生产法（2002.6.29）

工伤保险条例（2003.4.27）

安全生产行业标准管理规定（2004.11.1）

建设部关于开展建筑施工安全质量标准化工作的指导意见（2005.12.22）

安全生产许可证条例（2004.1.13）

建筑施工企业安全生产许可证管理规定（2004.7.5）

建筑施工企业安全生产许可证管理规定实施意见（2004.8.27）

建设工程安全生产管理条例（2003.11.24）

国务院关于进一步加强安全生产作业的决定（2004.1.9）

建设部关于加强大型公共建筑质量安全管理的通知（2004.6.12）

建筑施工企业安全生产管理机构设置及专职安全生产管理人员配备办法（2004.12.1）

建筑安全生产监督管理规定（1991.7.9）

建筑工程安全生产监督管理工作守则（2005.10.13）

工程建设重大事故报告和调查程序规定（1989.9.30）

特别重大事故调查程序暂行规定（1989.3.29）

安全生产事故报告和调查处理条例（2007.4.9）

建设项目（工程）劳动安全卫生监察规定（1996.10.17）

建筑企业职工安全培训教育暂行规定（1997.4.17）

施工现场安全防护用具及机械设备使用监督管理规定（1998.9.4）

（五）环境法规体系（见图 4-5）

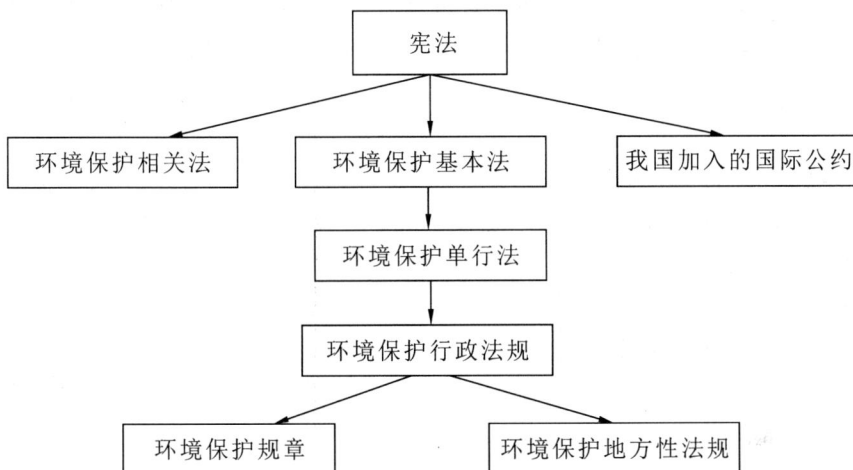

图 4-5 环境法规体系

（六）环境法规体系分述

1. 宪法

《中华人民共和国宪法》第二十六条规定："国家保护和改善生活环境和生态环境，防治污染和其他公害。"

第九条第二款规定："国家保障自然资源的合理利用，保护珍贵的动物和植物。禁止任何组织或者个人用任何手段侵占或者破坏自然资源。"

第二条第五款规定："一切使用土地的组织和个人必须合理利用土地。"

这些规定强调了对自然资源的严格保护和合理利用，以防止自然资源的不合理开发导致环境破坏。

2. 环境保护基本法

环境保护基本法是一个国家制定的全面调整环境社会关系的法律文件。它是一部综合性的实体法，即对环境保护方面的重大问题加以全面综合调整的立法，一般要对环境保护的目的、范围、方针政策、基本原则、重要措施、组织机构、法律责任等做出原则规定。

1989 年 12 月颁布的《环境保护法》是我国的环境保护基本法，该法是 1979 年《环境保护法（试行）》经修订后重新颁布的。作为一部综合性的基本法，它对环境保护问题作了全面规定。

3. 环境保护单行法

环境保护单行法是指对特定的保护对象，如某种环境要素或特定的环境社会关系而进行调整的立法。它以宪法、基本法为依据，又是宪法、基本法的具体化。内容详细具体，是进行环境管理、处理环境纠纷的直接依据。

环境保护单行法按其所调整的社会关系大体分为土地利用规划法、环境污染防治法、环境资源法（自然保护法）。其中，环境污染防治法主要分为大气污染防治、水污染防治、固体废物污染防治、环境噪声污染防治、海洋环境保护等方面。

4. 环境保护相关法

由于环境保护所涉及的社会关系的综合性和复杂性，除了制定专门的综合性环境基本法和单行法之外，还在其他一些法律如民法、刑法和有关经济、行政的立法以及有关程序法中对环境保护也做出一些规定。这些法律中的环境保护规范也是环境法律体系的组成部分。

如《民法通则》有关合理利用自然资源、相邻关系、过错责任和无过错责任、环境侵权的规定，都可以直接适用。《刑法》第六章第六节专门设立"破坏环境资源保护罪"，对各种污染环境和破坏自然资源的犯罪，规定了相应的刑事责任。其他还有诸如《治安管理处罚法》、《工业企业法》、《交通运输法》等也规定了环境保护的内容。

5. 环境保护行政法规

目前国务院环境与资源保护行政法规几乎涵盖了全部环境与资源保护行政领域。如除了制定有关环境法律的实施细则外，还制定有《征收排污费暂行办法》、《对外开放地区环境管理暂行规定》、《土地复垦规定》等。国务院制定的行政法规仅对于政府环境行政执法和环境管理具有效力，其法律效力低于国家的环境法律。

6. 环境保护地方性法规

就一国的环境法律体系而言，地方环境立法也是国家环境法律体系的一个重要组成部分。环境保护地方性法规由省、自治区、直辖市和较大的市人民代表大会及其常务委员会制定。目前，我国地方人民代表大会为实施国家环境保护法律，结合本地区的具体情况，制定和颁布了600多项环境保护地方性法规。

7. 环境保护规章

环境保护规章分为环境保护部门规章和环境保护地方政府规章。

环境保护部门规章（也称环境行政规章）由国务院环境、资源保护行政主管部门或有关部门发布，它们有的由环境、资源保护行政主管部门单独发布，有的由几个有关部门联合发布，是以有关环境法律、行政法规、决定、命令为依据在权限范围内制定的规章。

环境保护地方性规章（也称地方环境规章）经省、自治区、直辖市和较大城市的政府常务会议或者全体会议决定，并由省长、自治区主席或市长签署命令予以公布，在本行政区域内适用。

8. 环境保护标准

根据《标准化法实施条例》第十八条规定，环境保护的污染物排放标准和环境质量标准"属于强制性标准"。可见，环境保护标准是环境法体系中一个特殊而重要的组成部分。

环境保护标准有国家标准和地方标准两级，国家标准由国家环保总局制定，地方标准由省一级人民政府制定，并报国家环保总局备案。国家标准在全国范围内实施，地方标准在制定该标准的辖区内实施，有地方标准的地区，要执行地方标准。我国法律规定，环境质量标准和污染物排放标准属于强制性标准，违反强制性环境标准，必须承担相应的法律责任。目前，我国颁布了近 400 个国家环境标准。

9. 环境保护国际公约

根据我国宪法有关规定，经全国人大常委会或国务院批准缔结或参加的国际条约、公约和议定书与国内法具有同等法律效力。《环境保护法》第四十六条规定，如国际公约与国内法有不同规定时，应优先适用国际公约，但我国声明保留的条款除外。

我国缔结和参加了《保护臭氧层维也纳公约》、《控制危险废物越境转移及其处置的巴塞尔公约》、《国际油污损害民事责任公约》、《气候变化框架公约》、《生物多样性公约》、《南极条约》等 50 多项环境保护条约。

10. 涉及建设工程的主要环境保护法规

环境保护法 (1989.12.16)

环境影响评价法 (2002.10.28)

建设项目环境保护管理条例 (1998.11.29)

市政公用设施抗灾消防管理规定 (2008.10.7)

建设项目环境影响评价资质管理办法 (2005.8.15)

国家环保总局关于建设项目环境保护设施竣工验收监测管理有关问题的通知 (2000.2.22)

建设项目竣工环境保护验收管理办法 (2002.12.27)

11. HSE 法律效力及冲突规范

(1) 宪法具有最高法律效力，一切法律、行政法规、地方性法规、自治条例和单行条例、规章都不得同宪法相抵触。

(2) 法律效力高于行政法规、地方性法规、规章。

(3) 行政法规的效力高于地方性法规、规章。

（4）地方性法规的效力高于本级和下级地方政府规章。

（5）部门规章之间、部门规章与地方政府规章之间具有同等效力，在各自的权限范围内施行。

（6）同一机关制定的法律、行政法规、地方性法规、自治条例和单行条例、规章，特别规定与一般规定不一致的，适用特别规定；新规定与旧规定不一致的，适用新的规定。

（7）地方性法规与部门规章之间对同一事项的规定不一致，不能确定如何适用时，由国务院提出意见，国务院认为应当适用地方性法规的，应当决定在该地方适用地方性法规的规定；认为应当适用部门规章的，应当提请全国人民代表大会常务委员会裁决。

（8）部门规章之间、部门规章与地方政府规章之间对同一事项的规定不一致时，由国务院裁决。

二、HSE 法律责任

（一）建设工程违反 HSE 法律的民事责任

建设工程违反 HSE 法律的民事责任表现为一种侵权的财产责任，这种责任既包括过错责任，也包括无过错责任。

根据民法通则，民事责任主要包括以下九种：①停止侵害、排除妨碍、消除危险；②返还财产；③恢复原状；④修理、重作、更换；⑤搬迁；⑥赔偿损失；⑦支付违约金；⑧消除影响、恢复名誉；⑨赔礼道歉。

根据建设工程违反 HSE 法律责任的性质，其主要涉及以下三种民事责任：①停止侵害、排除妨碍、消除危险；②恢复原状；③赔偿损失。

三种民事责任可以单独适用，也可以合并适用。

（二）建设工程违反 HSE 法律的行政责任

建设工程违反 HSE 法律的行政责任主要是行政处分和行政处罚。

1. 行政处分

行政处分适用的对象是国家机关、企事业单位、社会团体等根据法律或内部规章制度的规定，按照隶属关系，对其所属工作人员犯有轻微违法行为尚不构成刑事处分的一种制裁。行政处分主要有七种：①警告；②记过；③记大过；④降级；⑤降职；⑥撤职；⑦留用察看、开除。

2. 行政处罚

行政处罚是由特定的行政机关对违反行政法律规定的公民、法人或其他组织所实施的惩罚性措施。其处罚措施主要有以下六种：①警告；②罚款；③没收违法所得、没收违法建筑物、构筑物和其他设施；④责令停业整顿、责令停止执业业务；⑤降低资质等级、吊销资质证书、吊销执业资格证书和其他许可证、执照；⑥法律、行政法规规定的其他行政处罚。

3.行政处分与行政处罚的区别与联系

（1）相同点如下。

第一，行政处分与行政处罚都属于具体行政行为，都基于行为主体的单方面的意思表示而做出，一经生效即对相对人发生法律上的约束力，并影响相对人的法律地位。

第二，行政处分与行政处罚均为惩戒措施，其结果均对相对人产生不利影响。

第三，行政处分与行政处罚均是当事人不履行法定义务的法律后果，都是相对人对自己的违法行为所承担的法律责任。

（2）不同点如下。

第一，制裁的原因不同。行政处分制裁的行为是国家工作人员与其职务有关的违法、渎职或失职行为；而行政处罚制裁的行为是处于行政管理相对人地位的公民、法人或其他组织不服从管理的违法行为。

第二，制裁的对象不同。行政处分的对象限于具有公务员身份的人，或限于国家工作人员；而行政处罚的对象是行政管理相对人，既可以是公民，也可以是法人或者其他组织。身为国家工作人员的人实施了普通公民得以实施的违法行为，或者没有履行作为行政管理相对人应履行的强制性义务，可能受到行政处罚。但没有国家工作人员身份的人即使有违法行为，也不能成为行政处分的对象。

第三，制裁权的来源和根据不同。行政处分的制裁权是各级行政机关的固有权力，无须单个法律的特别授权；而行政处罚权来源于外部行政管理权，根据行政法治原则，行政管理权并不当然包括行政处罚权，所以取得行政处罚权必须有法律、法规的特别授权。

第四，行为的属性及效力不同。行政处分属于内部行政行为，由行政主体基于行政隶属关系依法做出。它具有强烈的约束力，管理相对人不服，行政主体可以强制执行。但因其不受司法审查，故被处分人不服行政处分，只能通过行政复议和行政申诉途径解决，不能提起行政诉讼。行政处罚的执行机关不一定都有强制执行权，在没有强制执行权的情况下，做出处罚决定的机关只能申请人民法院强制执行。

（三）建设工程违反 HSE 法律的刑事责任（表 4-1）

表 4-1　建设工程违反 HSE 法律的刑事责任

条款	罪名	犯罪主体	犯罪的客体	处罚
134	重大责任事故罪	单位和个人	工厂、矿山、林场、建筑企业或者其他企业、事业单位的职工，由于不服管理、违反规章制度，或者强令工人违章冒险作业，因而发生重大伤亡事故或者造成其他严重后果	处三年以下有期徒刑或者拘役；情节特别恶劣的，处三年以上七年以下有期徒刑
135	重大劳动安全事故罪	单位和个人	工厂、矿山、林场、建筑企业或者其他企业、事业单位的劳动安全设施不符合国家规定，经有关部门或者单位职工提出后，对事故隐患仍不采取措施，因而发生重大伤亡事故或者造成其他严重后果	直接责任人员，处三年以下有期徒刑或者拘役；情节特别恶劣的，处三年以上七年以下有期徒刑
137	工程重大安全事故罪	单位和个人	建设单位、设计单位、施工单位、工程监理单位违反国家规定，降低工程质量标准，造成重大安全事故	对直接责任人员，处五年以下有期徒刑或者拘役，并处罚金；后果特别严重的，处五年以上十年以下有期徒刑，并处罚金
338	重大环境污染事故罪	单位和个人	违反国家规定，向土地、水体、大气排放、倾倒或者处置有放射性的废物、含传染病病原体的废物、有毒物质或者其他危险废物，造成重大环境污染事故，致使公私财产遭受重大损失或者人身伤亡的严重后果	处三年以下有期徒刑或者拘役，并处或者单处罚金；后果特别严重的，处三年以上七年以下有期徒刑，并处罚金

第三节
大型建设工程 HSE 法律安排

一、大型建设工程推行 HSE 管理的必要性

大型建设工程的以下特点，决定了加强对大型建设工程的 HSE 管理的重要性和必要性。

（1）社会影响大——往往是需要较长时间地、大量地投入人力、物力、财力。

（2）工期要求紧——提前一天带来的收益与延误一天造成的损失金额都很大，任何一个环节出现问题都会给全局带来致命影响，因此必须将各种事故带来的工期延误控制在最低限度。

（3）安全要求高——多标段、多子项目、多专业、多管理层次、外部约束和限制条件繁多。

（4）职业卫生条件复杂——人员经常处于动态的调整过程中。由于作业量的变化，为适应工期和工序的需要，队伍、人员进出频繁，稳定性差，要求高。

（5）环境影响大——如青藏铁路和三峡工程对周围原生态的影响十分巨大。

二、大型建设工程 HSE 管理的法律要求

大型建设工程的安全、健康和环境问题日渐突出，减少或避免建设工程的安全事故、质量事故，保护从业人员的安全、健康是建设领域中存在和需要得到有效解决的主要问题。大型建设工程 HSE 体系应服务于组织对安全、质量、环境及内部员工和其他相关方对生命健康的需要，这种需要不是通过一种简单的合同、投诉形式向组织传达的，而是多以政府法规要求的形式表达出来。因此，如何将政府的法规要求纳入 HSE 管理是十分重要的。健康、安全和环境方面的法律及法规要求应贯穿大型建设工程 HSE 实施过程的始末。具体体现在以下方面。

（1）管理体系的组织方针要体现遵守 HSE 法律、法规及其他要求的承诺。

（2）提出 HSE 管理目标和制定旨在实现目标的管理方案时也要考虑法律和

其他要求。

（3）对危害因素和环境因素的识别、进行风险评价和制定风险控制措施时要依据 HSE 法律、法规和其他要求。

（4）组织的职业健康安全和环境知识培训、协商与交流、文件与文件管理要包含法规信息并满足其有关要求。

（5）运行控制、应急准备与响应要体现法律对控制 HSE 风险的要求。

（6）检查与纠正措施中要定期评价遵守法律、法规情况。

（7）在管理评审中，要跟踪 HSE 法律、法规的发展状况，不断调整、改善体系，使其满足充分、适用和有效的要求。

三、大型建设工程 HSE 管理的法律安排

（一）制度机构安排

按照目前国际国内的通常做法，HSE 管理体系从建立到运行一般分为以下五个阶段，即：①初始状态评审；②整体策划；③编制体系文件；④体系运行；⑤内部审核和管理评审。

相应地，对 HSE 管理体系建立之初，需要至少成立以下四个工作小组，即：①风险评估组；②法律法规组；③文件编写组；④沟通、宣传推广综合组。

因此，在大型建设工程 HSE 管理体系建立过程中，应针对 HSE 管理体系的特点，在对 HSE 管理的组织机构、职责和资源进行设置时，充分考虑法律工作的内容和人员设置，保证法律人员全过程参加。

（二）法律法规安排

法律法规是建设工程中所有活动的底线，也是建设工程实行 HSE 管理的最低要求。因此，在推行 HSE 管理过程中，合法性与合规性是管理组织必须首先要考虑到的问题。在大型建设工程 HSE 管理过程中，法律法规安排主要体现在以下方面。

（1）工程管理机构应确保所建立、实施和保持的健康、安全与环境管理体系适用法律法规和其他要求。

（2）工程管理机构应建立、实施和保持法律法规和其他要求管理程序，用来识别工程建设过程中各种危害因素涉及的法律、法规和其他要求，并建立获取这些要求的渠道。

（3）工程管理机构应建立和及时更新 HSE 法律、法规、标准和其他要求数据库，并将这些信息传达给相关员工和其他相关方。

（4）必要时，工程管理机构还要开展 HSE 法律、法规的培训。

（三）项目启动安排

我国有关法律、行政法规规定，建设项目进行可行性研究时，应对建设项目

的劳动安全卫生和环境影响等同时做出论证，并将论证内容作为专门章节编入可行性研究报告。目前，在大型建设工程项目启动阶段，主要涉及以下 9 种评价，其中职业健康安全方面 5 个，即：①职业病危害评价；②安全评价；③地震安全性评价；④地质灾害危险性评估；⑤防洪评价。环境保护方面 4 个，即：①环境影响评价；②压覆矿产评估；③使用林地可行性报告编制；④水土保持方案编制。

　　这一阶段，法律事务部门要对上述各类评估、评价的时间、程序、文件和合同文本等提前做出统筹安排，使评价在符合法律、法规要求的基础上顺利进行。

　　（四）法律法规符合性评审

　　项目管理组织在建立 HSE 管理体系时，应制定法律法规的管理程序，内容包括法律法规的获取、识别、符合性评审及更新等。项目管理组织建立的 HSE 管理体系首先要合法，因此，法律法规及其他要求是符合性评审的重要内容。

　　（1）制定符合性评价管理程序。

　　（2）定期审核工程所有活动和是否遵照法律、法规、标准和其他要求有效运行。

　　（3）项目建设或作业阶段的 HSE 检查，法规符合性应是检查内容之一。

　　（4）编写建设工程法律法规符合性评审报告。对法律法规方面的重大不符合，法律事务部门需向项目管理者代表或 HSE 管理委员会报告。

　　（五）承包商、供应商 HSE 资质审核

　　建设工程的管理活动既包括业主，也包括供应商和承包商。因此，项目管理组织在抓好自身 HSE 管理的同时，也要抓好对供应商和承包商的 HSE 管理。

　　（1）对承包商的审核应主要侧重于以下 7 个方面：①承包商的 HSE 资质证书；②承包商的经营范围和工程能力；③承包商的施工管理能力和队伍的素质；④承包商的 HSE 保障体系和 HSE 管理措施以及承包商的 HSE 业绩和表现；⑤承包商现场负责人和现场 HSE 管理员的上岗证件；⑥承包商特种作业人员的取证、持证情况；⑦承包商转包、分包队伍的 HSE 资质。

　　（2）对供应商的审核应主要侧重于以下 4 个方面：①供应商的 HSE 资质证书；②物质的具体要求和 HSE 要求；③供应期限要求；④供应商的 HSE 业绩和表现。

　　（六）事故调查与法律责任认定

　　HSE 事故发生后，法律部门要主动参与事故调查与处理，根据工作职责，对事故的发生及后果从法律的角度提出处理意见和建议。具体包括：①查明事故发生的经过、原因、人员伤亡情况及直接经济损失；②从法律角度认定事故的性质，事故调查中发现涉嫌犯罪的，应当及时将有关材料或者其复印件移交司法机关处理；③从法律角度总结事故教训，提出防范和整改的法律建议。

（七）合同安排

合同安排主要包括合同文本的 HSE 设计、合同签订的 HSE 审查、合同履行过程中的 HSE 控制和合同履行完结后的 HSE 法律评估等四个方面的内容。

1. 合同文本设计

（1）综合式合同文本：即把 HSE 管理有关内容与建设工程其他条款融合在一起的文本设计模式。这也是目前比较通行的一种模式。

（2）分立式合同文本：即建设单位就 HSE 管理内容与施工单位单独签订 HSE 管理合同的模式。在国内企业中，目前中国石油天然气集团公司已经开始采用这种形式。

2. 合同签订审查

合同管理部门在与承包商签订合同时，应审查合同书是否包括了以下 HSE 内容：

（1）遵守公司和企业 HSE 管理的有关制度、规定，服从企业的 HSE 管理；

（2）为承担施工作业的人员提供必要的、功能安全的机械、工具和设备，并保持设备完好；

（3）根据国家、公司和企业的法律法规、制度和规定，为承担施工作业的人员进行 HSE 教育培训；

（4）根据国家、公司和企业的 HSE 要求，为承担施工任务的人员提供合乎标准的劳动防护用品和护具；

（5）制定工程项目的 HSE 实施程序，并提交专业部门审查；

（6）明确承包商对施工作业中事故的责任；

（7）明确对转包、分包队伍的 HSE 责任。

3. 合同履行控制

合同履行 HSE 控制的主要任务是督促本单位相关部门，按合同约定的 HSE 条款，对合同相对方 HSE 管理情况进行检查；根据法律和合同的约定，督促合同执行机构对发生的 HSE 事故制定处理意见。

4. 合同后续评估

后评估的主要任务是把合同的 HSE 管理执行情况作为项目 HSE 管理体系评审的一部分进行评估，提出持续改进意见并通知承包商遵照执行。

（八）纠纷及诉讼处理

1. 纠纷处理

HSE 纠纷的表现形式主要有两种，一是违约，二是侵权。对于违约，可按民法、合同法的有关规定进行处理。对于侵权，则大多要依照行政法规的要求，由 HSE 行政管理部门进行处理。

2. 诉讼管理

与 HSE 管理相关的主要包括行政诉讼、民事诉讼和刑事诉讼，法律部门应针对不同的诉讼类型，制定相应的诉讼策略。

（1）行政诉讼。

行政诉讼属行政司法的范畴，即行政相对人对行政机关的行政执法不服可向法院提起行政诉讼。由被告承担举证责任，不但证明其实体合法，也要证明其程序合法。

（2）民事诉讼。

HSE 诉讼中的无过错责任：只要行为人造成了 HSE 危害，不管主观上有无过错，也不管行为人在客观上是否违法，行为人都得承担损害赔偿责任。

免责条件：不可抗力、受害人自身责任、由第三方的故意或过失。

诉讼时效：环境污染损害赔偿的诉讼时效比一般的民事诉讼时间要长，是 3 年，而不是一般民事诉讼的 2 年。主要原因是环境污染导致损害的发生往往有一个相当的时间差，确定环境损害的因果关系，提供有关证据比较困难。

（3）刑事诉讼。

HSE 刑事诉讼指的是企事业单位或公民因故意或过失造成严重的 HSE 事故，导致人身伤亡或企业财产重大损失构成犯罪的，依法由有权国家机关为追究犯罪嫌疑人的刑事责任而向法院提起的诉讼。目前在刑法中规定的与建设工程相关的罪名主要有以下四个，即重大责任事故罪、重大劳动安全事故罪、工程重大安全事故罪和重大环境污染事故罪。

本章主要参考文献

［1］赵云胜等. 职业健康安全与环境（HSE）法规手册 ［M］. 北京：化学工业出版社，2008.

［2］陈全. 职业健康安全管理体系实施与认证手册 ［M］. 北京：科学技术文献出版社，2002.

［3］汪劲. 中国环境法原理 ［M］. 北京：北京大学出版社，2000.

［4］丁巍. 中华人民共和国职业病防治法释义实用指南 ［M］. 北京：研究出版社，2001.

［5］闪淳昌. 职业安全卫生管理体系（OHSMS）入门 ［M］. 北京：中国社会出版社，2003.

［6］国家环境保护总局环境工程评估中心. 环境影响评价相关法律法规 ［M］. 北京：中国环境科学出版社，2005.

［7］最新安全生产法律适用大全 ［G］. 北京：中国法制出版社，2005.

［8］王建伦. 安全生产法规全书 ［M］. 北京：改革出版社，1999.

［9］蔡诚. 最新中国安全卫生法全书 ［M］. 北京：新华出版社，2000.

第五章

大型建设工程项目
招投标监管

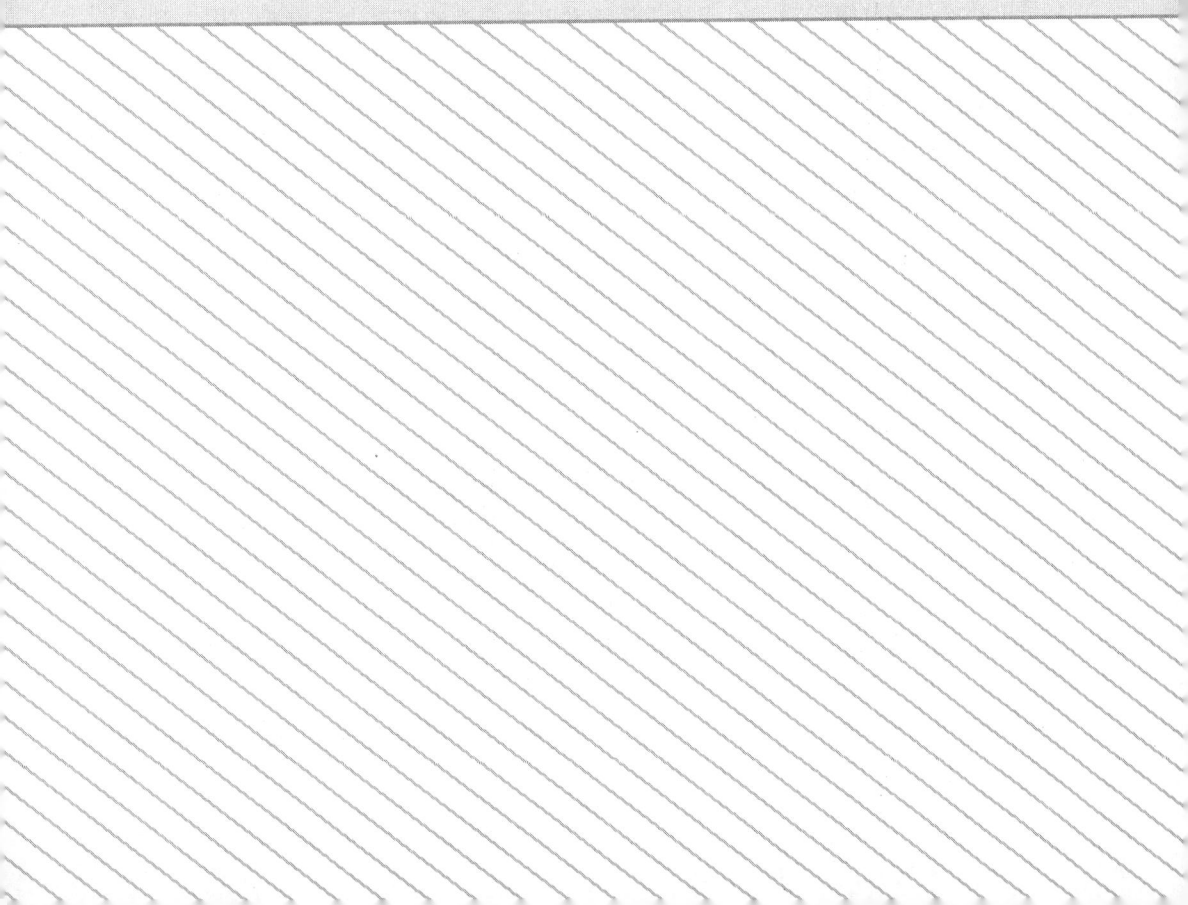

第一节
概　述

　　招标投标制度在节约费用、提高效率方面有着积极的作用。由于招标的特点是把经济活动置于透明的环境之中，所以对建设工程、物资采购等项目而言，特别是一些国家重大建设项目，不仅节省了大量资金，可以有效地防止腐败行为的发生，也使工程、设备采购等项目的工期、质量、安全得到了保证。

一、招投标活动的基本原则

　　开展招投标监管活动，对于招投标活动基本原则的把握十分重要。因为基本原则既是具体法律条文的理论依据，也能在法律法规不能穷尽时弥补其不足。

　　纵览各国立法及国际惯例，均确定了招投标活动必须遵循的基本原则，包括但不限于"公开、公平、公正和诚实信用"。例如《联合国贸易法委员会货物、工程和服务采购示范法》在立法宗旨中写道："促进供应商和承包商为供应拟采购的货物、工程或服务进行竞争，规定给予所有供应商和承包商以公平和平等的待遇，促使采购过程诚实、公平，提高公众对采购过程的信任。"我国《招标投标法》第五条也明确规定了招标投标活动必须遵循的基本原则，即"公开、公平、公正和诚实信用"的原则，这一基本原则既是开展招投标活动的基本原则，也是招投标监管的主要依据。

二、《招标投标法》与《合同法》的关系

　　总的来说，《招标投标法》与《合同法》是特别法与一般法的关系。《合同法》与《招标投标法》都是由国家的最高权力机关——全国人民代表大会制定的。根据《立法法》的规定，从法律的位阶来看，它们属于同位法，具有同等的法律效力。《合同法》与《招标投标法》又是同位法中一般法与特别法的关系，因为《合同法》中对要约与承诺的规定是一种普遍性的规定，属于一般法，而《招标投标法》则是针对招标投标这样一个特别的活动所做的规定，属于特别法。

根据《立法法》的规定，在特别法与一般法对同一问题出现不同的规定时，应该优先适用特别法的规定。因此在招标投标活动中，应该首先适用《招标投标法》，在《招标投标法》没有规定的情况下，再适用《合同法》。《招标投标法》与《合同法》的规定不同，适用《招标投标法》。

《合同法》作为规范合同当事人权利、义务的法律，规定了合同的订立必须经过要约与承诺两个阶段，而《招标投标法》作为规范招投标活动中当事人权利、义务的法律，也规定了招投标活动中合同订立的要约与承诺阶段。按照《合同法》，招投标活动中的《招标文件》属于要约邀请，投标才是要约，《中标通知书》属于承诺的性质。我们一般可以以此来分析招投标双方的权利义务。需要注意的是两部法律关于要约与承诺的规定却存在一些不同。

关于要约，《招标投标法》规定"投标人在招标文件要求提交招标文件的截止时间前，可以补充、修改或者撤回已提交的投标文件"，《合同法》规定"要约到达受要约人时生效"、"要约可以撤回，撤回要约的通知应当在要约到达受要约人之前或者与要约同时到达受要约人。"

关于承诺，《招标投标法》规定"中标人确定后，招标人应当向中标人发出中标通知书，并同时将中标结果通知所有未中标的投标人。中标通知书对招标人和中标人具有法律效力，中标通知书发出后，招标人改变中标结果的，或者中标人放弃中标项目的，应当承担法律责任。"《合同法》规定"承诺生效时合同成立"、"承诺通知可以撤回，撤回承诺的通知应当在承诺通知到达要约人之前或者与承诺通知同时到达要约人。"《招标投标法》规定，中标通知书一旦发出后，即具有法律效力，不受中标投标人是否收到中标通知书的限制。中标通知书也没有撤回承诺的可能。

实际操作中，易出现利用此不同，规避法律的问题。例如附有效期限的投标，一方恶意拖延期限，造成投标失效，继而选择第二家单位中标或重新招标，使中标结果最终符合招标人的意愿。某次建设工程项目招标，由于招标人不希望排名第一位的单位中标，迟迟不发中标书，也不公布招标结果，导致投标文件超有效期。排名第一的投标方催问无果，通过其他渠道知道招标人意向并非第一名中标。鉴于保证金压太久，排名第一的投标方主动提出不同意再延长投标有效期，退出招标。结果是，业主重新组织招标，选取自己的意向单位中标。《工程建设项目货物招标投标办法》第二十八条规定，招标文件应当规定一个适当的投标有效期，以保证招标人有足够的时间完成评标和与中标人签订合同。投标有效期从招标文件规定的提交投标文件截止之日起计算。在原投标有效期结束前，出现特殊情况的，招标人可以以书面形式要求所有投标人延长投标有效期。投标人同意延长的，不得要求或被允许修改其投标文件的实质性内容，但应当相应延长其投标保证金的有效期；投标人拒绝延长的，其投标失效，但投标人有权收回其投标保证金。

其实，投标有效期对招标人和投标人还起到保护和约束的作用，它一方面起到了约束投标人在投标有效期内不能随意更改和撤回投标的作用；另一方面也促使招标方加快评标、定标和签约过程，从而保证投标人的投标不至于由于招标方无限期拖延而增加投标人的风险。

三、建设工程招投标涉及的规范性文件

（一）五个层次

（1）国家招投标法律（法律）。

（2）国务院颁布的实施条例（行政法规）。

（3）省、直辖市人大批准的地方招标条例、办法（地方性法规）。

（4）部门联合规章、建设行政主管部门颁发的部门规章（部门规章）。

（5）地方政府、建设主管部门颁布的地方招标投标管理办法。

（二）具体法律法规

（1）《招标投标法》（2000年1月1日起施行）——国家法律。

（2）《国务院招投标实施条例》（正在征求意见）——国务院条例。

（3）《四川省国家投资工程建设项目招投标条例》（2003）——省人大条例。

（4）《评标委员会和评标方法暂行办法》（7部委12号令，2001）——部门联合规章。

（5）《工程建设项目施工招标投标办法》（7部委30号令，2003）——部门联合规章。

（6）《工程建设项目勘察设计招标投标办法》（7部委2号令，2003）——部门联合规章。

（7）《工程建设项目货物招标投标办法》（7部委27号令，2005）——部门联合规章。

（8）《工程建设项目招标范围和规模标准规定》（2000年原发计委3号）——部门规章。

（9）《招标公告发布暂行办法》（2000年原发计委4号）——部门规章。

（10）《工程建设项目自行招标试行办法》（2000年原发计委5号）——部门规章。

（11）《评标委员会和评标专家库管理暂行办法》（2003年原发计委29号）——部门规章。

（12）《北京市建设工程招标投标监督管理规定》（北京市政府，2003）——政府规章。

（13）《奥运会建设项目法人招标投标管理办法》（北京奥组委，2002）——特殊效力。

国际奥委会是一个非政府性的、非盈利性的和永久性的国际组织，它以协会的形式存在，具有法人资格。北京奥组委是国际奥委会的下属机构第29届奥林匹克运动会组织委员会（简称北京奥组委）成立于2001年12月13日，承担北京奥运会和北京残奥会各项筹办任务的组织工作。北京市政府和中国奥委会与国际奥委会签署的《主办城市合同》，具有一定的法律效力。在其项下，中国政府制订和实施了《北京奥运会及其筹备期间外国记者在华采访规定》等。2006年9月，北京奥组委就已经发布了《北京2008无烟奥运工作方案（草案）》，规定外围区域，六个奥运城市成为无烟草广告城市，其酒店、餐厅、娱乐场所设立无烟区，并禁止在公园、商场、公共交通场所等吸烟。这只是提供给六城选择的一个干预式措施，并不具备法律效力。奥组委发布的文件办法必须经过政府认可，才具有法律效力。

四、建设工程招投标的主要形式

（一）议标

议标也称谈判招标或限制性招标，即通过谈判来确定中标者。招标人和投标商就标价、投标书的附加条件、补偿和保险等问题进行讨价还价的商议，通常招标人不是在评标后就与投标人签约，而是要与投标人进行进一步的商议。由于议标的中标者是通过谈判产生的，不便于公众监督，容易导致非法交易，因此，我国机电设备招标规定中，禁止采用这种方式。实践中，企业中即使允许采用议标方式，也大都对议标方式做了严格限制。虽然我国《招标投标法》没有将议标规定为法定招标范畴，《联合国贸易法委员会货物、工程和服务采购示范法》规定，经颁布国批准，招标人在一定条件下可采用议标的方法进行采购。

（二）公开招标

《招标投标法》第十条规定，招标分为公开招标和邀请招标。公开招标是指招标人以招标公告的方式邀请不特定的法人或者其他组织投标。据调查，南水北调工程全部采用公开招标，并且招标率达到100％。一般来讲，公开招标适用于技术含量相对较低，竞争性较强的工程。

（三）邀请招标

《招标投标法》第十条规定，邀请招标是指招标人以投标邀请书的方式邀请特定的法人或者其他组织投标。邀请招标一般要经过批准，按照《工程建设项目施工招标投标办法》（国务院7部委30号令，2003），国家重点建设项目要经国务院发展计划部门批准；全部使用国有资金投资或者国有资金投资占控股或者主导地位的并需要审批的工程建设项目，应当经过项目审批部门批准。实践中，油气田钻井工程的邀请招标较多，主要原因是石油工程行业钻井、录井、测井等具有较强的专业性，市场队伍相对较少，市场竞争不充分。

因此，是采用公开招标还是邀请招标要根据实际情况决定。

五、建设工程招标的主要分类

根据实际，建设工程招标主要分为以下五类。

（1）前期服务招标包括：项目建议书招标、可行性研究招标、工程规划及设计招标、工程监理招标、工程造价过程控制招标等。

（2）设计招标包括：方案招标、初步设计招标、施工图设计招标等。

（3）监理招标包括：设计监理招标、施工监理招标、设备监造招标等。

（4）工程施工招标包括：总承包、专业承包、专业分包施工招标等。

（5）重要工程材料及设备招标。

六、建设工程招标的管理与评价

建设工程招标的管理与评价一般包括文件制度、组织机构、市场准入、招标审批、过程控制、评委专家库、管理评价七个方面，这里主要分析市场准入和管理评价。

（一）市场准入

投标人是招标投标法律关系的主体之一，其主体规范与否，关系到招标竞争是否合理和招标效果是否显著。因此投标人必须具备一定的条件，拥有承担项目责任的能力。联合国贸易法委员会采购示范法、世界银行贷款指南等国际组织均规定了对投标人进行资格审查的制度。这些制度一般要求投标人必须：具有履行合同的充足资金来源或获得充足资金的能力；具有良好的履行合同的记录和良好的商业道德记录；有履行合同所必要的技术条件和管理能力。这一规定作为普遍性资质要求，体现在各国的立法中。

我国有关法律法规及规章制度对于工程建设专业资质方面的具体规定如下。

（1）施工总承包特级、一级、二级、三级。可以从事房屋建筑、公路工程、铁路工程、电力工程等总承包，其中只有施工总承包特级、一级、二级资质才能承包化工石油工程，根据规定，如果是施工总承包三级资质，则不能承包化工石油工程。

（2）施工专业承包一级、二级、三级。凡是具备专业承包一级、二级、三级资质的都可以承包化工石油设备管道安装工程、管道工程。

（3）施工专业承包一级、二级。只有施工专业承包一级、二级资质才能承包桥梁工程、隧道工程，如果仅具有施工专业承包三级资质，则不能承包，否则属于违规行为。

以上是几种常用的工程资质要求，在招投标活动中，招投标监管人员要掌握国家这些规定，确保符合资质要求单位参加招投标活动。

（二）管理评价

一般来说，市场化率在80％以上才是比较完善的市场经济。经济界人士普遍认为我国当前的市场化率处于40％～50％之间，正处于向市场经济转轨的阶段，市场主体及其行为也不够规范。市场化率既是考量大型建设工程管理水平的一个重要方面，也是确保工程建设优质、安全、环保、高效的重要支撑。招投标情况是衡量市场化率的一个重要指标。在建设工程中考核招标率，可按照整体招标率和应招实招率两个指标来进行。所谓整体招标率是指全部招标项目的份数、金额与全部项目合同份数、金额之比。所谓"应招实招率"是指按国家和企事业单位内部有关规定，达到一定金额标准必须招标的建设工程合同项目与实际通过招标方式而签订合同的项目之比。所以"应招实招率"一般应为100％。因此，从管理角度而言，应招实招率的意义应该更大些。具体这两项考核指标，整体招标率和应招实招率又可以细分为金额招标率和份数招标率两个方面。

以某建设工程为例，据统计该工程共签订工程类合同409份，合同金额61亿元。其中通过招投标签订合同64份，金额13亿元。招投标合同份数占工程类合同数量的15％，招投标合同金额占全部合同金额的21.8％。由此可以认为，该工程的整体招标率是很低的，其市场化率也由此可见一斑。

七、国内大型建设工程招投标情况

（一）三峡工程

三峡工程于1994年12月14日正式开工，2009年竣工。总投资约在1 800亿元。三峡总公司设招标委员会，领导、组织和协调三峡工程的招标活动，直接组织建安工程3 000万元以上和设备材料采购1 000万元以上的重大项目招标立项、招标方式和程序确定、评标和决标全过程活动，指导限额以下的一般性项目的招标。招标委员会下设办公室，负责招标规划编制和招标立项审核，建立评标专家库，处理招标委员会的日常事务。三峡国际招标有限责任公司是经批准注册设立的招标代理机构，负责三峡工程所需进口设备和重大建安项目招标，负责发布招标公告和评标等工作。

据调查，除少数专业有特殊要求的项目外，三峡工程绝大多数项目采取了公开招标的形式，少部分项目采取了邀请招标的方式。到目前为止，三峡工程的建设工程和设备材料招标合同金额为800亿元左右（含上游开发建设中的溪洛渡和向家坝项目），合同金额招标率为 91% 左右。三峡工程整体投资较大，但是并非全部投资都必须招标。但如果从市场化率的角度分析，在全部投资 1 800 亿的前提下，招标金额达到 800 亿也是比较可观的。总的来看，三峡工程的招投标工作开展得比较早，他们在不断创新、总结的基础上所形成的富有三峡工程特色的一整套招投标工作的做法和经验，使招投标工作在保证工程质量、进度和实现投资控制等方面还是取得了一定成效。

（二）西气东输

西气东输是国家"十一五"期间的大型工程，管道干线西起新疆塔里木，东至上海白鹤镇，全长 3 836 千米，年设计输气能力 120 亿立方米，总投资 435 亿。

该工程所有法律及合同事务均由中国石油天然气股份有限公司西气东输公司的一个职能部门集中管理。西气东输公司对招标工作实行"归口管理，分工负责"的体制，制订了《中国石油西气东输管道公司招投标管理办法》，设立了招投标管理委员会，建立了评委库，法律合同部门负责招投标归口管理工作，各业务处室按业务范围承办招标项目计划、准备招标文件、开展资格预审等事务性工作。在西气东输工程近 4 000 千米共 27 个标段的全部干线施工合同都采用了招标方式，总体招标率也达到了 85% 以上。西气东输工程从招标项目的提出到决标的程序、从管理机构的设置到职责分工、从评委专家库的建立到具体招标项目评委的产生等都在制度上、在事前进行了设计安排，这些措施使他们的招投标管理水平经受住了多次审计检查。

（三）南水北调

南水北调是国家"十一五"期间的大型工程，南水北调研究自 20 世纪 50 年代开始，总体布局被设计为三条调水线路，即西线工程、中线工程和东线工程，分别从长江上、中、下游调水，以适应西北、华北各地发展需要。南水北调中线干线工程沿京广线西侧，经河南、河北到北京、天津，输水干线全长 1 432 千米，年均调水规模 95 亿立方米，一期主体工程工期 8 年，于 2002 年年底开工，将于 2010 年前完成。根据《南水北调中线工程规划（2001 年修订）简介》，工程规划近期为 2010 年，后期为 2030 年，远景为 2050 年。中线工程按 2004 年三季度价格水平计算，总投资约为 1 366.89 亿元，其中水源工程 65.92 亿元，输水工程 1 010.90 亿元，汉江中下游工程 86.51 亿元。

招标管理采用归口管理原则和委托代理招标制，在南水北调中线建设管理局之下设招标委员会，招标委员会的办事机构为招标中心，设在计划合同部，负责中线建管局招标工作的归口管理并建立招投标管理体系。国务院南水北调工程建设委员会办公室依法对南水北调主体工程项目招标投标活动实施监督管理，对重大项目的招标、投标、开标、评标、中标过程进行监督检查。

中线建管局自 2004 年组建以来，除原有项目维持原状和少数金额较少项目未采用招标形式外，《招标投标法》规定必须招标的项目全部采用公开招标的形式。《招标投标法》未做规定的项目则参照《中华人民共和国政府采购法》执行。目前还未发生邀请招标，总体招标率达到了 100%。

(四) 大型建设工程招投标法律监管的必要性

大型建设工程的如下特点，使对其的法律监管成为必要。

1. 国有资金投入，投资规模大

对于大型建设工程，按照《国家重大建设项目招标投标监督暂行办法》（国家发展计划委员会第 18 号令）第三条规定，国家重大建设项目是指国家出资融资的，经国家计委审批或审核后报国务院审批的建设项目。《关于加强大型公共建筑工程建设管理的若干意见》规定，大型公共建筑一般指建筑面积 2 万平方米以上的办公建筑、商业建筑、旅游建筑、科教文卫建筑、通信建筑以及交通运输用房。除此之外，国家法律法规对大型工程没有明确的定义。

依照《招标投标法》第三条规定，必须招标的范围如下：①大型基础设施、公用事业等关系社会公共利益、公众安全的项目；②全部或者部分使用国有资金投资或者国家融资的项目；③使用国际组织或者外国政府贷款、援助资金的项目。

《工程建设项目招标范围和规模标准规定》（国家计委令第 3 号）第七条，规定具体的规模：①施工单项合同估算价在 200 万元人民币以上的；②重要设备、材料等货物的采购，单项合同估算价在 100 万元人民币以上的；③勘察、设计、监理等服务的采购，单项合同估算价在 50 万元人民币以上的；④单项合同估算价低于第①、②、③项规定的标准，但项目总投资额在 3 000 万元人民币以上的。

我们认为，总投资在 3 000 万元以上的应当为大型工程建设定义的范围。由此可以看出，在我国大型建设工程主要是国家投资，少量国际组织或者外国政府贷款、援助，而且投资规模一般比较大，资金额大的项目（3 000 万以上）。从保护国有资金使用效益的角度，应当对大型工程进行重点监控。

2. 招投标数量多，关注点多

大型建设工程一般由单项工程工程组建完成，每个单项工程又可以分为许多可以独立设计和独立施工的单位工程，因此客观上由多个专业化公司共同分担工程建设的任务成为可能，招投标数量则不可避免的较多。又因为每个单项工程或单位工程分别包括许多环节，如建筑工程就可以细分为一般土建工程、水暖卫工程、电器照明工程和工业管道工程等单位工程，因此关注点也比较多。

3. 经济犯罪诱因大，职务犯罪易发

大型建设工程涉及较大资金流动，不同的部门分别掌管不同项目开发建设、过程管理、资金使用的业务权力。从项目审批到土地征用，从工程预算到图纸设计，从工程招标到办理工程签证，从设备选购到质量监督，从工程款结算到工程验收等诸多环节，都客观地存在着职务犯罪产生的土壤和条件，容易出现问题，滋生腐败。例如，在工程发包环节，建筑商可能会为了揽到工程，不惜重金去打通关节，使贿赂双方如愿以偿。在工程款支付环节，建筑商为了不被刁难，顺利结算工程款，通过贿赂，以达到按期足额结算的目的。因此有必要加强监管，防止权力失控、决策失误和行为失范，最大限度地遏制和减少职务犯罪的发生。

4. 涉及法律法规政策多，法律风险大

工程建设过程中，建设单位与国家行政机关、中介机构、金融机构、承包商或其他经济实体的业务交往活动，主要靠法律来调整。而且工程建设一般涉及面比较广，涉及的领域比较多，涉及的法律关系比较复杂，在工程项目管理中若不注重法律的作用，潜在的法律风险就会愈积愈多，法律纠纷会接踵而至，影响工程建设的正常进行。另外工程建设的长期性和国家法律法规的变化性，导致如果不能及时了解跟踪法律法规政策的变动，将造成建设单位在税收、安全、环保、土地征用等各个方面工作的被动。

（五）大型工程建设招投标存在的主要问题

我们根据实际经验认为，大型工程建设招投标主要存在以下五个方面的主要问题。一是招不招，说了不算。招标部门或法律监管部门对是否应当招标一般不能决定，多数根据生产建设和实际情况由领导层决策。二是怎么招，拍不了板。是公开招标还是邀请招标，招标部门或法律监管部门也不能仅根据法律法规决定。三是过程中，干扰不断。招标过程中无论评委还是组织部门、监管人员都不同程度地受到外界信息和压力的干扰。四是数量多，腐败出现。一般大型工程建设投资大，招投标数量较多，腐败问题在某种程度上都或多或少地存在，严重影响工程建设的顺利进行。五是进步大，问题明显。经过我国近几年经济领域的法治建设，招投标无论从规范上还是人员素质上都有了较大的提高，但是仍然在不同领域，诸多环节存在问题。

除上述外，还有四多四少：一是邀请的多，公开的少；二是系统内多，系统外少；三是继续的多，废标的少；四是分解的多，整体的少。

第二节
招投标监管体系

一、监管法律法规制度体系

（一）国家法律

《招标投标法》（中华人民共和国主席令第 21 号）

《中华人民共和国政府采购法》（中华人民共和国主席令第 68 号）

（二）行政法规、部门规章

关于国务院有关部门实施招标投标活动行政监督的职责分工（国办发〔2000〕34 号）

工程建设项目招标投标活动投诉处理办法（国务院 7 部委 11 号令，2004）

《国家重大建设项目招标投标监督暂行办法》（国家计委第 18 号令）

工商领域企业固定资产投资项目评标结果公示与质疑、投放处理暂行规定（国家经贸委公告 2003 年第 1 号）

《司法部办公厅、国家计划委员会政策研究室关于企业法律顾问从事基本建设大中型项目招标投标法律业务的通知》（司法部办公厅，司办通字〔1998〕6 号）

《关于贯彻落实 2007 年反腐倡廉工作任务进一步加强工程建设招投标监督管理工作的意见》（发改法规〔2007〕1399 号）

《招标投标违法行为记录公告暂行办法》（国务院国家发展改革委、工业和信息化部、监察部、财政部、住房城乡建设部、交通运输部、铁道部、水利部、商务部、法制办等 10 部门，2009 年 1 月 1 日实施）

（三）企业内部规定

主要是指企业内部制定的建设工程招标投标管理规定、实施细则、监督办法等。

二、监管机构体系

《招标投标法》第七条规定，招标投标活动及其当事人应当接受依法实施的监督。有关行政监督部门依法对招标投标活动实施监督，依法查处招标投标活动中的违法行为。对招标投标活动的行政监督及有关部门的具体职权划分，由国务院规定。我们认为，招投标监管机构体系可以分三个层面。

（一）国家层面

（1）法律、法规综合监管，主要由中纪委、监察部、国家审计署承担。

（2）招投标政策、标准监管，主要由国家发展和改革委员会负责协调，并对国家重大建设项目招标投标过程进行监督。国家发改委负责组织国家重大建设项目稽察特派员，对国家重大建设项目建设过程中的工程招投标进行监督检查。招投标过程的监督管理，分别由各行业主管部门负责并受理投诉。

（3）产业和行业部门监管，主要由国务院各部委按照具体分工，负责工业、商业贸易、水利、交通、铁道、民航、信息产业等行业和产业项目的招投标活动的监督执法，分别由工业、商务、水利、交通、铁道、民航、信息产业等行政主管部门负责。各类房屋建筑及其附属设施的建造和与其配套的线路、管道、设备的安装项目和市政工程项目的招投标活动的监督执法，由建设行政主管部门负责；进口机电设备采购项目的招投标活动的监督执法，由商务行政主管部门负责。

（二）企业内部管理层面

大型企业内部一般有三种监督模式：一是专业监督，二是法律监管，三是主管部门管理与监督。这些监管涉及的部门和分工可以并存，也可能只有一部分部门履行部分或全部职责。具体如下。

（1）主管监督：工程建设由企业的工程建设部门负责；物资采购由企业的物资装备部门负责。

（2）专业监督：由企业的纪检监察部门负责。

（3）法律监管：由企业的法律事务部门负责。

（三）具体操作层面

具体到大型建设工程项目，在机构设置安排上，应当做出如下考虑。

（1）成立组织机构，明确职能，规定监管范围。

（2）成立招投标监督管理领导小组，全面负责招投标监督管理工作。明确纪检监察部门是专职监督部门，法律事务部门是法律监督部门，负责对招投标活动实施监督。

（3）明确一定金额的项目全部实施监督，一定金额的项目实行抽查监督，一定金额的项目可委托具体实施单位的监督部门予以监督。因为大型工程建设资金都在上亿元，我们参照国家有关必须招标的规定，建议投资为 3 000 万元以上的，列为上级管理部门监督对象。

三、监管机构主要权利

（一）招标项目审批权

主要负责审批是否依法办理了项目建设有关手续，招标主体是否适格，资金是否落实到位，招标方式选择是否正确，有关招标投标的行为是否符合法律、法规规定的权限、程序等。不具有主管职能的专业监督机构和法律监管机构有权签署复核意见。

（二）招标过程监督权

在招标过程中，有权全过程介入，或根据举报随时介入监督，也可以根据工作需要自行安排监督。招投标主管部门或组织部门应当提供工作便利，积极配合，不得阻挠。监管机构主要监督检查招标投标的有关文件、资料，对其合法性、真实性进行核实，资格预审、开标、评标、定标过程是否合法以及是否符合招标文件、资格审查文件规定，并可进行相关的调查核实。

（三）投诉受理权

监管机构有权按照规定在招标过程前期、招标过程中、招标结束后受理有关单位人员的投诉，并根据投诉情况开展调查，调查结果及时反馈。有关招标主管部门、组织部门或相关部门应当给予配合。在招标前期发现手续不齐全，招标内容不合法的可以下达监督意见书责令改正。在招标过程中发现评委违法违规，招标程序不合法的，有权中止招标、提出罢免评委、责令改正等。在招标结束后收到投诉，经查属实的，可以根据情况责令整改，提出撤销中标，申请行政主管部门依法处理等。

四、监管主要方式

（1）审查发布招标邀请。发布前，招投标监管人员应就货物、工程或项目的合法性，有关政府部门的批准文件等事项开展相应的审查，以确保项目在合法有效的前提下顺利进行。

（2）协助开展资格预审，审查投标人主体资格。包括：协助发布资格预审通告，是否载明获取资格预审文件的办法、地点、时间，资格预审的日程安排等内容；对拟投标的法人或其他组织进行资格预审，审查投标人经营业绩，近年财务状况，是否具备提供同类货物、工程或服务的经验等，重点审查投标人提交的证明其具有履行合同能力的证明资料。

（3）协助编制招标文件。协助招标人编制招标文件，投标人须知，关注招标项目的性质、数量、质量、技术规格、投标价格的要求及其计算方式，投标人应提供的资格和资信文件，投标保证金数额，投标文件的编制要求，提交投标文件的方式、地点和截止时间，开标、评标、定标的时间，评标标准及方法等各项内容，就招标文件中表述不准确的内容，帮助修改。

（4）协助组织开标。协助邀请评标委员会成员、投标人代表参加开标；开标前验明标书是否密封完好，公开验证程序；启封后验证投标书是否符合招标文件的要求，剔除无效标。实践中，存在投标人为抢标而随意变更标书内容，以及投标书中有关技术条款不符合招标文件规定的技术要求等情况。对此，应当对每份投标书进行严格审查，确立有效标书。

（5）协助定标。定标是最后一个环节，也是最为关键和法律人员须严加把握的一个环节。招投标监管人员要监管招标人按事先确定的评标办法，进行评议。实践中，存在招标人无意中变更评标办法，直接影响投标活动公正性和严肃性的情况，对此，招投标监管人员应提醒招标人严格遵循事先公布的评标办法，以避免因变更评标办法而引起的招标纠纷。招投标监管人员还要监督依评标办法择优选定中标人；协助发出《中标通知书》；协助招标人和中标人按《中标通知书》指定的时间、地点和招标结果签订相关合同。选定中标人后，应协助招标人，尽快与中标人签订合同，以便明确权利义务。招标人应起草和审核拟签合同文本，落实招标之后所确定的各条款内容，同时从招标人角度，尤其应把握合同标的验收标准，结算办法，违约责任等条款，并注意合同在实践中的可操作性。还应把招标文件、招标书、中标通知书等招标投标过程的主要文件约定作为合同的附件，以使一个具体合同条款能够从中得到体现。对未中标的投标人，应协助招标人退回投标保证金。

（6）就招标文件和合同文本出具法律意见书。

第三节
招投标监管的主要内容

　　招投标监管的主要内容来源于其实体依据和程序依据。实体依据是指监管所依据的有具体内容要求的国家法律法规、行政规章、企业内部制度等规范性文件；程序依据指监管操作所依据的具体程序要求和所承担的权利与义务的规范性文件。招投标监管的依据是招投标监管人员必须学习和掌握的专业知识，是开展招投标监管工作的基础，招投标监管的主要内容也由此而来。

一、招标标准及法律依据

　　招标标准，就是达到哪些界限必须招标，从而进入招投标监管的范围。大型工程建设主要涉及的招标种类为：工程建设类和物资采购类。其招标标准一般规定如下。

　　（一）工程建设类

　　施工单项合同估算价在 200 万元以上的；勘察、设计、监理、检测等服务，单项合同估算价在 50 万元以上的；单项合同估算价低于前两项规定的标准，但项目总投资在 1 000 万元（以可行性研究报告批准数为准）及以上的。在特殊行业领域还有一些具体的标准，如在石油行业，一般规定探井应大于 1 000 万元的标底额，老区的钻井、录井、测井等项目要求 5 口井以上。技术服务性项目应与相应工程工作量配套。

　　（二）物资采购

　　单项估价在 100 万元以上的，或者 50 万～100 万元但总投资 3 000 万元以上的。

　　《工程建设项目招标范围和规模标准规定》（2000 年 3 号令）规定：关系公共利益的天然气、新能源等基础设施项目；使用国有企事业单位自由资金投资项目等 1～5 款规定范围内的各类项目，包括项目的勘察、设计、施工、监理以及与工程建设有关的重要设备、材料采购达到下列标准之一的必须招标：施工单项合同估算价在 200 万元以上的；重要设备、材料采购单项合同估算价在 100 万元以上的；勘察、设计、施工、监理等服务单项合同估算价在 50 万元以上的；单项合同估算价低于以上的但项目总投资在 3 000 万元以上的。这一规定就是前述招标标准的法律依据。

二、工程建设招标的依据

（一）范围界定

以石油石化行业为例，工程建设的范围主要包括油田、管道、炼化装置等新建、扩建、改建和技术改造以及与技术改造同步进行的地面建设工程项目的总承包、勘察、设计、施工、监理以及油气勘探开发工程技术项目等。

（二）金额及工作量标准

一般规定工程施工单项合同估算价在 200 万元以上的；勘察、设计、监理、检测等服务，单项合同估算价在 50 万元以上的；单项合同估算价低于前两项规定的标准，但项目总投资在 1 000 万元（以可行性研究报告批准数为准）及以上的。油气勘探开发工程技术项目中一般地震项目应规定 2D、3D 工作量标准，探井应大于 1 000 万元的标底额，老区的钻井、录井、测井等项目要求 5 口井以上。技术服务性项目应与相应工程工作量配套。

（三）程序要求

（1）编制招标方案上报招标主管部门审定，招标方案内容包括：项目概况、招标范围、招标方式、招标组织形式、标段划分、标段工程量、计划招标时间、潜在投标单位名单等；

（2）填写招标申请表上报招标主管部门审批；

（3）进行公开招标的，招标公告经招标主管部门审批后在国家规定的新闻媒体发布；

（4）进行公开招标的，由招标单位对报名参加投标单位进行资格预审，审查结果经招标主管部门核准后，通知所有参加资格预审单位；进行邀请招标的，投标单位一般是工程建设市场资源库的成员单位；

（5）编制招标文件，并报招标主管部门审批；

（6）发出投标邀请书；

（7）发售招标文件；

（8）组织踏勘现场，并对投标单位提出的招标文件和现场踏勘中的有关问题进行解答；

（9）成立评标委员会，并报招标主管部门审批；

（10）编制标底的报招标主管部门组织审定标底编制原则；

（11）投标单位按招标文件规定时间、规定地点密封投送投标文件；

（12）组织开标评标会议，评标报告、招标结果及投标文件（电子版）报招标主管部门，招标结果经审批后确定中标单位，并发出中标通知书；

（13）签订承包或委托合同；

（14）进行招标工作总结并报招标主管部门备案。

（四）具体内容要求

（1）根据工程建设具体情况，招标单位应当确定投标单位编制投标文件所需要的合理时间。应当自发出招标文件之日起至投标截止之日止的时间，最短不得少于 20 天。

（2）在评标过程中，不得改变招标文件中规定的评标标准、方法和中标条件。

（3）一般应规定总投资 5 000 万元（以可行性研究报告批准数为准）及以上的项目，拟参加投标的单位必须取得建设工程项目投标资格证。

（4）招标单位可以在招标文件中要求投标单位提交保证金。投标保证金除现金外，可以是银行保函、保兑支票、银行汇票或现金支票。投标保证金一般不得超过投标总价的 1％，但最高不得超过 30 万元。投标保证金有效期应当超出投标有效期 30 天。招标单位应于与中标单位签订合同后 5 个工作日内，向未中标的投标单位退还投标保证金。中标通知书发出后，30 天内中标单位拒绝签订合同的，投标保证金不予退还；招标单位拒绝签订合同的，应按中标单位投标保证金的双倍返还。

（5）招标单位收到投标文件时应当做标明接受人和接收时间的记录，并由投标单位代表签字，在开标前不得开启投标文件。在招标文件要求提交投标文件的截止时间后送达的投标文件，为无效投标文件，招标单位应当拒收。

（6）招标单位不得向中标单位提出压低报价、增加工作量而不调增费用、缩短工期或其他违背中标单位意愿的要求，并以此作为发出中标通知书和签订合同的条件。

三、物资采购招标的依据

（一）范围界定

一般企业或者项目部可以根据实际，以管理文件的方式界定具体的物资种类，例如制定物资招标目录。

（二）金额标准

一般目录中所列物资达到下列标准之一的，必须进行招标：

（1）单项合同估算价在 100 万元人民币以上的；

（2）单项合同估算价低于 100 万元、高于 50 万元人民币，但项目总投资额在 3 000 万元（含 3 000 万元）人民币以上的。

（三）不招标规定

（1）购买专利和专有技术产品的；

（2）少于三家（不含三家）供应商能够提供采购内容，不能形成竞争的；

（3）项目责任单位自产的设备、材料、备品配件；

（4）纳入国家或企业国产化攻关项目的设备；

（5）涉及国家安全和秘密的；

（6）法律、法规另有规定的。

（四）具体内容要求

（1）评委会由建设单位和委托招标单位、技术、经济等方面的人员组成，评委会的组成应不少于 5 人单数，其中技术、经济等方面专家人数不得少于 2/3，专家在重要物资招标评标委员会专家库中随机抽取。

（2）招标方式有以下两种。

第一，公开招标。通过国家指定的新闻媒介发布招标公告，同时在物资采购电子商务网站发布招标信息，邀请不特定的符合资质要求的单位参加投标。

第二，邀请招标。通过物资采购电子商务网站或书面形式向资源市场范围内的单位发出招标邀请函，邀请三家或三家以上具有相应资质的单位参加投标。

（五）程序要求

（1）按照国家计委关于《建设工程可行性研究报告增加招标内容以及核准招标事项暂行规定》和企业内部固定资产投资项目物资采购计划管理办法，在建设项目可行性研究、初步设计审查和集中分交阶段审查、确定重要物资的招标范围。

（2）固定资产投资项目所需重要物资确实需要委托外系统招标的，须征得招标主管部门同意。已取得自行招标资格的只能对物资招标目录以外的物资自行组织招标，并在招标前报招标主管部门备案。

（3）投标单位应按招标文件的要求编制投标文件。投标文件应当对招标文件中提出的实质性要求和条件做出完全响应，并在招标文件规定的投标截止日期内密封送达指定地点。

（4）开标程序按照招标公告或招标邀请函规定的时间和地点以公开的方式进行。开标大会邀请采购部门、招标委托单位用户、设计单位及所有投标人参加。公证或纪检、法律监督人员对开标、评标、定标全过程进行公证、监督。

（5）评标工作由评委会负责；招标文件是评标的唯一依据。

（6）采用综合评估法和最低投标价法或者法律、行政法规允许的其他评标方法。最低投标价法仅适用于具有通用技术、性能标准或者招标人对其技术、性能没有特殊要求的招标项目。按照石化行业的特点通常采用综合评估法。

（7）投标文件有下述重大偏差情形之一的，视为未能对招标文件做出实质性响应，应作为废标处理。招标文件对重大偏差另有规定的从其规定。①没有按照招标文件要求提供投标担保或者所提供的投标担保有瑕疵的；②投标书没有投标人授权代表签字和加盖公章的；③投标文件载明的招标项目完成期限超过文件规定期限的；④明显不符合技术规格、技术标准要求的；⑤投标文件载明的货物包装方式、检验标准和方法等不符合招标文件要求的；⑥投标文件附有招标人不能接受条件的；⑦不符合招标文件中规定的其他实质性要求的。

（8）推荐中标候选人与定标。评委会在全面审核全部投标方的投标文件后，按照评标方法和定标原则从技术、经济等方面提出书面评标报告，评标报告中排出推荐中标候选人的顺序（1～3名）提交招标人。招标人应当确定排名第一的中标候选人为中标人。排名第一的中标候选人放弃中标、因不可抗力提出不能履行合同，或者招标文件规定应当提交履约保证金而在规定期限内未能提交的，招标人可以确定排名第二的中标候选人为中标人。排名第二的中标候选人因前款规定的同样原因不能签订合同的，招标人可以确定排名第三的中标候选人为中标人。招标人授权评委会定标的，评委会可直接确定中标人。

（9）中标人确定后，向中标人发出中标通知书，并退还未中标人投标保证金。中标通知书对招标人和中标人具有法律约束力。双方在 30 个工作日内按照招标文件和中标人的投标文件订立书面合同。

四、招投标监管的具体内容

从招投标监管的角度，其主要内容应当包括招投标主体监管、招投标文件监管和招投标程序监管。

（一）主体监管

1. 资格预审和资格后审

《招标投标法》第十九条规定"招标文件应当包括对投标人资格审查的标准"，《工程建设项目货物招标投标办法》第十九条规定"采取资格预审的，招标人应当在资格预审文件中详细规定资格审查的标准和方法；采取资格后审的，招标人应当在招标文件中详细规定资格审查的标准和方法。"应当注意，投标人的资格审查是招投标活动中一项非常重要的内容，是所有招标活动过程中的一道必经程序。资格预审，是指招标人出售招标文件或者发出投标邀请书前对潜在投标人进行的资格审查。一般适用于潜在投标人较多或者大型、技术复杂货物的公开招标，以及需要公开选择潜在投标人的邀请招标。资格后审，是指在开标后对投标人进行的资格审查。资格后审一般在评标过程的初步评审时进行。由于程序相对简便，一般适用于简单的邀请招标。

2. 对招标人的监管

招标人是依照本法规定提出招标项目、进行招标的法人或者其他组织。应当注意以下方面。

（1）招标人至少要有营业执照。

（2）招标人不一定是业主（可能是办理了工商登记注册的项目部），也不一定是项目法人（可以是代建公司）。

（3）非法人组织要有法人授权独立进行招标，并由法人承担责任。

3. 对投标人的监管

应当注意以下方面。

（1）投标人是响应招标、参加投标竞争的法人或者其他组织。招标人的任何不具独立法人资格的附属机构（单位），或者为招标项目的前期准备或者监理工作提供设计、咨询服务的任何法人及其任何附属机构（单位），都无资格参加该招标项目的投标。（国务院 30 号令第三十五条）

（2）投标人是响应招标、参加投标竞争的法人或者其他组织。法定代表人为同一个人的两个及两个以上法人，母公司、全资子公司及其控股公司，都不得在同一货物招标中同时投标。（国务院 27 号令第三十二条）

某次招标，招投标监管人员发现两家投标单位的法定代表人系同一人。按照法律法规有关规定，法定代表人为同一个人的两个及两个以上法人，母公司、全资子公司及其控股公司，都不得在同一货物招标中同时投标。经查，发现此次招标属于不同货物招标，因此认为不违反法律规定，同意继续招标。

某次招标的资格预审，除四川省某建筑工程公司没有按时到会外，其余九家单位都按招标文件要求准时到会。按照投标申请人资格预审文件要求，没有准时参加资格预审会议的，取消投标资格，因而评委会没再对四川省某建筑工程公司的材料进行审核。后经审核其余八家单位，发现存在一部分单位未带资质原件的情况。鉴于未带原件并非取消投标资格的必备条件，经过招投标监管人员同意，在本次预审中，只有复印件的投标单位，如能在正式投标时提供原件，则可以暂时通过资格预审。其中，某石油局因为无建设部资质证书、银行资信证明、财务报表、AAA 级资信评估证书等资格预审文件要求的必备条件，经招投标监管人员同意，取消了投标资格。

某次招标，招投标监管人员发现一家投标单位电器股份有限公司，并非招标邀请文件所邀请的镇江某电器有限公司，按照招标文件，合格投标人必须是被邀请的投标人，因此未接受该单位的投标。

还有一些项目采取的是资格后审，存在招标文件对于以前招过标的单位仅要求提供原件备查，并非必须提供原件，也造成资格后审工作无法开展的问题。

（二）招投标文件监管

新颁布的标准施工招标文件（9 部委 56 号令）规定：本《标准文件》在政府投资项目中试行。国务院有关部门和地方人民政府有关部门可选择若干政府投资项目作为试点，由试点项目招标人按本规定使用《标准文件》，2008 年 5 月 1日起试行。

该文件要求对于选择标准施工招标文件的，必须不加修改地引用《标准施工招标资格预审文件》中的"申请人须知"（申请人须知前附表除外）、"资格审查办法"（资格审查办法前附表除外），以及《标准施工招标文件》中的"投标人须知"（投标人须知前附表和其他附表除外）、"评标办法"（评标办法前附表除外）、"通用合同条款"。《标准文件》中的其他内容，供招标人参考。

该文件还规定，国务院有关行业主管部门可根据《标准施工招标文件》并结合本行业施工招标特点和管理需要，编制行业标准工招标文件。行业标准施工招标文件重点对"专用合同条款"、"工程量清单"、"图纸"、"技术标准和要求"作具体规定。行业标准施工招标文件中的"专用合同条款"可对《标准施工招标文件》中的"通用合同条款"进行补充、细化，除"通用合同条款"明确"专用合同条款"可作不同约定外，补充和细化的内容不得与"通用合同条款"强制性规定相抵。

现结合标准招标施工文件，将招投标文件监管的主要内容作简要介绍。

1. 招标公告（资格预审公告）需注意的内容

（1）资格预审可采用合格制或有限数量制。

（2）资格预审文件要求在某某地（详细地址）持单位介绍信购买。

（3）逾期送达或者未送达指定地点的资格预审申请文件，招标人不予受理。

2. 招标公告（未进行资格预审）需注意的内容

招标文件要标明每套售价多少元，售后不退。图纸押金多少元，在退还图纸时退还。

3. 投标邀请书（适用于邀请招标）需注意的内容

（1）要考虑拟公开招标费用与项目价值相比投标人的投入，可采用邀请招标。

（2）要持邀请书购买招标文件。

（3）收到邀请书要确认，否则丧失资格。

4. 投标邀请书（代资格预审通过通知书）需注意的内容

投标单位收到本邀请书后，要于几天前以传真或快递方式予以确认。

5. 标准资格预审文件（申请人须知）需注意的内容

（1）招标人填写的最低要求：名称、地址、联系人、电话。

（2）质量要求：不能写奖杯和优质工程，因为这种写法并不对应国家标准，而是"评比"出来的。质量要求等级要填写对应标准，如合格等级。

（3）申请人资质要求要同公告一样。

（4）信誉要求是政府有关部门对企业的评价，而不是我们一般认为的银行等对企业的评价。

（5）联合体。由同一专业的单位组成的联合体，按照资质等级较低的单位确定资质等级；联合体各方不得再以自己名义单独或加入其他联合体在同一标段中参加资格预审。

（6）申请人不得存在的情形：为招标人不具有独立法人资格的附属机构（单位）；为本标段前期准备提供设计或咨询服务的，但设计施工总承包的除外；为本标段的监理人；为本标段的代建人；为本标段提供招标代理服务的；与本标段的监理人或代建人或招标代理机构同为一个法定代表人的；与本标段的监理人或代建人或招标代理机构相互控股或参股的；与本标段的监理人或代建人或招标代理机构相互任职或工作的；被责令停业的；被暂停或取消投标资格的；财产被接管或冻结的；在最近三年内有骗取中标或严重违约或重大工程质量问题的。

需要考虑的是，投标申请人是招标人参股或控股单位的情况，对此建设部没有具体规定，按照交通部有关规定是不可以的。我们认为，投标申请人和招标人参股或控股单位，属于有利害关系人，如果允许其参与投标则有失公平。

另外，在一个地方被暂停或取消投标资格的，能否换个地方投标。如曾在河北投标，并被取消投标资格，在四川可否投标。我们认为，该规定明确只对法人，不分地区，因此也是不被允许的。《招标投标违法行为记录公告暂行办法》出台后，对投标人的资质管理更为严格。要求省级人民政府有关行政主管部门公告的招标投标违法行为行政处理决定应同时抄报相应国务院行政主管部门；招标投标违法行为记录公告应逐步实现互联互通、互认共用，条件成熟时建立统一的招标投标违法行为记录公告平台；公告的招标投标违法行为记录应当作为招标代理机构资格认定，依法必须招标项目资质审查、招标代理机构选择、中标人推荐和确定、评标委员会成员确定和评标专家考核等活动的重要参考。

（7）修改资格预审文件，则应顺延申请截止时间。

6. 标准资格预审文件（内容）应当注意的有关规定

（1）投标文件应按该文件第四章格式编写。按照世界银行文件规定，如果投标文件格式无效，则视投标无效，但建议我们编制预审文件时不要对格式做过于严格的要求。

（2）法定代表人授权书要求法定代表人签署，不是盖章，盖签名章也不行。

（3）"申请人基本情况表"应附申请人营业执照副本及其年检合格的证明材料、资质证书副本和安全生产许可证等材料的复印件。

（4）财务情况说明书指会计师事务所或审计机构出具的说明。

（5）"近年发生的诉讼及仲裁情况"应说明相关情况，并附法院或仲裁机构做出的判决、裁决等有关法律文书复印件。如果有诉讼案件而隐瞒不写，属于行为违法，则不能中标。

（6）资格预审申请文件正本一份，副本份数见申请人须知前附表。正本要逐页小签，要具体明确。副本份数跟审查人数相当即可。采用正副本的作用是当正本和副本不一致时，以正本为准。

（7）资格预审申请文件的正本与副本应分开包装，加贴封条，并在封套的封口处加盖申请人单位章，要求必须是法人章，不能使用招标办公室或部门章。

（8）未按要求密封和加写标记的资格预审申请文件，招标人不予受理。已受理的，不能再判无效。不受理的另一情形：逾期送达或者未送达指定地点的资格预审申请文件，招标人不予受理。

（9）应申请人书面要求，招标人应对资格预审结果做出解释，但不保证申请人对解释内容满意。

（10）收到邀请书要书面确认，否则丧失申请人资格。不足三人可直接招标或再预审。

具体规定：通过资格预审的申请人收到投标邀请书后，应在申请人须知前附表规定的时间内以书面形式明确表示是否参加投标。在申请人规定时间内未表示是否参加投标或明确表示不参加投标的，不得再参加投标。因此造成潜在投标人数量不足 3 个的，招标人重新组织资格预审或不再组织资格预审而直接招标。

（11）在资格预审期间，不得邀请招标人、审查委员会成员以及与审查活动有关的其他工作人员到申请人单位参观考察。对于招标人主动去的，法律没有明确规定是否违法。

7. 资格审查办法（合格制）应当注意的有关规定

根据《〈标准施工招标资格预审文件〉和〈标准施工招标文件〉试行规定》（56 号令），招标人编制的施工招标资格预审文件，应不加修改地引用本章（资格审查办法）正文内容。

（1）初步审查：要求投标人的营业执照、资质证书、安全生产证书一致；有法定代表人或其委托代理人签字或加盖单位章。但有一项因素不符合审查标准的，不能通过资格预审。

（2）详细审查：营业执照和生产许可证都必须有效。营业执照要求首先必须是真实有效、年检合格的。要注意的是，如证照不一致，则按提交的申请文件确定，不是按原件确定。营业执照无效是法定无效的投标；注册资本金必须大于投标金额；安全生产许可证最好要原件，因为只要投标单位发生过事故，都会被国家行政主管部门暂扣。

（3）审查程序：按照规定，审查委员会、评标委员会有权审查原件，而不是招标人、公证机关或监管机构。不按要求澄清或说明的，不得通过资格审查，澄清不得改变实质内容。

8. 资格审查办法（有限数量制）应当注意的有关规定

基本同前。但有限数量制的资格审查办法初步审查和详细审查是分离的。

9. 投标人须知应当注意的有关规定

（1）踏勘现场。

此并非强制要求，但为了投标顺利进行，建议组织踏勘现场。招标人提供原始数据错误，导致投标人计算错误的，要其承担损失。应当注意的是招标人踏勘时的介绍词，系口头，仅供参考，不承担责任。对于踏勘现场，投标人可以不参加，也不用签到。招标人不能跟某个投标人单独介绍现场等情况。

（2）分包（特有）。

投标人拟在中标后将中标项目的部分非主体、非关键性工作进行分包的，应符合《投标人须知》前附表规定的分包内容、分包金额和接受分包的第三人资质要求等限制性条件。

《合同法》第二百七十二条规定：禁止承包人将工程分包给不具备相应资质条件的单位。禁止分包单位将其承包的工程再分包。建设工程主体结构的施工必须由承包人完成。《招标投标法》第三十条规定：投标人根据招标文件载明的项目实际情况，拟在中标后将中标项目的部分非主体、非关键性工作进行分包的，应当在投标文件中载明。

（3）招标文件。

招标文件的作用主要是拿招标文件评投标文件。招标文件的澄清应为投标前15天。投标人收到澄清，应书面确认。招标文件修改也是15天前，也要书面确认。延长投标时间，可提前3天，如果投标人不进行书面确认，招标人可以自行约定。

（4）投标文件。

投标人在投标截止时间前修改投标函中的投标总报价，应同时修改"工程量清单"中的相应报价。实际中易出现投标函报价与工程量清单不一致的情况，导致合同执行不利。建议处理办法：一是不接受，规定无效投标；二是接受，按投标函价格，并要求中标后再报跟投标函报价一致的有关合同文件。

（5）投标有效期。

在投标人须知前附表规定的投标有效期内，投标人不得要求撤销或修改其投标文件。

出现特殊情况需要延长投标有效期的，招标人以书面形式通知所有投标人延长投标有效期。投标人同意延长的，应相应延长其投标保证金的有效期；投标人拒绝延长的，其投标失效，但投标人有权收回其投标保证金。法律法规对投标有效期具体没有规定多久，但是按照最少法计算，评标＋定标＋签合同（30）＝45天。因此投标有效期则最少应为45天。

（6）投标保证金。

具体包括形式和金额（投标保证金的金额一般不超过投标金额的2%）的要求，投标保证金可采用现金、银行保函、保兑支票、汇票或现金支票等方式。一般要求用支票缴纳。注意形式和金额任一方面不合规定，如有不符投标无效。

第一名放弃中标，应承担以下责任：①没收保证金；②承担中标人的差额，法律未定，招标人可以在招标文件中规定；③承担重新招标责任，法律未定。投标人在规定的投标有效期内撤销或修改其投标文件，也要没收保证金；但定标时，招标方需要延长有效期，投标人拒绝的投标失效，投标人有权收回保证金。

（7）资格审查资料。

有的单位已经通过资格预审，但是后来在招标过程中又发生实际变更的，应主动更新投标文件，否则视为欺诈，招标方有权取消其中标资格。

（8）备选方案。

投标人不得提供备选方案。允许投标人递交备选投标方案的，只有中标人所递交的备选投标方案方可予以考虑。评标委员会认为中标人的备选投标方案优于其按照招标文件要求编制的，招标人可以接受该备选投标方案。

（9）实质内容相应的主要内容。

投标文件应当对招标文件有关工期、投标有效期、质量要求、技术标准和要求、招标范围等实质性内容做出响应，否则招标方可以认定其无效。

（10）投标。

国务院30号令对此规定得极为严格：逾期投标的，未按规定密封的，招标方均不受理，否则承担法律责任。要注意密封问题是受理问题，一旦受理，不能再判无效或者废标。另外，投标的时间地点一定要准确，否则一旦出现逾期投标的问题，容易发生争议。如时间必须是北京时间，而不是手表时间。招标方接收投标文件后，还要向投标人出具签收凭证，记录外观。

在投标截止时间前，投标人可以修改或撤回已递交的投标文件，但应以书面形式通知招标人。

（11）开标。

投标截止时间即是开标时间。开标是"邀请"所有投标人的法定代表人或委托代理人参加开标会议。对于没有参加开标，能否废标的问题，我们认为依法是不能的，但可以视为放弃有关权利。应当注意的是，开标时点名确认投标人是否到场，目的是确认合法性。检查密封的目的是检查招标人的保管责任。开标一般委托工作人员，或是投标人派代表。开标时不能只看是否完好，还要看有无签收凭证。

设标底的，应当在开标时公布标底（不同以往），而不是最后公布。招标人在开标会上没有任何权利，类似司仪，不能有倾向性评价。监管机构只能干涉程序问题。唱标要按照投标函报价唱标（此为要约的主要内容，而不是其他文件），而且按正本唱，以大写为准。投标保证金，只能唱递交与否，不能唱是否合格，不能评判。不唱备选报价，也不能评判。

（12）评标。

关于评委会组成，招标人参加与否，理论界意见分歧很大。但评委会成员如与投标人有利益关系的，则应回避。否则，如招标后被查处发现应回避未回避，则视评委会违规，招标无效。

（13）合同授予。

中标候选人最好确定3个。定标一般在15天内确定，特殊情况下可以延长，监管机构对定标情况有责任询问招标人。中标通知书要以书面形式向中标人发出。

（14）履约担保。

履约担保要明确金额、形式。中标人不能按要求提交履约担保的，视为放弃中标，其投标保证金不予退还，给招标人造成的损失超过投标保证金数额的，中标人还应当对超过部分予以赔偿。

（15）重新招标或不再招标。

重新招标的情况：一是否决全部投标的；二是投标截止时投标人少于3个。决定重新招标后，投标文件要原封不动的退回。评委会初审后，投标人少于3个的，可以继续评审。如果采取第二次招标，要重新修改招标文件后再另行组织。重新招标后投标人仍少于3个或者所有投标被否决的，属于必须审批或核准的工程建设项目，经原审批或核准部门批准后不再进行招标。

10. 评标办法应当注意的有关规定

《招标投标法》第四十一条规定，中标人的投标应当符合下列条件之一：能够最大限度地满足招标文件中规定的各项综合评价标准；能够满足招标文件的实质性要求，并且经评审的投标价格最低；但是投标价格低于成本的除外。

以下主要介绍经评审的最低投标价法。

（1）单价遗漏不能视为不响应，但故意不响应某单价，或明知政府要出台措施取消该收费，把价格列入其他项目的，要给予增加其他投标报价中该项遗漏报价最高金额120％的处罚。

（2）可以依据招标项目的特点补充一些响应性评审标准，如：①投标人如有分包计划，其分包工作类别及工作量需符合招标文件要求；②投标人如果在投标函之外提交一份调价函，调价函的内容、格式及其相关支撑性文件需符合招标文件的规定；③投标文件不能附有招标人不能接受的条件；④对算术修正的总额进行控制，例如规定算术修正总额超过1％的投标为不响应投标等。

（3）初步评审。

评标委员会依据《投标人须知》规定的标准对投标文件进行初步评审。有一项不符合标准的，作废标处理。

（4）算术错误及修正。

投标报价有算术错误的，评标委员会按以下原则对投标报价进行修正，修正的价格经投标人书面确认后具有约束力。投标人不接受修正价格的，其投标作废标处理。投标文件中的大写金额与小写金额不一致的，以大写金额为准；总价金额与依据单价计算出的结果不一致的，以单价金额为准修正总价，但单价金额小数点有明显错误的除外。

（5）详细评审（即价格折算）。

低于成本报价的要书面说明，评委会认定属实的，按废标处理。投标文件描述的是财务成本还是工程成本不易区分如果评标中不注意，将导致后来合同管理与执行有风险，即使中标也实现不了目的。

某次招标，某单位投标时报价很低，但是没有要求做出解释，评委会认可并中标。因为该单位所需工程采取的是当地取石的措施，所以能够低于成本报价并中标，但在合同履行过程中造成了破坏植被、环境，无法达到合同目的。

（6）澄清补正。

在评标过程中，评标委员会可以书面形式要求投标人对所提交的投标文件中不明确的内容进行书面澄清或说明，或者对细微偏差进行补正。评标委员会不接受投标人主动提出的澄清或说明。澄清、说明和补正不得改变投标文件的实质性内容（算术性修正的除外）。

（7）其他。

关于组织评分，一般的经验是，选好的企业，不如选好的项目班子。评分办法一般不选高，不选低，选中间。在施工组织设计打分方面，要限制专家的自由裁量（曾有评标专家打分根据投标文件的厚度对应打分的情况）。

11. 合同条款应当注意的有关规定

以前有建设部、交通部、水利部合同范本，但内容不统一，其中的施工合同文本主要参考 FIDIC 合同条款制订，适用于没有合同经验的发包人。FIDIC 条款有很多在中国不适用，标准施工招标文件做了部分修改，也采用了一部分，称"中国的 FIDIC"。

（1）监理人定位。

国外的监理一般称咨询工程师。中国引进时对监理的定位既独立，又赋予权利，但完全的独立实际上办不到。标准施工招标文件对监理的定位是发包人聘请的合同管理人，与发包人之间是委托关系，监理无权变更发包人和承包人之间的权利义务。发包人的所有指示通过监理发出，监理只是合同管理者，不是合同当事人。监理决定造成损失的除非有约定，一般由发包人承担。

（2）合同风险及处理。

异常恶劣的气候条件造成的合同风险，由发包人承担，承包人有权要求延长；不可抗力造成的合同风险，发包人和承包人各自承担损失。

（3）化石、文物、专利技术。

合同履行发现的化石、文物归国家所有。

（4）环境保护。

由于承包人的原因对环境造成损害的，由承包人负责。

（5）合同变更。

合同变更程序一般有两种，一种是监理人直接向发包人递交变更意向书，经发包人同意而变更；另一种是承包人提出变更建议，交监理人，再由监理人交发包人同意而变更。

（6）缺陷责任和终止。

一般规定，质量保修是法定责任，缺陷责任是合同责任，一般不超过 2 年，设计责任是永久责任，终身保修。

（7）争议。

对于"争议评审"的规定在英国较普遍，国外一般规定"争议评审"是仲裁或诉讼前都要经过的程序，但中国法律不支持。我们在操作中可以约定双方有权各聘请一个专家，再共同聘一个专家，调查会在发生争议 14 天内召开，专家出具争议评审意见。对此评审意见如果双方都接受，由监理人发出指示执行。

（三）招投标程序监管

（1）招标人采用公开招标方式的，应当发布招标公告。依法必须进行招标的项目的招标公告，应当通过国家指定的报刊、信息网络或者其他媒介发布。原国家发展计划委员会 4 号令《招标公告发布暂行办法》、《国家发展计划委员会关于指定发布依法必须招标项目招标公告的媒体的通知》规定的媒体包括《中国日报》、《中国经济导报》、《中国建设报》和中国采购与招标网。

（2）招标文件规定的各项技术标准应符合国家强制性标准。招标文件中规定的各项技术标准均不得要求或标明某一特定的专利、商标、名称、设计、原产地或生产供应者，不得含有倾向或者排斥潜在投标人的其他内容。如果必须引用某一生产供应者的技术标准才能准确或清楚地说明拟招标项目的技术标准时，则应当在参照后面加上"或相当于"的字样。

（3）招标人不得向他人透露已获取招标文件的潜在投标人的名称、数量以及可能影响公平竞争的有关招标投标的其他情况。发售招标文件时在同一张表上签字；组织现场考察时依次介绍参加各方单位名称；接受投标文件时在同一张表签字等，均属于违反该条规定的行为。

（4）总承包涉及货物招标。工程建设项目招标人对项目实行总承包招标时，以暂估价形式包括在总承包范围内的货物达到国家规定规模标准的，应当由总承包中标人和工程建设项目招标人共同依法组织招标。（《工程建设项目货物招标投标办法》第五条）

（5）关于投标。某次招标，投标文件中仅在汇总表有价格，评委建议废标。经评委会表决同意商务标汇总表价格有效。某次投标，某单位投标函部分没有填写工期（加盖印章的投标书附录有），没有填写质量不合格罚金处罚比率，没有填写履约保证金额（但已实际交付），评委会讨论如何处理，后来认为构成非实质响应，可以继续招标，但是必须做出书面澄清。

（6）不予受理和废标。投标文件有下列情形之一的，招标人不予受理：①逾期送达的或者未送达指定地点的；②未按招标文件要求密封的。投标文件有下列情形之一的，由评标委员会初审后按废标处理：①无单位盖章并无法定代表人或法定代表人授权的代理人签字或盖章的；②未按规定的格式填写，内容不全或关键字迹模糊、无法辨认的；③投标人递交两份或多份内容不同的投标文件，或在一份投标文件中对同一招标项目报有两个或多个报价，且未声明哪一个有效，按招标文件规定提交备选投标方案的除外；④投标人名称或组织机构与资格预审时不一致的；⑤未按招标文件要求提交投标保证金的；⑥联合体投标未附联合体各方共同投标协议的。（国务院 30 号令第五十条规定）

（7）最低废标条件。下列情况属于重大偏差：①没有按照招标文件要求提供投标担保或者所提供的投标担保有瑕疵；②投标文件没有投标人授权代表签字和加盖公章；③投标文件载明的招标项目完成期限超过招标文件规定的期限；④明显不符合技术规格、技术标准的要求；⑤投标文件载明的货物包装方式、检验标准和方法等不符合招标文件的要求；⑥投标文件附有招标人不能接受的条件；

⑦不符合招标文件中规定的其他实质性要求。投标文件有上述情形之一的，为未能对招标文件做出实质性响应，应作废标处理。招标文件对重大偏差另有规定的，从其规定。（《评标委员会和评标方法暂行规定》第二十五条规定）

（8）评标无效。评标过程有下列情况之一的评标无效，应当依法重新进行评标或者重新进行招标，有关行政监督部门可处三万元以下的罚款：①使用招标文件没有确定的评标标准和方法的；②评标标准和方法含有倾向或者排斥投标人的内容，妨碍或者限制投标人之间竞争，且影响评标结果的；③应当回避担任评标委员会成员的人参与评标的；④评标委员会的组建及人员组成不符合法定要求的；⑤评标委员会及其成员在评标过程中有违法行为，且影响评标结果的。（国务院30号令第七十九条规定）

（9）货物技术谈判后招标的法律依据。对无法精确拟定其技术规格的货物，招标人可以采用两阶段招标程序。在第一阶段，招标人可以首先要求潜在投标人提交技术建议，详细阐明货物的技术规格、质量和其他特性。招标人可以与投标人就其建议的内容进行协商和讨论，达成一个统一的技术规格后编制招标文件。在第二阶段，招标人应当向第一阶段提交了技术建议的投标人提供包含统一技术规格的正式招标文件，投标人根据正式招标文件的要求提交包括价格在内的最后投标文件。（《工程建设项目货物招标投标办法》第三十一条规定）

（10）纪律监督。投诉人应当在知道或者应当知道其权益受到侵害之日起10日内提出书面投诉。行政监督部门收到投诉书后，应当在5日内进行审查。有下列情形之一的投诉，不予受理：①投诉人不是所投诉招标投标活动的参与者，或者与投诉项目无任何利害关系；②投诉事项不具体，且未提供有效线索，难以查证的；③投诉书未署投诉人真实姓名、签字和有效联系方式的；以法人名义投诉的，投诉书未经法定代表人签字并加盖公章的；④超过投诉时效的；⑤已经做出处理决定，并且投诉人没有提出新的证据的；⑥投诉事项已进入行政复议或者行政诉讼程序的。（国务院11号令关于投诉及受理的一些规定）

某次修桥梁项目招标结束，排名第二名的单位投诉排名第一名的单位桥梁业绩虚假，质量有问题。某省监察厅经落实质量没有问题。后该单位继续投诉，称该业绩根本不是第一名单位施工的，某省监察厅再安排市监察局落实仍然没有问题。后该单位不断投诉，某省监察厅最终派专人到现场勘查。实际是该地方根本就没有河，更不会修桥，也不可能存在质量问题。这是一个极端案例，说明招投标监管往往很难到位，需要引导建设单位、投标单位自律。

某次在深圳举办的计算机信息系统招标。从开标、评审到定标，招投标监管人员忽视了投标单位的主体资质审查，对于投标文件所盖公章没有认真审核，最终确定中标单位系"××"。当招标人发送中标通知书到"××"时，发现"×

×"根本没有派人参加投标。经查，投标单位在投标文件所盖的法人公章是假冒的。这也是个极端的案例，但足以引起我们的注意，招投标监管人员稍有疏忽就有可能出现失误。

　　某次招标，标底约 1 500 万元，在评标过程中，招投标监管人员发现部分评委的评分表遗失，认为属于泄露重大信息，可能导致评标行为无效。经查，个别评委擅离职守，偷偷将评委情况泄露出去，而招投标监管人员也忽视了对评标人员具体行为的监管，最终导致招标失败的后果。

第四节
招投标监管法律责任

招投标监管的法律责任，既包括招投标主体招标人、投标人、评委等法律责任，也包括招投标监管人员监管不利的法律责任。

一、总述

（一）责任主体

主要包括：招标人、投标人、评标专家和专职监督人员。

（二）责任形式

主要包括：民事责任（缔约过失责任）、行政责任、刑事责任。

（三）责任内容

一般国家法律法规中对于招标人、投标人等的责任规定都是行政、民事、刑事一并规范。这里简要列举国家法律、法规、行政规章对于四大责任主体的总体规定。

（1）招标人。在招投标活动中违反规定的，视情节轻重，由主管部门根据管理权限，对主管人员和直接责任人员予以处理；造成损失的，依法承担赔偿责任；涉嫌犯罪的，移交司法机关处理。

招标人或者招标代理机构有下列情形之一的，有关行政监督部门责令其限期改正，根据情节可处 3 万元以下的罚款；情节严重的，招标无效：①未在指定的媒介发布招标公告的；②邀请招标不依法发出投标邀请书的；③自招标文件或资格预审文件出售之日起至停止出售之日止，少于 5 个工作日的；④依法必须招标的项目，自招标文件开始发出之日起至提交投标文件截止之日止，少于 20 日的；⑤应当公开招标而不公开招标的；⑥不具备招标条件而进行招标的；⑦应当履行核准手续而未履行的；⑧不按项目审批部门核准内容进行招标的；⑨在提交投标文件截止时间后接收投标文件的；⑩投标人数量不符合法定要求不重新招标的。被认定为招标无效的，应当重新招标。

（2）投标人。相互串通投标或者与招标人串通投标的，以及以向招标人或者评标委员会成员行贿的手段谋取中标的，中标无效。

（3）投标人以他人名义投标或者以其他方式弄虚作假，骗取中标的，中标无效；给招标人造成损失的，依法承担赔偿责任；涉嫌犯罪的，移交司法机关处理。

（4）评标专家。不按照招标文件规定的评标标准和方法进行评审，评分带有明显倾向性又不能合理解释，干涉、影响、暗示其他评标专家公正评标，向他人透露评标内容，或者有其他违反规定行为的，专职监督部门应当及时制止，给予警告，直至取消其评标资格。

（5）专职监督部门的工作人员。未依法对招标投标活动实施监督，以及有其他徇私舞弊、滥用职权、玩忽职守行为的，由主管单位依法依纪给予处理；涉嫌犯罪的，移交司法机关处理。

二、具体责任

（一）民事责任

招标人和投标人须按《招标投标法》的规定和相应的招标投标规则履行义务，完成必要的工作，实现订立合同的目的，否则，将承担相应的法律后果。招标人和投标人是当然的民事责任主体。

1. 招投标民事法律责任主要后果是中标无效

中标无效因不同的民事主体，可分为五种无效：①因招标人的行为无效；②因投标人的行为无效；③因招标代理机构的行为无效；④因招标代理机构和招标人、投标人的共同行为无效；⑤因招标人和投标人的共同行为无效。

2. 擅自毁标的民事法律责任

按《招标投标法》的规定，招标人在确定中标人之后，应当向中标人发出中标通知书。中标通知书对招标人和中标人具有法律效力。招标人和中标人应当自中标通知书发出之日起30日内，按照招标文件和中标人的投标文件订立书面合同。中标通知书发出后，招标人改变中标结果的，或者中标人放弃中标项目的，应当依法承担缔约过失法律责任。缔约过失责任，是指在订立合同的过程中，一方违背诚实信用原则，给对方当事人造成损失，从而应承担损害赔偿责任。缔约过失责任发生在缔约过程中，合同正式生效前，如发生在合同生效后，就构成违约责任。由于《招标投标法》对中标通知书的法律效力和一方擅自毁标所应承担的法律责任没有作具体的规定，因此可以按照《合同法》第四十二条的规定，以违反诚实信用原则和法律规定的订立合同的义务，承担缔约过失责任。缔约过失赔偿的范围，以不超过当事人基于合同成立所产生的损失为限。必要时，法院和仲裁机构也有权强制当事人缔结合同。因此，损害赔偿的范围应当限定在一方为缔约所支付的费用和遭受的直接经济损失范围内。

3. 订立背离合同实质性内容协议的民事法律责任

《招标投标法》规定，招标人应当自确定中标人之日起 15 日内，向有关行政监督部门提交招标投标情况的书面报告。《房屋建筑和市政基础实施工程施工招标投标管理办法》规定，招标人和中标人订立书面合同后 7 日内，中标人应当将合同送县级以上工程所在地的建设行政主管部门备案。上述规定，赋予了建设行政主管部门对采取招投标方式订立合同的监督检查权，以防止招标人和中标人订立违背合同实质性内容的协议。建设行政主管部门还有责令改正，给予相应的行政处罚的权力。实践中，应当注意存在招标人和中标人按招投标文件签订一份合同，报有关部门备案，而私下签订一份背离合同实质性内容的协议的现象。背离合同实质性内容所签订的协议，违反《招标投标法》的强制规定，属无效合同。

（二）刑事责任

依照《招标投标法》的规定，依法必须进行招标的项目招标人向他人透露已获取招标文件的潜在投标人的名称、数量或者可能影响公平竞争的有关招标投标的其他情况的，或者泄露标底，构成犯罪的，依法追究刑事责任。投标人相互串通投标或者与招标人串通投标的，投标人以向招标人或者评标委员会成员行贿的手段谋取中标，构成犯罪的，应依法追究刑事责任。投标人以他人名义投标或者以其他方式弄虚作假，骗取中标，构成犯罪的，依法追究刑事责任。评标委员会成员收受投标人的财物或者其他好处的，评标委员会成员或者参加评标的有关工作人员向他人透露对投标文件的评审和比较、中标候选人的推荐以及与评标有关的其他情况，构成犯罪的，依法追究刑事责任。对招标投标活动依法负有行政监督职责的国家机关工作人员徇私舞弊、滥用职权或者玩忽职守，构成犯罪的，依法追究刑事责任。招标代理机构违反招投标法，泄露应当保密的与招标投标活动有关的情况和资料的，或者与招标人、投标人串通损害国家利益、社会公共利益或者他人合法权益的，构成犯罪的，依法追究刑事责任。

上述只是一般的规定，构成的犯罪罪名主要是《中华人民共和国刑法》第三章规定的破坏社会主义市场经济秩序罪，具体到第三节规定的妨害对公司、企业的管理秩序罪，涉及招投标活动的犯罪如下。

1. 公司、企业人员受贿罪

第一百六十三条　公司、企业的工作人员利用职务上的便利，索取他人财物或者非法收受他人财物，为他人谋取利益，数额较大的，处五年以下有期徒刑或者拘役；数额巨大的，处五年以上有期徒刑，可以并处没收财产。公司、企业的工作人员在经济往来中，违反国家规定，收受各种名义的回扣、手续费，归个人所有的，依照前款的规定处罚。

2. 对公司、企业人员行贿罪

第一百六十四条　为谋取不正当利益，给予公司、企业的工作人员以财物，数额较大的，处三年以下有期徒刑或者拘役；数额巨大的，处三年以上十年以下有期徒刑，并处罚金。单位犯前款罪的，对单位判处罚金，并对其直接负责的主管人员和其他直接责任人员，依照前款的规定处罚。

3. 非法经营同类营业罪

第一百六十五条　国有公司、企业的董事、经理利用职务便利，自己经营或者为他人经营与其所任职公司、企业同类的营业，获取非法利益，数额巨大的，处三年以下有期徒刑或者拘役，并处或者单处罚金；数额特别巨大的，处三年以上七年以下有期徒刑，并处罚金。

4. 为亲友非法牟利罪

第一百六十六条　国有公司、企业、事业单位的工作人员，利用职务便利，有下列情形之一，使国家利益遭受重大损失的，处三年以下有期徒刑或者拘役，并处或者单处罚金；致使国家利益遭受特别重大损失的，处三年以上七年以下有期徒刑，并处罚金：

（一）将本单位的盈利业务交由自己的亲友进行经营的；

（二）以明显高于市场的价格向自己的亲友经营管理的单位采购商品或者以明显低于市场的价格向自己的亲友经营管理的单位销售商品的；

（三）向自己的亲友经营管理的单位采购不合格商品的。

5. 签订、履行合同失职被骗罪

第一百六十七条　国有公司、企业、事业单位直接负责的主管人员，在签订、履行合同过程中，因严重不负责任被诈骗，致使国家利益遭受重大损失的，处三年以下有期徒刑或者拘役；致使国家利益遭受特别重大损失的，处三年以上七年以下有期徒刑。

6. 徇私舞弊造成破产、亏损罪

第一百六十八条　国有公司、企业直接负责的主管人员，徇私舞弊，造成国有公司、企业破产或者严重亏损，致使国家利益遭受重大损失的，处三年以下有期徒刑或者拘役。

以上法律依据来自《最高人民法院关于执行〈中华人民共和国刑法〉确定罪名的规定》（1997 年 12 月 9 日最高人民法院审判委员会第 951 次会议通过法释〔1997〕9 号）。

（三）行政责任

1. 总体责任

应承担"责令限期改正"、"取消招标代理资格"、"吊销营业执照"、"罚款"、"警告"等行政责任。

2. 行政罚款

《招标投标法》规定的罚款，一般以比例数额表示，在特殊情况下以绝对数额表示。以比例数额表示的罚款幅度为招标或者中标项目金额的5‰以上10‰以下；个人罚款数额为单位罚款数额的5％以上10％以下。以绝对数额表示的情形有三种：一是招标代理机构违反招标投标法，可处5万元以上25万元以下的罚款；二是招标人对投标人实行歧视待遇或者强制投标人联合投标的，可处1万元以上10万元以下的罚款；三是评标委员会成员收受投标人的好处或者有其他违法行为的，可处3 000元以上5万元以下的罚款。

3. 中标人行政责任

（1）中标人转包或者违法分包中标项目的，处以罚款；有违法所得的，并处没收违法所得；可以责令停业整顿；情节严重的，吊销营业执照。

（2）中标人和招标人背离投标规则，不订立合同或者违反规定订立其他协议的，责令改正；可处以罚款。

（3）中标人不履行合同，情节严重的，取消其2年至5年参加依法必须进行招标的项目的投标资格并予以公告，直至吊销营业执照。

第五节
招投标活动常见问题

一、不具备招标条件招标

许多大型工程建设项目，由于办理审批手续复杂，需层层审批，多数存在不具备招标条件而招标的问题。实际操作中，应注意以下招标条件：①招标人已经依法成立；②按照国家有关规定履行审批手续的，已经批准；③按照国家有关规定应当履行核准手续的，已经核准；④项目资金或资金来源已经落实；⑤有满足招标需要的文件和技术资料等。

二、应招标而不招标（规避招标）

大型建设工程项目是社会关注的焦点，牵涉利益关系较多，涉及领域也较复杂，客观上虽然存在无法招标的情况，但也同时存在着应招标而不招标或规避招标的问题。例如某工程场地平整工程某标段，中标单位为某局集团工程有限公司，中标价 9 000 万元，而实际合同价定为 6 000 万元。经查，业主将经过招标标段的部分工作量拆分成了一个小的标段，未经招标而分给了另外一家公司，合同金额 3 000 万。因为该施工单位并非招标选定，施工能力明显不足，导致工期滞后 2 个多月。

三、虚假招标，明招暗定

主要表现在业主在制订招标文件时带有明显倾向性，招标只是走过场，对非意向单位，一开始评标就被排除在外。对于这类问题，我们建议在招标文件制订后，请有关专家审定，排除招标文件的倾向性指标。采取这一办法对专家的要求很高，因为应用性专家往往更具有倾向性，而理论性专家则可能对市场不够熟悉。所以采取专家审核，一定要有一支良好的专家队伍。

某次招标，某一投标单位因未准时提交投标文件，评委会决定不予受理后，业主代表立即提出其余各单位均不符合技术条件，要求重新招标。这实际上是虚假招标，招投标监管人员当场予以制止。因为依法开标后不够三家的仍然可以继续招标，除非评委会认为明显缺乏竞争性。

某次招标，招标人在投标人之外选定中标人，并签订合同，此案依照《招标投标法》第五十七条的规定，最终被认定中标无效，中标无效又导致合同无效。这是明招暗定的典型案例。

四、串通投标或围标

串通投标或围标的问题属于潜规则问题，特点是表面合法，实质违法，不易发现，难以控制。一般建设工程招标，如果工程量较大，发生次数较多，投标方与业主经过多次业务往来，容易形成潜规则，即所谓的"今天你中标，明天他中标，总体平衡"。串通投标的实质是按规则轮流坐庄，围标的实质是以一家为核心，共同投标，确保其中标。这些都是《招标投标法》所禁止的。

五、招标门槛不公平

此类问题违反了《招标投标法》公平公正原则，属于限制性规定。《招标投标法》第十八条规定，招标人不得以不合理的条件限制或者排斥潜在投标人，不得对潜在投标人实行歧视待遇。第五十一条规定，招标人以不合理的条件限制或者排斥潜在投标人的，对潜在投标人实行歧视待遇的，强制要求投标人组成联合体共同投标的，或者限制投标人之间竞争的，责令改正，可以处 1 万元以上 5 万元以下的罚款。

某次招标，招投标监管人员发现招标人内部文件规定，允许下属改制单位以相对较高的价格中标。也就是按照报价的百分比降点计分，实质是招标的门槛不公平。还有的招标文件中的资质要求，要求投标单位必须获得内部市场准入证或者某行业业绩，否则此项得零分或者以废标论，都属于此类问题。

六、招投标文件编写不规范

按照我国法律法规有关规定，规范的招标文件一般要求具有如下内容：①工程项目综合说明；②招标范围及标段的划分；③工程采用的标准和规范；④工程质量和进度要求；⑤项目的技术要求；⑥报价编制的依据；⑦投标、开标及评标等活动的日程安排；⑧评标标准、方法及定标原则；⑨拟签合同的主要条款；⑩其他需说明的事项。实际操作中存在如下问题。

（1）普遍存在招标文件中对评标原则及方法的规定过于简单，而且也没有明确评标的规则和程序。评标标准和方法是招标文件的必备内容，只有在招投标文件中予以明确，才能体现招投标法律法规规定的公开、公平、公正的原则，投标人才有一个努力的方向和目标，响应招标人提出的各种条件和要求。《招标投标法》第十九条规定，招标文件应当包括技术要求、对投标人资格审查的标准、投标报价要求和评标标准等所有实质性要求和条件以及拟签订合同的主要条款。

（2）招标人名称不一致。如招标文件封面是"某公司工程项目指挥部"，招标邀请函注明的发标人却是"某公司工程项目指挥部生产调度部"，文件中又规定招标人是"某公司"。

（3）招标文件中没有关于工期的要求。

（4）《投标须知》里关于合格投标人资质条件与《资格后审资料》要求提供的资质复印件名录不一致。如"合格投标人"资格条件，要求投标人提供法人营业执照及年检资料、税务登记证、组织机构代码证及年检资料、施工资质等级证书等，而在《资格后审资料》里要求提供的资质复印件名录内却未要求税务登记证，增加了《安全生产许可证》的要求。还有的将施工资质等级证书模糊为企业资质证书。另外，《投标须知》里合格投标人资质条件关于质量、环境与健康体系认证证书的要求还有因为笔误写成安全、环境与健康体系证书的情况，这其实是两种完全不同的资质。还有对于哪些资质证书缺乏或者无效将导致废标的情况未明确，而引发争议。

（5）项目经理是一个工程项目的重要因素，在评分标准里要求项目经理资质必须符合招标文件规定的资格条件。某次招标，招投标监管人员发现招标文件中并没有对项目经理资质必须达到几级，作出规定。

（6）在评分标准里，错误地把《安全生产许可证》是否"合格"或者"基本合格"作为评分档次，这类证件只要合法有效即应该得分。

（7）在招标人发出的招标文件范本中，关于授权委托书的格式，普遍存在没有授权内容和有效期的要求，导致投标方依此出具的授权委托书内容普遍不规范，如出现"本工程"等字样。按照《工程建设项目货物招标投标办法》第四十一条规定，投标文件有下列情形之一的，由评标委员会初审后按废标处理：①无单位盖章并无法定代表人或法定代表人授权的代理人签字或盖章的；②无法定代表人出具的授权委托书的；③未按规定的格式填写，内容不全或关键字迹模糊、无法辨认的。因此，授权委托书的格式问题应当引起注意。

（8）指定或者变相指定品牌。物资采购招标普遍存在此类问题，主要包括：①指定品牌；②指定厂家；③指定规格。其中指定规格最隐晦，要求招投标监管人员加强招标前设计审查与管理，依法确需引用某项规格的，可以用"相当于"字样。

（9）招标文件中只规定资格审查的内容或范围，没有规定资格审查详细标准和方法。从监督过程中了解的情况来看，特别是采用资格后审方式的，由于招标缺少相关审查标准和方法，不仅使投标人准备的标书不规范、不严谨，也使评委会在评标过程中出现困难。

（10）对投标保证金不作要求。

某次招标，投标单位系江阴市某石油机械厂，该单位在唱标时发现自己报价过低，就以澄清交货地点为借口，表示不愿意中标。我们认为，即使该单位中标也可能会放弃，由于招标人在本次招标中忽略了收取投标保证金，无法用经济手段约束对方按规定签订合同，造成工作的被动。

（11）中标通知书不规范。中标通知书作为招标项目合同签订的主要依据，其内容应当包括合同价款、工期、质量标准等重要内容，但目前许多招标后发放的中标通知书仅包括价款和中标方，工期及质量标准都未加以明确。

七、资格审查不严

（1）建设部文件规定 2004 年 7 月 1 日起不再年检企业建筑资质（建办市函〔2005〕456 号）。在实际操作中，存在许多评委或监管人员不知道、不执行此项规定的问题，存在以未经过年检给予废标处理的错误做法。

（2）原国家建设部和省建设厅对于建筑企业资质明确规定，不能承接超过注册资本金 5 倍以上的相关工程。不提供营业执照或营业执照未经年检，为无效主体。

2007 年，某工程，通过招标分包给"某设备安装有限责任公司"，经查，该公司营业执照上注册资本金 50 万元，承包合同价款为 520 万元，超过其注册资本金的 10 倍。而且，该公司营业执照表明 2005 年度进行了年检，未见 2006 年年检。该公司自称有建筑工程二级资质，但在合同检查中，并未发现施工资质证明文件。我们认为，这次招标不仅内容不合法，而且造成了合同履行的风险。

（3）招标主体应为具备承担民事行为能力的法人，具备编制招标文件、组织评标的能力。

某次招标，招投标监管人员发现投标主体为某公司的下属分公司的某项目部，目前还没有营业执照，属于投标主体资格不规范的问题。

某次招标，招投标监管人员发现招标文件明确某公司工程招标办公室为招标人。我们认为，公司下属招标办公室作为招标组织机构是可以的，但不具备招标人的主体资格条件。

八、招标程序不严谨

（一）投标截止时间过短

某次招标，招投标监管人员发现标书发出时间是 6 月 7 日，要求标书送达截止时间为 6 月 21 日，违反了法律法规有关规定。按照《工程建设项目货物招标投标办法》第三十条规定，招标人应当确定投标人编制投标文件所需的合理时间。依法必须进行招标的货物，自招标文件开始发出之日起至投标人提交投标文件截止之日止，最短不得少于 20 日。违反此项规定的，有关行政监督部门可以依据《工程建设项目货物招标投标办法》第五十五条规定，责令招标人限期改正，根据情节处 3 万元以下的罚款。

（二）投标截止时间与开标时间不一致

某次招标，招投标监管人员发现招标文件规定投标截止时间为 2007 年 5 月 26 日上午 8 时 30 分，而规定开标时间为当天上午 9 时。《招标投标法》第三十四条规定，开标应当在招标文件确定的提交投标文件截止时间的同一时间公开进行。投标截止时间与开标时间一致，既可以给投标人一个尽量宽松投标的时间，又可以防止投标截止到开标这段时间的暗箱操作。

（三）投标有效期前后约定不一致

某次招标，招投标监管人员发现招标文件中规定"投标文件从开标之日起，投标有效期为 30 天"，与"投标书格式"中规定的 90 天不一致。《工程建设项目货物招标投标办法》第四十七条规定，评标委员会提出书面评标报告后，招标人一般应当在 15 日内确定中标人，但最迟应当在投标有效期结束日 30 个工作日前确定。之所以这样规定，是留出中标后 30 天的签订合同时间，因此，投标有效期不能少于 30 天，实践中通常在 90～120 天之间约定。投标有效期是招标文件的实质性条件，投标文件的不响应有可能导致废标。《工程建设项目货物招标投标办法》第四十一条规定，投标有效期不满足招标文件要求的，由评标委员会初审后按废标处理。

（四）开标前 15 日内修改招标文件

《招标投标法》第二十三条规定，招标人对已发出的招标文件进行必要的澄清或者修改的，应当在招标文件要求提交投标文件截止时间至少 15 日前，以书面形式通知所有招标文件收受人。

某次招标开标后，业主代表提出避雷器质量非常关键，要求必须是进口，但招标文件并没有对此提出明确要求。虽然最终采取让投标人澄清的方式，但还是给招标活动带来被动和不良影响。我们建议，今后应尽量避免这种情况的发生，确需修改招标文件的，应当在投标截止 15 日前提出。

（五）招标过程透明度不够

依照招标的公开、公平和公正原则，当所有投标文件的密封情况被确定无误后，应将投标文件中投标人的名称、投标价格和其他主要内容向所有投标人及其他在场人员公开宣布，以保证投标人及其他参加人了解所有投标人的投标情况，增加开标程序的透明度。

某次招标，招标人只是在招标开始和宣布中标单位时做到了公开，而"唱标"过程没有公开。这一程序和环节的不公开、不透明，很可能影响到整个过程的公平性，最后导致结果的不公正。还有可能引起投标人投诉，政府部门的查处，既影响了投标人的积极性，又可能导致有实力的潜在投标人减少的后果。

（六）评标委员会成员的倾向性

由于个别评标委员会成员（尤其是业主代表）可能在招标前到投标人所在地进行过考察，因此在设置评标规则、具体评分办法的时候，存在以某个投标人的技术和参数为标准，从而使该投标人在技术评分时大占优势的问题。结果是尽管这家投标单位商务报价很高，仍然可以技术标上的高分轻松中标，使得招投标工作名存实亡。

（七）违规组建评标委员会

按照国家有关法律法规的规定，评委的组成应包括招标投标专家评委库中的专家，并且一般应占评标委员会成员总数的2/3。实际操作中，往往不能达到上述比例，出现控制评标的现象。以石油工程招标为例，一般勘探开发工程技术服务项目的评标人员由有关专家和上级主管部门的有关人员组成，负责评标工作。评标小组应由5名以上专家组成，且必须为单数；公证组至少由2名人员组成。评标小组应由招标方的代表、相关专业的技术专家和经济类专家组成，技术和经济方面的专家分别不得少于评标小组成员的2/3。

某次招标，评委会中的9名评委有6名来自业主单位内部的工程管理、计划财务、纪委等部门，占了2/3的比例，专家仅占了1/3的比例，而且招标单位为了充数，不顾评委资格要求，安排刚毕业大学生当评委，这是违反国家有关招投标法律、法规规定的。因此我们建议，在评委的组成上应适当增加外部评委的名额，从上级部门专家库或外部选择有经验的专家组成。

（八）评标程序不规范

评标顺序一般为先评技术标书，后评商务标书。

某次招标，采取的是先开商务标，再开技术标和综合标，两个标的评标工作分别独立进行的方式。我们认为，从公平的角度，应当先进行技术标评审，再进行商务标的开标。如果先开商务标，各投标单位的报价被评委知道，在技术标的评审过程中可能会有针对性地打分，影响评分的客观公正。还有的招标，完全割裂技术和商务标的评审，邀请技术标合格的投标单位进入商务谈判，商务标只谈不评，不综合打分，招标和谈判混为一谈。

某次招标，业主代表在投标单位唱标前拿出了一个所谓的"标底"——关于几个井场钻前工程的施工工期，并称之为"技术标底"，决定本次只对技术方面进行招标，然后再与投标单位按技术评分高低顺序进行商务谈判。我们认为，这是一种规避招标，不规范招标的行为，将招标实质变成了谈判。

（九）控制评标

多数表现在评标过程中，评标委员会或小组的主要负责人通过直接或间接方式表达拟中标方的优势和合作意向，并向其他评委成员游说其意图，使拟中标方"鹤立鸡群"得以中标的做法。

九、不依法订立、执行合同

《招标投标法》第四十六条规定，招标人和中标人应当自中标通知书发出之日起 30 日内，按照招标文件和中标人的投标文件订立书面合同。实际中存在中标通知书下发后，未能及时签订正式合同的问题。如招标项目中标通知书已明确规定了签订合同日期，未按期签订合同视为放弃中标资格，但实际上，该项目合同虽然并未按时签订，却得以实际履行。

依法中标通知书中规定的中标金额，应与项目的合同金额一致，但在实际操作中，还出现了中标金额与实际合同签订数额不符的情况。

国家法律法规规定，中标单位不得向他人转让中标项目，不得将中标项目肢解后转包给他人，招标投标双方约定的分包单位不得再次分包。施工招标、中标单位不得将主体工程进行分包。在工程建设中，曾有一家中标单位把中标工程分包给数十家单位，而总承包合同上明确规定不允许分包。这种无视法律的行为不但导致工程质量、工期不能得到保证，而且层层分包、转包已经引发了诸多诉讼纠纷隐患和安全隐患。

十、招标结果超投资概算

关于招标结果超投资概算的问题，我们认为虽然有材料价格上涨，施工难度大等客观原因，但也有设计方案不配套，边施工边设计等问题，导致投资难以控制。另外合同变更手续不齐全，也导致投资难以控制。还有中标单位前期故意以最低报价优势获得中标，在施工过程中，利用其与建设方主要负责人的特殊关系，不断变更设计方案或者施工方案，进而变更合同价格，使工程一再地超预算，从而谋取不正当利益的做法。再有监督不到位也使得施工单位有虚报工程量，提高自身利润的机会，这也是超投资的一个原因。

如某场平工程，原中标合同价 260 万元，变更协议的金额就为 440 万元，是原中标合同价的 169%，变更增加的金额超过原中标合同价。不但造成了合同管理的失控，而且造成了企业利益的损失。

第六节
招投标存疑问题

一、技术澄清与重大偏离

在评标过程中，评标委员会可以要求投标单位对投标文件中含义不明确的内容作必要的澄清或说明，但不得超出投标文件的范围或改变投标文件的实质性内容。按照规定，开标后发现重大偏离，评委会可以表决废标；废标后导致投标单位少于 3 家，可以继续评标；如果评委会认为失去竞争性，经表决可以终止招标。

某次设备招标，国内某安全装备有限公司对招标文件不甚理解，在空气呼吸器及气瓶投标中未能将"他救器"包含在投标文件中，致使报价低于其他供应商报价的一半，经其解释后，认定其对招标文件没有进行实质性的响应，评委会决定按废标处理。评委会的评判是否有误，是否能够以技术澄清论，有待商榷。

一般规定，工期的重大偏离应视为未实质响应，按照招标文件应该拒绝。但如果招标文件没有明确工期的最后底线，是否能够将工期作为构成重大偏差的标准，也有待商榷。

二、免予招标的办理

从前文大型工程建设招投标介绍中我们知道，目前我国的合同项目招标率并不高，除了部分依法应当招标而没有招标的，还存在大量依法可以不招标的情况。对于依法可以不招标的究竟如何区分，程序上如何操作，制度上又如何规定，是进一步提高招投标管理水平应当考虑的问题。

三、招标与谈判

目前世界各国和有关国际组织的有关采购法律、规则都规定了公开招标、邀请招标、议标三种招标投标方式。由于议标的中标者是通过谈判产生的，不便于公众监督，容易导致非法交易，因此，我国招投标法没有规定这种方式。《联合国贸易法委员会货物、工程和服务采购示范法》规定，经颁布国批准，招标人在下述情况下可采用议标的方法进行采购：①急需获得该货物、工程或服务，采用招标程序不切实际，但条件是造成此种紧迫性的情况并非采购实体所能预见，也非采购实体办事拖拉所致；②由于某一灾难性事件，急需得到该货物、工程或服务，而采用其他方式因耗时太多而不可行。为了使得议标尽可能地体现招标的公平公正原则，《联合国贸易法委员会货物、工程和服务采购示范法》还规定，在议标过程中，招标人应与足够数目的供应商或承包商进行谈判，以确保有效竞争，如果是采用邀请报价，至少应有三家；招标人向某供应商和承包商发送的与谈判有关的任何规定、准则、文件、澄清或其他资料，应在平等基础上发送给正与该招标人举行谈判的所有其他供应商或承包商；招标人与某一供应商或承包商之间的谈判应是保密的，谈判的任何一方在未征得另一方同意的情况下，不得向另外任何人透露与谈判有关的任何技术资料、价格或其他市场信息商务标与技术标分开招标。对于这种国外认可，国内法律没有规定，实际操作众多，真正明白很少的议标，值得认真研究。

四、投标中是否存在不可抗力

参照我国法律关于不可抗力的有关规定的原则精神，以及国际通行的招投标规则中的相关规定，对因不可抗力而造成的投标延误，投标人可不承担相应的责任，招标人可以酌情适当延长投标截止日期，或者接受投标人以传真等方式提交的投标文件。但在现有法条里找不到具体规定，实际工作中出现了争议。国际上一般明确认可"不可抗力"。例如联合国贸易法委员会的《货物、工程和服务采购示范法》规定，如果一个或多个供应商或承包商因其无法控制的任何情况而无法在截止日期前提交标书，采购实体完全可自行决定在投标截止日期之前展延该截止日期。亚行的《贷款采购准则》规定，若延误交标非投标商之过，而且延迟投标不会影响到其他有关的投标商，经协商，运行后再对该投标予以考虑。但是WTO的《政府采购协议》规定，如完全是因采购实体处理不当而造成投标逾期，则供应商不应受罚，如采购实体的有关程序有规定，也可以在其他例外情况下考虑这些投标。此规定仅限于采购实体有过错的情况下，因此在参考使用时一定要注意。

五、关联交易的理解

对于关联交易问题，尤其是大型、特大型具有众多分子公司的企业，我们一度认为必须严格按照国家法律法规有关要求，同非关联交易一样必须进行招标。

按照国务院 30 号令的规定，招标人的任何不具独立法人资格的附属机构（单位），都无资格参加该招标项目的投标，而具有独立法人资格的附属机构、控股企业、子公司有没有资格参加投标，法律对此没有具体的规定。国内某大型建设工程曾经出现过这一类问题并因为关联交易招标被投诉。因为评委可能存在一定的倾向性，因此被认为属于显失公平的行为。关联交易的招标问题，有待立法进一步明确。

本章主要参考文献

[1]《标准文件》编制组. 中华人民共和国标准施工招标文件 [G]. 北京：中国计划出版社，2007.

[2] 孙琬钟. 中华人民共和国招标投标法释义与适用指南 [M]. 北京：中国人民公安大学，1999.

[3] 董海涛. 当前我国工程招投标活动中存在的主要问题及对策建议 [J]. 建筑经济，2003，8.

[4] 吕所章，李京. 对工程招投标中存在问题的思考 [J]. 建设监理，2002，2.

[5] 邓惠琴. 建设工程招投标制度的弊端分析 [J]. 山西建筑，2004，1.

[6] 林善谋. 招标投标法适用与案例评析 [M]. 北京：北京机械工业出版社，2004.

第六章

大型建设工程项目劳动用工法律问题

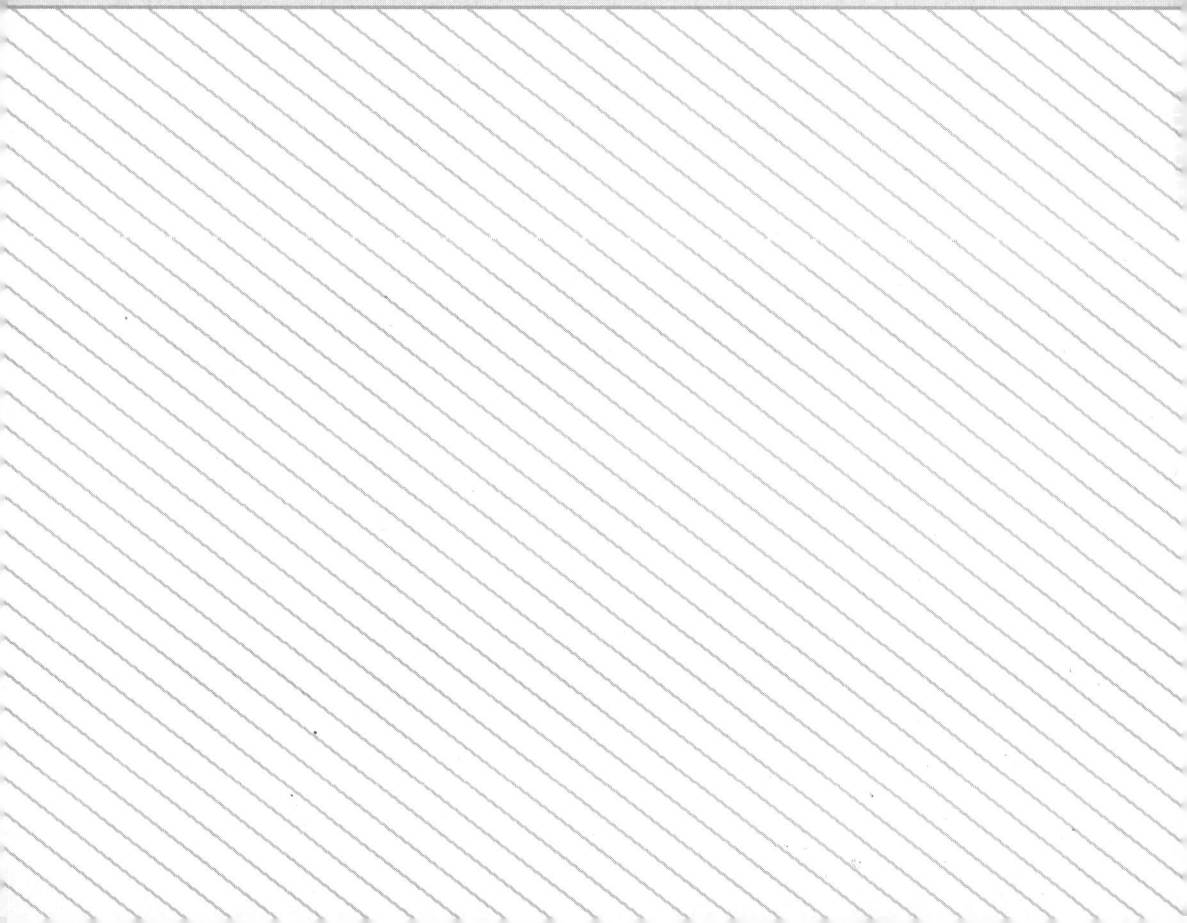

第一节
劳动用工法律法规制度体系

我国劳动用工法律法规体系比较庞杂，主要包括综合类、劳动合同的订立、劳动合同内容和条款、劳动合同解除和终止、经济补偿、劳动争议解决等几个方面。对于建设工程而言基本都适用。

一、劳动合同法律法规制度的发展

长期以来，我国实行的是计划经济体制。在计划经济体制下，我国的劳动用工实行的是固定工制度，事实上已成为一种无条件的"终身制"，它同分配上的平均主义结合一体，形成了"铁饭碗"、"大锅饭"的劳动用工体制和机制。其主要弊端就是职工能进不能出，干部能上不能下，干多干少一个样，技术高低一个样，一线二线一个样。在这种体制和机制下，有些人可以心安理得地躺在企业和国家身上吃"大锅饭"，自己不劳动或少劳动而占有别人的劳动果实。劳动者的积极性、创造性得不到发挥，大批人才被埋没，客观上起了打击先进，保护落后的作用，严重地束缚了生产力的发展。

由固定工向劳动合同制工人的转变是一个艰难的改革过程，涉及人们的思想意识的转变和社会政治经济的稳定。我国是从 20 世纪 80 年代开始积极、稳妥推进劳动用工制度改革的，其主要内容就是推行劳动合同制度。这种改革最初是以行政法规和部门规章的形式出现的，如原劳动部 1983 年发布的《劳动人事部关于积极试行劳动合同制的通知》、国务院 1986 年发布的《国营企业实行劳动合同制暂行规定》。

在推行过程中出现了许多当时预料不到的新情况、新问题，急需通过法律来进行规范。在对多年改革实践经验总结的基础上，1994 年 7 月 5 日，我国颁布了新中国成立以来第一部全面调整劳动关系和规范劳动行为的法律《中华人民共和国劳动法》。《劳动法》的颁布实施，标志着我国劳动用工制度和劳动合同制度开始全面建立。

二、《中华人民共和国劳动法》颁布施行

1994 年 7 月 5 日，我国颁布了新中国成立以来第一部全面调整劳动关系和规范劳动行为的法律《中华人民共和国劳动法》，并于 1995 年 1 月 1 日起正式施行。《劳动法》的颁布与实施，进一步推动了我国社会主义市场经济的健康、顺利发展，为亿万劳动者提供一个强有力的、可靠的法律保障。

虽然《劳动法》对劳动合同制度进行了初步规范，但在具体实施过程中，新的问题、新的矛盾不断出现，如劳动合同的适用范围问题、劳动合同试用期问题、解除和终止劳动合同权利的经济补偿问题、竞业限制问题、用人单位滥用解除劳工合同的权力问题等。另外，一些新的用工方式的出现，对劳动合同制度的健康发展提出了挑战，如小时工、灵活用工和劳务派遣。尤其是劳务派遣，它将劳动关系的双方人为地分割成三方，目的在于将劳动合同职工改为劳务工，以达到降低劳动报酬标准、逃避缴纳社会保险费、非法谋取最大利润的目的。而当时由于国家法律法规在规范劳务派遣方面还是相当欠缺，被派遣劳务工的合法权益难以得到有效的维护，即使发生劳动纠纷，也无法可依。用人单位正是利用这一点，尽可能地采用这一用工方式。

为完善和健全劳工合同制度，劳动合同法的立法被提上了全国人大讨论的议程。于 2007 年 6 月 29 日，经第十届全国人民代表大会常务委员会第二十八次会议通过并颁布了《中华人民共和国劳动合同法》，从 2008 年 1 月 1 日起施行。

劳动合同法作为我国协调劳动关系和维护劳动者权益的一部重要法律，将为完善劳动合同制度，明确劳动合同双方当事人的权利和义务，保护劳动者的合法权益，构建和发展和谐稳定的劳动关系，提供了明确而具体的法律依据。

三、劳动合同法在大型建设工程中的意义

大型建设工程不同于一般的建设工程，在一个国家的工业化、经济起飞和社会发展过程中，起着奠定重要物质基础的作用。新中国成立伊始，我国就大规模地进行了"156 工程"建设，巩固了新中国的物质基础。改革开放以来，特别是"十五"、"十一五"计划以来，我国又投资建设了一大批重点建设工程项目，如三峡工程、南水北调工程、西气东输工程、川气东送工程、奥运场馆建设工程、京沪高速铁路工程、国家大飞机工程。这些投资规模大、参与建设主体多、建设周期长。如三峡工程总投资达 1 800 亿元，工期长达 17 年；南水北调工程预计总投资 4 860 亿元，工期更是预计长达 51 年；西气东输工程一线投资 435 亿元，二线投资 1 400 亿元，总工期为 7 年；川气东送工程投资达 627 亿元，工期为 3 年；京沪高速铁路工程总体投资 2 209.4 亿元，工期为 5 年。

大型建设工程除了投资规模大、工期长以外，还有参与建设主体多、劳动用工总量大、劳动用工形式多变的特点。一般的正常生产经营的企业单位以及事业单位，劳动用工总量和劳动用工形式基本稳定，即使是季节性和产业景气周期变化对用工总量和用工形式有影响，但也基本是可预测，可控制的。但是，因为大型建设工程本身就是一个过程，在工程开始、施工安装高潮、工程完工收尾三个大的不同阶段，劳动用工总量变化剧烈。而且，由于在市场经济体制下，参与大型建设工程的有各种经济成分、各种企业组织形式、各种经济实体，所以其带来的用工形式也是多样的、变化的。

劳动法和劳动合同法在我国社会主义法律体系中处于重要地位，是规范劳动关系的基础性法律。而劳动合同法的出台规范了用工形式、保护了劳动者利益、保障了工程进度、降低了劳动用工风险。劳动法和劳动合同法可以把大型建设工程中纷繁复杂的劳动用工关系予以规范化，既有利于维护劳动者的合法权益，也有利于维护用工单位的合法权益，有利于减少劳动纠纷，构建和发展和谐稳定的劳动关系，促进工程建设在和谐的氛围中，合法的环境下健康有序地推进。

第二节
大型建设工程管理模式及用工状况

一、大型建设工程的管理模式与劳动用工

大型建设工程的投资主体可以是企业法人（公司），也可以是事业法人（社会团体、非政府组织 NGO），这些投资主体可以通过设立项目法人和项目部来运作、管理工程项目。我国投资体制改革以后，以前由政府投资的大型建设工程项目，也通过设立国有公司，如国有资产经营管理公司、国有控股公司、国有投资公司来建设、运行大型建设工程，比较典型的如中国三峡工程总公司、京沪高速铁路建设股份公司、中国商业飞机有限公司。因此，项目法人和项目部是大型建设工程两种主要管理、运作主体，同时也是大型建设工程的劳动用工主体。

项目法人制就是大型建设工程的投资主体设立一个专门的、独立的法人实体来管理运作大型建设工程。如果为此专门设立的法人实体是公司的话，也可以被称为项目公司。项目法人或项目公司又可以再细化分为两种，一种是只负责大型建设工程的建设，即负责从立项、设计，到施工、安装，直至大型建设工程建成、竣工，项目法人或项目公司撤销；另外一种既负责大型建设工程建设，又负责建成、竣工后的生产、运营，如中国三峡工程总公司。项目法人制是我国建设工程领域最基本的管理制度和要求，和招投标制、监理制、合同管理制一起，构成我国建设工程的四项基本制度。项目法人是大型建设工程最基本、最主要的用人单位。

项目部制就是大型建设工程的投资主体不设立独立的法人实体，而是设立非法人实体的项目部，通过项目部来管理、运作其投资的大型建设工程。自从1987年鲁布革水电站工程经验成功推广以来，项目部体制迅速成为我国建设工程领域最流行的运行和管理模式。项目部的称谓很多，诸如项目部、项目经理部、工作部、指挥部等。项目部根据其是否经过工商注册，可以分为两种类型。一种是经过工商注册，领取了《营业执照》的项目部。这种项目部是合法的经营实体和经济实体，可以参与招标和投标，可以以自己的名义签订合同，甚至可以

以自己的名义参加民事诉讼和仲裁。另外一种是没有经过工商注册，没有领取《营业执照》，这种项目部只能是投资主体的内部单位，因而不能构成一个经营实体和经济实体，但可以称为投资主体内部的管理主体。但是上述两种类型的项目部，都可以构成用工单位而成为劳动用工的主体。

二、劳动合同法适用范围在大型建设工程中的运用

（一）用人单位

《劳动合同法》第二条规定："中华人民共和国境内的企业、个体经济组织、民办非企业单位等组织，与劳动者建立劳动关系，订立、履行、变更、解除或者终止劳动合同，适用本法。"这一条是关于用人单位的规定。

企业是以盈利为目的的经济性组织，包括法人企业和非法人企业。所谓法人企业是根据民法、公司法而设立的有自己财产、能独立承担民事责任的经济实体。目前，企业法人又可以分为公司制企业法人和非公司制企业法人，公司制企业法人是根据《公司法》而设立的有限公司和股份公司。非公司制企业法人是根据《公司法》实施前有关法律设立，且还没有按《公司法》要求进行改制的企业，如××总厂、××管理局、××公司。由此，大型建设工程投资者设立的项目法人，也可以分为企业型项目法人和公司制项目法人。中国三峡工程总公司就是在《公司法》实施前设立的，虽然叫公司，但不是《公司法》意义上的有限公司或股份公司，是企业型项目法人。《公司法》实施后设立的项目法人，一般表现为国有独资公司、有限责任公司、股份有限公司、上市公司。

所谓非法人企业，是指没有独立财产、不能独立承担民事责任的组织，非法人型企业的民事责任由开办该非法人型企业的组织承担。非法人企业又可以细分为经工商注册登记并领取营业执照的经济实体、经营实体，以及没有经过工商登记注册而只能成为设立该非法人企业的组织的内部管理实体。大型建设工程投资主体设立的项目部，就是典型的非法人企业，即它不能独立承担民事责任，但可以成为大型建设工程投资主体的一个负责该工程项目的管理主体。根据工商登记情况，运作、管理大型建设工程的项目部，有的是办理了工商登记、领取了营业执照的项目部，有的则是没有办理工商登记、没有营业执照的项目部。

大型建设工程项目的投资主体大多数是企业及企业设立的企业（项目法人和项目部）。事业单位投资兴建大型建设工程时，如果通过设立项目法人或项目部来运作工程项目的，其设立的项目法人或项目部，因此成为了企业而成为劳动合同法规定的用人单位。

由此我们可以看出，根据劳动合同法的规定，不管是项目法人还是项目部，在劳动用工上都适用劳动合同法，都受劳动合同法管辖。

（二）劳动者

劳动合同法规定的劳动者，其主体范围不包括离退休人员、农村劳动者、家庭保姆、现役军人以及公务员和比照实行公务员制度的事业单位和社会团体的工作人员。在大型建设工程中，项目法人或项目部经常会聘用一些离退休人员担任专家或从事一些特定业务。对于这些由离退休人员担任的专家，是不适用劳动合同法的。

三、大型建设工程劳动用工基本原则

不管是项目法人劳动用工，还是项目部劳动用工，和一般企事业法人单位劳动用工是一样的，首先要与劳动者确立劳动关系，而劳动关系存在、确立的主要标志就是项目法人与劳动者之间签订了劳动合同。

在这里需要强调的是，劳动合同虽然是劳动者与用人单位之间确立劳动合同关系存在的标志，但劳动合同并不是劳动合同关系产生的唯一根据。只要用人单位和劳动者之间存在劳动关系，即用人单位对劳动者实施了管理、支付了薪酬，劳动者也向用人单位提供了自己的劳动，即使双方没有签订劳动合同，或者是事后补签劳动合同，但劳动合同关系已经存在。当然，在用人单位与劳动者签订劳动合同后才发生劳动合同关系的情况下，劳动合同就成为劳动合同关系产生的根据。所以，劳动合同是劳动合同关系存在、确立的证明、证据，但却不是唯一根据。

按照《劳动合同法》第三条规定，作为大型建设工程管理、运作者的项目法人，在与劳动者签订劳动合同时应当遵循合法、公平、平等自愿、协商一致、诚实信用的原则。

（一）合法原则

所谓合法就是劳动合同的形式和内容必须符合法律、法规的规定。劳动合同是要式合同，即必须是书面形式。如除非全日制用工外，劳动合同必须采取书面形式。就劳动合同的形式的法律要求而言，劳动者要注意的是书面劳动合同才有法律效力，口头劳动合同在发生争议时，一般不具备证据效力，很难维护自身的合法权益。对于项目法人而言，书面劳动合同同样是维护自身合法权益最有效、最直接的手段。根据劳动合同法"不均衡立法"和保护劳动者原则，劳动者和项目法人之间如果不签订书面劳动合同的话，项目法人则更要承担不订立书面合同的法律后果，即《劳动合同法》第八十一条规定："用人单位自用工之日起，超过一个月但不满一年未与劳动者订立书面劳动合同的，应当支付劳动者二倍的应得劳动报酬。"也就是我们通常所说的"双倍工资"。劳动合同合法性原则，不仅体现在形式要件的要求，更是体现在对其内容合法方面的要求。《劳动合同法》

第十七条具体规定了劳动合同应具备的九项内容，如劳动合同期限（固定期限和无固定期限）、工作时间、劳动报酬、劳动保护、休假、福利待遇、社会保险等。这些内容必须符合法律规定，如果内容违法，劳动合同不仅不受法律保护，当事人还要承担相应的法律责任。

（二）公平原则

公平原则是指劳动合同的主体是平等的，劳动合同的内容是公平合理的。劳动法和劳动合同法不同于民法体系中的合同法，即不完全、绝对公平。劳动法和劳动合同法一大特点就是"不均衡立法"，国家立法时要向劳动者倾斜，更多地保护劳动者利益。所以说，劳动合同法的公平原则是在向劳动者"倾斜"基础上的公平。关于劳动合同的内容，相关劳动法律、法规往往只规定了一个最低标准，而这个最低标准就是法律规定的用人单位和劳动者之间的公平的基础和起点。在此基础上双方自愿达成协议，就是能保障劳动合同公平性和合法性。关于公平问题，特别要注意的就是用人单位不能滥用优势地位。我国劳动力市场总体上是供大于求，这就使得用人单位可以利用其优势地位而迫使劳动者订立不公平的合同。在劳动合同订立过程中遵循公平原则，有利于弘扬社会公德，有利于维护双方当事人的利益，有利于建立和谐稳定的劳动关系。

（三）平等自愿原则

劳动者和用人单位在订立、履行劳动合同时，劳动者的人格与项目法人的"人格"在法律地位上是平等的，没有高低、贵贱、从属之分。订立劳动合同应当完全是出于劳动者和用人单位双方的真实意志，是双方协商一致的结果，任何一方不得把自己的意志强加给另一方。在大型建设工程实施过程中，项目法人没有超越法律而对劳动者拥有什么特权。只有地位平等，双方才能真实、自由表达意思。即使在劳动合同的履行过程中，劳动者成为用人单位的一员，受用人单位的管理，处于被管理者的地位，但这也并不表明用人单位和劳动者的地位是不平等的。劳动者接受用人单位的管理，是基于双方在平等自愿、公平合理基础上签订的劳动合同，是基于用人单位的管理制度、操作规程符合法律规定、符合客观规律，而不是基于我国劳动力供大于求的形势下用人单位的优势地位和"特权"。

（四）协商一致原则

劳动合同也是一种合同，劳动者和用人单位需要双方协商一致，达成合意。协商一致就是用人单位和劳动者要对合同的内容充分协商，达成一致意见，一方不能凌驾于另一方之上，不得把自己的意志强加给对方，也不能强迫命令、胁迫对方订立劳动合同。尤其是用人单位利用其优势地位，以胁迫、乘人之危的方式与劳动者签订合同，不仅不符合劳动合同法，也不符合合同法的规定，属于"可撤销合同"。在订立劳动合同时，用人单位和劳动者双方都要认真、仔细研究合同条款和内容，充分进行沟通和协商，达成一致意见。只有体现双方真实意志的劳动合同，双方才能忠实地按照合同约定履行。现实中劳动合同往往由用人单位提供格式合同文本，劳动者只需要签字就行了。作为格式合同文本的提供者，项目法人应当注意，在劳动合同中如果超出法律的规定而加重劳动者的义务，减轻或免除自己的义务。即使在格式合同中这么规定，也属于无效条款，不具备法律效力。在发生劳动争议时，无论是劳动仲裁，还是诉讼，对于这样的格式条款，仲裁机构或法院都将做出不利于格式条款拟定者、提供者的解释。

（五）诚实信用原则

诚实信用原则不仅是民事法律关系的基本原则，也是劳动法律关系的基本原则。从本质上讲，诚实信用原则是一项社会道德原则。在订立劳动合同时，双方都不得有欺诈行为。根据《劳动合同法》第八条的规定，用人单位招用劳动者时，应当如实告知劳动者工作内容、工作条件、工作地点、职业危害、安全生产状况、劳动报酬，以及劳动者要求了解的其他情况。劳动者也应当如实告知自己的劳动技能、职业履历，尤其是要如实告知是否还与其他用人单位存在劳动合同关系。双方都不得隐瞒真实情况，更不能进行欺诈。

四、大型建设工程劳动合同主要条款和内容

大型建设工程中订立的劳动合同，和其他劳动合同一样，也分为固定期限劳动合同、无固定期限劳动合同以及以完成一定工作任务为期限的劳动合同。无论哪种劳动合同，都必须具备以下内容。

（一）必备条款和约定条款

用人单位的名称、住所和法定代表人或者主要负责人；劳动者的姓名、住址和居民身份证或者其他有效身份证件号码；劳动合同期限；工作内容和工作地点；工作时间和休息休假；劳动报酬；劳动保护、劳动条件和职业危害防护；法律、法规规定应当纳入劳动合同的其他事项。

约定的条款：试用期、培训、保守秘密、补充保险和福利待遇等其他事项。

（二）试用期

试用期必须与劳动合同期限并存，不得仅约定试用期；试用期与劳动合同期限必须同时开始；劳动合同期限必须长于试用期；劳动合同期限三个月以下，不得规定有试用期；劳动合同期限三个月以上不满一年的，试用期不得超过一个月；劳动合同期限一年以上三年以下的，试用期不得超过两个月；三年以上固定期限和无固定期限的劳动合同，试用期不得超过六个月。试用期劳动者的工资不得低于本单位相同岗位最低档工资或者劳动合同约定工资的80%，并不得低于用人单位所在地的最低工资标准。

（三）劳动合同履行和变更

劳动合同应当全面履行，用人单位名称、法定代表人等的变更、用人单位合并或分立的，劳动合同继续履行；劳动报酬应当按照合同约定和国家规定及时、足额支付劳动报酬，拖欠或未足额支付，劳动者可以依法向当地人民法院申请支付令；劳动者可以拒绝违章指挥、强令冒险作业；劳动合同变更需要用人单位和劳动者协商一致。

（四）劳动合同的解除和终止

劳动合同的解除分为协商解除、用人单位单方解除、劳动者单方解除。

在下列情况下，由于用人单位的过错，劳动者可以单方解除劳动合同：未按照劳动合同约定提供劳动保护或者劳动条件的；未及时足额支付劳动报酬的；未依法为劳动者缴纳社会保险费的；用人单位的规章制度违反法律、法规的规定，损害劳动者权益的；因《劳动合同法》第二十六条第一款规定的情形致使劳动合同无效的。劳动者单方解除劳动合同，必须提前三十日以书面形式通知用人单位，试用期内提前三日通知用人单位。

在下列情况下，由于劳动者过错，用人单位可以单方解除劳动合同：在试用期间被证明不符合录用条件的；严重违反用人单位的规章制度的；严重失职，营私舞弊，给用人单位造成重大损害的；劳动者同时与其他用人单位建立劳动关系，对完成本单位的工作任务造成严重影响，或者经用人单位提出，拒不改正的；因《劳动合同法》第二十六条第一款第一项规定的情形致使劳动合同无效的；被依法追究刑事责任的。

在下列情况下，虽然劳动者无过错，但用人单位有权辞退并解除劳动合同：劳动者患病或者非因工负伤，在规定的医疗期满后不能从事原工作，也不能从事由用人单位另行安排的工作的；劳动者不能胜任工作，经过培训或者调整工作岗位，仍不能胜任工作的；劳动合同订立时所依据的客观情况发生重大变化，致使劳动合同无法履行，经用人单位与劳动者协商，未能就变更劳动合同内容达成协议的。

（五）用人单位经济性裁员

经济性裁员是指在企业破产法规定进行重整、生产经营发生严重困难、企业转产、重大技术革新或者经营方式调整情况下，需要裁减人员 20 人以上或者裁减不足 20 人但占企业职工总数 10％以上的。用人单位经济性裁员的，需提前 30 日向工会或者全体职工说明情况，听取工会或者职工的意见后，裁减人员方案经向劳动行政部门报告，可以裁减人员。

（六）用人单位不得解除劳动合同的情形

有下列情况的，用人单位不得单方面解除劳动合同：从事接触职业病危害作业的劳动者未进行离岗前职业健康检查，或者疑似职业病病人在诊断或者医学观察期间的；在本单位患职业病或者因工负伤并被确认丧失或者部分丧失劳动能力的；患病或者非因工负伤，在规定的医疗期内的；女职工在孕期、产期、哺乳期的；在本单位连续工作满 15 年，且距法定退休年龄不足 5 年的；法律、行政法规规定的其他情形。

（七）劳动合同的终止

劳动合同终止的情形有六种情况：劳动合同期满的；劳动者开始依法享受基本养老保险待遇的；劳动者死亡，或者被人民法院宣告死亡或者宣告失踪的；用人单位被依法宣告破产的；用人单位被吊销营业执照、责令关闭、撤销或者用人单位决定提前解散的；法律、行政法规规定的其他情形。

由于用人单位的过错违法解除或终止劳动合同的，劳动者要求继续履行应当继续履行；劳动者不要求继续履行或者劳动合同已经不能继续履行，可以要求相当于双倍工资的赔偿金（双倍经济补偿）。

（八）集体合同

集体合同是指工会或职工代表代表全体职工与用人单位或团体（即集体协商双方当事人）之间根据法律、法规的规定，就劳动报酬、工作时间、休息休假、劳动安全卫生、保险福利等事项，在平等协商一致的基础上签订的书面协议。集体劳动合同又可以分为专项集体合同、行业性集体劳动合同、区域性集体劳动合同。

（1）专项集体合同：用人单位与劳动者根据法律、法规、规章的规定，就集体协商的某一个方面的问题签订的专项书面协议。

（2）行业性集体合同：在一定行业内由行业性工会联合会与相应行业内各企业订立的集体合同。

（3）区域性集体合同：在一定区域内（县级以下，镇、区、街道、村），由区域性、行业性工会联合会与区域内行业内各企业订立的集体合同。

劳动者和用人单位签订的劳动合同，如果存在集体劳动合同的，劳动者和用人单位之间的劳动合同条件不得低于集体劳动合同约定的条件。

（九）劳务派遣

劳务派遣是指劳动力派遣机构与派遣劳工签订派遣合同，在得到派遣劳工同意后，使其在被派企业指挥监督下提供劳动。劳务派遣的优势在于降低企业用工成本和管理成本，方便企业管理，规避用工风险。劳务派遣的弊端在于商业秘密易泄露；派遣员工既缺乏与派遣单位，也缺乏与接受单位的认同感、归属感，派遣单位与接受单位之间相互推诿，劳动者权益容易受到侵害。

（十）竞业限制

竞业限制也称为竞业禁止，包括法定竞业禁止和约定竞业禁止的两种类型。

竞业禁止是规定或者约定，劳动者在离开用人单位之后的一定期限内，不得从事与雇佣其的原用人单位存在竞争关系的工作、业务，原用人单位应给予相应经济补偿。竞业禁止不仅在劳动合同法，同时也在公司法、反不正当竞争法等法律中有所规定。如《公司法》规定，董事、经理等有竞业禁止义务。《劳动合同法》关于竞业禁止的规定仅限于高级管理人员、高级技术人员和其他关键岗位的人员。之所以对这些人员实施竞业禁止，是因为这些人员知悉、掌握用人单位商业秘密。所谓商业秘密，主要是指专有技术、工艺流程、技术诀窍、核心配方、招标标的、客户资料、营销策略、价格信息等用人单位已采取保密措施且尚未公开的信息。因为这些人员掌握了商业秘密，如果从事与雇佣其的原用人单位相互竞争的工作和业务，则明显是不正当、不公平的竞争（表 6-1）。

在大型建设工程领域中，适用竞业限制的人员有：项目部高级管理人员、市场开发人员、定额和标的的编制人员、设计师、监理师、关键岗位的工程师等。

表 6-1   《劳动合同法》关于竞业限制的规定

	劳动合同法
适用对象	竞业限制的人员限于用人单位的高级管理人员、高级技术人员和其他知悉用人单位商业秘密的人员。
适用范围	竞业限制的范围、地域、期限由用人单位与劳动者约定，竞业限制的约定不得违反法律、法规的规定。
限制期限	期限不得超过 2 年。
经济补偿	按月给予劳动者经济补偿。
违约责任	劳动者违反竞业限制约定的，应当按照约定向用人单位支付违约金。劳动者违反劳动合同法规定解除劳动合同，或者违反劳动合同中约定的保密事项或者竞业限制，给用人单位造成损失的，应当承担赔偿责任。

第三节
大型建设工程项目部劳动用工特点

项目部是大型建设工程投资主体设立的非法人性组织，是大型建设工程常见的、主流的管理和运作模式。项目部又有办理了工商登记的经济、经营实体和没有办理工商登记的管理实体之分。项目部的名称多种多样，如项目部、经理部、项目经理部、现场工作部、指挥部。但是，不管项目部是否经过工商登记注册，也不管是叫什么名称，项目部内部的管理模式基本由直线职能型和矩阵型两种构成。与此同时，项目部的劳动用工也存在于这两种模式之中。

一、直线职能型组织

直线职能型组织，主要适用于运营性企业或组织的组织结构。这种组织是按照纵向和横向交织的路径，结合专业化分工和部门划分而构建的。纵向是指组织结构的管理层次，由高到低或由低到高，形成金字塔状的科层结构。横向则是每个管理层次上不同的专业和部门分工（见图6-1）。

直线职能型组织也可以管理、运作大型建设工程项目。只是这种工程项目要么由横向层面的某个部门全部负责，要么由纵向层次的某级组织全部负责。项目经理和项目管理人员都是兼职的，由横向层面的某部门或纵向层次某组织内部委派，而且这种项目组之中项目经理的权力和权威性很小，特征是命令、指挥集中在企业最高层（也就是图6-1中的总经理）。

由此，我们也可以看出，运用直线职能模式来管理、运作的大型建设工程是比较单一、专业化非常强的项目，需要的内部协作比较少。在这种模式下，劳动用工也相对比较简单。进入项目部的全部管理人员，只有两种用工情况，一是由所在部门和组织委派，执行原来劳动合同；二是项目新雇佣人员，这些新进人员按照固定期限、无固定期限或以完成一定工作任务为期限与项目部或者与设立项目部的投资主体签订劳动合同。

217

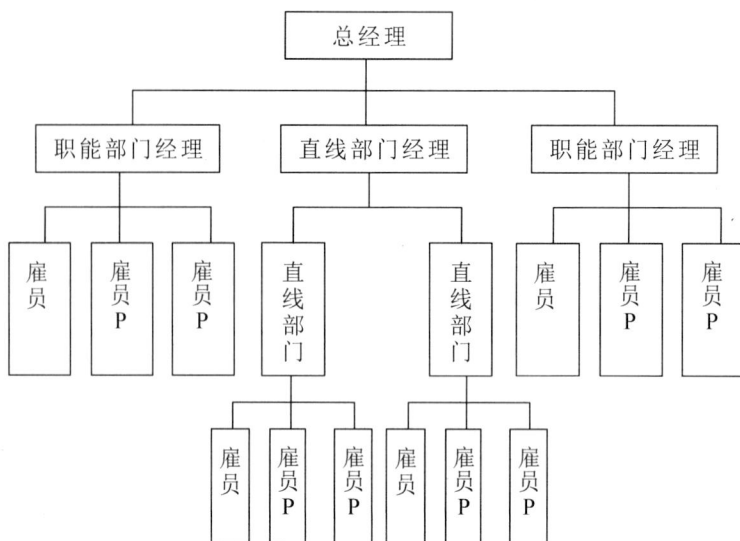

图 6-1 直线职能型组织

二、矩阵型组织

矩阵型组织是一个组织或企业在不同层面上，各个专业化管理、运作的职能部门，按照组织或企业的特定目的和需要，根据组织或企业的指令，调派各自部门的人员组织另外一个相对独立的组织机构，设立该相对独立组织的上一层次组织同时赋予该相对独立组织综合性职能，该相对独立组织是为一定目的而设立并随目的的实现、完成而结束，参加该组织的人员在该组织结束后返回原来的部门。这种组织机构就是矩阵型组织（见图 6-2）。

由此，我们可以看出矩阵型组织机构的特点就是：一是由不同部门人员组成，二是拥有各个部门的职能，三是有特殊目的，四是人员遵循"哪里来，哪里去"原则。这和我们对"项目"的定义分析惊人的一致，所谓项目，就是组织机构为特定的目的，投入资源，在一定期限内从事的一次性事业。所以说，项目需要矩阵型的组织来运作，而矩阵型组织就是为项目而生的。矩阵组织运用到大型建设工程项目中的时候，它可以是项目法人，也可以是项目部。

矩阵型组织根据组织本身对参与组织人员的管理、控制力度以及其获得资源力度，分为强矩阵组织和弱矩阵组织。对投资主体而言，在大型建设工程项目中是运用强矩阵组织还是弱矩阵组织来运作、管理大型工程，是基于大型建设工程本身的性质和要求。在我国，大型建设工程项目往往不仅是投资主体自身的项目，由于项目本身涉及国计民生和国家的经济社会发展战略，大型建设工程项目

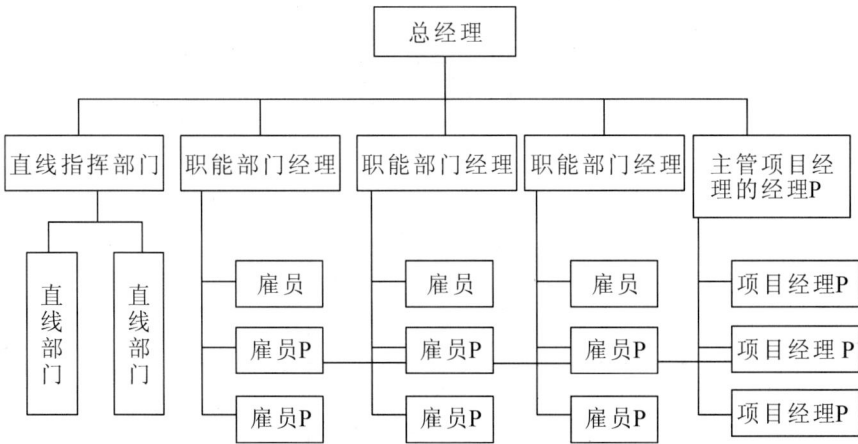

图 6-2 矩阵型组织

有时候上升为国家的重点工程。为了强化工程建设，确保带有"国字号"工程的顺利进行，投资主体往往会选择强矩阵组织来运作、管理大型建设工程。

（一）强矩阵组织

一般而言，强矩阵组织对参与矩阵组织的人员的控制、管理力度非常强，矩阵组织本身可以决定参与矩阵组织人员的薪酬待遇、职务升迁，参与矩阵组织的人员与派出单位之间逐渐脱离关系。在强矩阵组织中，参与人员是专职的，尤其是单位项目经理和项目管理的人员一般也是专职的，不再兼任原派出组织的工作，也不得参与其他组织的工作，只有在强矩阵组织解散以后才能考虑到其他组织工作。强矩阵组织本身的职能非常突出，由设立强矩阵组织的上级组织直接赋予，而不依赖于设立强矩阵组织内部的其他职能部门的"分权"。换言之，强矩阵组织本身就是设立强矩阵组织上级组织的内部的一个超级强力部门。正因为强矩阵部门的超级强力职能，它可以在投资主体范围内直接获得它需要运用的资源，而不依赖于其他职能部门。

强矩阵组织是从矩阵组织本身对人力资源、其他资源及其控制、管理力度来确定的，而与矩阵是否能独立承担民事责任并无直接关联。也就是说，强矩阵组织可以独立承担民事责任而成为项目法人，也可以不独立承担民事责任而成为项目部。用强矩阵组织来运作、管理大型建设工程比较典型的是三峡工程。

三峡工程于 1993 年 9 月 27 日成立了"中国长江三峡工程开发总公司"，作为三峡建设工程的项目法人，全面负责建设工程的筹资、投资、建设和运营。三峡总公司实行总经理负责制，总经理是企业法定代表人。公司设总工程师、总经济师、总会计师，协助总经理工作。设有科学技术委员会、投资委员会、预算委员会三个专业委员会，作为公司技术、经济决策咨询机构（见图 6-3）。

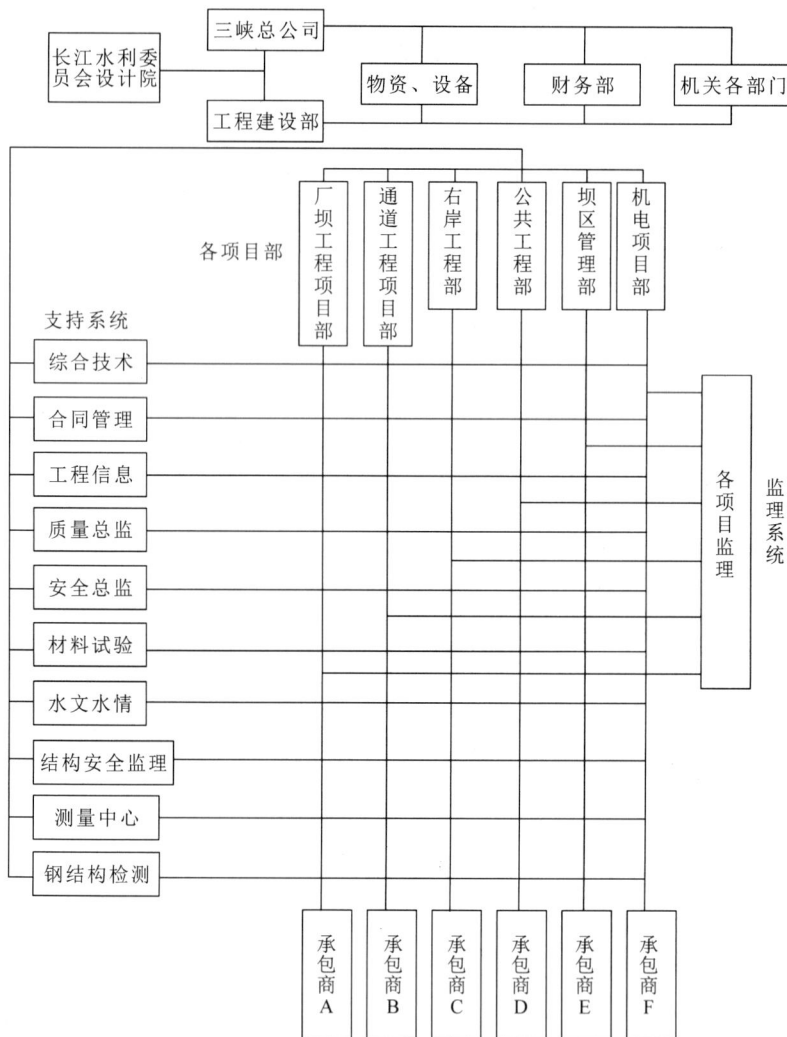

图 6-3　三峡工程的强矩阵组织

（二）弱矩阵式组织

弱矩阵组织和强矩阵组织正好相反，弱矩阵组织本身对参与矩阵组织的人员控制、管理力度有限。弱矩阵组织本身的职能也有限制，很多职能只能通过设立矩阵组织的上级组织的其他职能部门才能实现。如弱矩阵组织本身不能决定参与矩阵组织人员的薪酬待遇、职务升迁，只能管理、监督参与矩阵组织人员的工作，并对他们的薪酬待遇、职务升迁向派出他们的组织提出建议。

同样，在大型建设工程中，弱矩阵组织与是否能独立承担民事责任无直接关联。弱矩阵组织可以采取项目法人形式，也可以采取项目部形式（见图6-4）。

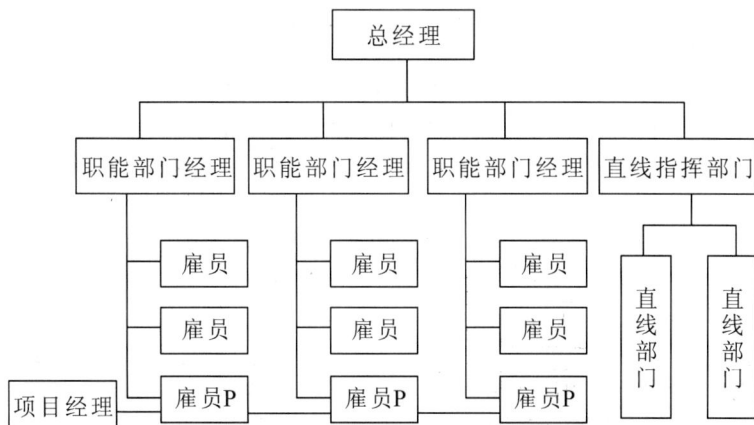

图 6-4 弱矩阵组织

三、矩阵组织下的劳动用工特点分析

大型建设工程均运用的是矩阵组织管理形式。当然，这些矩阵管理组织有的是强矩阵，有的是弱矩阵；有的矩阵组织是项目法人，有的是项目部。但它们在劳动用工上还是有一些共同点的。

（一）自上而下委派

大型建设工程的投资主体一般会为矩阵组织派遣大量管理人员。如果大型建设工程投资主体设立了独立的项目法人，那么项目法人的法定代表人、高级经营管理人员、关键岗位管理人员、一般工作人员、主要技术工人等，均有可能由大型建设工程的投资主体直接委派。委派到项目法人的工作人员的劳动关系就可以分成两种情况：第一，在项目法人的工作人员的劳动关系不变，仍履行由大型建设工程的投资主体与派出工作人员原签订的劳动合同；第二，派出人员终止与大型建设工程投资主体之间的劳动合同，而与项目法人签订、履行新的劳动合同。

在矩阵组织采取项目部的形式下，如果项目部是经过工商登记注册的经济实体和经营实体。投资主体派出人员的劳动关系处理就和项目法人一样。如果是没有工商登记注册的项目部，投资主体的派遣人员只能履行与投资主体已经签订的劳动合同，无法与项目部签订劳动合同。

（二）从关联企业派遣

大型建设工程的投资主体本身如果是一个拥有众多子公司、控股子企业的母公司的话，不仅可以从本部直接自上而下向项目派遣人员，而且可以从其拥有的其他子公司、子企业派遣人员参与项目的建设。对于项目法人或项目部而言，从投资主体的子公司、子企业派来的人员，就是关联企业横向派遣的人员。横向派遣的人员劳动关系也可能存在两种情况：一是来自关联企业的人员维持与关联企业的劳动关系，而由项目法人或项目部、关联企业、派出人员三者之间形成一种"借聘关系"；二是派出人员与关联企业终止劳动关系而与项目法人或项目部建立新的劳动关系。

（三）新增人员劳动关系

运作、管理大型建设工程的矩阵组织，不管是强矩阵还是弱矩阵，不管是项目法人还是项目部，除了自上而下的直接委派和关联企业的横向委派外，对于新增人员，如果大型建设工程项目投资主体赋予了项目法人或项目部"人事权"和"用工权"，那么项目法人或项目部可以直接在劳动力市场招聘新的人员。如果大型建设工程投资主体没有赋予项目法人或项目部"人事权"和"用工权"，则由投资主体自己亲自操作，招聘新的人员。这两种情况下，都适用《劳动合同法》的基本原则和主要内容。

（四）聘用专家和咨询人员

根据大型建设工程的需要，项目法人或项目部需要聘请专家和专业咨询人员。如果聘请的专家是离、退休人员，根据前述《劳动合同法》关于"劳动者"主体范围的规定，不属于《劳动合同法》调整范围，属于民法调整。

（五）劳务派遣

项目法人或项目部在建设工程中势必会产生一些临时性、辅助性、替代性的工作岗位，为降低用工成本，会使用大量劳务工驾驶员、餐饮服务人员、卫生保洁人员、保安人员。一般由项目法人或项目部与专业劳务公司签订劳务派遣合同，由劳务派遣公司派出人员到项目法人或项目部工作。

四、借聘协议分析

在大型建设工程的劳动合同关系中，有一种特别形式的劳动合同，即借聘协议。借聘协议一般由借入方、借出方和劳动者三方构成。借入方是矩阵型组织，也就是大型建设工程的项目法人或项目部，借出方一般是大型建设工程投资主体、项目法人、项目部或投资主体的关联方。前述的自上而下派遣和关联单位派遣都适用借聘协议。在一定范围内，项目法人或项目部也从投资主体及关联单位以外的单位借聘人员。

借聘协议是借入方、借出方和劳动者三方之间，就劳动者到借入方工作，三方合法、合理安排借入方与借出方之间民事权利义务关系，以及借入方、借出方共同安排劳动者待遇薪酬、社会保险、职业发展等劳动权利义务的协议。借聘协议与劳务派遣合同有根本的不同。所以，借聘协议是民事合同和劳动合同的综合体，但以劳动合同关系为主。借聘协议有以下特点。

（一）借聘协议效力与劳动合同效力的关系

借聘协议的效力不能影响劳动合同的效力，但劳动合同的效力却可以影响借聘协议。借聘协议虽然是在劳动者与借出方原已签订的劳动合同生效以后达成并生效的，但是，原劳动合同既不因借聘协议成立、生效而终止、解除或无效，也不因借聘协议的终止、解除或无效而终止、解除或无效。相反，如果劳动合同出现终止、解除或无效的情况，劳动者有权不履行借聘协议、不承担违约责任。从某种意义上讲，劳动合同和借聘协议是主合同和从合同的关系。主合同可以决定从合同的效力，但从合同不能决定主合同的效力。

（二）三方关系下的连带责任

借聘协议由借入方、借出方、劳动者三方签署方能生效。根据劳动合同法的有关规定，劳动者在同一时期只能和一个用人单位建立劳动合同关系。所以，借聘协议中虽然出现了原劳动合同以外的第三方，即借入方，但这并不表示借入方和劳动者建立另外一个新的、独立的劳动合同关系。借聘协议中涉及劳动者的权利义务，应当只是对原劳动合同的一种变更，而不是一份新的劳动合同。从某种意义上分析，借入方是通过借聘协议的形式加入了劳动者和借出方原来签订的劳动合同关系。借入方和借出方共同成为了用人单位。因此，借入方和借出方在与劳动者的劳动合同关系上应承担连带责任关系。在劳动者合法权益受到损害时，可以向借出方，也可以向借入方，或同时向借出方、借入方主张权利。

（三）劳动管理和劳动保护

在借聘协议下，劳动者要接受借入方的劳动管理、指挥、培训，劳动者也要按原劳动合同、借聘协议要求执行借入方的规章制度、操作流程，服从借入方的管理和指挥，完成借入方要求的工作。由于劳动者已经到借入方工作，所以借入方要按国家、行业标准以及原劳动合同、借聘协议的约定，向劳动者提供劳动保护，保障劳动者的身心健康。

（四）薪酬和待遇

劳动者的基本工资一般仍由借出方发放，绩效工资和奖金一般由借入方发放。由于在借聘协议有效期间，劳动者是在借入方工作，借出方已经无法实地、适时对劳动者业绩进行考核。借聘协议中一般都会约定，由借入方对劳动者实施业绩考核。

（五）社会保险和补偿保险

劳动者的医疗、养老、失业等基本社会保险是属地管理，按劳动关系成立所在地的标准执行。在借聘协议的情况，就会出现劳动关系成立所在地与劳动者实际工作地——大型建设工程所在地相分离的情况。建设工程项目是有特定周期的，项目结束，劳动者又将更换新的工作地点。而且项目法人和项目部也会随着工程项目的结束而结束。所以，社会保险跟随大型建设工程走的话，就会处于长期不稳定的流动状态，不利于稳定劳动者队伍。因此，基本社会保险、住房公积金仍由借出方按标准在借出方所在地缴纳和执行。至于企业补偿医疗保险、补偿养老保险（年金），可以按就高不就低原则，由借出方或借入方缴纳和执行。

（六）职业发展

劳动者根据借聘协议在借入方工作期间，专业知识和技能培训、专业技术职称评定、职位晋升一般由借入方按借出方或借入方规定执行。劳动者在借入方工作期间获得的专业技术职称和晋升的岗位职务，在借聘协议终止后，借出方应当予以承认并延续。对于强矩阵组织，由于原派出单位与劳动者的管理、控制关系趋于弱化，一旦强矩阵组织解散，组织的参与者的前途将会受到巨大影响。在强矩阵组织情况下，借聘协议尤其要关注劳动者的职业发展问题。

（七）借聘协议终止后劳动者安置

在借聘协议自然终止、协议解除、单方解除或无效的情况下，劳动者和借出方原定的劳动合同仍然有效。借出方应该按借聘协议的约定接收劳动者并安排工作，继续履行原劳动合同。

五、大型建设工程中的农民工

农民工是指从农村进入城市，依靠替雇主工作为谋生手段，但不具备非农业户口的社会群体，他们广泛分布在采掘业、建筑业、制造业、纺织业、餐饮服务业、零售业。由于我国户籍制度尚在改革过程之中，城镇户口和农业户口的分类仍然普遍存在，持有农业户口而进城务工的广大农民工群体就普遍存在。只有我国户籍制度最终取消了城镇户口和农业户口的区分，"农民工"这个带有明显时代特征和内涵的概念才会最终消失。

在大型建设工程中，农民工是不可回避的一个严肃的社会问题。他们是工程建设最基层的劳动者，勤劳肯干、吃苦耐劳、默默奉献。建设工程中苦、脏、累、险的工种岗位大多是由农民工承担。他们为大型建设工程的建设做出了杰出、重要的贡献。但是，由于受到文化素质、技能水平的限制，他们往往又是一个权益容易受到伤害的弱势群体，超长时间的劳动、简陋的劳动保护、被拖欠和克扣工资是最突出的现象。

保护处于弱势地位的农民工，既是维护社会稳定、促进社会和谐的要求，也是大型建设工程顺利进行的自身要求。由于非法转包和违法分包等原因，建设工程领域经常发生拖欠农民工工资现象，这个问题得不到妥善解决，矛盾激化，不仅会发生消极怠工、不严格执行操作规程、不严格执行质量标准的问题，而且会发生占领工程现场阻止工程施工等现象，甚至发生到公共场所、党政机关非法聚集的严重社会问题。

（一）转分包情况下农民工的权益保护

我国大型建设工程中，作为建设工程中最基层劳动者的农民工，由于用工形式的不规范以及受到文化素质的限制，其权益往往保护的不够，比较突出的是欠薪和劳动保障问题。而在非法转分包情况下，各转分包单位层层扒皮、雁过拔毛，以至于最底层的分包单位为了保障自己的利益，唯有牺牲农民工的权益。

目前我国主要有以下三种农民工的用工形式。

（1）正式劳动合同关系，由农民工与建筑企业或劳务分包公司签订劳动合同，建立劳动关系，由劳动法和劳动合同法来调整。这种情况下，农民工的各种权益能够得到保护，按月领取薪酬，并享有正常劳动报酬和各种福利待遇。

（2）劳务关系，农民工与个人或单位根据口头或者书面约定（劳务合同），提供劳动服务并收取报酬，由民法来调整。这种情况下，有书面约定（劳务合同）的农民工权益能够得到较多的保障，而口头约定则相对来说保障力度不够。

（3）非正式劳动关系，一般多为农村的一些带工师傅带领本村人外出做工或由本村邻里之间互相介绍外出务工，既没有劳动合同，也没有劳务合同，双方当事人仅凭互相之间的信任维持这种非正式劳动关系。这种情况下农民工为了薪酬最大化，经常会变更工作地点，有的甚至一天换一个地方，正是由于这种不定性，非正式劳动关系下农民工的权益最容易受到侵害。

上面我们分析了用工形式给农民工带来的权益保护问题，而在转分包中，非法转包和违法分包都将会出现业主方无法监控，使得农民工权益保护失控。

（二）专业劳务分包公司与农民工

近年来，大型建设工程领域由于农民工的非正式劳动关系的出现，拖欠农民工工资现象时有发生。为了改变这种局面，2005 年 8 月 5 日建设部发布了《关于建立和完善劳务分包制度发展建筑劳务企业的意见》，要求在全国建立基本规范的建筑劳务分包制度，农民工基本被劳务企业或其他用工企业直接吸纳，而专业劳务分包公司正是在这种背景下出现的。它是指专门进行劳务分包并具有建筑业劳务分包资质的企业，农民工与其签订劳动合同，成为产业工人，并有针对性地加强从业常识和职业技能培训，其工资、福利、待遇等均有所保障。在实际操作中，经常会发生发包方、承包方、劳务分包方三方互相推诿扯皮，致使农民工权益被侵害，但从长远来看，农民工的权益保障问题正在逐渐得到解决，专业劳务分包公司的运作也在逐步走向正规。

（三）农民工工资保障机制和措施

大型建设工程中，业主方往往会采取一些措施来保证工程的顺利进行和保护农民工的权益，目前比较常见的有以下两种。

（1）合同文本中设定向第三方支付条款。根据当前社会上存在的拖欠农民工工资时有发生的情况，从构建社会主义和谐社会的理念出发，同时为了保证建设工程如期完成，业主方一般会在合同文本中增设对农民工工资支付问题的约定，防止承包方因向农民工等第三方迟延支付而影响工程进展。如某大型建设工程合同文本中约定："承包方雇佣农民工的，应当及时足额支付其工资，不得拖欠。不得因拖欠影响工程进度和质量以及现场正常施工秩序，否则发包方有权从合同价款中扣除，直接支付给农民工。发包方直接支付的款项，视为已履行了向承包方的支付义务。"不但对农民工工资支付进行了约定，还建立了"直接支付"机制，以合同约定的形式解决了保障农民工的工资支付。

（2）农民工工资支付保证金制度。除合同文本预设农民工工资支付条款外，业主方通常会建立农民工工资支付保证金制度。在承包方报送工程预算的同时向业主方出具工程造价中农民工工资及相关薪酬的计算依据和资料，业主方审查后支付相当于农民工薪酬总额相等（可略高但不得超过工程款的 50％）的工程款；承包方收到款项后支付农民工工资，并向业主方提交明确显示工资已逐月支付的经农民工签字确认已领取的工资表等相关工资发放资料进行审查；业主方确认当期农民工薪酬已逐月支付后支付其他剩余工程款。以此来保障农民工工资的正常支付。

六、劳务派遣工问题

(一) 招聘员工

招人的不用人，用人的不招人，在实务中，一般都是用人单位招聘，再由劳务派遣服务机构与该员工签订劳动合同，而在具体的派遣协议中由于条款的不完善，容易带来劳动关系主体的混乱，造成派遣员工的认识错误。一旦发生纠纷，特别是工伤事件，双方均会被卷进纠纷中。

(二) 规章制度冲突

用人单位与派遣服务机构的规章制度不一致，一旦发生冲突该如何解决呢，一旦发生纠纷，首先需要根据双方的劳务派遣协议约定解决，没有约定的，可以由法官或者仲裁员本着维护劳动者合法权益的原则进行自由裁量，在这种情况下双方胜诉可能性都不会很大。建议用人单位在制定规章之前先查阅派遣单位的规章制度，其次在派遣协议中约定被派遣员工应同时遵守双方规章制度，如有冲突，以用人单位规章制度为准。

(三) 工资支付

有的用人单位怕麻烦，直接向被派遣员工发放工资，工资的发放形式往往是认定事实劳动关系的重要因素，一旦被认定事实劳动关系，就要承担雇主责任。建议在派遣协议中约定，经用人单位书面同意，派遣服务机构可以委托用人单位向被派遣员工代发工资。

(四) 员工侵害用人单位合法权益

劳动者在用人单位工作时，如果因过错损害到用人单位的一些合法权益，给用人单位造成经济损失的，需要赔偿用人单位经济损失，但是劳动者的经济承受能力有限。经济损失得不到完全的弥补。所以，建议在派遣协议中约定：派遣服务机构应教育自己的员工遵守实际用人单位的规章制度。被派遣员工违反用人单位的规章制度造成用人单位损失的，视为派遣服务机构违反合同约定，应按协议约定承担违约责任。派遣服务机构对用人单位承担违约责任后，可视情况追究被派遣员工的责任。这样可以最大限度的弥补用人单位的经济损失。

本章主要参考文献

[1]《中华人民共和国劳动合同法》注释本 [M]. 北京：法律出版社，2007.

[2] 曹可安.《中华人民共和国劳动合同法》实务100讲 [M]. 北京：京华出版社，2007.

[3] 曹可安.《中华人民共和国劳动合同法》解析、案例分析、合同样本 [M]. 北京：京华出版社，2007.

[4] 葛玉辉. 新《劳动合同法》实用解析 [M]. 北京：经济管理出版社，2008.

[5] 王桦宇. 劳动合同法实务操作与案例精解 [M]. 北京：中国法制出版社，2008.

[6] 矩阵式项目管理 [EB/OL]. http://www.5ixue.com.

[7] 工程项目管理组织 [EB/OL]. http://www.ucvc.net.

第七章

大型建设工程项目
保险法律问题

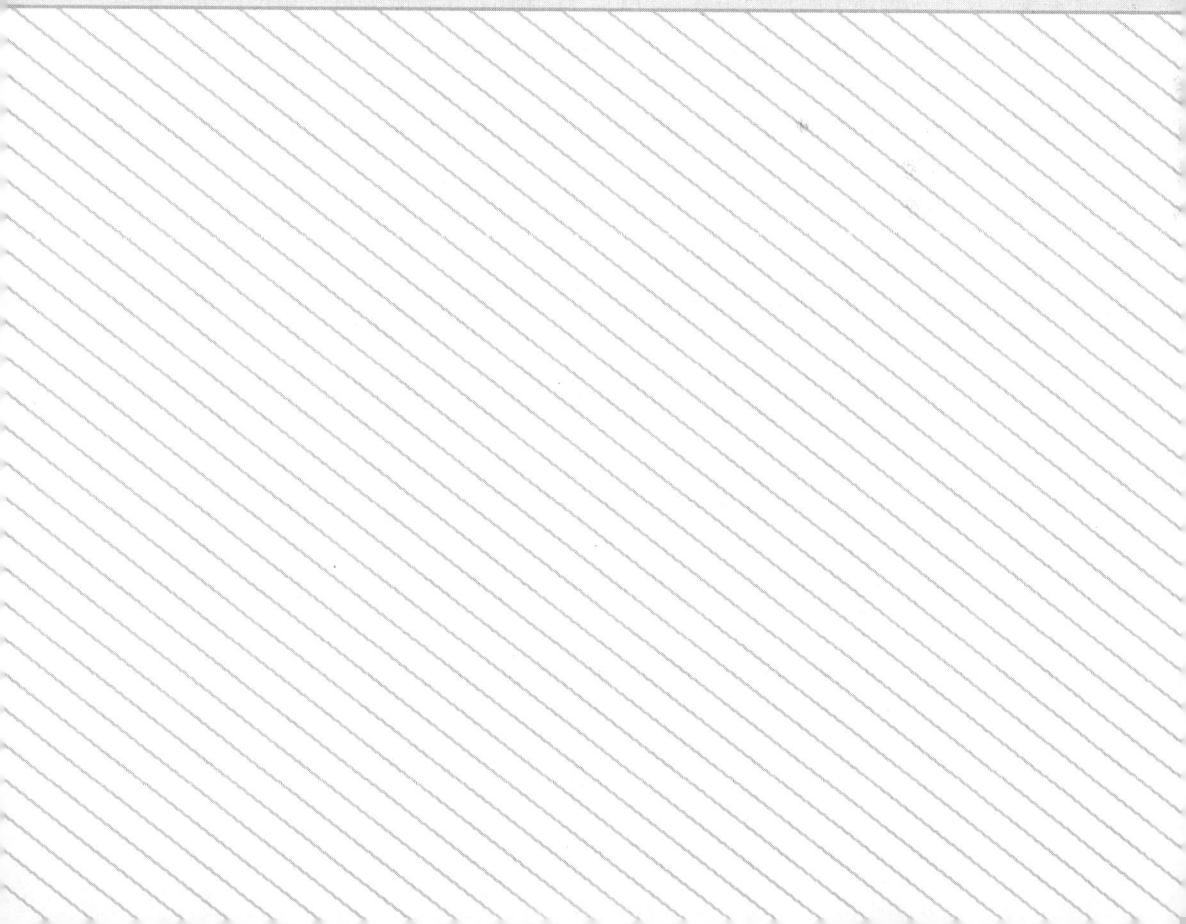

第一节
保险法律法规制度体系

　　1805 年，英国商人在当时中国南方对外贸易的唯一通商口岸广州设立了"谏当保险行"。我国的现代民族保险相继出现。但是在半殖民地、半封建的中国，连年的战乱，尤其是 20 世纪开始的"一战"、日本侵华战争以及内战的原因，到了新中国成立前夕，民族保险业已经奄奄一息。新中国成立后，我国在北京成立了中国人民保险公司，保险业在中国得到了恢复和发展。但是，随之又受到"大跃进"和"文化大革命"等运动影响，致使国内保险业务从 1958 年开始基本上停办，直到十一届三中全会以后，随着改革开放的发展，我国才重新肯定保险在社会经济发展中的作用，重新开办各项保险业务。伴随着我国保险业的恢复和发展，有关保险方面的立法不断发展，主要包括综合类、市场监管类、保险合同类、保险机构类四个大的方面。对于大型建设工程而言主要适用综合类和保险合同类。

一、保险法律法规制度的发展

　　改革开放以来，我国保险方面的立法工作有了很大的进展，对我国的财产保险合同和海上保险合同的订立、变更和转让以及保险企业的设立和管理等都作了详细的规定，如国务院 1983 年发布的《中华人民共和国财产保险合同条例》、1985 年发布的《保险企业管理暂行条例》、1992 年公布的《中华人民共和国海商法》。这些法律、行政法规对我国保险活动的健康发展发挥了积极的作用。但随着社会的发展出现了一些新情况、新问题，影响了保险活动的正常发展，为了规范保险活动，保护被保险人和保险当事人的合法权益，1995 年，第八届全国人大常委会第十四次会议审议通过了《中华人民共和国保险法》，它标志着我国保险事业的发展从此进入有法可依，有法必依，执法必严，违法必究的法制轨道。但随着 2001 年我国加入世贸组织后，保险业的内外部结构和环境均发生了较大的变化，为了适应保险业对外开放的新形势，2002 年九届全国人大常委会第三十次会议对《保险法》做了相应的修改，对《保险法》的调整范围、保险业务的分业经营、保险公司的资金运用和偿付能力等问题进行了修改和补充，使之更加适应实际情况和实际需要。

二、保险法在大型建设工程中的意义

大型建设工程不同于一般的建设工程，在一个国家的工业化进程、经济起飞和社会发展过程中，起着奠定重要物质基础的作用。新中国成立伊始，我国就大规模地进行了"156工程"，巩固了新中国的物质基础。改革开放以来，我国又投资建设了一大批重点建设工程项目，如三峡工程、南水北调工程、西气东输工程、川气东送工程、奥运场馆建设工程、京沪高速铁路工程、国家大飞机工程。这些投资规模大、参与建设主体多、建设周期长。如三峡工程总投资达1 800亿元，工期长达17年；南水北调工程预计总投资4 860亿元，工期更是预计长达51年；西气东输工程一线投资435亿元，二线投资1 400亿元，总工期为7年；川气东送工程投资达637亿元，工期为3年；京沪高速铁路工程总体投资2 209.4亿元，工期为5年。

大型建设工程除了投资规模大、工期长以外，还有参与建设主体多、涉及环节多、风险种类多、保险类型多的特点。一般的正常生产经营的企业单位以及事业单位，风险种类和保险类型基本稳定。而大型建设工程涉及的环节众多，出错的概率也相应较大，然而大型建设工程中事故发生的原因也趋于复杂，一般情况下追查事故原因需要很长一段时间，也就是说即使是局部性的事故也可能造成建设工程的暂停、延期，甚至会导致彻底失败。正是由于大型建设工程的这种特性以及不确定性，大型建设工程中的保险类型及组合也随之变得复杂化、多样化。

保险法的修订完善了我国社会主义市场经济的法律体系，它是以保险关系为调整对象的基础性法律。在社会主义市场经济下，保险法把大型建设工程中纷繁复杂的保险关系予以规范化，保护了被保险人利益，保障了工程进度，降低了工程建设风险，既有利于维护被保险人的合法权益，也有利于维护建设工程的正常进展和有序推进。

大型建设工程中涉及的保险法律关系包括以下五个方面。

一、主体

（1）投保人：是指与保险人订立保险合同，并按照保险合同负有支付保险费义务的人。投保人可以是自然人也可以是法人。自然人作为投保人有年龄方面的限制，我国《民法通则》规定，"18周岁以上的公民是成年人，具有完全的行为能力，可以独立进行民事活动，是完全行为能力的人。""16周岁以上不满18周岁的公民，以自己的劳动收入为主要生活来源的，视为完全民事行为能力人。"

（2）保险人：保险人是指与投保人订立保险合同，并承担赔偿或者给付保险金责任的保险公司。在我国有股份有限公司和国有独资公司两种形式。保险人是法人，公民个人不能作为保险人。

（3）被保险人：在财产保险中，被保险人一般是被保险财产的所有者，当发生保险事故后，享有赔偿请求权；人身保险的被保险人，就是以其生命或身体为保险标的，并以其生存、死亡、疾病或伤害为保险事故的人，也就是保险的对象，也可说是指保险事故发生时，遭受损害的人。投保人不仅可以自己的身体为标的而订立保险契约，也可以他人的身体为标的而订立保险契约。投保人也可以作为被保险人。

（4）受益人：保险合同中由被保险人或投保人指定，在被保险人死亡后有权领取保险金的人，一般见于人身保险合同。如果投保人或被保险人未指定受益人，则他的法定继承人即为受益人。

二、保险标的和保险责任

（1）保险标的：指作为保险对象的财产及其有关利益或者人的寿命和身体。保险标的直接决定保险的险种，财产保险标的的价值、风险程度直接影响保险人所承担的义务，决定着保险费率的高低，人身保险标的不同（人的年龄、职业、身体状况等），保险费、保险险种也不同。

（2）保险责任：指保险人承担的经济损失补偿或人身保险金给付的责任。包括损害赔偿、责任赔偿、保险金给付、施救费用、救助费用、诉讼费用等。不同的险种有不同的保险责任，保险责任主要分为基本责任、特约责任、除外责任。明确负责的范围与不负责的界限，以便为保险双方共同遵守。

三、除外责任

根据我国《保险法》的有关规定，并不是任何原因造成的损失，保险公司都要负责赔偿，保险公司依法享有除外责任的保护。所谓"除外责任"是指由于不可抗力造成的损失、被保险人的过错造成的损失以及保险条款事先申明的范围以外的损失，即使在保险有效期之内，保险公司也不予赔偿的若干条款。

保险事故发生后，投保人、被保险人或者受益人以伪造、变造的有关证明、资料或者其他证据，编造虚假的事故原因或者夸大损失程度的，保险人对其虚报的部分不承担赔偿或者给付保险金的责任；因被保险人不履行防灾减损义务而造成保险标的扩大损失的，保险人不承担保险责任；在合同有效期内，保险标的危险程度增加，被保险人未履行及时通知义务的，因保险标的危险程度增加而发生的保险事故，保险人不承担保险责任；对于保险标的因其性质或者瑕疵或者因其自然损耗而发生的损失，保险人不承担保险责任等。

四、保险理赔

理赔是指在保险标的发生保险事故而使被保险人财产受到损失或人身生命受到损害时，或保单约定的其他保险事故出现而需要给付保险金时，保险公司根据合同规定，履行赔偿或给付责任的行为，是直接体现保险职能和履行保险责任的工作。

《保险法》第二十二条、第二十三条规定，保险事故发生后，依照保险合同请求保险人赔偿或者给付保险金时，投保人、被保险人或者受益人应当向保险人提供其所能提供的与确认保险事故的性质、原因、损失程度等有关的证明和资料。

保险人依照保险合同的约定，认为有关的证明和资料不完整的，应当通知投保人、被保险人或者受益人补充提供有关的证明和资料。

保险人收到被保险人或者受益人的赔偿或者给付保险金的请求后，应当及时做出核定；对属于保险责任的，在与被保险人或者受益人达成有关赔偿或者给付保险金额的协议后 10 日内，履行赔偿或者给付保险金义务。保险合同对保险金额及赔偿或者给付期限有约定的，保险人应当依照保险合同的约定，履行赔偿或者给付保险金义务。

五、保险期限

保险期限指保险责任的开始至保险责任终止的保险有效期限；是保险人对保险财产在发生保险责任范围内的自然灾害或意外事故所遭受的损失，承担赔偿责任的期限，也就是保险事故只有发生在保险期限内，保险人才承担赔偿责任。企业财产保险的保险期限，应从保险合同双方当事人约定的起保日的零时开始生效，至期满日的 24 时止。因此不能认为被保险人已将投保单送达保险人，保险责任就已开始。无特殊情况保险人一般不在被保险人投保的当时开始起保，如被保险人坚持要求投保时立即起保的，应认真了解情况，并在投保单与保险单上批明×年×月×日时起保，以明确责任。企业财产保险的保险期限一般为 1 年期，也可以投保多年期（如保险期限定为 3 年，保险费可以保险财产账面金额按年或按季分期结算），如有特殊情况，如仓储物资也可投保短期保险，但应按短期费率计收保费，不满 1 个月的按 1 个月计算。保险期限一经确定，无特殊原因，一般不予随意变更，但是保险人和被保险人可以根据保险条款规定或实际情况的变更，提出改变或终止保险责任期限，如被保险人因单位撤销而申请中途退保，又如被保险人不履行保险条款规定的应尽各项义务，保险人从书面通知日起终止保险责任。

财产保险按保险期限的不同分为定期保险和不定期保险。定期保险以一定的时间标准即年、月、日、时来计算保险责任的开始与终止，其中，超过 1 年期的为长期保险，1 年期以下的为短期保险，相应确定不同的费率标准。保险期限一经确定，无特殊原因，一般不得随意更改。不定期保险，也叫航程险、航次险，其保险责任的开始与终止主要不是按确定的时间标准，而是根据保险标的行动过程来确定，如船舶保险、货物运输保险均如此。

第三节
大型工程建设中涉及的保险类型

前文中我们已经介绍了大型建设工程和保险的关系，从这一节开始我们将对大型建设工程领域中经常会用到和比较常见的一些险种做一介绍。本节中内容多为各保险公司对应保险合同条款。

一、雇主责任险

雇主责任保险是指被保险人所雇佣的员工在受雇过程中，从事与被保险人经营业务有关的工作而遭受意外或患与业务有关的国家规定的职业性疾病，所致伤、残或死亡，被保险人根据《中华人民共和国劳动法》及劳动合同应承担的医药费用及经济赔偿责任，由中国人民财产保险股份有限公司在规定的赔偿限额内负责赔偿的一种保险。

（一）保障范围

1. 适用对象

凡三资企业、国内股份制公司、国有企业、事业单位、集体企业及集体或个人承包的各类企业在职人员，与该企业（公司）存在劳动关系（包括事实劳动关系）的各种用工形式、各种用工期限、年满 16 周岁的劳动者及其他按国家规定和法定途径审批的劳动者。而且一般规定仅适用于在本国或本地区境内工作的雇员。

2. 保险标的

雇主责任保险以雇主对其雇员在受雇期间从事业务时，因意外导致伤、残、死亡或患职业病依法或根据雇佣合同应承担的经济赔偿责任为保险标的。

（二）责任范围

1. 保险责任

（1）被保险人（雇主）根据法律或雇佣合同对雇员应承担的赔偿责任；

（2）被保险人应支付的法律费用以及经保险人事先同意支付的费用。

2. 除外责任

凡属下列原因造成雇员人身伤残或死亡的，保险人不予赔偿：

（1）战争、罢工、暴乱、核辐射；

（2）疾病、传染病、分娩、流产，以及由此而施行内外科手术；

（3）自伤、自杀、犯罪行为，酗酒及无照驾驶机动车辆；

（4）被保险人的故意行为或重大过失；

（5）被保险人对其承包人的雇员所负的责任。

（三）责任期限

通常为一年，期满续保。也可以根据雇佣合同的期限投保不足 1 年或 1 年以上的雇主责任保险。保险责任期限为 2 年或 2 年以下，应按年计收保险费。

（四）扩展责任

经保险双方协议，保险可以扩展到其他附加责任。

目前该险种的投保方式为定员定名和定员不定名两种，对于雇员固定的企业，可以选择定员定名投保的方式；而对于人员流动性比较大、用工变化多的企业，则适合选择定员不定名投保的方式。该险种除主险外，还有附加险种，如附加第三者责任保险条款、上下班途中条款、附加员工公（劳）务出国条款等。各保险公司对于附加险均有不同规定，投保时应以各保险公司为准。

大型建设工程中，基本都涉及基础建设、公用工程，且大多数都是在环境恶劣的野外作业。业主方一般都是大型的法人企业，会为雇员办理工伤医疗保险和团体人身意外伤害险，但往往会忽略了雇主责任险，虽然这两种险都能给企业或单位的职工提供经济上的保障，却有着本质上的区别。与团体人身意外伤害险相比，雇主责任险保障的是雇主，保险对象是雇主依法对雇员承担的损害赔偿责任。而承包商都是施工企业，甚至会出现无资质的民营企业或施工队等，一旦发生施工企业雇员伤残或死亡，轻则造成建设工程延期或暂停，重则会发生群体事件造成很坏的影响和后果，这些情况都会直接或者间接地影响到业主方。因此为了保障业主方的利益，我们认为在具体操作中，可由业主方在合同文本中约定保险条款，要求承包商在投保团体人身意外伤害险之外再投保雇主责任险作为补充，或直接投保雇主责任险，在为雇员提供经济保障的同时，也更好地为雇主转嫁了法律赔偿责任，间接地保障了业主的权益，保障了工程建设的进度。

二、建设工程一切险

建筑工程一切险是一种针对在建筑工程项目在建造过程中，因自然灾害或意外事故而引起一切损失的综合性财产保险。

（一）保障范围

1. 适用对象

建筑工程一切险的被保险人涉及工程建设期内具有经济利益的关系人。包括业主或工程所有人、总包商和或分包商、技术顾问（建筑师、设计师、工程师和其他专业顾问）、其他关系方（贷款银行及其他债权人等）。在总承包方式下，由总包商负责投保；在分项或分段承包方式下，由合同中规定的某一方投保。但建筑工程一切险并不是被保险人多多益善，因为附加被保险人是需要收取额外费用的。

2. 保险标的

就建筑工程一切险而言，其主要的保险标的就是建筑工程的物质损失项目。该类保险标的表现为各种物质实体和建筑工程施工有关的物资，主要包括：

（1）在建的建筑工程；

（2）施工用的物料和构件；

（3）建筑用机器、设备和工具；

（4）工地内临时搭建的建筑；

（5）所有人和承保人在工地上的其他财产。

以上五项物质损失项目的保险价值构成了建筑工程保险物质损失项目的总保险金额。

以二滩工程Ⅰ、Ⅱ标建筑工程一切险保险标的为例说明工程保险标的的构成。二滩工程Ⅰ、Ⅱ标的建筑工程一切险保单标的分为两部分：一是物质损失，包括永久工程、业主提供的永久设备和材料、承包商进场的施工设备和临时设施，这里的永久工程是指满足业主最终用途的工程；二是第三者责任，包括因意外事故和自然灾害造成工地及邻近地区的人身伤亡或者财产损失的，这里的第三者包括工程现场以外的人和业主方、承包商方派驻施工现场的工作人员。

（二）责任范围

1. 除外责任

（1）下列各项不负责赔偿：战争、类似战争行为、敌对行为、武装冲突、恐怖活动、谋反、政变引起的任何损失、费用和责任；政府命令或任何公共当局的没收、征用、销毁或毁坏；罢工、暴动、民众骚乱引起的任何损失、费用和责任；

（2）被保险人及其代表的故意行为或重大过失引起的任何损失、费用和责任；

（3）核裂变、核聚变、核武器、核材料、核辐射及放射性污染引起的任何损失、费用和责任；

（4）大气、土地、水污染及其他各种污染引起的任何损失、费用和责任；

（5）工程部分停工或全部停工引起的任何损失、费用和责任；

（6）罚金、延误、丧失合同及其他后果损失。

2. 保险期限

保险期限自保险工程在工地动工或用于保险工程的材料、设备运抵工地之时起始，至工程所有人对部分或全部工程签发完工验收证书或验收合格，或工程所有人实际占有或使用或接收该部分或全部工程之时终止，以先发生者为准。但在任何情况下，建筑期保险期限的起始或终止不得超出保险单明细表中列明的建筑期保险生效日或终止日。

3. 扩展责任

经保险双方协议，保险可以扩展到其他附加责任，如第三者责任附加险。

一般情况下，大型的施工企业或承包商会选择投保该险种来转嫁自己的风险，但从业主方利益出发，我们认为应从合同角度来控制保险。大型建设工程中的项目往往涉及多种承包方式，建议由业主主控或是由总承包商主控，也就是说整个项目的保险安排最好是放在一起，如果分散投保，则会造成保单条件不一、费率不一，同时不利于控制成本以及全面保障。而项目中的分包商是否投保也无从监管，会使项目的风险处于失控状况。

三、安装工程一切险

安装工程一切险是以安装工程中的各种机器、机械、设备为保险标的的保险。是财产保险中工程保险的一种，承保被保险工程项目在安装过程中由于自然灾害、意外事故（不包括保险条款中规定的除外责任），以及机械事故等造成的物质损失和费用，并负责对第三者损害的赔偿责任。

（一）保障范围

1. 适用对象

安装工程一切险的被保险人涉及工程建设期内具有经济利益的关系人。

2. 保险标的

（1）安装的机器及安装费，包括安装工程合同内要安装的机器、设备、装置、物料、基础工程以及为安装工程所需要的各种临时设施；

（2）安装工程使用的承包人的机器、设备；

（3）附带投保的土木建筑工程项目等。

（二）责任范围

1. 除外责任

（1）下列各项不负责赔偿：战争、类似战争行为、敌对行为、武装冲突、恐怖活动、谋反、政变引起的任何损失、费用和责任；政府命令或任何公共当局的没收、征用、销毁或毁坏；罢工、暴动、民众骚乱引起的任何损失、费用和责任；

（2）被保险人及其代表的故意行为或重大过失引起的任何损失、费用和责任；

（3）核裂变、核聚变、核武器、核材料、核辐射及放射性污染引起的任何损失、费用和责任；

  （4）大气、土地、水污染及其他各种污染引起的任何损失、费用和责任；

  （5）工程部分停工或全部停工引起的任何损失、费用和责任；

  （6）罚金、延误、丧失合同及其他后果损失。

  2. 保险期限

  保险期限自保险工程在工地动工或用于保险工程的材料、设备运抵工地之时起始，至工程所有人对部分或全部工程签发完工验收证书或验收合格，或工程所有人实际占有或使用或接收该部分或全部工程之时终止，以先发生者为准。但在任何情况下，建筑期保险期限的起始或终止不得超出保险单明细表中列明的建筑期保险生效日或终止日。

  3. 扩展责任

  经保险双方协议，保险可以扩展到其他附加责任，一般为第三者责任险。

  安装工程一切险的被保险人包括：①业主；②承包商（含分包商）；③供货商，即负责提供被安装机器设备的一方；④制造商，即被安装机器设备的制造商，但因制造商的过失引起的直接损失，即本身部分，不包括在安装工程险责任范围内；⑤技术顾问；⑥其他关系方（监理单位、设计单位、贷款银行等）。

  该险种与建设工程一切险被称为工程保险的姐妹险，其在形式和内容上都具有相似或相同的地方，故该险种的保险安排或合同控制与建设工程一切险相同，此处不再介绍。

四、第三者责任附加险

  附加险是相对于主险而言的，顾名思义是指附加在主险合同下的附加合同。它不可以单独投保，要购买附加险必须先购买主险。一般来说，附加险所交的保险费比较少，但它的存在是以主险存在为前提的，不能脱离主险，形成一个比较全面的险种。

  第三者责任附加险是指发生与主险所承保的直接相关的意外事故引起邻近区域内的第三者人身伤亡或者财产损失，依法应由被保险人承担的经济赔偿责任，保险人按照保险合同约定负责赔偿的附加险种。

  因意外事故造成第三者的人身伤亡或财产损失由保险人依法承担损害的赔偿责任。

  第三者责任保险作为一种附加险，在发生与主险所承保的直接相关的意外事故而引起邻近区域内的第三者人身伤亡或者财产损失时，将依法应由被保险人承担的经济赔偿责任由保险公司根据保险合同进行赔付，一方面缓解了被保险人的压力，同时也保障了第三者的合法权益，有效地转移和化解了矛盾。

  我们建议在今后的建设工程中涉及第三者责任保险这一附加险时，在合同条款中合理安排，约定被保险人购买保险时同时投保附加第三者责任险。这样一旦发生第三者人身伤亡事故则不会出现堵路、堵门等阻碍工程施工进度的情况发生，被保险人有更多的精力投入到生产建设中去，同时为稳定社会正常的生产和生活秩序起到了关键的作用。

五、施工机器、设备保险

施工机器、设备保险是指在建筑、安装工程中为该工程施工用机器和设备锁投保的一种财产保险，多为附加险种。主要作用是为建筑施工起重机械设备在施工生产过程中因意外事故、自然灾害而引发的设备自身损失和第三者责任提供保险保障。

（一）保障范围

1. 适用对象

施工机器、设备保险主要适用于建筑工程的施工方，为建筑施工机械设备在施工生产过程中因意外事故、自然灾害而引发的设备自身损失和第三者责任提供保险保障。

2. 保险标的

由于下列原因造成建筑期或安装期间和施工场地内施工用机器、设备的损失，保险人负责赔偿：

（1）火灾、爆炸、雷击；

（2）洪水、暴风、龙卷风、暴雨、地震、海啸、地面突然塌陷、突发性滑坡、崖崩、泥石流、雪灾、雹灾；

（3）空中运行物体的坠落；

（4）升降机、行车、吊车、脚手架的倒塌；

（5）碰撞、倾覆；

（6）操作人员的疏忽、过失。

（二）责任范围

1. 除外责任

下列原因引起的损失和费用，保险人不负责赔偿：

（1）机器设备运行必然引起的后果，包括自然磨损、氧化、腐蚀、锈蚀、孔蚀、锅垢等物理性变化或化学反应；

（2）水箱、水管自然爆裂；

（3）保险机器设备的机械性或电器性损坏、故障、断裂、失灵及因冷却剂或其他流体冻结、润滑不良、缺油或冷却剂等直接所致的毁损或灭失；

（4）置换的零件或配件包括钻、锥、刀具或其他切割的刀面、锯条、模具、压磨面或压碎面筛、皮带、绳索、钢缆、链条、输送带、电池、轮胎、电线、电缆、软管、按期更换的接头或衬垫等的毁损或灭失，但与机器设备本体同时所受的毁损或灭失不在此限；

（5）燃料、触媒、冷却剂及润滑油料的毁损或灭失；

（6）因锅炉或压力容器内部蒸汽或流体压力发生爆炸及内燃机爆炸所致的毁损或灭失；

（7）投保人、被保险人或受雇人明知或应该知道保险机器设备的瑕疵、缺陷或其所致的毁损或灭失；

（8）机器设备的制造商或供应商依法或依约应负责赔偿的毁损或灭失；

（9）任何维护或保养费用；

（10）保险事故发生后引起的任何间接的或附带的损失、费用和责任；

（11）保险单中规定应由被保险人自行负担的免赔额；

（12）其他不属于保险责任范围内的损失。

2. 责任期限

通常为1年，期满续保。也可以根据工程建设合同的期限投保不足1年或1年以上的施工机器、设备保险。

在实际操作中，施工机器、设备保险是作为附加险附加在建设工程一切险及安装一切险中，也可单独投保。主要用来保障施工方的机器、设备，一些小单位可能会因为机器的自身损坏或者引起的第三者责任而无法施工，无资金来源购买新设备或维修设备，无力赔偿第三者人身伤亡，这个时候该保险就显得尤为重要，我们建议在涉及施工建设的工程中，由甲方在合同中要求乙方必须投保该险种，以免发生设备损坏或第三者人身伤亡而引发的堵门等阻止工程继续开工现象，间接地保障了业主，也就是甲方的利益，保证了工程的顺利进行。

六、工程质量保险

工程质量保险是国际通行的建筑工程风险管理方式。作为责任保险的一种，建筑工程质量保险的投保人主要是建筑企业、开发商。

（一）保障范围

1. 适用对象

工程质量保险通常适用建筑企业或者开发商。

2. 保险标的

它承保开发商开发的建筑工程因潜在缺陷在保险期内发生质量事故、造成建筑物损坏时的赔偿责任，可为建筑工程提供长达10年的主体结构保险保障。

（二）责任范围

1. 保险责任

（1）在保险有效期限内，被保证人对在保险单明细表中分项列明的承包施工项目，因保险除外责任以外的意外因素引起的质量缺陷，依照《中华人民共和国建筑法》、《建设工程质量管理条例》应由其承担修复、矫正、加固、更换责任时，保险根据条款规定的赔偿条件负责赔偿。

（2）在保险有效期限内，被保证人对在保险单明细表中分项列明的承包施工项目，因产生保险责任范围内的质量缺陷时，进行的施救、保护所产生的合理、必要的费用，保险人亦负责赔偿。

2. 除外责任

凡属下列原因造成雇员人身伤残或死亡的，保险人不予赔偿：

（1）被保险人及其代表的故意行为或重大过失引起的任何质量缺陷；

（2）战争、敌对行为、军事行动、武装冲突、罢工、骚乱、暴动、爆炸、盗窃、抢劫；

（3）核反应、核辐射或放射性污染；

（4）地震、海啸、台风、龙卷风、洪水等不可抗力的自然灾害；

（5）由于政府行政命令或任何公共当局的干扰而引起的质量缺陷；

（6）大气、土地、水污染及其他各种污染引起的任何质量缺陷；

（7）工程部分停工或全部停工时对工程照管不当引起的任何质量缺陷；

（8）行政罚款或惩罚性赔偿。

3. 责任期限

保险期限自被保险项目正式开工之日起，至被保险项目竣工验收合格之日止。但质量保证索赔期限延长至本保险规定的分项质量保证索赔期限截止日止。

对施工项目的质量保证索赔期限，自工程竣工验收合格之日起，不超过下列分项限定期限：

（1）房屋建筑物的基础及主体工程，质量保证索赔期限不超过 5 年；

（2）房屋建筑物的屋面防水、有防水要求的房间防水、外墙防渗防水工程，质量保证索赔期限不超过 3 年；

（3）房屋建筑物的供热、供冷、电气管线、给排水管道、设备安装与装修工程，质量保证索赔期限不超过 2 年；

（4）城市道路及公共交通设施工程、市政公用工程，质量保证索赔期限不超过 3 年；

（5）高速公路、市外高等级公路、桥梁、隧道等施工工程，质量保证索赔期限不超过 2 年。

目前该险种推广力度不大，我们建议，待时机成熟时由施工方投保该险种，建筑工程质量保险的保费是一次性收取的，总体费率水平（0.3％左右）远低于质量保证金，不会造成对建筑企业资金的长期占用，所以能够缓解建筑企业一部分资金压力，进而为建设领域农民工工资拖欠问题提供了现实的解决方案。

七、环境污染责任保险

环境污染责任保险是以企业发生的污染事故对第三者造成的损害依法应负的赔偿和治理责任为标的的保险。环境污染责任保险可以使被保险人（造成污染事故的单位或个人）把对第三者的赔偿责任转嫁给保险公司，被保险人可以避免巨额赔偿的风险，环境污染受害者又能够得到迅速、有效的救济。环境污染责任保险已被许多国家证明是一种有效的环境风险管理的市场机制。

据了解，目前我国已进入环境污染事故高发期。7 555 个大型重化工业项目中，81％布设在江河水域、人口密集区等环境敏感区域；45％为重大风险源，相应的防范机制却存在缺陷，导致污染事故频发，严重污染环境，危害公众健康和社会稳定。2007 年，国家环保总局接报处置的突发环境事件达到 108 起，平均每两个工作日一起。

开展环境污染责任保险，可以有效解决环境问题与经济发展之间的矛盾，改善环境状况。将环境危险转移给保险公司，发生事故及时赔偿，维护受害者利益，保证企业稳定经营，减轻政府财政负担，保障社会安定。同时，保险公司为降低赔付率，也会加强对投保企业的监督，通过保费调整等方式，促使投保企业改善自身环境状况。开拓保险服务领域，促进财险公司保险产品的创新，也可作为排污收费制度的补充。

环境污染责任保险是国际上普遍采用的制度，它是企业就可能发生的环境事故风险在保险公司投保，由保险公司对污染受害者进行赔偿。

我们建议，一旦该险种试点成功，涉及环境污染风险的单位均投保此险种，由保险公司在发生环境污染事故后及时赔偿污染受害者，减少企业的负担。

八、职业责任保险

职业责任保险：是指各种专业人员因工作上的疏忽或过失，造成他们的当事人或其他人的人身伤害或财产损失，需要承担经济赔偿责任而进行的责任保险。

目前国内外办理较为普遍的有医生、药剂师、会计师、律师、设计师、工程师、保险代理人及经纪人等的责任保险。

根据大型工程建设的特点，主要涉及建设工程勘察责任保险、建设工程设计责任保险、建设工程监理责任保险、律师职业责任保险、注册会计师职业责任保险。

（一）主要内容

1. 建设工程勘察责任保险

由于被保险人勘察工作中的过失发生工程质量事故造成的建设工程本身的损坏和第三者的人身伤亡和财产损失，在本保险期限内，由建设单位向被保险人首次提出索赔申请，依据中华人民共和国法律应由被保险人承担赔偿责任时，保险人负责赔偿。

2. 单项工程设计责任保险

因被保险人设计的疏忽或过失而引发工程质量事故造成的建设工程本身的物质损失和第三者人身伤亡或财产损失，依法应由被保险人承担的经济赔偿责任，在本保险期限内，由该委托人首次向被保险人提出赔偿要求并经被保险人向保险人提出索赔申请时，保险人负责赔偿。

3. 建设工程监理责任保险

因过失未能履行委托监理合同中约定的监理义务或发出错误指令导致所监理的建设工程发生工程质量事故，而给委托人造成经济损失，在本保险期限内，由委托人首次向被保险人提出索赔申请，依法应由被保险人承担赔偿责任时，保险人负责赔偿。

（二）承保基础

1. 期内发生式

是以损失发生的时间作为承保基础。保险人负责赔偿发生在保险单有效期间内应由被保险人负责的损失，而不考虑提出索赔的时间。但对于发现损失较晚而刚刚投保的索赔案件，保险人一般会根据各类事故潜伏期的时间规定一个索赔的截止期。

2. 期内索赔式

是以索赔提出的时间作为承保基础。保险人负责赔偿在保险单有效期间内受害人向被保险人提出的索赔。以这种方式承保的保险单，保险人可能赔偿在保险单起保日期以前发生的责任事故所引起的损失。为了避免将保险人承担责任的时间无限前置，在实行以索赔提出为基础的责任保险中，实务处理上保险人一般会规定一个追溯期。

（三）赔偿限额

（1）规定每次责任事故或同一原因引起的一系列责任事故的赔偿限额，可以分为财产损失赔偿限额和人身伤害赔偿限额。

（2）规定保险期内累计赔偿限额，可以分为累计的财产损失赔偿限额和累计的人身赔偿限额。

（3）规定财产损失和人身伤害合并赔偿限额。在某些情况下，保险人也将财产损失赔偿限额和人身伤害赔偿限额合成一个赔偿限额，或者只规定每次事故和统一原因引起的一系列责任事故的赔偿限额而不规定累计赔偿限额。

（4）规定免赔额。在责任保险的经营实践中，保险人除通过赔偿限额来明确自身的承保责任外，通常还采用免赔额的规定，促使被保险人谨慎行事。一般责任保险的免赔额采用绝对免赔额的形式。且只适用于对财产损失的赔偿。在职业责任保险的经营实践中，保险人除通过赔偿限额来明确自身的承保责任外，通常也采用免赔额的规定，促使被保险人谨慎行事。

我们建议，在今后的项目中势必会涉及设计、勘察、审计等项目时，由甲方对合同对方当事人是否投保进行风险评估，如投保，一旦发生保险事故，该保险是否能够使甲方损失得到避免或者减轻；如未投保，则要求合同对方当事人投保，保费由双方协商确定，但要在合同文本中有所显示。

合同安排，附期限生效、附时间终止、违约责任。

责任保险的承保基础是指确定责任保险责任事故有效期间的方法。在责任保险中，损失的起因、发生、发现、提出索赔以及支付赔款通常间隔时间较长，可能长达几年甚至数十年，所以对承保人来说，确定保险的有效期间至关重要。

一般情况下，第一份以索赔提出为基础的保单开始日即为追溯期，在此之前发生的事故不按其索赔。换言之，保险人出具第一张以索赔提出为基础的保单时，不能给予追溯期，因此，被保险人即便在保单有效期内提出索赔，如果事故发生在追溯期之前，保险人仍不予负责。

九、运输工具保险

运输工具保险是承保因自然灾害和意外事故所造成运输工具的损失及被保险人在适用运输工具过程中产生的对第三者的民事损害赔偿责任的一种财产保险。我国常见的运输工具保险险种有：机动车辆保险（机动车辆损失险和机动车辆交通事故责任强制保险）、船舶保险、飞机保险。

本书中我们只介绍机动车辆保险，机动车辆保险是以机动车本身及机动车辆的第三者责任为保险标的的一种运输工具保险。机动车辆的保险标的因险种不同而各异。

（一）保障范围

车辆损失险的保险标的是各种机动车辆，主要是经交通管理部门检验合格并具有有效行驶证和号码的各种机动车辆，包括各种汽车、电车、电瓶车、摩托车、拖拉机、各种专用机械车、特种车辆等。

（二）责任范围

1. 保险责任

（1）被保险人（雇主）根据法律或雇佣合同对雇员应承担的赔偿责任；

（2）被保险人应支付的法律费用以及经保险人事先同意支付的费用。

2. 除外责任

（1）风险免除：①地震、战争、军事冲突、恐怖活动、暴乱、扣押、罚没、政府征用；②竞赛、测试、在营业性维修场所修理、养护期间；③利用保险车辆从事违法活动；④驾驶人员饮酒、吸食或注射毒品、被药物麻醉后实用保险车辆；⑤保险车辆肇事逃逸；⑥驾驶人员无驾驶证或驾驶车辆与驾驶证准驾车型不相符，公安交通管理部门规定的其他属于无有效驾驶证的情况下驾车，使用各种专用机械车和特种车的人员无国家有关部门核发的有效操作证，驾驶营业性客车的驾驶人员无国家有关部门核发的有效资格证书；⑦非被保险人直接允许的驾驶人员使用保险车辆；⑧保险车辆不具备有效行驶证件。

(2) 损失免除：①自然磨损、朽蚀、故障、轮胎单独损坏；②玻璃单独破碎、无明显碰撞痕迹的车身划痕；③人工直接供油、高温烘烤造成的损失；④遭受保险责任范围内的损失后，未经过必要修理继续使用，致使损失扩大的部分；⑤因污染（含放射性污染）造成的损失；⑥因市场价格变动造成的贬值、修理后因价值降低引起的损失；⑦车辆标准配置以外，未投保的新增设备的损失；⑧在淹及排气筒或进气管的水中启动，或被水淹后未经必要处理而启动车辆，致使发动机损坏；⑨保险车辆所载货物坠落、倒塌、撞击、泄露造成的损失；⑩摩托车停放期间因翻倒造成的损失；⑪被盗窃、抢劫、抢夺，以及因被盗窃、抢劫、抢夺受到损坏或车上零部件、附属设备丢失；⑫被保险人或驾驶人员的故意行为造成的损失等。

3. 保险金额的确定

(1) 按投保时保险车辆的新车购置价确定；保险合同签订地购置保险车辆同类型新车（含车辆购置税）的价格。根据投保时的市场销售价格确定，并在保单中载明；未明确价格的，由投保人和保险人协商确定。

(2) 按投保时保险车辆的实际价值确定；同类型新车购置价格减去折旧金额后的价格，如某财保公司的家庭自用轿车条款为例，按月折旧率 0.6% 计算，不足 1 月的，不计折旧。最高折旧金额不超过投保时新车购置价的 80%。

(3) 按投保时保险车辆的新车购置价协商确定。对于投保车辆标准配置以外的新增设备，应在保险合同中列明设备名称与价格清单，可以按设备的实际价值相应增加保险金额。新增设备随保险车辆一并折旧。

十、货物运输保险

货物运输保险是指以各种运输工具运输过程中的货物作为保险标的，保险人承保因自然灾害或意外事故导致运输过程中的货物遭受损失的一种保险。

在此我们着重介绍国内水路、陆路货物运输保险，国内水路、陆路货物运输保险主要分为基本险和综合险。

(一) 基本险保险责任

(1) 因火灾、爆炸、雷电、冰雹、暴风、暴雨、洪水、地震、海啸、地陷、崖崩、滑坡、泥石流所造成的损失；

(2) 由于运输工具发生碰撞、搁浅、触礁、倾覆、沉没、出轨或隧道、码头

坍塌所造成的损失;

(3) 在装货、卸货或转载时因遭受不属于包装质量不善或装卸人员违反操作规程所造成的损失;

(4) 按国家规定或一般惯例应分摊的共同海损的费用;

(5) 在发生上述灾害、事故时,因纷乱而造成货物的散失及因施救或保护货物所支付的直接合理的费用。

(二) 综合险保险责任

本保险除包括基本险责任外,保险人还负责赔偿:

(1) 因受震动、碰撞、挤压而造成货物破碎、弯曲、凹瘪、折断、开裂或包装破裂致使货物散失的损失;

(2) 液体货物因受震动、碰撞或挤压致使所用容器(包括封口)损坏而渗漏的损失,或用液体保藏的货物因液体渗漏而造成保藏货物腐烂变质的损失;

(3) 遭受盗窃或整件提货不着的损失;

(4) 符合安全运输规定而遭受雨淋所致的损失。

(三) 保险责任的起讫期

是自签发保险凭证和保险货物离起运地发货人的最后一个仓库或储运处所时起,至该保险凭证上注明的目的地的收货人在当地的第一个仓库或储存处所时终止。但保险货物运抵目的地后,如果收货人未及时提货,则保险责任的终止期最多延长至以收货人接到《到货通知单》后的 15 天为限(以邮戳日期为准)。

(四) 除外责任

由于下列原因造成保险货物的损失,保险人不负赔偿责任:

(1) 战争或军事行动;

(2) 核事件或核爆炸;

(3) 保险货物本身的缺陷或自然损耗,以及由于包装不善导致的损坏;

(4) 被保险人的故意行为或过失;

(5) 全程是公路货物运输的,盗窃和整件提货不着的损失;

(6) 其他不属于保险责任范围内的损失。

(五) 保险金额

保险价值按货价或货价加运杂费计算。国内货物运输保险的费率包括基本费率和附加险费率。除此之外还要考虑以下因素。

1. 运输方式

有直达运输、联运和集装箱运输等,联运需要采取两种以上的运输工具才能将货物从起运地运达目的地,所以联运的基本费率按照联运中收费最高的一种运输工具来确定。

2．运输工具

陆路（火车、汽车、驿运）、水运（沿海内河的轮船、机动船和非机动船等）、空运。

3．货物的性质

一般货物，一般易损货物，易损货物和特别易损货物，易损程度越高，保险费率也就越高。

十一、石油与天然气钻井设备一切险

石油与天然气钻井设备一切险承保列入申报书中的油和/或气钻井和/或修井设备、被保险人的财产以及根据法律或合同规定，由被保险人承担责任的财产，包括所有轻型和附属设施、工具、机器、物资、附属设备、井架、底座，底架和有关的钻杆以及用于打钻、重新作用、修整油和/或气井的其他设备（不包括后述除外者）。

所列明的每一项目或钻机应视为单个保险标的，但被保险人可以在所列项目中更迭设备。

（一）责任范围

1．保险责任

地面以下的财产，但下列原因所致的财产灭失或损坏仍予负责：

（1）火灾、雷电、风暴、水灾、地面爆炸、飞机或坠落物、罢工、骚乱、内乱、故意破坏行为、恶意行为、盗窃、龙卷风、冰雹、冰灾、恶劣气候、钻机全损。

（2）属本保险定义范围内的井喷和/或塌陷。

（3）井架或钻塔的起落拉垮或倒塌。

2．不保责任

（1）机动车辆（除非明确申明是属钻机的一部分）、飞机、铁路车辆、水泥、钻井泥浆、钻井混合物、化学品、实际使用的燃料、套管、油管、路面、堤道、泥浆池、图纸、施工计划、说明书、记录、雇员财产、水上工具和钻井驳船。

（2）在水上船只、钻井驳船或平台上设置的财产或水上运输的财产，但正常安排的渡运除外。

（3）完钻后留在油、气井中的钻柱，或此井的所有人，操作者负有责任的钻柱。

（4）为控制任何油或气井的井喷、塌陷、火灾而打救护井所造成的财产损失，但事先得到承保人同意并加付保费的除外。

（二）除外责任

下列各项不予承保。

（1）修理或校正磨损的费用、金属疲劳、机械或电器损坏、失灵、内在缺陷、潜在缺陷、变质、腐蚀、锈蚀、气湿、冻结或气候异常、或由于气温变化引起的膨胀和收缩。但对上述任何条件所导致的任何其他损失、灭失和费用并非除外。

（2）由于人为因素所致的电路干扰而引起发电机、激发器、灯、马达、开关或其他电子器件或设备的灭失或损坏。如果由此而引起火灾和/或爆炸，仅对火灾和/或爆炸引起的损失予以负责。

（3）不论是否由承保风险所引起的丧失使用、延迟、井孔灭失、合同损失、收入或利润所造成的损失、损坏和费用。

（4）下列设备的灭失或损坏：由于蒸汽机、锅炉、蒸汽泵、蒸汽管道或接头、蒸汽加热器、内燃机或电泵爆炸造成本身的灭失或损坏；飞轮、滑轮、摩擦轮、机器的运转或旋转部件的灭失或损坏，如继而发生火灾，由火灾直接造成的灭失和损坏予以负责。

（5）由于下列原因造成的索赔。在和平或战争时期的敌对或战争行为，包括阻止、抵抗或防御下述任何一方发动的、可能进行的或预期的进攻行为：任何政府或主权国（事实上或法律上）或拥有陆、海、空力量的当局；任何陆、海、空力量；政府、权力机构、武装力量的代理人。和平或战争时期使用核裂变或放射性武器；暴动、叛乱、革命、内战、篡政或政府当局为阻止、抵抗或防御上述事件的发生所采取的行为；根据检疫或海关规定所进行的扣留或销毁；根据任何政府或公共当局的命令所进行的没收；禁运风险或非法运输或非法贸易的风险。但本保险对任何正在从事战争、敌对行为或其他类似战争行为的政府、党派或集团的代理人的行为所直接造成的索赔予以负责，但这种代理人的行动是秘密的并同财产所在国的武装力量（陆、海、空部队）的任何行动没有关系。除以上明确的代理人行为所造成的损失之外，上述内容不能被解释为包括前面已除外的任何危险或风险造成的损失和费用。无论如何，本保险对在和平或战争期间使用核裂变或放射性的任何武器所造成的任何损失或费用均不负赔偿之责。

（6）不论是如何控制或未加控制的核反应、核辐射或放射性污染，也不论因此造成的损失是直接、间接、近因、远因，以及全部或部分的属于本保单承保风险所造成、引起或恶化的。但是，按本保险凭证的前述内容和条件，由于核反应、核辐射性污染引起的火灾所造成的直接损失，本保险予以负责。

（7）由于地震、火山爆发造成的灭失、损坏或费用或由于地震、火山爆发后产生的火灾、爆炸或潮汛所造成的灭失、损坏或费用。

（8）由于下列原因引起、产生或造成的任何索赔：炸药爆炸；任何人的恶意行为或出自政治动机而使用任何战争武器；任何人带有政治或恐怖目的的任何行为，不论是否系政权代理人，也不论所致的损失和造成的费用是意外性的还是蓄意的。

（三）责任期限

对每次事故的损失超过申报单保额以上的部分，承保人不负赔偿责任。如若干项目分别保险时，保险人对每次事故造成任何一个项目损失的赔偿责任不超过该项目的保险金额。

该保险承保任何由于外来原因所致被保险财产的直接物质灭失或损坏的"一切险"。

十二、陆上油气钻井工具保险

陆上油气钻井工具保险的被保险财产是石油钻井设备；石油修井设备（包括机械、工具、材料、供应、配件钻井架、底座、钻杆、通常用于钻井、重新作业或清除油井或气井的其他设备）；被保险人所有或者被保险人在法律上负有责任的财产。

（一）保险责任

该保险的保险责任是：

（1）火灾、雷击；

（2）龙卷风、旋风、风暴和冰雹；

（3）地面爆炸；

（4）在铁路、铁路快运或卡车运输中，运输工具的碰撞、脱轨和翻车；

（5）在渡船运输过程中发生的水上风险；

（6）桥梁或涵洞的坍塌；

（7）井喷、塌陷；

（8）洪水；

（9）偷窃，原因不明的消失和盘存短缺除外；

（10）飞机的坠毁或坠落物；

（11）装货、卸货；

（12）罢工、暴乱、民间骚乱；

（13）非被保险人的故意破坏和恶意损毁行为；

（14）折叠井架或钻塔的升降；

（15）井架或钻塔的倒塌或拉垮。

（二）不保财产

该保险不保财产是：汽车、飞机、铁路车皮、水泥、泥浆、钻井化合物、化学物品、套管、道路、堤道、泥浆池、设计图纸、计划、记录、被保险人所有、租用或控制的任何仓库或材料场内长久存放的财产。

（三）除外责任

该保险除外责任是：

（1）磨耗及腐蚀变质；

（2）装置或安装在船舶、钻井驳船、码头、桩基结构上，定期航线渡船运输的财产除外；

（3）发生危险的当时和以后以及保险财产遭受邻近场所的火灾威胁时，因被保险人的疏忽未采取一切合理手段抢救和保护被保险的财产；

（4）蒸汽机、蒸汽锅炉、蒸汽泵、蒸汽管道或连接装置、蒸汽加热器、内燃机、动力泥浆泵、飞轮、滑轮、研磨轮和机器运动或旋转部分的爆炸；

（5）战争险责任；

（6）战争或和平时期应用原子裂变或放射力的任何战争武器；

（7）根据检疫或海关规定的扣留或销毁，由任何政府或公共当局命令而进行的没收或走私的风险或非法运输或贸易；

（8）人为的或自然原因引起的电路损伤或干扰因而造成的发电机、激发器、电灯、马达、开关和其他电器设备或装置的灭失或损坏。

（四）保证

该保险要求被保险人保证：

（1）不用油、天然气或空气作为钻井液使用；但使用油基泥浆或用油"打生产层"或"冲洗油层"不受此限；

（2）在井口安装标准防喷器，其安装和试压按惯例进行，绳钻和顺钻除外。

该保险所保财产均以陆上为限，保险人获取或收到的最低保费不能少于保费的40％。此外，该保险还对救助及施救费用、理赔处理、争议处理作了规定，诉讼时效为1年。

十三、井喷控制费用保险

所谓"井喷"是指在石油开发作业中，由于地下压力所致钻井液突然、意外、无控制和连续性地从油气井下向地面漏溢后引起油、气或水从井中连续不断、无控制地喷射出地面。当发生井喷事故，为重新控制油井的喷速，使之恢复正常而产生的费用，保险人通过开办井喷控制费用保险承担这一费用。

（一）责任范围

该保险的责任范围是：保险人根据保险单对被保险人所有或占有利益的井从开始钻井、再完工、完工、重建、试验、清洗、修理、整理和其他任何性质的井上操作直到根据有关规定的完成或放弃操作为止期间所产生的对失去控制的油或气井重新控制费用负责赔偿。

如发生井喷，保险人将向被保险人偿付材料和供应的费用、承包人的设备和服务费用、控制井喷专业人员和部门的设备和服务费用，包括为控制井喷的定向钻井和其他措施的费用。

该保险适用于生产井、关闭井或临时放弃的井以及由于所保井发生井喷导致井喷的其他井和井眼。

当地面上（对水井即水底以上）的井喷被控制以后，保险人对控制井喷费用的责任立即停止。

（二）除外责任

该保险的除外责任是：

（1）人身伤亡、疾病、死亡、劳工赔偿、井眼损失、钻柱损失、承包人钻机和设备的任何部分损坏，财产的损失、捞物费用、所有为恢复钻井操作所产生的整井费用；

（2）所有过期保单延续条款项下的井；

（3）战争或和平期间的敌对或战争行为；

（4）战争或和平时期使用核裂变或放射力的武器；

（5）暴动、叛乱、革命、内战、篡政或政府当局为阻止、抵抗或防御这些情况的发生而采取的行动；

（6）根据检疫或海关规定所进行的销毁；

（7）根据任何政府或公共权力机构或行业的命令所进行的没收。

（三）责任起讫

该保险的责任起讫规定根据井的不同情况而有所差异。对新井，该保险从开掘时生效；对其他井，在其深钻、再作业、整理或类似的作业开始时生效。除承保的已完工井，该保险在井被完全放弃或完工后即停止，其中包括安装采油树、泵、井头设备或拆除、搬移钻探设备（以后发生者为准）。若搬移钻探设备在先，从搬移完毕到完工的作业开始不应超过 30 天或另议保险。

本章主要参考文献

[1] 张洪涛，郑功成. 保险学 [M]. 北京：中国人民大学出版社，2008.

[2] 谢亚伟. 工程项目风险管理与保险 [M]. 北京：清华大学出版社，2009.

[3] 龙卫洋，龙玉国. 工程保险理论与实务 [M]. 上海：复旦大学出版社，2005.

[4] 李启明. 土木工程合同管理实务 [M]. 南京：东南大学出版社，2009.

[5] 姜兴国，张尚. 工程合同风险管理理论与实务 [M]. 北京：中国建筑工业出版社，2009.

第八章

大型建设工程
项目合同管理

第一节
建设工程项目与合同

一、项目

项目的形态多种多样，如建设工程项目有三峡工程项目、南水北调工程项目、西气东输工程项目、青藏铁路工程项目、京沪高铁工程项目，等等；产品开发项目有中国支线飞机 ARJ 项目、中国干线大飞机项目，等等；科技开发项目有美国的阿波罗登月项目、我国的嫦娥绕月球卫星项目、世界基因图谱项目、袁隆平的杂交水稻项目，等等；大型文体活动项目有奥林匹克运动会、世界杯足球赛，等等。这些项目的具体活动内容虽然千差万别，但可以对它们从管理角度进行抽象和概括，任何项目都可以定义为：为完成、创造某一独特产品、服务或结果而进行的一次性事业。

当今世界上有两大项目管理组织，即设在美国的"美国项目管理协会（PMI）"和设在瑞士的"国际项目管理协会（IPMI）"。他们对项目概念的定义基本是一致的。美国项目管理协会在其编著的《项目管理知识体系导论》（PM-BoK）就采用了上述定义。

二、项目的特点

就项目的表现形态和定义而言，我们可以对项目的一些共同特点做出基本概括。

（一）一次性

一次性是项目与其他重复性活动或操作最大的区别。项目有明确的起点和终点，没有可以完全照搬的先例，也不会有完全相同的复制品。

（二）独特性

每个项目提供的产品、服务有自身的特点；虽然提供的产品、服务与其他项目类似，但是每个项目形成的时间、地点不同，政治、经济、社会、文化环境也

252

不同，因此项目的形成过程总是独一无二的。

（三）目标的确定性

首先，表现在时间的确定性，即有明确的起始时间和阶段性时间目标，如准备、开工、阶段性任务、验收、竣工、"交钥匙"、开幕、闭幕等。其次，是成果的确定性，即项目提供的某种规定的产品或服务有明确的经济、质量、数量目标，如生产规模、投资回报率、运行年限，等等。再次，是资源的确定性，即动用的各种人力、物力、财力是事先通过计划而确定的，包括增加和变更。

（四）系统性

项目中的一切活动包括串联式活动、并联式活动和层级式活动都是相关联的，构成一个整体。某一个环节、某一个子项活动会影响整体项目的进程和质量。

（五）项目组织临时性和开放性

运作项目的组织形式有项目法人（公司）、项目部、指挥部、管委会、组委会、课题组等。参与项目运作的人员一般都有本职岗位，是以借聘、借调、借用或聘用进入项目组织，采用矩阵式管理方式。人数、职责随项目进展和需要而不断变化。项目终结时，项目组织解散，人员遣散。项目组织没有严格的边界，是临时性的开放性的。这一点与一般企、事业单位和政府机构组织很不一样。

（六）不可逆转性

项目的一次性属性决定了项目不同于其他事情可以试做，做坏了可以重来；也不同于量产产品，有瑕疵的产品可以重新制作更换。项目在一定条件下启动后，一旦失败（包括质量缺陷、时间延误）就永远失去了重新进行原项目的机会。因此，项目的运作有较大的不确定性和风险性。

三、项目管理

《项目管理知识体系导论》（PMBoK）对项目管理的定义是：为满足或超越项目关系人对项目需求和期望而将理论、知识、技巧、工具应用到项目活动中去。

在这里项目关系人是指项目发起人（投资人）、项目运作管理团队（项目经理和工作人员）、参与项目活动的供应商、分包商、客户、用户，等等。运用和投入的是理论、知识、技巧、工具，强调项目管理是脑力或智力活动。项目管理是一个过程，从策划（Plan）、执行（Direct），到检查（Check）、修正（Amendment），可以形成一个闭环。

由此我们可以看出，项目虽然是一次性、独特的、不可重复的活动，但项目管理本身作为一种脑力和智力活动却有共同的规律，因而是可以重复、模仿、复制的。通过项目管理这种脑力和智力活动而完成、实现的项目则是具体的、独特的、物化或外在化的成果，如大型水利设施、高速公路、体育场馆、生产装置和设备、楼宇物业、技术资料和科技成果，等等。

所以说，重复性的项目管理活动产生的却是不能重复的项目。

四、建设工程项目

原国家建设部、国家质量监督检验检疫总局 2005 年发布了《建设项目工程总承包管理规范（GB/T50358－2005）》（以下简称《工程总承包规范》），2006年又发布了《建设工程项目管理规范（GB/T50326－2006）》（以下简称《工程管理规范》）。这两个规范，均纳入了中华人民共和国国家标准体系，属于推荐性标准。在这两个规范中，对建设工程项目分别做了定义。

《工程总承包规范》中规定：建设项目是指需要投入一定量的投资，经过决策和实施（设计、施工等）的一系列程序，在一定条件下以形成固定资产为明确目标的一次性事业。

《工程管理规范》中规定：建设工程项目是为完成依法立项的新建、扩建、改建等各类工程而进行的、有起止日期的、达到规定要求的一组相互关联的受控活动组成的特定过程，包括策划、勘察、设计、采购、施工、试运行、竣工验收和考核评价等。

从这两个定义我们可以看出建设工程项目具有如下一些共同特点。

（1）符合项目的所有特征，有起止时间、一次性、目标明确、过程受控。

（2）有严格的法定审批程序，如项目建议书和可行性研究报告、产业政策、土地规划、行政许可、HSE 等审批程序。

（3）实施过程：勘察、设计、施工、采购、试运行、竣工验收、考核评价等。

（4）有外在化、物化结果，如固定资产（大型公用设施、生产装置、房地产等）。人类社会最早的项目主要就是建设工程项目，如安葬埃及法老的金字塔、古巴比伦王国空中花园、中国古代浩大的军事国防工程长城、中国古代交通大动脉大运河，等等。随着人类科学技术的发展，除了建设工程项目外，科技开发项目、产品开发项目、大型社会文化活动项目也日益增多。

建设工程项目往往具有资金巨大、周期较长、地域较广、技术难度高，而且政治、经济、环境影响大，涉及国家和社会公众利益和安全。例如，古代的长城，实际上关系到整个华北地区以农耕文明为主的汉民族的安全。而现在的三峡工程、西气东输、南水北调、京沪高铁则关系着中华民族伟大复兴的使命。

五、建设工程项目合同管理

建设工程项目管理是一个综合性管理活动群体，包括了投资管理、施工管理、质量管理、标准管理、时间管理、人力资源管理、安全管理、环境保护和职业健康管理等诸多内容。项目组织在项目的活动实施过程中，在现代市场经济体制下，项目组织要从外部获得资源，就要依靠合同这种民事法律行为而实现。而项目组织本身的组建和形成也要靠法律和合同形式，如组建项目公司，势必在出资人之间签订出资协议书。合同成为现代建设工程项目管理的重要内容和组成部分。关于建设工程项目合同管理的定义，《工程总承包规范》和《工程管理规范》有不同的表述。

《工程总承包规范》中规定：项目合同管理是对项目合同订立、履行、变更、终止、违约、索赔、争议处理等进行的管理。

《工程管理规范》中规定：项目合同的编制、签订、实施、变更、索赔和终止进行的管理活动。

虽然两个标准的表述不完全一致，但内容和精神基本相同。结合《工程总承包规范》第十六章和《工程管理规范》第七章的有关内容，我们可以对建设工程项目合同管理的内容进行如下归纳。

（1）应建立合同管理制度，设立专门机构或配备专职人员。

（2）合同评审（合同签约前审查和合同风险评估）。

（3）合同实施总体安排和合同实施保证体系，建立工作程序和流程。

（4）合同控制，包括确定合同控制目标、交底、跟踪与诊断、分包合同管理、变更、索赔管理。

（5）项目合同收尾、终止和评价。

六、小结

至此，我们可以对什么是建设工程项目合同管理做一个简单总结。所谓建设工程项目合同管理，是与建设工程项目相关联或纳入建设工程范围内所有合同的筹划、签订、履行、控制、完结的体制、机制、流程的总和。建设工程项目合同管理，包含以下三方面内容。

（1）建设工程项目所有的每一份单件（份）合同的谈判、签约、变更、履行、完结全过程活动。

（2）与建设工程项目相关联所有合同的筹划安排、运行节点、合同目标、风险控制，以及与进度、质量、投资、HSE、廉洁经营管理的配合机制等。

（3）建设工程项目合同管理出发点和落脚点，对外发挥风险防范和权益维护作用，对内发挥服务保障和内部监督作用。

第二节
建设工程项目合同管理范围

一、建设工程项目合同管理范围

如果说建设工程项目是一个载体的话，那么凡是纳入建设工程项目之中的合同或与建设工程项目有关联的合同、协议以及合同性质的法律文件、文书，都应该属于建设工程项目合同管理范围。因此建设工程项目范围的合同的具体表现形式有：合同书、协议书、招标邀请书、投标书、中标通知书、意向书、备忘录、框架协议、保函、承诺函、申明书，等等。包含以民事权利义务关系为主的合同，也包括部分非民事权利义务关系的协议。从建设项目合同管理工作量来说，已签订正在履行的合同、已签订未履行或不履行的合同、因各种原因被宣布无效的合同，也属于建设工程项目管理范围内的合同。

建设工程项目合同管理范围不以《合同法》界定的合同为边界，也不以合同法原理的分类为分类，而是以与建设工程的关联度和管理工作量来确定管理范围边界的。

就合同与协议的区分来看，所谓协议，也可以被称为广义合同，是涉及民事主体之间权利义务关系的合意和约定。在建设工程领域，参与主体可以是平等的，也可以是不平等的，如建设工程项目涉及的政府审批部门和作为行政行为相对人的项目业主之间，就不是合同法意义上的平等主体。政府审批部门审批或核准某个建设工程项目，是不能有"对价"的。同样，项目业主要获得政府的行政许可，也不必支付"对价"。如果在项目审批或核准过程出现"对价"和交换，那就势必发生政府主管部门的寻租行为、腐败行为，可能构成贪污、受贿、索贿犯罪；项目业主也可能构成行贿。就协议涉及的权利义务关系而言，可以是民事的，也可能不是民事的，如行政管理关系、侵权形成的责任等。

而我们平常所说的合同，是平等民事主体之间设立、变更、终止民事权利义务关系的协议，也就是狭义合同。合同法意义上的合同要求合同的当事人一定是平等的，即可以建立志愿、公平的交易基础。而民事权利义务关系的核心是对价。在这种原理之下，合同可以分为如有偿合同与无偿合同、单务合同与双务合同、要式合同与非要式合同、诺成合同和实践合同、有名合同与无名合同、口头合同与书面合同，等等。合同多数情况下是书面的，或有一定物质表现形式的。但也有通过行为而证明的合同，即所谓事实合同存在。

最狭义的合同是合同书，是平等民事主体之间设立、变更、终止民事权利义务关系的书面协议。在建设工程项目中合同的表现形式主要是合同书，如勘察合同、设计合同、施工合同、采购合同、监理合同。这既是建设工程项目的普遍实践，也是法律的强制要求。我国《合同法》和《招投标》均要求建设工程合同必须采取书面形式。

二、建设工程项目合同类型

既然建设工程项目合同是以纳入建设工程项目范围内合同为管理范围，而不是以合同法标准和法律部类来划分合同类型，我们就按实践中最常见的合同类型来说明。目前建设工程项目合同类型有八大类：建设工程类合同、采购类合同、咨询论证类合同、土地类合同、技术类合同、劳动用工类合同、运输合同、金融和保险类合同。

（一）建设工程类合同

建设工程类合同是建设工程项目最主要的合同，往往也是标的额最大的合同。建设工程合同是《合同法》分则中单独列明的合同类型，《合同法》第二百六十九条明文规定，"建设工程合同是承包人进行工程建设，发包人支付价款的合同。"所有建设工程合同的共同特点如下。

第一，当事人是固定的，建设工程合同一方必定是发包人，即建设单位和业主。在多数情况下，发包人和建设单位、业主是一致的。但在代建制的情况下，发包人不一定是真正的、最终的业主。建设工程合同的另一方必定是承包人，不管承包人是勘察单位、设计单位、施工单位或监理单位。由于我国目前实行严格的资质管理，勘察、设计、施工、总承包、监理都要严格在资质范围内签订合同，从事经营。所以，就我国目前的建设工程合同而言，承包人一般都是法人或符合法律法规要求的"其他组织"。自然人难以成为建设工程合同的主体。随着改革开放的深化，与国际惯例接轨加快，国内和国际上一些合伙性质的组织已成为建设工程的合同主体，而且参与了诸如奥运会场馆建设这样的重大建设工程项目。

第二，属于要式合同，必须采取书面形式。建设工程合同之所以必须采取书面形式，是因为建设工程项目法律关系多，合同履行周期长，金额大，双方权利义务关系复杂。合同履行过程变更情况多。书面形式的合同有利于确立、稳定发包人和承包人之间的法律关系和权利义务关系，也可以成为当事人之间发生纠纷后调解、仲裁、诉讼最直接的证据。

第三，合同成立和合同生效法律强制性。当事人达成合意，合同成立，但合同不一定生效。建设工程项目，尤其是大型、国家级建设工程项目，由于涉及众多行政许可或行政审批，即使当事人的合同意思表示的一致而使合同成立，但是合同要生效，还必须符合国家法律的强制性规定，还必须获得政府行政审批。只有这样，建设工程合同才具备履行的可行性和合法性。而且当事人之间为了确实保护自己的权益，也经常采取效力待定的方式（附期限或附条件）来确定合同的法律效力。

第四，合同义务转让的限制性。建设工程合同的履行是以特定的承包人的履约能力为前提的。如果承包人可以任意、随意转让合同义务，势必给发包人合同权益带来不确定性和损害。因而《合同法》第二百七十二条专门对分包和转包进行了限制。总承包人或勘察、设计、施工承包人经发包人同意，可以将自己承包的部分工作分包给第三人。第三人不得将其分包承担的工作再行分包。承包人不得将其承包的全部建设工程转包给第三人或将其承包的全部建设工程肢解后以分包的名义分别转包给第三人。由此我们可以看出，承包人可以将其承包的工程部分分包，前提是经发包人许可。严禁承包人将其承包的工程全部转包或直接转包，转包工程的行为实际上将合同义务整体转让，在发包人不知情的情况下，是对发包人权益的严重侵害。

建设工程合同包含以下小类别。

（1）勘察合同是发包人支付勘察费用，承包人交付地质、地勘、测绘、水文资料的合同。勘察合同，具有技术合同和委托合同的双重属性，是发包人委托具有勘察资质承包人，以完成一定技术含量的勘察资料为标的的合同。

（2）设计合同是发包人支付设计费，承包人交付设计资料和图纸的合同。由于设计可以细分概念设计、总体设计（拿总）、基础设计、详细设计、施工图设计等，设计合同可以进一步以设计内容为标的进行分类。设计合同也同样具有技术合同和委托合同的双重属性。

（3）施工合同是发包人支付工程款，承包人完成施工任务的合同。施工可以分为场平（土石方开挖、回填、强夯）、边坡治理、结构、装修装饰、道路、桥梁、隧道、检测、石油钻井等。施工合同的具体表现最为丰富。

（4）安装合同实际是施工合同的一种，但在建设工程项目中，鉴于安装工程以大型成套设备的安装和调试运行为主，有其技术的独特性，安装合同就从施工合同中独立出来，成为建设工程类合同中的一个重要分支。安装合同可以细分为设备和仪器、仪表安装、线路铺设、管线焊接、利旧设备拆除等。

（5）监理合同是发包人支付监理费用，监理人发包人委托对承包人施工质量、进度、费用、安全等进行监督的合同。监理合同框架下，形成了发包人、监理人、承包人三角关系。我国目前实行的是强制监理制，对于国家重点工程、国有企业或动用国有资金建设的工程，都必须严格实行监理制。从这种意义上讲，监理合同是一种法定的合同。监理合同具有委托合同的特性，但又有法律的强制性。所以监理单位在监理活动中，既要以发包人的意志为准，也要以法律法规、政府主管部门对工程质量、投资费用的要求为准。在两者有冲突的情况下，法律法规规定、政府主管部门要求优先。这就使的监理合同不完全类同于一般的委托合同。

（6）监造合同是发包人支付监造费用，受托人到设备制造厂商实地监督制造人为发包人制作设备过程的合同。监造合同也可以视为一种监理合同。但监造不是法律强制要求，监造人也没有国家强制性资质规定，因而更接近于一般的委托合同。监造人要到制造厂现场对制造厂商原材料、预制件、零部件和进度、质量、费用控制情况进行监督，并向发包人报告。

（7）总承包合同是发包人支付工程总承包费用，总承包人完成全部工程内容和任务的合同。工程总承包是国际上建设工程项目运作的重要模式，尤其在大型建设工程项目运用日益广泛。工程总承包最主要的是设计、采购、施工三项内容都由一个承包人，即总承包人在合同明确下来，由其承担全部法律责任，所以总承包合同也被称为EPC（Engineering，Procurement and Construction）合同。当然，又不能简单地在总承包合同和EPC之间画等号。EPC是总承包合同的一种形式，但总承包合同不全是EPC。总承包人再根据具体情况，将设计、采购、施工的部分工作内容经发包人同意后，分包给第三人。总承包人可以将设计或者采购或者施工三项中的一项整体分包出去，也可以将设计的一部分、采购的一部分或施工一部分分包出去。有的总承包合同在EPC的情况下，还增加了项目管理（PMC）、试运行（Commissioning）和"交钥匙"（Turn Key）的内容。在这种情况下，总承包合同就分化出了许多变种。

（二）采购类合同

采购合同是指为建设工程项目而进行的物资、设备采购合同。采购合同是从建设工程项目管理来确定的一种合同类型，有物资采购及合同和设备采购合同两种。采购合同在《合同法》中，应该属于分则中的买卖合同。设备采购虽然叫"采购合同"，但实际上多数设备采购合同往往属于《合同法》中的承揽合同。采购合同是建设工程项目中数量最多的合同之一，金额往往占到整个建设工程项目投资的50％左右。建设工程项目的采购合同可以按以下方式再进行细分。

（1）以标的物物理和化学形态变化划分：物资采购合同标的物的物理、化学形态有的要发生变化，有的不发生变化，如水泥、催化剂、添加剂在施工过程中要发生化学变化，钢材、木材在施工过程中则要发生物理形状变化，而一些零配件则不发生变化。设备采购合同标的物无论是化学还是物理形态均不发生变化。对于采购合同的这种区分，目的在于合同履行的质量验收和性能考核过程要区别对待，特别关注合同标的物的质量。

（2）以种类物和特定物划分：大宗通用物资采购合同属于种类物采购合同，如通用标号的水泥、通用规格的钢筋、通用型号的电缆等。专项物资采购合同属于特定物采购合同，如针对建设工程特殊要求而生产的物资，如石油天然气行业固井所用油井水泥，就不同于石油天然气井场、站场施工所用建筑水泥，属于特定物。但是，石油天然气行油井水泥，由于其在石油天然气行业固井施工中的广泛运用，在固井施工中又演变成为种类物采购合同。对这种区别方法，有利于合同标的物的分类管理，尤其是对于建设工程的物资保障供应部门，可以集中管理、科学调度、综合平衡，在同一个建设工程项目，甚至不同的建设工程项目之间，可以合理、快速、高效调配物资和设备。

（3）以设备类型划分：设备采购合同可分为通用设备采购合同、专用设备采购合同、特殊设备采购合同。通用设备（车辆）为买卖合同，如工程建设所需的通用规格的生产装置、动力设备、通讯设备、交通运输车辆等。为建设工程项目专门设计制造的专用设备、特殊设备实为承揽合同，如大型建设工程所需专用的生产流水线、特殊规格的化学反应釜、专用消防车辆、专用通讯指挥车辆等。对设备类型的这种细化，有利于强化设计部门、投资控制、物资采购部门、施工部门、合同管理部门之间的横向协作和沟通，确保各种设备的制造、安装、试车的一次性成功。

（4）以交付时间划分：采购合同可以分为长周期采购合同与次长周期采购合同。长周期合同一般是订购的设备或物资的交付期距合同签订期一年以上。次长周期采购合同则是交付期距合同签署期半年以上、一年以下。区分采购合同的交付周期，可以合理安排合同谈判签约时间，合理安排建设投资资金的使用，减少对仓储场所占压和仓储费用，但长周期和次长周期合同的履行必须注意与建设工程项目的统筹运行计划节点相一致。从科学、精确管理出发，保障物资、设备与建设工程节点相一致，对于采购方而言，在长周期和次长周期的合同中，应当明确的是订购物资、设备的达到施工现场的时间，而不是制造商、供应商的出厂、装车、发运时间。因为订购物资设备从制造商、供应商的车间、仓库真正运抵施工现场还有一个周期，尤其是大型设备。

（5）以设备移动性划分：采购合同可以分为安装设备采购合同与非安装设备采购合同，所谓安装设备是必须经过施工安装过程，固定在特定区域，与其他设备进行永久性连接的设备，如大型石油化工企业生产装置、大型汽车制造商的冲压成型、喷漆及总装流水线。非安装设备是指设备不需专门的施工安装过程，无须与其他设备永久性连接的设备，如备用发电机组。

（6）以采购方式划分：招标采购合同、集合竞价采购合同、询比价采购合同。招标采购合同是以招投标方式确定供应商的合同。按照我国建设工程项目管理的有关规定，国家投资项目、国有企业或动用国有资金的项目、能源及基础性建设项目等超过100万以上的采购，必须通过招标方式进行。集合竞价合采购合同，是指多个供应商在一定时间和范围内集中报价，采购商在有竞争优势的价格中确定供应商的采购合同。询比价采购合同是指采购商独自、分别向供应商询价，自行确定供应商的采购合同。

（7）以采购管理方式划分：集中（统一）采购合同、协同采购合同、自主采购合同。集中采购合同是指建设工程项目的管理机构（项目部）的上级机关（如集团公司、总公司），对于一些大宗、通用的物资设备，以及本行业、本企业所需的专用物资、设备，进行统一采购，统一管理、统一调配。集中采购合同可以确立采购方在合同谈判过程中的优势地位，大规模降低采购成本，提高物资设备标准化程度。协同采购合同是建设工程项目的管理机构（项目部）或其上级机关，组织建设工程项目的各个物资设备需求部门，与供应商集体谈判、集体签约的一种采购方式，也可以起到降低采购成本，统一规格型号，保障及时供应的效果。自主采购是指建设工程项目管理机构自行采购、无须上级单位授权的采购方式。

（8）以价格方式划分：固定单价采购合同、年度框架价格浮动合同。固定单价合同，是指对某一种物资的采购价格事先予以锁定，而不固定数量。数量按一定周期、如季度、年度的实际采购量进行结算的合同。这便于采购方合理采购，节约投资，减少不必要的闲置物资和设备。年度框架价格浮动合同，是指以一年为周期，锁定采购方必需的一定数量的物资和设备，而价格采取固定底价加浮动，或随行就市。采购方在一年内，每批次的采购均按采购当期的市场行情进行定价结算。这种采购合同有利于采购方锁定所需资源，保障工程建设所需。同时，有利于供应商按市场行情以最合理的价格出售产品。

在采购类合同中，需要从合同法律角度重点关注的是长周期、次长周期、大型专用设备的采购合同。虽然这些合同的名称是采购，但却不是合同法中的买卖合同，而是承揽合同。法律关系和当事人双方的权利义务关系不同于一般的买卖合同。

（三）土地类合同

绝大多数建设工程项目都要征用土地，尤其是国家基础性设施、公用设施项目建设。如三峡工程、南水北调工程、京沪高速铁路工程、西气东输工程、川气东送工程，都要永久性征用大量集体所有制土地，建设期间还要征用一些临时用地。所以说，土地合同的签订和履行，从某种以上讲是建设工程项目最重要、最关键合同，因为任何建设工程都必须建立在土地之上。就建设工程项目涉及的土地类合同有以下几种。

1. 永久性征地合同

建设工程项目属于"新增建设项目用地"的，就要占用农村集体所有的农用地、林地、农村居民宅基地。对于这类用地，建设单位要在获得土地规划许可之后，对拟占用的土地先征收为国有土地，然后再由建设单位按国有土地出让手续办理，获得国有土地使用权。一般做法是由建设单位与拟征地的地方政府部门签订征地合同或统一征地合同，支付征地所需的耕地补偿、青苗补偿、建筑物拆迁补偿、新开耕地费用、征地范围内农民的部分社会保险和统筹、征地管理费用等，由政府组织征地和拆迁的具体实施。征用土地变成国有土地后，再由建设单位按国有土地使用权出让合同方式取得用地。

2. 国有土地使用权出让合同

国有土地出让合同也是永久性征地合同。建设工程项目需占用城市范围内或城市以外的其他国有土地，因而要按照城市规划许可，和政府国有土地管理部门签订《国有土地使用权出让合同》，或和已有国有土地使用权的单位签订《国有土地使用权转让合同》。

3. 临时用地合同

建设工程施工过程中在一定期限内征用土地的合同，不改变土地所有权、使用权法律性质，从本质上讲是属于租赁合同。如建设工程项目施工过程中需要的临时设施、临时建筑、施工便道、作业面用地、物资设备堆放地等。临时用地合同履行完毕后，建设单位、施工单位应当按照合同约定和政府规划要求恢复土地占用前的状况。临时占用耕地、林地的，必须恢复达到耕种、种植条件。

4. 地役权合同

《物权法》出台实施后新增合同类型，是指建设单位（需役方）为了自己的不动产（生产装置、设备）的使用效益，在不改变自己不动产涉及的周边土地所有权、使用权性质的前提下，对周边土地权益人（供役方）的土地的使用进行合理限制，并给以一定合理补偿的合同。如大型化工生产企业、核能发电厂、原油天然气长输管线，都必须设立必要的安全距离，建立安全隔离区。在安全距离范围以内，不能有永久性建筑，不得有常住居民。隔离区内的土地没有、也不必办理永久征地，其土地的国有和集体土地权属仍然维持原状。但土地权益人原有建筑物要拆除，而且在一定时间内不能再建。在一般情况下，虽然土地所有权或使用权仍然属于供役方，但是供役方进入安全隔离区时间、范围及在隔离区从事农业等活动，要按地役权合同的约定执行。在出现安全事故的危机情况下，供役方还有必须疏散的义务。

5. 拆迁补偿合同

不管是永久征地合同、临时征地合同，还是地役权合同，都要附带签订拆迁补偿合同，对征地范围内被拆除的建筑物（厂房、办公楼、农村的房屋、猪圈、坟地等）、构筑物、农作物、林木等做出合理补偿。补偿合同还包括对被拆迁范围的居民的安置补偿。

（四）咨询论证类合同

咨询论证类合同是指建设工程在开工之前、建设过程中及完工、竣工验收时，根据国家行政管理、安全生产管理、环境保护管理方面法律法规的强制性要求，必须对建设工程项目涉及的规划、安全、环境保护、职业卫生、地质灾害等事项做出论证、评价、评估的事项，建设单位委托有资质的论证、认证、评价、评估单位进行相应的咨询论证活动。建设工程项目的咨询论证合同不同于一般的咨询论证合同，有其本身的特点。

第一，建设工程项目的咨询论证合同的产生是因为有法律法规的强制性要求。如建设工程项目的安全评价和环境影响评价，是国家法律法规的强制性要求，没有完成相应的评价程序或经评价不符合国家法律法规规定，建设工程项目不得开工建设。所以，建设单位委托安全、环境评价单位，并与它们签订咨询论证合同，是法律的强制要求，而不是自主、自愿行为。

第二，建设工程项目咨询论证合同的履行结果是以获得政府主管部门的行政许可或审批为目标。对于建设单位而言，安全、环保、职业卫生、地质灾害等的评价最终目的是保障建设工程项目在施工和建成后的运营过程中，不出现安全、环保、职业卫生事故，不发生或能避免重大地质灾害。但在建设施工开始和过程中，是以满足通过行政许可、行政审批为前提。

建设工程咨询论证类合同，根据建设工程项目的具体情况和涉及的范围，包括有以下几种：委托编制可行性研究报告合同、安全评价合同、环境评价合同（包括项目建成后环境影响评价）、职业卫生评价合同、工程造价咨询合同、地质灾害（山体滑坡、塌陷等）评价合同、地震灾害评价合同、防洪评价合同、编制水土保护可行性报告合同、压覆矿产资源评价合同、编制林地使用可行性报告合同、委托消防和人民防空评价合同，等等。

（五）技术类合同

建设工程项目技术类合同与《合同法》分则规定的技术合同完全一样，是建设工程项目涉及的技术合同，也有一部分是建设工程项目管理机构在运作过程中对管理活动所需的技术合同。

建设过程项目本身所需的技术合同有：成套技术转让合同、工艺包转让合同、为建设工程项目专门进行的技术开发合同、大型设备配套的专利技术、专有技术许可使用合同、工程项目整体运行的技术服务、技术咨询和培训合同。

建设工程项目管理机构运作所需的技术合同有：管理机构（项目部）办公和工作流系统、生产运行管理、财务资金管理、物资管理、合同管理等方面的软件开发、技术咨询服务等合同。

（六）劳动、劳务合同

建设工程项目的劳动、劳务合同与一般的企事业单位基本相同，都要受《劳动法》和《劳动合同法》管辖。但是，因为建设工程项目本身是一个有开始、有结束的过程，而建设工程项目管理机构本身有开放性、流动性和阶段性的特点，因而与建设工程相关的劳动和劳务合同也有其一些独特的地方。

1. 项目法人、项目部人员聘用合同、借用合同

建设工程项目管理机构如果是法人实体，如为建设工程项目专门建立的项目公司（中国三峡工程开发总公司、中国商用飞机有限公司、京沪高速铁路有限公司、南水北调中线干线有限公司），那么项目法人要和其聘用的员工签订正式的《劳动合同》或《聘用合同》。如果建设工程项目管理机构是非法人实体的项目部，那么进入项目部的工作人员就是由设立项目部的法人单位派遣而来，执行原劳动合同，只是工作地点、工作内容、工作时间有所变更。如果项目部在运作中还需从其他单位聘用管理人员，那么就会出现项目部与聘用人员、聘用人员劳动关系所在单位三方之间的《借聘合同》。

2. 建设工程项目管理机构运作所需签订的劳动、劳务合同

非法人实体的项目部，在其上级机关同意和授权下，也可以直接聘用所需人员并与之签订劳动合同。项目部在日常运作中，采取社会化服务的方式，与生活后勤服务、物业管理、交通车辆、保安等专业公司签订劳务、服务合同，由社会专业化公司派遣人员提供相应的服务。

3. 承包商、分包商劳务分包合同

建设工程项目承包商、分包商与有劳务分包资质施工企业之间签订的《劳务分包合同》，由劳务分包企业派遣施工人员到承包商处从事施工、安装等活动。

4. 承包商、分包商直接雇用劳务工、农民工合同

建设工程项目的承包商、分包商直接雇用的劳务工、农民工合同，虽然与建设单位没有直接的法律关系，但是如果建设单位没有按与承包商之间的合同及时、足额支付工程款，有可能导致承包商、分包商拖欠劳务工、农民工工资情况。同时，也存在因承包商、分包商自身的经营、管理原因，拖欠、拒付劳务

工、农民工工资的情况。无论哪种情况的发生，对建设单位来说都有间接或直接的影响，如劳务工、农民工怠工、停工延误工期，甚至阻止建设单位、承包商施工等。因此，建设单位、承包商、分包商都应关注劳务合同的履行。

（七）运输合同

建设工程项目的运输类合同与《合同法》分则"运输合同"完全一样。在建设工程项目中，运输合同同样有着重要的影响，运输合同履行的好坏，既影响到施工方的施工机具、设备能否按时到达施工现场，更直接影响到建设工程的物资、材料和设备能否按工程进度节点达到施工安装现场。对于运输合同，无论是建设单位、承包商，还是货物承运人都应该给予充分的重视。建设工程项目所需的大型设备，往往超高、超长、超重，不仅对承运人的运输车辆、车皮、船舶等运输工具有特殊要求，甚至进行必要的改造、改装。对于运输途中必须经过的道路、桥梁收费站、隧道、弯道、陡坡等，有的要做承重承压检测，有的要做拆除、加固，有的还要做模拟试验。因而，对于大型设备的运输而言，其组织活动本身就足以构成一个"项目"。

大型建设工程项目运输合同根据托运人不同，有建设单位、业主与承运人之间的运输合同，承包商与承运人之间的运输合同、总承包商与承运人之间的运输合同。大型建设工程运输合同类基本包含了运输合同的所有种类，如铁路运输合同、公路运输合同、水路运输合同、进口物资设备的海运合同、多式联运合同。

多式联运合同在法律关系和运作管理上，类似于承包合同。《合同法》第三百一十七条、第三百一十八条规定，多式联运经营人负责履行或者组织履行多式联运合同，对全程运输享有承运人的权利，承担承运人的义务；多式联运经营人可以与参加多式联运的各区段承运人，就多式联运合同的各区段运输约定相互之间的责任，但多式联营经营人与区段承运人之间的约定，不影响多式联运经营人对全程运输承担的责任和义务。由此，我们可以看出，多式联运经营人实际上是"总承运商"，各区段承运人是"分承运商"。总承运商与分承运商之间可以就货物运输做出各种合同安排，但总承运商对托运人要负总责。

（八）融资、保险合同

建设工程项目是建设工程，也是一个投资过程。建设资金的筹措和运用活动，需要涉及很多金融、保险方面的合同。如果建设工程项目管理机构是法人实体，在建设资金的筹措活动中，就需要与商业银行或银团之间签订贷款合同，贷款涉及股东担保合同、第三方担保合同、建设项目抵押担保合同。如果以发行企业债券或股票方式融资，还要形成债券发行、股票发行方面的合同。建设工程项目也可能针对一些成套设备产生一些融资租赁合同。

从防范、降低、分散建设工程项目的风险出发，建设单位、业主、承包商都要通过保险合同的安排，建立较为完备的保险体系。就保险合同而言，在建设工程项目中有：建设单位和承包商为其员工所投的雇主责任险合同、勘察、设计、监理、咨询单位所投的职业责任保险合同、业主所投的在建工程财产保险合同、业主所投建筑工程一切险合同、业主所投安装工程一切险合同、承包商所投其施工设备和财产保险合同，等等。

三、建设工程项目合同表现形态

上述八种建设工程项目范围内的合同，是从建设工程项目涉及民事行为类型来确定合同类型的。从建设工程合同管理流程所表现出来的形态来考虑，建设工程项目合同管理范围还包括：订立过程中的合同、已签订尚未履行的合同、已签订未生效的合同、正在履行合同、被宣布无效的合同、被撤销的合同、被责令整改的合同、暂停状态的合同、一方或双方协议解除的合同、被终止的合同。

（一）订立过程中的合同

订立过程中的合同是尚处在谈判、招投标、协商过程中，没有完成最终签字盖章的合同。从严格的合同定义来说，订立过程中的合同还不能称之为合同。合同是当事人双方就设立、变更、终止民事权利义务关系达成一致的协议。没有签字盖章之前，就还没有达成一致，所以还不能称之为合同法意义上的合同。就如同胎儿是一个生命体，但还不是法律意义上的自然人。建设过程项目合同管理范围内的合同，不是合同法意义上的合同，只要纳入合同管理工作范围的合同我们都可以称之为合同。我们知道在大型的建设过程项目中，合同的谈判时间是很漫长的，有的要数年甚至十几年。在一些有涉外因素的建设工程项目中，由于中外文化和法律的差异，合同谈判的周期往往会比工程建设的周期还长。而且，有些重大的建设工程项目合同，存在很多当事人难于左右、难于控制的外部环境，时常会出现合同谈判完了，结果项目被取消而不能签字盖章的情况。但合同管理人员已经按照合同管理流程、规范，开展了尽职调查、商务谈判、文本起草、条款审查等工作，付出了大量的劳动。对于一些因种种情况而不能签约的合同，还存在缔约过失责任的认定和处理问题。因此，订立过程中的合同，以及在签字盖章之前而被取消的合同，应当在合同管理台账和系统中进行记载和反映。

（二）已签订未履行的合同和未生效的合同

从合同管理工作上来讲，未履行和未生效的合同已经完成了合同订立环节的全部工作，其标志就是合同当事人双方在合同上签字、盖章，合同已经成立。合同未履行和未生效主要因为两种情况，一是合同已经生效但开始履行的时间尚未到达，二是合同本身还没有生效。

就合同未生效而言，又存在两种情况。第一，合同是附条件、附期限生效合同，而所附条件未成就，所附期限未到达。如，法律规定需要行政机关审批、登记或备案方能生效的合同，当事人约定了诸如合同需双方决策机构（如董事会、股东会）批准方能生效的合同，只有满足法定和约定的条件，合同才能生效。第二，因合同订立过程中管理失误，存在瑕疵，出现"质量不合格"的合同，即效力待定合同。效力待定合同是因为签约人没代理权、超越代理权、代理权终止而订立的合同。这种合同没有被合同相对人，即对方当事人追认而未能生效。

未履行合同和未生效合同，虽然还没有进入实际履行状态，但是合同已经进入合同主办单位和合同管理机构的工作范围之中。在合同管理机构的合同管理台账和网络管理系统中，合同的编号已经生成，合同文本、档案已经产生。对于合同承办人员和合同管理人员来说，在合同订立工作已完成而未生效之前，就是要依法、依合同约定促使合同生效所依赖的条件成就。如果出现效力待定的情况，要敦促、协调、帮助我方合同承办人取得合同对方当事人的追认和确认。相反，如果是对方需要本方追认和确认才能使合同生效的，本方的合同管理人员就要认真审视合同效力与建设工程项目之间的关系，如果为保证建设工程项目工期，则应当及时给予对方所需的追认和确认。如发现合同生效于建设工程不利，则可以采取不予追认的方式，达到使合同不生效的目的。

（三）被宣布无效的合同、被撤销的合同

已经完成订立环节工作而正式签订成立的合同，在未履行前或在履行过程中，由于其内容和形式上违反了法律、行政法规的规定和社会公共利益，被司法机关和仲裁机构宣布无效。无效合同和被撤销的合同自始就无效。无效合同多数是因为合同当事人之间发生争议和纠纷而诉诸法院、仲裁机构后出现的。在诉讼或仲裁过程中，一方当事人或双方当事人主张合同无效，或者法院、仲裁机构自行认定合同无效，都可能导致合同被宣布无效的法律后果。某个合同被宣布无效的那个时点，该合同可能已签订但尚未履行，也可能是正在履行，也有可能已经履行完毕。但无论哪种状态，该合同均不得按原合同"约定"的"义务"继续双方的交易行为，而要进入恢复原状、返回财产的处理状态。被宣布无效的合同，虽然不能再继续履行，但从合同管理上来讲，是已经发生的工作，而且对无效合同的后续处理仍要继续进行工作，如对无效合同内部管理责任的认定和处理，对无效合同外部民事责任的认定和处理。

被宣布无效的合同是因为合同内容违反国家法律法规、侵害国家集体或第三方合法利益、违反社会公序良俗。在建设工程领域，除了合同内容问题导致合同无效外，合同主体不合格是导致合同无效常见的、重要的原因，如承包商没有资质、超越资质、借用他人资质承揽工程项目而签订的合同无效。承包商非法转包、分包工程项目而签订的合同无效。

被撤销的合同是当事人在订立合同时，因为意思表示不真实，当事人的内心的意图、想法与客观、外在的表达不一致，法律允许当事人通过撤销权而使已经生效的合同整体不再有效力（全部撤销），或者只撤销合同的部分条款并进行变更（部分撤销）。产生可撤销的合同有三种情形：重大误解、显失公平和被欺诈、胁迫、乘人之危签订的合同。被撤销的合同与被宣布无效的合同不同，没有当事人请求行使撤销权，法院、仲裁机构不得自行决定撤销。被撤销的合同与无效合同一样，自始就没有效力。但在合同管理工作上，被撤销的合同与无效合同一样，也是已经进入合同管理台账范围内的合同，被撤销之后也有大量的后续工作要处理。

（四）被责令改正的合同

被责令改正的合同，即规划、建设、土地、安全生产、环保、工商等行政主管部门在执法过程中，发现合同效力有瑕疵，或存在合同无效情形的，要求合同当事人按照国家法律、法规进行整改的合同。对被责令整改的合同，当事人如不提起行政复议或行政诉讼，而且拒绝整改，或未按要求整改到位的，执法机关将予以罚款、暂定、暂扣、降低、吊销行政许可、资质等级、营业执照处罚。对于行政机关而言，虽然不像法院和仲裁机关那样，有权力直接宣布、决定建设工程合同的无效。但是，却可以通过降低或取消资质、吊销执照等行政处罚，使承包商的资质与其承揽的工程项目不符，而间接导致合同主体资格不合格而使合同无效。被责令改正的合同与被宣布无效合同、被撤销合同一样，也是已经发生，而且还要继续处理善后工作的合同。

（五）暂停状态合同

暂停状态合同是由于不可抗力或情势变更，使得正在履行的义务处于长时期停顿状态的合同，暂停状态的合同的效力继续有效。暂停状态的合同在建设工程领域是比较常见的，如四川汶川大地震的自然灾害，严重的不可抗力导致合同继续履行的条件不具备而暂停。如国家出现重大经济战略、政策调整，直接要求某些重点建设工程项目停建、缓解、下马，或者修改工程方案。这些当事人不可预见或者不可归责于当事人的客观情况出现后，如果继续履行合同，将产生明显不利于一方当事人的后果，即显失公平。对于暂停状态的合同而言，当事人可以采取协商解除合同而使合同终止，也可以协商变更合同履行期限或履行方式，也可以要求法院或仲裁机构撤销或变更合同。

（六）被解除（被终止）的合同

被解除的合同是指当事人单方要求或双方当事人协商一致而解除的合同。一方当事人单方面要求解除合同的，必须具备法定的条件：不可抗力、对方违约、对方不履行义务、约定的解除期限、解除条件、解除权成就。协商一致解除的，可以不考虑法定的解除条件，但在工程建设领域要充分考虑可能给第三方带来的损失和弥补办法。

上述六种表现形态的合同，对于建设工程项目的合同管理工作而言，均是已经发生和还要继续发生的管理活动。从考核合同管理机构工作量的角度看，不管合同是否成立、不管合同是否有效力、不管合同是否在履行，只要是按合同管理的流程和规范已经发生了的，都是建设工程项目管理范围内的合同。只有这样，才能全面反映、准确考核合同管理机构和合同管理人员的工作量和劳动成果。

第三节
项目法人制与合同管理

一、我国建设工程项目投资管理体制沿革

在我国改革开放前的计划经济时代及改革开放初期，我国政府和国有企业投资的基本建设项目大多采用的是以政府行政主管部门为主导的筹划、建设、管理、营运相分离的模式。这种投资体制下，项目前期工作部门（政府计划规划部门、产业行业主管部门）完成前期规划、项目建议、可行性研究、初步设计等工作。在完成相关报批程序后，由政府主管部门成立建设工程指挥部完成项目建设。建设资金是政府拨款，而不是银行贷款和企业自有资金。项目竣工后，移交（无偿划拨）有关营运部门负责营运和管理。

这种投资管理体制的优势是可以在短时间内，集中国家的物力、财力、人力办大事，在短时期内完成国民经济基础建设。如新中国第一个五年国民经济发展计划及"156"项目的实施，奠定了我国国民经济的工业体系和基础。但这种投资体制也带来几个严重问题。

第一，在建设、管理、运营相分离情况下，缺乏统一的责任主体，批项目的不搞建设，搞建设的不管投资，做经营的不管建设，投资缺乏控制和约束。

第二，项目建设过程因为没有统一责任主体和整体投资回报、经济效益考核，会因为投资资金、市场情况变化而经常出现停建、缓建。出现大量的所谓形象工程、政绩工程、胡子工程、烂尾工程等。

第三，投资缺乏约束和控制，或在"拨改贷"体制后，没有自有资金，全靠银行贷款，造成项目运营后财务负担沉重，经营亏损。

二、项目法人制在我国的实行

建设工程项目法人制度在西方国家已有数十年的历史，以项目法人形式组织建设工程项目，特别是政府投资的公益性工程项目的前期准备、建设实施及项目管理已经成为一种国际惯例。改革开放以来，我国投资体制不断改革，一个重要

内容就是引入并完善项目法人制。经过多年的努力，项目法人责任制逐步成为我国建设领域基本管理制度之一。

　　1995 年，水利部出台了《水利工程建设项目实行项目法人责任制的若干意见》，率先探索性地就经营性项目法人责任制及其组织形式做出了规定。1996 年，原国家计委出台了《关于实行建设项目法人制的暂行规定》（计建设［1996］673 号），系统地提出了国有单位经营性基本建设大中型项目推行法人责任制的具体规定。1999 年，国务院办公厅下发《关于加强基础设施工程质量管理的通知》，要求国家各类基础设施建设工程项目，都要建立项目法人责任制。该通知不仅提出了项目法人制，而且系统地提出了建设工程项目实行招投标制、监理制和合同管理制，由此我国建设工程项目管理的四项基本制度，即项目法人制、招投标制、监理制和合同管理制全部建立。

三、项目法人制的内容

　　项目法人制是建设工程项目法人责任制的简称。"实行项目法人责任制，由项目法人对项目的策划、资金筹措、建设实施、生产经营、债务偿还和资产的保值增值，实行全过程负责"（计建设［1996］673 号第三条）。根据上述文件的有关精神，项目法人制有以下六项内容。

　　（1）项目法人必须按照建设程序办事，办理立项批文和建设规划、施工许可证必备；坚持先勘察、后设计、再施工，不搞"三边"工程。

　　（2）项目法人要执行招投标制度，通过招标发包；项目招标要体现"三公"原则；要合理划分标段，合理确定工期，合理评标定标，不搞不合理压价；监督承包单位不得有转包、违法分包和挂靠承包行为。

　　（3）项目法人对建设工程的质量负总责，并由项目法定代表人对工程质量承担终身责任。

　　（4）项目法人是承担现场文明施工管理责任，督促参建施工单位严格执行文明施工和安全生产的有关规定。

　　（5）项目法人要建立合同管理制度，依法与工程参建单位分别签订勘察、设计、施工、监理、检测合同，并按规定报送有关部门实查备案，不得签订阴阳合同。

　　（6）项目法人要执行工程竣工验收制度。严格按照工程验收规定和程序要求，组织竣工验收直至最终办理竣工备案；未经验收合格和办毕竣工备案的工程，不得办理移交也不得投入使用。

　　由此我们也可以看出，在建设工程项目的四项基本制度中，项目法人制是招投标制、监理制和合同管理制的前提和基础。没有完善的项目法人制，其他三项制度就会因缺乏组织依据而难以运行。

四、项目法人与法人

项目法人制首先要有法人，项目法人制也可以说是"法人项目制"，即法人的项目管理运行制度。我国的《民法通则》、《公司法》、《中外合资经营企业法》等法律对什么是法人已有明确规定。法人是相对于自然人而言的组织。所谓法人，是指依法定程序注册设立，具有民事权利能力和民事行为能力，享有民事权力和承担民事义务的组织。简单地说法人是合法的组织机构而不是某个自然人。根据《民法通则》的规定，一个法人必须同时具备四个条件。

（1）依法成立，要经过相应的审批、登记、注册程序，获得并持有相关的证照。

（2）有必要的财产或者经费，如出资人交付的注册资金、开办单位拨付的开办费、国家主管单位或财政拨付的事业费。

（3）有自己的名称、组织机构和场所。

（4）独立承担民事责任，这是法人最为本质的特征要求，法人在对外交往或经营活动中，要以法人的全部财产承担债务，而不是由法人出资人、经营管理人用个人的财产来承担债务。当然，在出资人出资不到位或非法抽逃出资的情况下，出资人要为法人的债务担责任。法人在民事诉讼、仲裁活动中能成为原告或被告。

依据法人性质和职能的不同，法人又分为企业发人、机关法人、事业单位法人和社团法人四种类型。

企业法人是法人中数量最为众多的一类，也是市场经济的基本主体和参与者，是以营利为目的的组织。没有企业法人，就没有现代意义上的市场经济。目前，根据我国的公司法律制度，企业法人有：国有企业、集体企业、国有独资公司、有限责任公司（含中外合资企业）、股份公司（含上市公司）、一人公司。所有类型的企业法人都必须严格按照法律程序，办理公司企业登记注册手续，持有《中华人民共和国企业法人营业执照》，企业法人营业执照的签发之日就为企业法人成立之日。

机关法人是指国家各级、各类行政管理机关，成立机关法人不需办理登记手续，决定成立机关法人的国家权力机关发文之日就是机关法人的成立之日。机关法人以行使国家社会管理为职责，不得以营利为目的。机关法人在行政管理关系上，与企业法人、社团法人、自然人之间是行政管理者与行政管理相对人之间的关系，可以依法对行政管理相对人做出行政许可、行政限制、行政处罚。在行政诉讼关系中只能是被告。机关法人在民事法律关系上与其他企业法人、社团法人、自然人处于平等的交易地位，机关法人进行基本建设，也要按照建设工程项目管理的四项基本制度执行，以项目法人的身份，进行招标、签订合同、采购物资设备，等等。

事业（单位）法人是指由国家开办的，全部或部分以财政经费为运营费用的组织。政府开办的公益性学校、医院、科研机构，以及经政府行政机关授权、履行部分社会管理职权的组织机构，如证监会、质量检验所、药品检验所等。目前许多以前的事业单位实行了企业化经营改革和改制，事业单位法人转变成了企业法人。

社团法人是指不以营利为目的的社会团体组织，如工会、行业协会、产业协会、宗教团体等。社团法人的成立要在民政管理部门办理登记注册手续。

五、项目法人设立要求

国家有关法律法规及部门管理规章，建设工程项目法人制的设立在方式、时间、程序、内容方面都有具体的要求。原国家计委计建设〔1996〕673号文件第四条至第七条有如下规定。

第一，要组建项目法人筹备组。新上项目在项目建议书被批准后，应及时组建项目法人筹备组，具体负责项目法人的筹建工作。项目法人筹备组应主要由项目的投资方派代表组成。

第二，要提交项目法人组建方案。有关单位在申报项目可行性研究报告时，须同时提出法人的组建方案。否则，其项目可行性研究报告不予审批。

第三，项目法人成立时间必须先于项目正式开工。项目可行性研究报告经批准后，项目法人筹备组要正式成立项目法人。并按有关规定确保资本金按时到位，同时及时办理公司设立登记。

第四，项目法人组建备案制。国家重点建设工程的项目法人的公司章程须报国家计委备案。其他项目的公司章程按项目隶属关系分别报有关部门、地方计委备案。

根据我国投资体制改革进程和目前建设工程项目法人的实践，项目法人与建设工程之间有以下几种关系（见图8-1）。

（1）先建项目，后设法人：建设工程项目在我国投资体制改革之前已经开始，根据建设工程的进展情况，后组建项目法人，如三峡工程和中国三峡工程总公司。

（2）项目和法人同步开始：严格按项目法人制和现行投资体制运作，在项目筹划阶段就设立项目法人，项目法人是专门为建设工程项目而设立，一般不再从事其他重大项目，所以也可以被称为"项目公司"，如南水北调工程和南水北调水源公司、南水北调东线干线公司等。

国家大飞机项目和京沪高铁项目都是采用了项目和法人同步进行的模式。大

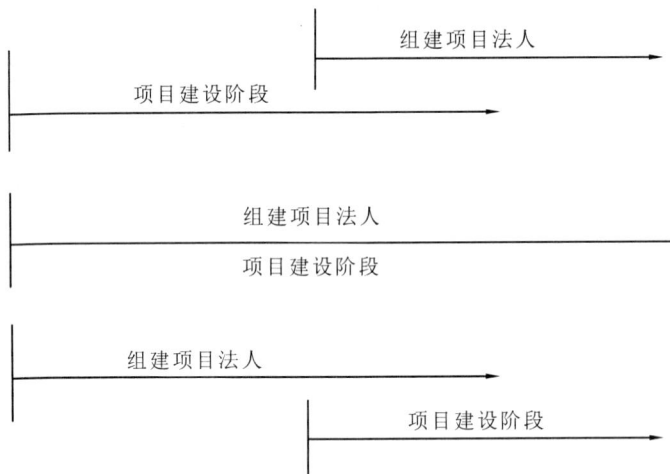

图 8-1　项目法人与建设工程的关系

飞机一般是指起飞总重超过 100 吨的运输类飞机，包括军用、民用大型运输机，也包括 150 座以上的干线客机。目前世界上只有美国、欧洲四国和俄罗斯有制造大飞机的能力，而占领国际市场的只有美国的波音和欧洲的空客。与国家大飞机项目配套的是组建了"中国商用飞机有限公司"，2008 年 5 月 11 日在上海浦东正式挂牌，注册资本为 190 亿元，国务院国资委代表国家作为第一大股东出资 60 亿，占总股份的 31.57%，上海市国资委出资 50 亿，占 26.31%，中国航空工业第一集团公司与中国航空工业第二集团公司出资 50 亿，占 26.31%，宝山钢铁公司、中国铝业集团公司、中国化工进出口集团公司分别出资 10 亿，各占 5.26%。

京沪高速铁路项目是国家"十一五"开工的又一重大国家级重点项目，2008 年 4 月 18 日正式全线开工，自北京南站至上海虹桥站，全长 1 318 千米，总投资 2 209.4 亿元，计划 5 年建成。与国家大飞机项目组建的"有限责任公司"不同，配套组建的项目法人采取了股份公司的模式，即"京沪高速铁路股份有限公司"。总投资 2 209 亿元人民币中，除了股东出资 1 100 亿注册资本金以外，剩下的 1 100 亿还需要通过向银行贷款和发债券的方式筹集。股东有：中国铁路建设投资公司、平安资产管理有限责任公司、全国社会保障基金理事会、上海申铁投资有限公司、江苏交通控股有限公司、北京市基础设施投资有限公司、天津城市基础设施建设投资集团有限公司、南京铁路建设投资有限责任公司、山东省高速公路集团有限公司、河北建设交通投资有限责任公司、安徽省投资集团有限责任公司。

（3）先有法人，后建项目：建设工程项目是在我国投资体制改革之后开工的，多数是企业法人自己投资建设的项目。如中国石油天然气股份有限公司的西气东输一线、二线工程项目、中国石油化工股份有限公司川气东送工程项目等。因为企业法人在不同时期有多个建设工程项目，而且除从事建设工程外，还要从事日常生产经营，因而在"先有法人、后建项目"的法人不能被称为"项目公司"。"先有法人，后建项目"又可分两种类型：①法人为自己投资建设的项目专门设立一个独资或控股的子公司来担任项目法人，我国多数房地产开发项目都采用这种模式；②法人自己本身担任新建项目责任主体，而不再单独设立子公司或项目公司，如中国石油天然气股份有限公司的西气东输一线、二线工程项目、中国石油化工股份有限公司川气东送工程项目。原国家计委计建设〔1996〕673号文件第九条规定，"由原有企业负责建设的基建大中型项目只设分公司或分厂的，原企业法人即是项目法人。"

六、项目法人制与合同管理（见图8-2）

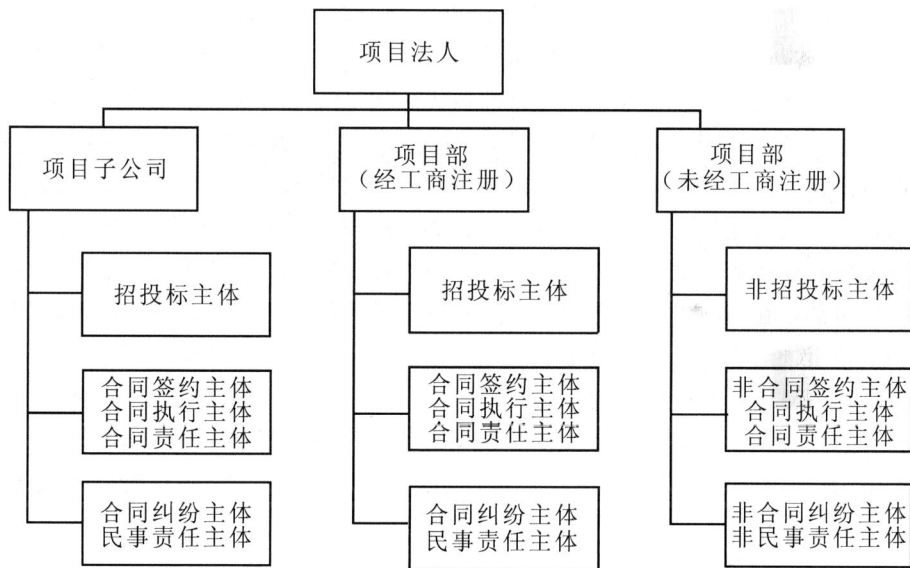

图8-2　项目法人制

（一）与项目法人制相关联的几个概念

目前在建设工程项目中，与项目法人制相关联的概念有建设单位、业主、开发商、模拟法人、委托法人、授权法人等。不对这些概念一一进行明晰和梳理，容易导致对项目法人制的混淆。

（1）建设单位与项目法人：建设单位概念是指建设工程项目政府报批程序的申请人，与建设工程有关的可研报告、开工许可证、规划许可证及其他权属证明的登记人。由于投资体制的原因，建设单位的概念先于项目法人，而且沿用至今。建设单位概念更侧重工程项目的建设、施工期间的"建设"属性，满足政府行政管理的分类。但建设单位没有明确是不是法人。项目法人和建设单位在多数情况下可以通用，但也有例外，如存在一些以分公司、分厂等非法人实体的建设单位。所以，项目法人都可以是建设单位，但不是所有建设单位都是项目法人。

（2）业主与项目法人：业主的概念则是按照"谁投资，谁受益"和"谁投资，谁负责"的原则，来界定建设工程项目的投资人、产权人和运营单位，侧重投资及实现投资收益的全过程。业主可以直接担任项目法人，充当建设单位。业主是投资者和受益人，但不一定是专业的、职业的经营管理者，在社会化大分工的条件下，业主可以通过"代理建设制"、"委托建设制"方式，组建独立的项目公司或委托有资质的专业项目管理公司，并由它们充当项目法人、建设单位去进行投资建设。

（3）模拟法人、授权法人、委托法人与项目法人与项目：在建设工程实践中，确实出现过建设工程项目"模拟法人"、"授权法人"、"委托法人"的提法。多数情况是项目法人内部设立的项目部，代行项目法人对项目的管理职责，取得了项目法人的某些授权，而自称为"模拟法人"、"授权法人"或"委托法人"。我们认为这些提法和概念没有法律依据，混淆了项目法人与项目部的法律关系和区别，也容易在建设工程实践导致很多不规范的做法，如一些项目部未经注册登记并领取营业执照，就以项目部名义对外招投标、签订合同，等等。项目法人设立的项目部，在与项目法人之间进行经营管理考核的时候，可以采取所谓模拟法人和模拟市场运作的办法。但是，法人就是法人，项目部就是项目部，对外承担民事责任的时候是不能模拟的。项目法人设立的项目部，可以在取得项目法人的授权、包括特别授权情况下，行使对建设项目的全部管理权。但正是因为是项目法人给予的"授权"，接受的项目法人的"委托"，所以，项目部只能以项目法人的名义而不是自己对外从事民事活动。

（二）项目法人与项目部

根据《工程管理规范》规定，项目部或项目经理部是建设工程过程中由项目法人组建并任命项目经理，项目经理在项目法人的企业法定代表人授权和职能部门的支持下按照企业的相关规定组建的、进行项目管理的一次性组织机构，以矩阵式管理模式为主。项目部实行项目经理负责制，根据企业法人（项目法人）的法定代表人授权，对项目实施全过程、全面管理。项目经理要有相应的资质，要签署《项目管理目标责任书》。项目部在项目收尾完成后解散。由此，我们可以看出项目法人与项目部关系的几个基本特点。

第一，项目部是项目法人设立的，先有项目法人，后有项目部。

第二，项目部是非法人组织机构，在项目法人授权范围内可以独立对外开展活动。

第三，项目部是建设工程项目的具体执行人。

第四，项目部在没有注册登记的情况下，对外开展活动（招投标、签合同）必须以项目法人的名义进行。

第五，项目部是一次性组织，随建设工程项目结束而解散，项目法人则可以是永久存续的。

（三）项目法人制下的合同主体

明确项目法人制的相关问题的目的在于明确建设工程项目的合同主体问题。项目法人制下合同主体可以分为：合同签约主体、合同执行主体和合同责任主体。

1. 合同签约主体

符合法律规定的适格的合同签约人即为建设工程项目的合同的签约主体。《合同法》第二条规定，"平等主体的自然人、法人、其他组织可以签订合同。"《招标投标法》第八条规定：招标人是依照本法规定提出招标项目、进行招标的法人或者其他组织；第二十五条规定：投标人是响应招标、参加投标竞争的法人或者其他组织。《民事诉讼法》第四十九条规定，"公民、法人和其他组织可以作为民事诉讼的当事人。法人由其法定代表人进行诉讼。其他组织由其主要负责人进行诉讼。"

项目法人是法人，当然是适格的合同签约主体。项目部不是法人，能否成为合同签约主体，要看项目部是不是符合法律规定的"其他组织"。《合同法》和《招标投标法》没有直接对什么是其他组织做出明确的规定，但依照其他有关法律法规、特别是我国民事诉讼法的相关规定，其他组织是指合法成立、有一定的组织机构和财产，但又不具备法人资格的组织，具体包括以下八种：

第一，依法登记领取营业执照的私营独资企业、合伙组织；

第二，依法登记领取营业执照的合伙型联营企业；

第三，依法登记领取我国营业执照的中外合作经营企业、外资企业；

第四，经民政部门核准登记领取社会团体登记证的社会团体；

第五，法人依法设立并领取营业执照的分支机构、分公司、分厂；

第六，中国人民银行、各专业银行设在各地的分支机构；

第七，中国人民保险公司设在各地的分支机构；

第八，经核准登记领取营业执照的乡镇、街道、村办企业。

由此我们可以看出，《合同法》、《招标投标法》、《民事诉讼法》关于"其他组织"的规定是有特定含义的，不是一般法律条文的"兜底"式写法。以上八种其他组织都有一个共同的形式要件，即依法登记并持有证照。由此，我们可以得出这样的结论，项目部如果经过工商注册登记，持有《营业执照》，就可以成为招投标人和合同签约人、建设工程合同纠纷的当事人。否则就不具备招投标、签订合同的资格。

2. 合同执行主体

完成签约的建设工程项目合同的具体执行人和实施人即为合同执行主体。专门为特定项目而组建的项目法人，或项目法人投资的建设工程规模小没有必要设立项目部的，项目法人本身即担当合同签约人，又直接担当合同执行人。大型建设工程的项目法人设有一个或多个项目部，建设项目的合同由项目法人签署，但由项目部来执行和实施，项目部就是建设工程项目合同的执行主体。

3. 合同责任主体

建设工程项目合同执行和实施后法律责任的承担者，合同责任主体只能是项目法人，而不是项目部。建设工程项目合同在履行及履行完结后，对外形成的民事责任和行政责任，如合同违约、民事侵权、行政处罚等，最终是由项目法人来承担，等等。项目法人对外承担相应责任后，在内部管理上，可以按照内部规章制度和与项目部签订的《项目管理目标责任书》来追究项目部、项目经理的内部经济、行政责任。

七、项目合同管理组织机构

（一）项目部建立专门合同管理机构，配备专门合同管理人员

项目部按项目需要和专业设置职能部门、岗位和配备人员，配备人员，一般设有：控制部、设计部、采购部、施工部、试运行（生产准备）部、财务部、质量检测部、HSE部，等等。根据《工程总承包规范》规定，项目部可在项目部经理以下设置控制经理、设计经理、采购经理、施工经理、试运行经理、财务经理、进度控制工程师、质量工程师、合同管理工程师、费用估算师、费用控制工程师、设备材料控制师、安全工程师、信息管理工程师等岗位。《工程管理规范》要求项目部组织应建立合同管理制度，应设立专门机构或人员负责合同管理工作。建立专门的合同管理制度、配备专门的合同管理工程师和合同管理人员是项目规范的要求。

（二）合同全员管理

建设工程项目合同管理参与者和参与机构不仅仅是项目部的法律机构和合同机构人员的事情，凡是与项目合同有关的机构和人员都有责任参与合同管理。应当树立合同全员管理的观念。

（1）项目部之外与项目合同管理的相关人员：①项目法人法定代表人和主要

经营者：董事长、总经理、总裁、CEO、厂长、经理、局长等；②项目法人高级管理人员：副总经理、副总裁、分公司经理、财务总监、总法律顾问、公司秘书等；③项目法人法律、合同管理事务机构及其专职合同和法律工作人员；④项目法人计划、市场、经营、财务机构及其人员；⑤项目法人兼职合同管理人员。

（2）项目部内部与项目合同管理相关人员：控制人员（合同工期）、费用控制人员（工程造价、合同价款和支付）、施工管理人员（施工进度、质量）、HSE管理人员（合同 HSE 条款），等等。

（三）合同管理责任主体和责任追究

（1）合同决策人：法定代表人和企业高级经营管理人员，在各自的权限（内控授权）范围内行使合同订立和执行的权力。对于决策人要实施决策过错追究，包括行政、经济追究和刑事追究（玩忽职守、贪污、受贿、行贿）。

（2）合同签约人：经企业授权而在合同文本上签署个人姓名的人员，多数情况下是本企业的中高级管理人员，也有企业外部人员受企业委托签署合同的。

（3）合同承办人（经办人）：经企业授权或在企业内部职责范围内具体负责合同谈判、合同执行、合同项下权利义务的落实（付款、收款、验收、索赔等），多数情况下是企业的业务、经营部门的人员。合同承办人如因严重不负责，就要承担签订履行合同失职被骗罪的责任。

（4）合同事务管理人：企业法律、合同或其他综合性管理机构负责合同事务管理的人员，具体负责合同管理制度建设、合同审查、合同文本制定、合同谈判和履行过程中法律咨询、合同签字授权、合同印章管理、合同档案管理等。

（5）合同咨询服务人：专指企业外聘的社会中介机构，如律师事务所派出的参与企业合同决策、签约、履行、纠纷处理过程的律师，他们是提供专业法律咨询服务的人员。合同咨询服务人员因失职要承担道歉、补救、执业过错赔偿责任。

第四节
建设工程项目合同目标管理

一、合同管理目标制定依据

建设工程项目合同管理作为一项管理活动，和其他任何管理活动一样，都要按管理学的基本要求，建立目标管理体系，作为建设工程项目合同管理的起点和考核、检查的依据。《工程管理规范》规定，"项目管理规划大纲是项目管理中具有战略性、全局性和宏观性的指导文件。"《工程总承包规范》要求"确定项目合同控制目标，制定实施计划和保证措施。"也就是说，无论是管理学基本原理，还是具体的建设工程项目管理规范，都要求我们在建设工程项目的合同管理中建立目标管理体系。

二、建设工程项目合同管理目标层次

建设工程项目的合同管理目标是分层次的，在宏观层，合同管理必须充分考虑与项目法人整体经营战略目标一致性。在中观层，和合同管理目标必须与建设工程项目本身的目标相一致。在微观层，合同管理作为一项管理活动，应当有对本建设工程项目合同管理进行考核、评价的具体数量指标（见图8-3）。

（一）建设工程项目合同管理与企业宏观目标

建设工程项目的合同管理必须与企业或项目法人的宏观目标保持一致，并且通过建设工程项目合同适当、全面履行来实现企业的宏观目标。一个企业的宏观目标可以是表现为追求行业领先地位、更大的生产规模、更高的市场占有率、更多销售收入和利润。但是，这些宏观目标其实都是一个企业核心价值观的外在化体现。所谓企业的核心价值观包括企业愿景、企业使命、企业精神、经营理念、管理理念、服务理念这七个要素，是超越销售收入、利润等经济利益追求的最高层次的企业发展目标。企业宏观目标和核心价值在建设工程合同中并不直接表现为商务条款，而多是在鉴于条款、宗旨条款、合同目的等条款中得到体现。

建设工程项目合同管理与企业宏观目标的一致性的另一方面，是要通过合同管理来保障企业的价值最大化和利润最大化。企业价值最大化也就是企业净资产的最大化，而净资产等于企业总资产减去总负债。而项目建设的过程也就是投资的过程，也是企业资产形成的过程。从财务角度来看，建设工程项目属于在建工程，竣工验收合格的工程则是固定资产。因此，建设工程合同管理的目标，就是要保障投资都能最大程度地固化而不损失、不流失、不灭失。企业效益的最大化，就是企业利润的最大化，而利润是由当期销售收入减去当期经营成本。在建的工程项目属于"递延资产"，要平均摊销到每一个财务年度。建设期间的人工成本、管理费用、物资物料的消耗等都要记入当期损益而列为成本。因此，从保障企业利润最大化目标出发，建设工程项目合同管理目标包含控制投资，节约费用，提高质量，缩短工期的内容，防止建设工程项目成为一个没有所谓"后顾之忧"的纯粹花钱、烧钱项目。

因此，要保障建设工程项目合同管理目标与企业宏观目标的一致性，合同管理人员和项目部所有参与人员都要充分了解企业的核心价值观，进行企业文化的教育和培训，全面了解、认识、掌握建设工程项目的背景和意义。合同管理人员和项目参与人员有了大局意识和责任意识，才会与项目法人一道承担企业的社会责任，在不知不觉和自觉自愿状态中通过合同安排，实现企业的宏观目标。

（二）合同管理与建设工程本身规划目标的一致性

建设工程项目往往是一个由众多子项目组合而成的项目群，从合同角度看，建设工程项目的合同也是由众多合同组成的合同群。在大型建设工程项目中，这种项目集群和合同集群的特征表现的尤为明显。因此，每一个建设工程项目有其经过整合的整体目标，从而来统领各个子项目。建设工程项目的目标可以分为五个方面：工程项目进度目标、工程项目质量目标、工程项目投资目标、工程项目HSE目标、工程项目合同管理目标。

第一，合同管理与进度目标。进度目标的外在化就是工程形象进度计划表，在大型建设工程项目中则是网络统筹控制计划。进度目标实现的好坏，决定着工程投资控制目标实现的好坏，进度快可以节约投资，进度慢将增加投资。进度目标还与企业的宏观目标相关联，直接影响企业的整体生产规模、经济效益。就合同管理目标与进度目标关系而言，全部合同的主要义务履约期限都要锁定在建设工程竣工时点之前。单件合同的主要义务履约期限要符合建设工程网络统筹控制计划对应的单体、单项工程的控制节点安排。

第二，合同管理与质量目标。质量目标可以具体为工程一次竣工验收合格率、创国家优质工程、鲁班工程等。质量目标是建设工程的永恒和永久的追求。质量目标也直接影响投资目标，出现质量事故将会导致工期延误、资产损失、投资增加。合同管理中就要求所有的合同在质量条款安排时，不得降低工程项目的质量标准和整体指标。单件合同的质量标准和指标应不低于已经确定的质量标准和指标。

第三，合同管理与投资控制目标，首先是要把工程投资控制在概、预算之内，同时要合理科学调配、运用投资资金，发挥资金最大效益，在对外支付过程中确保资金安全。在合同管理中，就要确定保证全部合同签约金额、履行结算金额要控制在批准的建设项目总投资计划之内，单件合同的签约金额要控制在对应的单体、单件工程项目概算之类，预付款、进度款、结算款、采购款、质保金要符合项目经济目标。

第四，合同管理与HSE管理目标。HSE管理目标更突出地体现了建设工程项目的社会责任，安全生产、环境保护、职业卫生既是对所有建设工程项目参与者的法律责任，也是对工程项目周边人民群众、社会组织、自然环境的法律责任。合同管理可以通过在合同文本中安排HSE管理标准条款，或制定专门的HSE管理合同，将HSE管理的要求由国家的法定义务，变成合同双方当事人的约定义务。

第五，合同管理目标。从某种意义上讲进度目标、质量目标、投资控制目标、HSE管理目标的集合，合同是一个有法律保障的大型载体和平台，把建设工程项目的方方面面的目标体系归集、汇总到合同里来，通过合同权利义务的安排和设定，靠有国家法律强制执行力来实现工程项目的整体目标。

因此，为保证合同管理目标与建设工程项目整体目标的一致性，合同管理人员必须全面了解、掌握工程项目进度、质量、投资、HSE情况，打破狭隘的就法律谈法律的局限，把工程项目已经确定的进度、质量、投资控制、HSE目标贯彻到合同和合同管理之中去。

（三）合同目标和合同管理评价、考核指标

1. 合同目标

合同目标就是具体的每一份单件合同中确定的标的物的性能、规格、生产规模、数量、质量、使用年限、经济性，等等。合同目标是建设单位、业主对建设工程项目经济、技术指标的直接要求。对承包商来说，合同目标就是其必须履行完成的合同义务的标准。鉴于工程项目的唯一性和独特性，所以每一个建设工程项目的合同目标都是唯一的。

对于施工安装类合同、大型成套设备采购合同来说，合同目标在主合同中只有简单、概要性描述和约定，但更多、更细、更全面的约定体现在主合同的技术附件中。常见工程项目合同目标有：装置设备的件（套）数量、装置设备的年生产规模、原材料和水电气消耗指标、所生产产品的规格和等级、整体项目运行的

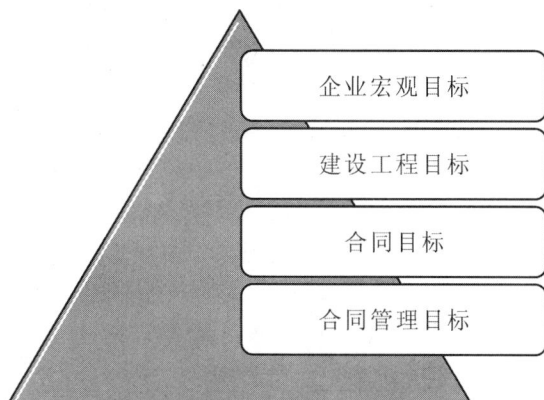

图 8-3　建设工程项目合同管理目标层次

经济合理性、投资回报率，等等。

2. 合同管理评价和考核指标

合同管理评价和考核指标是指项目法人或项目部对建设工程项目合同管理水平设定的、量化的指标。与合同目标是针对项目本身的经济技术不同，合同管理评价和考核指标针对的是项目法人、项目部和项目部与合同管理有关的机构和人员。所以，合同管理评价和考核指标可以列入绩效考核范畴。

因为合同目标是标的物的具体的技术经济指标，所以合同目标多数都有国际标准、国家标准、行业标准、企业标准做参考。在有国家强制性标准的情况下，合同目标必须符合国家标准或高于国家标准。在没有国家标准或强制性标准的情况下，合同目标可以由当事人约定。与合同目标不同的是，到目前为止，国家主管部门或有关行业协会都没有合同管理评价和考核的强制性标准，也没有推荐性标准。合同管理评价和考核指标是项目法人、项目部自身的管理行为，不需要、也不可能通过与对方当事人约定来确定。就目前建设工程项目合同管理活动实际情况来看，我们可以列出以下评价和考核指标（见图 8-4）。

第一，合同签约率：对于建设工程项目来说，每一个单项工程、单项投资、单项物资采购、单项事务等，任何一件事情或一个交易行为只要对应并可以构成一个法律合同关系的，均应签订合同，即以应签合同总数为分母。分子则是实际已签订的书面合同数目。合同签约率越高意味着合同对建设工程项目所有经济、民事活动的覆盖率越高，合同化保障越好，风险控制越好。

第二，合同审查率：即经过一定程序，由项目部专业合同管理人员或外聘律师审查过的书面合同与全部已签订的书面合同之比。合同审查率可以分为合同金额审查率和合同份数审查率，之所以要细分为合同金额审查率和合同份数审查率，是因为在建设工程项目中，诸如 EPC 总承包合同金额巨大，往往会占到一

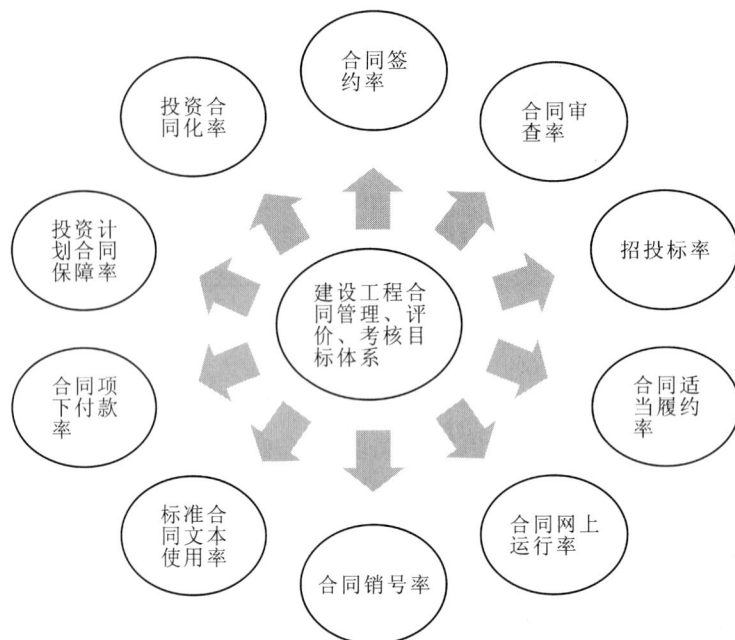

图 8-4 建设工程合同管理、评价、考核目标体系

个建设工程项目总投资的 90％以上，但份数不多。在这种情况下，合同金额审查率的意义就高于合同份数审查率。

第三，投资合同化率：建设工程项目投资范围所有已签订的合同金额，与建设工程项目总投资中扣除不需要以合同形式体现的建设期间利息、管理费用、人工成本、生产准备费用等后金额之比。

投资合同化率＝已签订合同总金额／（总概算投资－建设期利息－管理费用－不可预见费－生产准备金－N）

投资合同化率的意义在于使工程项目概算投资中，应当用合同体现出来部分最大程度地通过合同来实现，减少非合同化的投资支出行为，达到从合同管理角度控制投资的目的。因此投资合同化率的理论最优值是 100％。

第四，投资计划完成合同保障率：在一定周期（年）内，已下达或已完成的投资与同一周期内已签订合同总金额之比。投资计划的下达和实施，是项目法人和项目部按建设资金的使用计划而不是按每一份合同进行安排，某一批投资计划范围内的资金可能用于多个合同的支付，也可以用于上一个周期的合同或下一个周期的合同支付。但是不管计划资金怎么安排使用，在总体上要保证都有合同依据，即合同金额大于下达和实施的计划金额。从合同订立的管理原则上讲，应先有计划，后签合同。但从计划的下达和实施上讲，则应该是先有合同，后下达和实施计划。

投资计划完成合同保障率＝已签订合同总金额/已下达和实施投资额＞1

第五，合同项下付款率：合同结算金额（含设计变更和现场签证增加或减少金额）与合同总金额之比。设定这个指标的意义在于动态监控合同项下付款情况，合同结算额应当小于合同总金额，否则就可能出现没有合同而对外支付或没有合同变更依据而超付、冒付资金的情况。

合同项下付款率＝合同结算额（±设计变更量±现场签证量）/合同总金额（±补充和变更协议金额）≤1

第六，合同招标率：以招标方式订立的合同与所有已签合同之比，可以细化为合同金额招标率和合同份数招标率。因为在大型建设工程中，招投标是一种法律强制义务，合同招标率是合同管理中必须建立的评价、考核指标。在合同招标率下，可以进一步再设定一个合同应招实招率，即按国家法律法规要求必须招标的项目，通过招标所订立的合同与应当招标订立的合同之比。

合同金额招标率＝经招标订立合同的金额/全部合同金额

合同份数招标率＝经招标订立合同的份数/全部合同份数

应招实招合同招标率＝经招标订立合同份数/国家法律法规规定必须招标合同

第七，合同适当履约率：合同当事人双方按照合同和变更协议、补充协议履行完结且没有形成诉讼、仲裁纠纷的合同与全部履行完结合同之比。合同适当履约率又可以派生出对方合同违约率和本方合同违约率。所谓对方违约率是指违约责任可归责于对方的合同与对方签订的全部合同数量之比；本方合同违约率是指违约责任归责于己方的合同与本方签订的全部合同数量之比。

合同适当履约率＝双方无争议履行完的合同/全部合同

本方合同违约率＝因本方违约而形成诉讼和仲裁合同案件/全部合同

对方合同违约率＝因对方违约而形成诉讼和仲裁合同案件/全部合同

第八，标准和示范合同文本使用率：采用项目法人和项目部制定的标准文本或政府主管部门发布的示范文本签订的合同与全部书面合同之比。确定这个指标，是因为标准文本和示范文本在合同文本、条款安排上，与当事人之间自己临时起草的、非标准文本要完备、规范，合同的法律效力和证据效力要强。

第九，合同上网率：是指通过在网进行审查、管理的合同与全部合同之比。在建设工程项目中，点多、面广、战线长，对合同签订、履行、结算的时效性要求高，通过信息化和网络技术来管理合同是提高合同管理效率和水平的重要手段。合同管理网上运行另一个重要作用是可以通过现代化网络技术平台，在保护商业秘密的前提下实施合同业务公开和阳光操作，减少合同签订、履行过程中的违法乱纪行为和现象。

第十，合同销号率：是通过实施合同关闭管理，合同项下主义务全部履行完毕，达到销号条件的合同与全部签约合同之比。合同销号率越高，说明建设工程合同管理工作任务越接近完成，与工程建设的完工、收尾、竣工进程越相一致。

要强调的是，上述合同管理评价和考核标准，目前没有国家标准、行业标准，也没有企业标准，各个企业或项目法人在实施建设工程项目过程中，可以根据自己的情况和需要设定相应的数值。

第五节
建设工程项目合同时间管理

一、建设工程时间的资源性

要树立时间也是资源的观念，建设工程项目在最短和最合理的时间内开工、施工和竣工，直接决定着项目法人的资金使用效益、投资效益和运营的经济效益。所以，从这个意义上讲，时间就是资源。时间资源具有"等量性"和"耗散性"特点。

（1）等量性：对于建设工程项目的所有参与者来说，每个人的时间资源都是等量的，时间效益的差异体现在时间资源的安排、筹划和使用上。

（2）耗散性：时间资源不可储存，不可借贷，总是在消耗和离散。所以，时间资源在工程项目中，因为有节点控制而成为稀缺资源。

二、建设工程项目时间管理的基本方法

建设工程项目是一个有众多子项目、单体工程、单项工程、单件工程构造的系统。为了保证整个系统有效运转和按节点运行，在时间管理上就要对每个项目、每项工作、每件事件进行定义、排序、估算时间、确立彼此之间的关联关系、执行、纠偏。

（一）建设工程项目时间管理基本方法和步骤

（1）活动定义（Activity Definition）：在建设工程项目范围内，对全部子项目（含子项目内的单体、单项、单件工程），单体、单项、单件工程，以及完成各种任务所必须进行的具体活动，按层级和路径，进行分解，分解至不能再细分为止，形成最小活动（任务）单元。

（2）活动排序（Activity Sequencing）：在完成活动定义和任务分解基础上，对每个活动单元进行排序，确立活动之间的依赖关系，确立工作路线图和关键路径。

287

（3）活动时间估算（Duration Estimating）：对每个活动单元活动所需时间进行估算安排。

（4）进度计划（Schedule Development）：以建设工程项目整体时间节点为框架，编制由活动单元时间计划、依赖关系构成整体的项目进度计划，也即大型建设工程项目的网络统筹计划。

（5）进度控制（Schedule Control）：对执行中的时间计划实施动态跟踪、偏差分析、适时调整。

（二）四种基本活动单元依赖和逻辑关系（表8-1）

表8-1　四种基本活动单元依赖和逻辑关系

FS Finish-start	结束后开始	活动 A 结束，活动 B 才能开始
SS Start-start	开始后开始	活动 A 开始，活动 B 才能开始
FF Finish-finish	结束后结束	活动 A 结束，活动 B 才能结束
SF Start-finish	开始后结束	活动 A 开始，活动 B 才能结束

三、建设工程项目合同时间管理

（一）整体合同管理策划与启动

合同策划工作与建设工程的项目建议书、可行性研究报告编制同步进行。项目建议书和可行性报告批复之时就是建设工程项目的合同管理工作正式启动之时。因为，无论是从建设工程实际情况，还是管理规范的要求来看，合同是其他各项工作的基础。

《工程管理规范》和《工程总承包规范》规定，"招标文件和有关合同文件"是项目规划大纲或项目管理计划编制的依据之一，项目管理实施规划或项目实施计划中，必须包含"工程合同及相关文件"和"合同管理要点"。

《工程总承包规范》第6.2.2条规定，设计计划编制的依据应包括"合同文件"。

《工程管理规范》第8.1条、第8.2条和《工程总承包规范》第7.3.2条、第7.5.2条规定，项目采购工作要符合合同要求、催交与检验都要有合同依据。

《工程管理规范》第9.2.1条和《工程总承包规范》第8.3.3条、第10.2.1条、第10.2.6条规定，编制项目进度计划、施工进度计划依据之一是"合同文件"，项目进度计划应按合同规定的进度目标和工作分解结构层次，逐级实施控制。

《工程管理规范》第10.2.2条、《工程总承包规范》第11.2.3条规定，项目质量计划编制依据之一是"合同中有关产品或过程的质量要求"。

《工程管理规范》第13.2.1条、《工程总承包规范》第12.2.2条规定，编制项目成本和费用计划依据之一是"合同文件"。

《工程管理规范》第14.1.4条规定，项目资源管理应按"合同要求，编制资源配置计划，确定资源投入的数量、质量、资质和时间"。

由此我们可以看出，在建设工程项目中，对于计划管理、进度安排、质量管理、物资采购、成本和费用管理等而言，合同既是基础，也是依据。所以，合同管理的启动应当早于计划管理、进度管理、物资管理、费用成本管理。

（二）整体合同时间管理的进程和节点

建设工程项目是项目集群，与此相对应建设工程的合同也是由众多合同构成的集群。建设工程项目在时间、节点、进度上有网络统筹控制计划，那么合同管理上也要有头筹控制计划。为了使合同管理的时间进程、节点与建设工程的网络统筹计划相一致，合同管理人员在合同的筹划和实施过程中，必须掌握工程项目的统筹控制计划、关键路径、单项工程的起止时间安排。

对于网络统筹控制计划，合同管理人员要掌握主要控制节点，如开工时间、主要的形象进度和里程碑、重要设备物资交付、施工和安装完工、单机和联动试车、试运行和竣工验收。这样合同管理人员才可以在整体合同安排上保证合同履约期限和主义务完成期限与工程进程吻合。对于关键路径，合同关人员必须掌握根据活动之间的逻辑关系、依赖关系，了解并熟知对整体工程的完工来说是"必要条件"性质的项目或事件，该项工程不能按时完成，整体工程就不能完成，如在油气长输管线、铁路、高速公路建设工程中，隧道、桥梁、大江大河穿越往往都是关键路径上的控制性工程。这样合同管理人员才可以突出重点，在众多合同中抓好关键路径上的合同履行期限。对于其他单体工程、单件工程的起止时间也要全面了解和掌握，并一一在合同中进行对照，确保合同义务期限和时间管理，能与每一项单体工程相对应。

合同时间管理的进程和节点要与工程项目网络统筹计划相协调。一方面，要以合同时间来调整网络统筹控制计划。在项目管理时间中，合同时间固定不变而调整网络统筹控制计划的比较少，主要表现形式是乙方（施工方、承包商）采取赶工措施或提前完工。另一方面，以网络统筹控制计划来调整合同时间，在工程项目管理中，因网络统筹控制计划变化而导致合同时间变化的情况较为普遍，主要表现为合同期限、履约期的变更。

（三）单件合同时间安排

单件合同与网络统筹控制计划中的子项目、单体或单件工程的对应关系要明确。在这里我们首先要区分"固定日历时间"和"有效累加时间"两个至关重要的概念。

所谓固定日历时间是指对某一个工程项目从开工到完工有非常明确、具体的时间安排，如要求某项工程必须在 2008 年 2 月 1 日前开工，在 2008 年 6 月 15 日完工。在大型建设工程项目的网络统筹控制计划中，对子项目、单体或单件工程规定的时间是往往都有明确、具体起止时间的"固定日历时间"。

有效累加时间是指工程的工期没有明确的开工、完工的具体日历日期，而是给以绝对时间总和，如大多数施工合同文本中关于工期是这样的规定，"本工程合同工期为 120 天，自甲方正式下达开工通知书之日起计算。"这样的规定，首先开工日期是不确定的，其次工程完工日期也不确定；再者 120 天的工期是持续不断地计算，还是中间有中断也不明确。一般来说，这样的工期是扣除了合理的中断时间后、累计出来实际施工的时间。因此这里的工期 120 天，实际也许会持续一年或更长。有效累加时间与施工合同的特点有关系，如甲方负责的开工条件（审批、工农关系等）没满足、甲方变更设计、等待甲方供料、不可抗力或地质风险大于正常施工条件等时间，都应扣除而不能计算为合同工期。有效累加时间对于小型过程项目或非关键性、控制性单体项目有适用意义。"有效累加时间"实际是工期开口合同，主要完工日期是开口而不确定的。

在有网络统筹控制计划的大型工程项目中，每一个单件合同的时间制约并影响着整体合同时间和整体工程进度。所以，单件合同的"有效累加时间"必须控制在"固定日历时间"之内。也就是说，既是对某个单项合同的合同工期实行有效累加时间，但也有考虑时间的充裕量和该单项工程与其他工程之间的关联关系，在约定有效累加时间的同时，再设定一个固定日历时间。让有效累加时间现定在固定日历时间范围内。

比如，某个合同的"合同工期为 120 天"，但同时约定，"合同工期 120 天，但应在 2008 年 1 月 1 日至 2008 年 8 月 1 日间完工"。这样，实际上明确了最晚开工和最晚完工的日历时间。而且，从 1 月 1 日起到 8 月 1 日总共有 213 天，有效累计时间 180 天，充裕时间或无效时间有 33 天。

第六节
建设工程项目合同的效力

一、合同成立和合同效力原理

《合同法》第三十二条规定，"当事人采用书面形式订立合同的，自双方当事人签字或盖章时成立。"合同成立是 1999 年颁布实施的合同法所建立的新的合同制度之一。所谓合同成立就是合同当事人就合同的主要条款达成合意，其表现形式就是在书面合同上双方签字、盖章。另外根据最高人民法院司法解释，按手印也可以成为合同成立的一种形式。根据《合同法》要求，建设工程合同必须采取书面形式，所以，建设工程合同都有一个通过先成立书面合同，进而再使合同生效的过程。

根据合同法规定，合同生效是指当事人在合同中约定各项权利和义务，正式开始实施，发生法律效力，如果任何一方当事人不履行或不完全、适当履行合同义务，另外一方当事人可以通过法律手段，追究违约方的违约责任。如双倍返还定金、按合同约定或法律规定支付违约金、按合同规定继续履行或实际履行、赔偿损失，等等。

所以，合同成立和合同生效是相互联系但又相互区别的两个概念。合同成立仅仅是当事人就合同权利义务达成了一致意见，合同具备了下一步生效的条件，但是不是马上就进入实施状态还不明确，合同要进一步生效还取决于当事人的意愿和合同依赖的各种外部条件。对于大多数建设工程合同而言，建设单位、业主和承包商在合同上签字、盖章，双方达成了合同，也就是说合同成立了。但是，建设工程合同所处社会环境非常复杂，如政府的规划和环评批件是不是能按时拿到、拆迁户可不可以按时搬迁、地质条件会不会出现重大变化、投资资金能不能筹措到位，等等。诸如此类的问题，任何一项都可能导致建设工程项目的无法继续开展，使建设单位和承包商之间合同权利义务生效并实施也就失去了意义。所以，在合同成立和合同生效之间建立一个"待机状态（Standby）"，使当事人在复杂、多变的市场经济里，有了更多的选择机会。合同成立对当事人来说是一种科学、合理的法律安排。合同成立后，一方当事人悔约和毁约的，不用承担违约责任，如双倍返还定金，但是要承担缔约过失责任。所谓缔约过失责任，是合同成立后，一方或双方悔约的，要赔偿对方当事人为订立合同而进行的合理支出，如必要的差旅费，也包括对方当事人为准备合同生效而实际发生的生产准备费用，如承包商施工机具的搬迁、施工队伍进场，等等。如果双方都有悔约行为的，各自承担相应的责任。如果合同成立而不能生效是双方当事人以外的原因造成的，均不向对方承担缔约过失责任。

由此，我们可以看出合同成立与合同生效的关系：合同成立是合同生效的前提，生效的合同必定是已经成立的合同；但是，合同生效并不一定是合同成立的必然结果。生效的合同一定成立，成立的合同不一定生效。

合同成立与合同生效在时间的衔接上就有三种状态（如图8-5）：

第一，合同成立与合同生效在同一时点，"合同自签字盖章之日起生效"；

第二，合同成立在先，合同生效在后，即附条件生效的，条件已经成就时合同生效；附期限生效的，期限已经到来时生效；

第三，合同生效在前，合同成立在后，当事人双方对正式签订合同之前的交易行为，以合同的方式加以追认或确认。

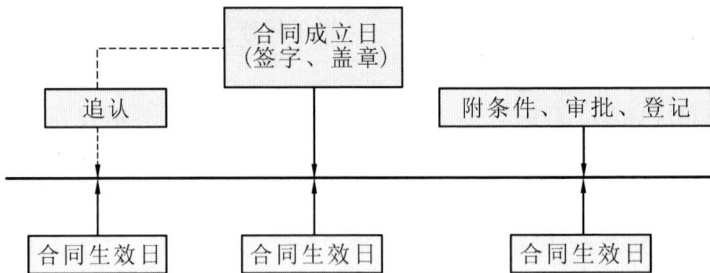

图8-5　合同成立和合同效力时间关系

通过对合同成立和合同生效关系的分析，对于建设工程项目的合同管理而言，一份建设工程合同的"质量"如何，不在于合同是否成立，而在于合同是否生效。一份成立的建设工程合同，只是半成品，而生效的建设工程合同才是合格的产品。

二、合同效力的三种存在状态（见图8-6）

（一）效力待定合同

合同已经成立，但还不具备生效条件，合同是否生效，尚不确定。只有经过当事人承认、追认之后才能生效。《合同法》第四十七条至第五十一条对此有详细规定。效力待定合同主要是因为缔约人缺乏缔约能力和资格，也就是主体不合格造成的，有以下三种情况。

第一，行为人无缔约能力而订立的合同，如因为年龄、智力、精神状态原因成为限制民事行为能力人或无民事行为能力人订立合同。

第二，无代理权：行为人没有代理权、超越代理权或代理权终止后以被代理人名义签订合同。这是建设工程合同管理中最容易出问题的地方，如有些项目部未办理登记注册或没有项目法人的授权，也就是说没有代理权而对外签订合同。

第三，无处分权：没有处分权的人处分他人财产或订立合同的。

对于效力待定合同，有两种办法可以补救，而使合同具备效力。一是合同相对人可以在合同订立以后一个月内催告对方的法定代理人、被代理人要求追认。对方未作表示的（如沉默、态度暧昧、不置可否等），视为拒绝追认。合同不生效。相对人可以单方面通知对方撤销合同，且不必承担缔约过失责任。二是合同当事人自己对无处分权人处理财产或订立合同予以追认的，合同生效，如项目法人对项目部擅自对外签订的合同予以确认、追认。

（二）可撤销合同或可变更合同

当事人在订立合同时，因为意思表示不真实，当事人的内心的意图、想法与客观、外在的表达形式不一致，法律允许当事人通过撤销权而使已经生效的合同整体不再有效力（全部撤销），或者只撤销合同的部分条款并进行变更（部分撤销）。出现可变更或可撤销合同也有三种情况。

第一，一方或双方因重大误解而订立合同。

重大误解是当事人自己对合同主要内容发生误解，自己不注意、自己不谨慎、自己的过失造成的，如标的错误、币种错误、数量错误。但是，如果根本不认真阅读对方提供的合同文本就签字、盖章的，不能主张重大误解。例如，在某天然气长输管线工程中，建设单位的定额造价人员，把本应该是$\mathbb{C}\,559$mm 口径的管道，误当作了$\mathbb{C}\,1\,016$mm，在监理合同中，以$\mathbb{C}\,1\,016$mm标准套算了投资额。而监理合同的监理费是监理费率乘以投资额，这样合同金额被加大。建设单位在结算时才发现这一误解，而要求主张变更合同。

当一方当事人因为自己过失错误造成误解的，另外一方当事人知道对方误解而沉默不宣的，违反了合同法的诚实信用原则，但不构成欺诈，因为对方的误解是对方自己错误造成的而不是沉默不宣的结果。但是如果法律法规、交易习惯要求告知商品性能、质量、保质期的，一方保持沉默而不履行告知义务，对方因此而误解的，则构成欺诈。

第二，在订立合同时显失公平的。

订立合同的当事人之间地位明显不公平，如建设工程合同中的甲方不支付工程款，乙方带资施工的；劳动合同中用人单位和应聘者，客观上造成经济利益、风险分配不公平。

第三，一方以欺诈、胁迫的手段或者乘人之危与对方签订合同的。

当事人一方滥用自己的优势地位，如保险公司利用自己精通非常专业、晦涩的保险条款，而投保人没有经验而订立的合同。如供电企业利用自己的垄断地位以格式条款（霸王条款）签订合同。

重大误解、显失公平、受欺诈而订立的合同，表面上看是"自愿"的，但是，本质上是因为一方在不知真实情况下订立的合同，或通过合同表达出来文字并不是当事人内心原本的意思。胁迫、乘人之危则是在明知不真实的情况下无奈而订立的合同。

对可撤销合同或可变更的合同的补救措施是，当事人可以主动和对方当事人协商撤销或变更。如对方拒绝的，可以在知道或者应当知道撤销事由之日起一年内，向法院、仲裁机构申请撤销或申请变更。当事人知道撤销权事由之后明确表示不撤销或以行为放弃撤销权。

（三）无效合同和无效条款

已经成立的合同，但由于其内容和形式上违反了法律、行政法规的规定和社会公共利益，被司法机关和仲裁机构宣布无效。无效合同和被撤销的合同自始就无效。1987年实施的《民法通则》第五十八条规定了七种情形下合同无效：无民事行为能力，限制民事行为能力；欺诈、胁迫、乘人之危的，方恶意串通，违反法律或社会公益的，违反国家指令性计划的，以合法形式掩盖非法目的的。《合同法》第五十二条，将无效合同限制在了五种情形：一方以欺诈、胁迫的手段订立合同，损害国家利益；恶意串通、损害国家、集体或者第三人利益的；以合法形式掩盖非法目的；损害社会公共利益；违反法律、行政法规强制性规定。

常见的因危害社会公益的无效合同有以下几种。

（1）从事犯罪或帮助犯罪为内容的危害国家经济秩序的行为，如"远华案件"中某公司利用自己的油库设施与赖昌星订立合作走私协议、逃税协议。

（2）危害家庭关系的行为，如断绝父子关系协议、不抚养子女或不赡养父母协议。

（3）违反性道德行为，如包养协议、婚外同居协议。

（4）非法赌博行为，如赌博合同、赌球协议。

（5）违反人格尊严的行为，如以"人"为抵押物的，典妻合同，换妻协议、代孕协议。

（6）限制经济自由的行为，如超长时间且没有相应补偿的竞业禁止协议、大型企业之间的价格同盟协议。

（7）违反公平竞争行为，如招投标中相互串通而达成中标协议的、商业贿赂订立的合同。

（8）违反消费者权益保护的行为，如欺诈、强迫、不履行告知义务、用店堂告示和格式条款免责和加重消费者责任的。

（9）违反劳动法行为，如合同中约定工伤概不负责、劳动合同要交抵押金。

（10）暴利行为。

除了以上合同整体或全部无效的情形外，有些合同不构成全部或整体无效，而只是部分条款无效。《合同法》第五十三条，合同含有下列免责条款无效：一是造成对方人身伤害，概不负责的；二是即使自己故意或有重大过失给对方造成财产损失的，概不负责。

对于无效合同的处理，在诉讼、仲裁过程中，当事人主张无效的，司法机关、仲裁机构根据《合同法》第五十二条宣布合同无效，或根据第五十三条宣布免责条款无效。在诉讼、仲裁过程中，即使当事人没有主张无效的，司法机关和仲裁机构也应当依据法律宣布合同无效。工商行政机关或其他行政主管部门在市场监督过程中发现无效合同，要对相关当事人进行查处，并责令改正。

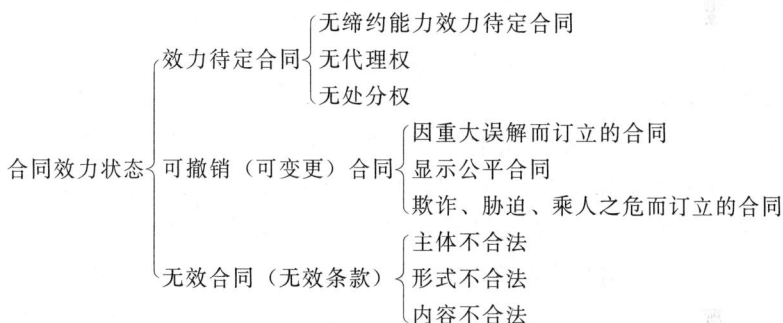

图 8-6　合同效力状态

无效合同的法律后果如下。

第一，不受保护：无效合同和无效条款自始（成立之日）就无效，没有法律约束力。

第二，不予履行：被宣告无效（或撤销）的合同，没有履行的不得履行，已经履行的终止履行。

第三，无违约责任：当事人不得以合同约定或法律规定要求对方支付违约金和承担其他违约责任。

第四，返还财产：已经获得的对方财产要返还，恢复原状，不能返还的折价偿还。

第五，赔偿损失：过错方赔偿对方受到的损失，都有过错的，各自承担相应的责任。

第六，国家罚没：违法所得由国家没收追缴、罚没。

三、建设工程合同订立方式和成立方式

（一）建设工程合同订立方式

建设工程合同的订立方式只有两种：一是商务谈判订立，二是通过招投标。与此相适应，建设工程的合同成立也可以分为商务谈判方式下的合同成立和招投标方式下的合同成立。

第一，按招标方式订立合同。按照原国家计委发布的《工程建设项目招标范围和规模标准规定》（3号令）规定了五类建设工程项目必须招标，也就是说这五类建设工程项目的合同必须是通过招标方式订立：①关系社会公共利益、公众安全的基础设施项目，如石油、天然气、铁路、高速公路、水利设施、通讯、轻轨，等等；②关系社会公共利益、公众安全的公用事业项目，如水电气市政工程、学校、医院、体育场馆、文化场所、旅游景点、经济适用住房，等等；③使用国有资金投资项目，如使用各级财政资金、财政专项建设资金、国有和国有控股企业自有资金从事的建设项目；④使用国家融资项目，如使用国家发行债券所筹资金的项目、使用国家对外借款或者担保所筹资金的项目、使用国家政策性贷款的项目，等等；⑤使用国际组织如世界银行、亚洲开发银行或者外国政府援助资金的项目。

凡属上述五类项目的，必须按"2513"原则招标。所谓"2513"是：施工单项合同估算价在200万元人民币以上的必须招标；重要设备、材料等货物的采购，单项合同估算价在100万元人民币以上的必须招标；勘察、设计、监理等服务的采购，单项合同估算价在50万元人民币以上的必须招标；单项合同估算价分别低于施工200万、采购100万、服务50万标准，但项目总投资额在3 000万元人民币以上的，也必须招标。

第二，以商务谈判方式订立合同。以商务谈判方式订立合同的有四种情况：①原国家计委发布的《工程建设项目招标范围和规模标准规定》（3号令）规定必须招标范围以外的合同，以小型项目、单体工程、非国有资金项目为主；②市场不发育、不发达，没有合格投标人的，多数一些特殊专业的工程项目；③勘察、设计有专利技术或专有技术的，有艺术造型的，可以不招标，但要经过原批准部门批准；④涉及国家安全和军事秘密的工程项目。

以商务谈判方式订立的建设工程合同，完全适用《合同法》关于合同成立的规定，即双方达成一致，并签字盖章的，合同即告成立。至于合同是否生效，要看合同本身是否附期限、附条件。

（二）招投标的法律定性和合同成立方式

招标（包括招标公告、投标邀请书）属于要约邀请。如《合同法》第十五条明文规定："要约邀请是希望他人向自己发出要约的意思表示。寄送的价目表、

拍卖公告、招标公告、招股说明书、商业广告等为要约邀请。"以招标公告或投标邀请书为主构成的招标文件就是要约邀请的具体形式。

投标（投标书）属于要约，因为按照投标邀请的请求投标人在投标书中充分表达了要达成合同的基本条款和内容。

中标通知书属于承诺。根据合同法原理，承诺人对要约人的要约予以承诺，合同即告成立。如《招标投标法》第四十五条第二款规定："中标通知书对招标人和中标人具有法律效力。中标通知书发出后，招标人改变中标结果的，或者中标人放弃项目的，应当承担法律责任。"对于《招标投标法》第四十五条的中的"法律效力"应该怎么理解？我们认为，结合合同法关于要约与承诺的原理，并联系《招标投标法》第四十六条，这里的"法律效力"不是指合同生效，而是指合同成立。因为第四十六条规定："招标人和中标人应当自中标通知书发出之日起三十日内，按照招标文件和中标人的投标文件订立书面合同。"这说明，因中标通知书而形成的合同还不是一个生效的合同。如果已经生效，就没有必要再订立一份书面合同；如果说中标通知书发出标志合同生效的话，那么三十天后订立的书面合同只能理解为对既往行为的追认。对合同效力的追认，本身就是对效力待定合同或有瑕疵合同的补救措施，是非常态的。《招标投标法》第四十六条把非常态的情况当常态来立法，显然是不合理的，也是对该条文的误解。

这里，我们还要进一步说明两个问题。

第一，以招投标方式订立的建设工程合同和以商务谈判方式订立的建设工程合同，在合同成立的方式上是不一样的。《合同法》第二十五条、第二十六条对以要约和承诺方式订立合同的基本规定是：承诺通知到达要约人时生效，承诺生效时合同成立，即所谓"送达主义"。也就是说合同成立是以承诺送达要约人为准，反过来说在承诺到达要约人之前，承诺人既可以撤回承诺，也可以修改承诺。这表明，以商务谈判方式订立合同时，合同的成立是灵活多变的，甚至是可以撤销的。但以招投标方式订立的建设工程合同在合同成立问题上则严格的多，按《招标投标法》第四十五条规定，"中标通知书发出后，招标人改变中标结果的，或者中标人放弃项目的，应当承担法律责任"，说明这种合同成立是以承诺发出，而不是以投标人是否收到为准，即采取的是"邮寄主义"或"信筒规则"。这对招标人的约束性非常强，承诺发出合同就成立，不允许、也不能让招标人撤回、修改中标通知书。

第二，《招标投标法》第四十五条和第四十六条，说明建设工程合同存在两种书面形式。既然按《招标投标法》第四十五条规定，中标通知书发出合同即已成立，为何还要在第四十六条再强调签订书面合同呢。我们认为，首先是因为通过招投标订立的建设工程合同，以及与建设工程合同相关联的设备、物资采购合同，大多合同主体多、周期长、金额大、权利义务责任复杂，而书面合同具有确定性、稳定性的优点，所以强制性要求当事人采取书面合同形式。况且，1999年10月1日实施《合同法》第二百七十条也已明文要求建设工程合同应当采取书面形式。2000年1月1日实施《招标投标法》，作为下位法必须符合上位法。

（三）集成式书面合同和分拆式书面合同

《招标投标法》第四十五条、第四十六条反映出建设工程合同存在两种书面形式。《合同法》规定了合同的三种表现形式，即书面形式、口头形式和其他形式。而书面形式又可细分为合同书、信件、数据电文（电报、电传、传真、电子数据交换和电子邮件）等，合同书只是书面合同形式中的一种。投标人的投标文件、发标人的中标通知书，以及招投标过程中双方当事人往来的各种文件资料、会议纪要、澄清说明等，都属于《合同法》所要求的书面形式，它们集合在一起就构成了书面合同。合同书必定是书面合同，但书面合同并不一定是合同书。合同书是最完备、最标准的书面合同，因为它把各方当事人的权利、义务、责任、签字、盖章都集成在同一版本的书面载体上。所以，我们也可以把合同书称之为集成式书面合同。

而由投标文件、中标通知书等书面形式构成的合同，则分拆成了不同部分，我们也可以称之为分拆式书面合同。分拆式书面合同虽然不如合同书那么完备、标准，但它符合合同法关于书面合同的规定。《招标投标法》第四十六条之所以要求再订立一份书面合同，就是鉴于我国市场经济中诚信体系还不健全，分拆式书面合同会增加当事人之间交易的不安全感。而且，集成式合同书在建设工程实践中也普遍采用。所以，《招标投标法》第四十六条虽然要求订立"书面合同"，其立法本意是要求当事人再订立一份合同书。如前所述，中标通知书发出之时，分拆式书面合同即告成立。之后再订立一份由各方当事人签字盖章的集成式合同书，已不能改变在此之前合同已成立的实事。但当事人再行签订的合同书还是有重要作用的，可以使合同当事人各方有机会对合同的非实质性内容和条件、合同的形式要件进行检审、补充或更正，起到减少合同瑕疵的作用。

四、建设工程合同的效力

根据合同法原理，经过招投标和商务谈判程序订立的合同，合同成立后是否生效，就有三种情况：一是双方当事人约定签字、盖章之时，合同成立之时合同同时生效，二是待附条件成就、附期限到来再生效，三是对既往行为确认和追认后生效。

鉴于建设工程合同的复杂性，即使一些建设工程合同完全符合上述三种情况，当事人双方都认为有效并且开始履行、实施，但是，根据法律规定，却不一定有效。根据《最高人民法院关于审理建设工程施工合同纠纷案件适用法律问题的解释》（法释［2004］14 号）有关的规定，即便双方签字、盖章了，下列建设工程合同也不具备法律效力：①承包人未取得建筑企业资质或者超越资质等级的；②没有资质的实际施工人借用有资质的建筑施工企业名义的；③建设工程必须招标而未招标或者中标无效的；④非法分转包、违法分包建设工程合同无效；⑤阴阳合同、黑白合同的阴合同、黑合同中价格条款和约定无效。

（一）建设工程资质管理与合同效力

承包人未取得建筑企业资质或者超越资质等级、没有资质的实际施工人借用有资质的这两种情况是因为主体不合格导致合同无效。我国对建设工程领域实施严格的资质管理制度，资质不仅是市场准入证，也是决定合同效力的实质性条件。原建设部关于建设工程领域的资质管理发布有三个文件，即《工程监理企业资质管理规定》（第 158 号）、《建筑业企业资质管理规定》（第 159 号）、《建设工程勘察设计资质管理规定》（第 160 号）。这三个文件中，对施工、勘察设计、监理企业的资质称谓、序列、类别、等级及其取得、维持、年检、注销做出详细和系统的规定。另外，还规定，建设工程的承包商不得签订高于其注册资本金五倍的合同。所以，在建设工程合同管理中，对于承包商的资质审查，不仅仅是个形式审查问题，即简单查看承包商是否有资质，资质是否经过年检；而是一个非常重要而认真的实质审查，即要审查承包商的资质是否与所承揽的工程项目相匹配。这实际上要求合同管理人员必须全面了解、掌握建设工程领域的资质管理制度。

（二）实际施工人与合同效力

所谓实际施工人是经过多层转手后，建设工程最终的、直接进行施工的人。这里的"人"包括建筑公司、项目部、包工头（包工队）和农民工四种。无论这四种"人"是否本身具有相应的资质或无资质，只要是借用其他有资质的企业名义订立的施工合同都无效。实际施工人借用资质有两种情形：一是实际施工人有资质但资质类型、等级达不到所承揽工程项目要求而借用，二是实际施工人根本就没有任何资质而借用。

目前，实际施工人借用资质最常用的方式有以下三种。

第一，挂靠。资质的出借人与实际施工人建立虚假的产权关系，如出借人出资然后撤资或实际施工人代出借人出资，在出借人和实际施工人之间形成所谓的母公司与子公司、总公司与分公司关系。

第二，内部承包。实际施工人与出借人签订承包协议，由出借人承揽项目，实际施工人摇身一变成为出借人内部的项目部，以出借人内项目部名义施工，向出借人交纳"承包费"。

第三，合作经营。实际施工人与出借人签订联营协议或合作协议，由出借人承揽项目，实际施工人向出借人支付合作经营利润分成。

不管采取三种方式中的哪一种，实际施工人借用资质在法律上都有以下共同的特点。

第一，都是私下协议。出借人和实际施工人之间为了保障各自的利益，必定要签一份协议。而这份协议一般是不为甲方、业主知道的，更是要向建设、工商、司法机关隐瞒的。

第二，有保底费用。出借人要坐收渔利，所以管理费、承包费、利润分成都必定是要求固定数额或固定比例。保底费用与实际施工人的赢利还是亏损无关。

第三，责任免除和分担。一般都约定由实际施工人承担工程项目的一切责任，包括进度、质量、施工过程中安全事故等。即使约定由出借人承担，也必定有现有出借人承担，然后向实际施工人转嫁责任和损失。

与实际施工人有关的两方面的合同都是无效的，即实际施工人与出借人签订的借用资质的合同一律无效；实际施工人借用他人资质，以他人名义与发包方签订的合同一律无效。

（三）非法转包和违法分包的工程合同效力

非法转包是指承包单位承包建设工程后，不履行合同义务，将其承包的全部或主体工程再以合同形式转让他人，或者将承包的全部工程肢解以后以分包的名义转让他人的，牟取合同差价的行为。非法转包属于合同法中非法转包有两种：一是整体转包，将工程全部转手倒卖，牟取差价；二是将全部工程肢解后，以分包名义转入他人，牟取差价。

违法分包有五种情形：一是（总）承包单位将工程分包给没有相应资质的分包商；二是承包合同中未约定，又未经业主单位许可，（总）承包单位将部分工程交由其他单位完成；三是施工（总）承包单位将工程主体结构的施工分包给其他单位的；四是分包单位将其承包的工程再分包的；五是劳务分包将部分工程分包给没有劳务分包资质企业或实际施工人的。

非法转包和非法分包，从合同法上讲，是未经对方当事人同意而转让合同义务的行为，是对合同对方当事人权益的侵害，也是对双方当事人达成的合意的破坏。从行政管理法讲，是破坏建设工程领域市场秩序，妨碍市场竞争的行为。因此，非法转包和非法分包是建设工程合同管理中，必须高度重视的问题。

（四）阴阳合同的合同效力

《最高人民法院关于审理建设工程施工合同纠纷案件适用法律问题的解释》（法释〔2004〕14号）第二十一条规定：当事人就同一建设工程另行订立的建设工程施工合同与经过备案的中标合同实质性内容不一致的，应当以备案的中标合同作为结算工程价款的根据。

所谓"黑白合同"或"阴阳合同"是指在建设工程领域，受利益驱动，业主和承包商相互勾结、虚假招标。按中标通知书签订并在建设行政主管部门备案的合同就是所谓的"白合同"，"白合同"形式真，内容假。业主与承包商在招投标前后往往私下还会签一份与中标通知书内容不一致的合同，即所谓的"黑合同"，"黑合同"形式假，内容真。

发生工程价款结算纠纷，往往会出现一方主张按照"黑合同"结算，另一方要求按照"白合同"结算的情况。对此，本条明确规定：法院应当以备案的"白合同"作为判定工程价款的依据。也就是业主与承包商要小聪明，搞虚假招标，一旦发生纠纷，还是以备案的合同为主，是会假戏真做，"假合同"反而会成为真依据的。

五、建设工程合同无效的责任和后果

（一）建设工程合同无效后的民事责任

合同法关于无效合同的规定，对于建设工程合同无效的处理全部适用，减少工程合同一旦被认定为无效，就不受法律保护，不得履行，双方都不承担违约责任，恢复原状或返还财产，赔偿损失。

（1）不受保护：无效合同和无效条款自始（成立之日）就无效，没有法律约束力。对工程项目而言，以前凭合同而获得的政府批文、海关清关和放行、税费减免优惠政策、银行信贷等，可能会因合同无效而被取消、终止。建设工程合同具有复杂的关联性，合同之间存在互为生效前提的约定，一个合同的无效很可能导致一系列合同无效的连锁反应。如某采购合同约定，采购合同的生效以施工合同生效为前提。如果施工合同无效，采购合同生效的条件不能成就，导致采购合同也无效。

（2）不予履行：被宣告无效（或撤销）的合同，没有履行的不得履行，已经履行的终止履行。对工程项目而言，意味着没有开工的不得开工，已经开工的也要停工，工期损失巨大。

（3）无违约责任：当事人不得以合同约定或法律规定要求对方支付违约金和承担其他违约责任。发包方不得按合同约定的工期滞后违约、质量罚款等向承包商进行索赔。承包商也不得按合同约定向发包方索赔工程款逾期支付的违约滞纳金等。

（4）返还财产：已经获得的对方财产要返还，恢复原状，不能返还的折价偿还。

（5）赔偿损失：过错方赔偿对方受到的损失，都有过错的，各自承担相应的责任。

（二）建设工程合同无效后的行政责任

建设工程合同无效，除了承担相应的民事责任外，存在违反国家法律法规强制性规定，破坏市场经济秩序行为的，还要接受国家的行政处罚。《最高人民法院关于审理建设工程施工合同纠纷案件适用法律问题的解释》（法释〔2004〕14号）第四条规定：非法转包、违法分包建设工程或者借用他人资质签订合同的行为无效，人民法院可以收缴当事人已经取得的非法所得。这里就体现国家法律对建设工程领域合同违法行为的处罚性。非法所得包括：①承包人违法分包、非法转包取得的利益，如承包合同与非法转包、违法分包合同的差价；②出借资质企业因出借行为取得的利益，如"管理费"、"利润分成"等；③不具备资质的实际施工人借用他人资质签订合同取得的利益，如价款中的"利润"部分（扣除合理成本）；④非法所得既包括承包人、出借人实际已取得收入，也包括已经约定但还未实际取得的收入（体现法律惩罚性质）。

建设、工商等行政主管部门在执法过程中或被法院、仲裁机构宣布合同无效后，发现资质不合格、借用资质、非法转包、违法分包、不正当竞争的，应当责令当事人改正，并对有关当事人做出暂停、降低、撤销资质等级、行政罚款、市场禁入等行政处罚。

（三）建设工程合同无效后的刑事责任

非法转包、违法分包、出借资质或借用资质都是受不正当利益驱动。"潜规则"下难免出现经济问题，甚至经济犯罪问题。非法所得用由本单位、小团体和部分人占用，轻则可能构成私设小金库违反财经纪律问题，重则可能构成渎职犯罪，如贪污罪、商业贿赂罪、私分国有资产罪、签订履行合同受骗罪。建设工程合同无效首先是个民事问题，但不可回避的是，建设工程领域反渎职犯罪、反商业贿赂形势任务艰巨。一些建设工程合同无效，往往可能牵涉出一些刑事犯罪，必须引起我们的高度重视。在建设工程领域，因合同无效而暴露出来的常见的刑事犯罪有以下几种。

（1）贪污罪：国家工作人员利用职务上的便利，侵吞、窃取、骗取或者以其他手段非法占有公共财物的，是贪污罪。受国家机关、国有公司、企业、事业单位、人民团体委托管理、经营国有财产的人员，利用职务上的便利，侵吞、窃取、骗取或者以其他手段非法占有国有财物的，以贪污论。对于建设工程领域有行政管理权的政府部门工作人员、对国有或国有控股经济性质的建设单位和施工单位的工作人员，必须引以为戒。

（2）个人受贿罪：国家工作人员利用职务上的便利，索取他人财物的，或者非法收受他人财物，为他人谋取利益的，是受贿罪。在经济往来中，违反国家规定，收受各种名义的回扣、手续费，归个人所有的，以受贿论处。国家工作人员利用本人职权或者地位形成的便利条件，通过其他国家工作人员职务上的行为，为请托人谋取不正当利益，索取请托人财物或者收受请托人财物的，以受贿论处。受贿罪处罚按贪污罪处罚规定执行，索贿的从重处罚。建设工程领域中发包方主管人员、评标委员会成员、监理人员容易成为此类犯罪的主体。

（3）单位受贿罪：国家机关、国有公司、企业、事业单位、人民团体，索取、非法收受他人财物，为他人谋取利益，情节严重的，对单位判处罚金，并对其直接负责的主管人员和其他直接责任人员，处五年以下有期徒刑或者拘役。单位在经济往来中，在账外暗中收受各种名义的回扣、手续费的，以受贿论，依照前款的规定处罚。

（4）个人行贿罪：为谋取不正当利益，给予国家工作人员以财物的，是行贿罪。在经济往来中，违反国家规定，给予国家工作人员以财物，数额较大的，或者违反国家规定，给予国家工作人员以各种名义的回扣、手续费的，以行贿论处。在建设工程领域中，此类犯罪主体多表现为承包方、供应商的主管人员和业务人员、实际施工人、包工头。

（5）单位行贿罪：单位犯前款罪的，对单位判处罚金，并对其直接负责的主管人员和其他直接责任人员，处三年以下有期徒刑或者拘役。

（6）介绍贿赂罪：向国家工作人员介绍贿赂，情节严重的，处三年以下有期徒刑或者拘役。介绍贿赂人在被追诉前主动交代介绍贿赂行为的，可以减轻处罚或者免除处罚。

（7）私分国有资产罪：国家机关、国有公司、企业、事业单位、人民团体，违反国家规定，以单位名义将国有资产集体私分给个人，数额较大的，对其直接负责的主管人员和其他直接责任人员，处三年以下有期徒刑或者拘役，并处或者单处罚金；数额巨大的，处三年以上七年以下有期徒刑，并处罚金。

（8）签订、履行合同受骗罪：国家机关工作人员（包括国有企业工作人员）在签订、履行合同过程中，因严重不负责任被诈骗，致使国家利益遭受重大损失的，处三年以下有期徒刑或者拘役；致使国家利益遭受特别重大损失的，处三年以上七年以下有期徒刑。2001年发布的《最高人民检察院、公安部关于经济犯罪案件追诉标准的规定》规定：国有公司、企业、事业单位直接负责的主管人员，在签订、履行合同过程中，因严重不负责任被诈骗，造成国家直接经济损失数额在五十万元以上的，或者直接经济损失占注册资本百分之三十以上的，应予追诉。金融机构、从事对外贸易经营活动的公司、企业的工作人员，严重不负责任，造成国家外汇被骗购或者逃汇，数额在一百万美元以上的，应予追诉。

签订、履行合同受骗罪在建设工程领域里，对于发包方、承包方或实际施工人的主管人员和经办人员，都可能触犯此罪名。而且就签订、履行合同受骗罪的构成标准来看，"门槛"不算高，所以应当引起建设工程领域的所有人员的高度重视，尤其是要加强建设工程合同管理。如果说一个建设工程项目没有起码的、基本的合同管理制度和要求，在犯罪构成的主观方面，"严重不负责"就可以被认定。

第七节
建设工程项目合同履行过程控制

一、建设工程合同履行过程控制依据和内容

建设工程合同履行过程控制，就是在建设工程合同的履行过程中，由项目法人或项目部建立专门的部门，配备专门人员，采取必要的措施，保证建设项目实际实施情况与合同约定相符合，并对偏差进行控制、调整的活动。简单说，合同履行过程控制就是合同履行情况与合同约定一致性问题。合同履行过程控制重要作用就是，保证合同适当全面履行。

（一）对建设工程合同履行实施过程监控依据

《工程管理规范》规定，建设工程项目合同管理应包括"合同的订立、实施、控制和综合评价等工作。"《工程总承包规范》规定，工程项目总承包合同管理主要内容包括"确定合同控制目标，制定实施计划和保证措施"，"对合同变更进行管理"，"项目部合同管理人员应对全过程跟踪检查合同执行情况，收集、整理合同信息和管理绩效。"

（二）建设工程合同履行过程控制内容

根据《工程管理规范》规定，项目合同实施控制包括"合同交底、合同跟踪与诊断、合同变更管理和索赔管理。"从具体的某个合同履行来看，还包括了五大控制，即合同工期控制、合同价款或费用控制、合同质量控制、合同 HSE 管理控制和合同变更、转让、索赔管理控制。

二、建设工程合同履行过程控制方式

（一）合同履行过程控制的起止阶段

所谓过程控制，当然是有起止时间点的过程和持续阶段。那么，合同履行过程控制的起止时间点在哪里呢？从理论上讲，一个合同的完整生命周期有三个大阶段，即合同订立阶段、合同履行阶段和合同完毕关闭阶段。一个合同从正式生

效那一时刻起，合同就进入履行阶段和实施状态，直至合同项下全部义务履行完毕。所以，合同履行过程控制从理论上分析，应当开始于合同生效，结束于合同项下义务全部履行完毕。

但是在建设工程实践中，建设工程项目实施的过程是分为三个大的阶段的，即项目准备阶段、项目实施结算和项目关闭阶段。项目准备阶段包括了项目筹划、审批程序报批、开工前的施工机械搬迁、安装，施工队伍培训和进场。项目实施阶段是从发包方下达正式开工令开始，经过不同的里程碑、形象进度和控制节点，直至项目到达机械完工，即生产装置、配套设施、工艺管线和流程施工安装完毕，具备向建设单位和业主移交项目资产的占有权和管理权的条件。项目的关闭阶段，是指按合同约定，由建设单位、业主组织或由承包商组织，对已建成的项目进行单机试车、联动试车、投料试车，完成一定时间的运行性能指标、经济效益指标考核和试运行，最后完成项目的竣工验收，项目完结关闭。项目完结关闭之后，承包商还有按合同约定和法律规定，继续承担质量保证和保修的义务。

因此，为便于与建设工程的运作管理相对应，在实践中，我们可以把合同管理过程也分成三个阶段，合同订立阶段、合同履行阶段、合同关闭阶段。当然，这种划分是从合同管理整体运作上考虑的，其实在项目实施的每个阶段中，具体的合同的订立、履行、完结随时都在发生。由此，我们把合同履行阶段的起点设在合同生效之时，把完结点设在项目的机械完工之时。虽然项目的机械完工后，承包商还有许多合同义务要继续履行，但是，建设工程合同项下，承包商的主要义务已经完成，如果合同中没有约定承包商有继续负责组织试车、保运的义务，那么承包商就将移交项目资产的占有权和管理权，本合同履行完毕，对于承包商而言仅剩下后合同义务。如果合同有要求承包商继续负责组织试车、保运的义务的约定，虽然承包商还有合同义务要继续履行，但是从法律关系和性质上分析，组织试车、保证运营的义务是不同于施工合同义务类型的技术服务合同义务。我们把合同履行过程控制的结束点放在机械完工，并不是放弃全部合同义务和后合同义务履行控制的管理，而是将试车、试运行、保运、尾款竣工结算等列入合同完结关闭管理。

按照把合同履行阶段的定义为合同生效到建设工程项目机械完工，那么对于下列具体类型的合同，其履行过程就应该规定为：①施工类合同：合同生效至工程项目机械完工具备向建设单位、业主进行中间交接的条件；②采购、承揽类合同：合同生效至合同项下的物资、定做物完成验收交付；③技术类合同：合同生效至合同项下的技术成果完成交付；④劳务、监理及其他类合同：合同生效至相对方的主要义务履行完毕。

（二）合同交底

合同交底是指合同成立后、合同生效实施前，建设工程的签约主体（合同谈判人员）应对合同执行主体（施工管理、项目管理、物资保障等执行部门和人员）、合同管理部门和人员进行交底。合同交底的形式一般是组织召开专门的会议，由合同谈判、签约人员向业务部门、合同管理部门交付合同副本，介绍与合同相关的内容。

合同交底内容包括：合同的背景、目的和宗旨、合同主要内容（合同条款确定的权利和义务）、合同实施的主要风险、合同签订过程中的特殊事项和问题、合同实施计划和合同实施责任分配等，具体应包括但不限于以下内容：①合同工程概况及合同工作范围；②合同关系及合同涉及各方之间的权利、义务；③合同工期控制总目标、阶段控制目标；④合同质量控制目标、合同规定执行的规范、标准和验收程序；⑤合同对材料、设备、成果等的验收规定；⑥合同价款、酬金支付方式及投资控制目标；⑦合同风险防范的重点及措施；⑧双方违约责任；⑨双方争议的处理方式、程序和要求；⑩其他需要交底的事项。

（三）五大控制

（1）合同工期控制：应当通过合同履行过程控制，督促约定的合同工期得到履行，确保实际工期、合同工期和工程总体统筹控制计划协调统一。

（2）合同质量控制：应当通过合同履行过程控制，保证工程施工质量（标准和指标）符合合同约定。

（3）合同投资控制：应当根据合同的性质，定期分析工程形象进度、设计变更、工程量签证、合同款项（预付款、赔偿款、采购款、进度款、质保金、保留金、违约索赔）支付等情况，确保实际结算款项不超合同约定和投资概预算。

（4）合同 HSE 控制：保证甲、乙及监理方对 HSE 执行情况，符合 HSE 条款或法律规定，及时发现处理违规行为，切实防止以包代管的行为发生。

（5）合同控制：分包要合法、合规，转包要禁止、查处；设计变更必须签订补充协议或变更协议；现场签证工作量确认单，是合同补充文件和结算依据。

（四）合同履行过程控制责任主体、对象和载体

在实施合同履行过程控制时，首先要明确合同履行过程的责任主体。责任主体分为两类：一是合同执行主体，即本书《项目法人制与合同主体》中所述的合同执行主体，是项目部内设专业和职能部门、分（子）项目部。它们按所涉及和承担的业务分工，对合同执行全过程及后果承担内部管理、行政和经济责任。二是合同履行控制主体，项目部专设的"控制部"或"法律（合同）部"，尤其承担合同履行与合同约定符合性控制责任。

合同履行过程控制的对象有：参与合同履行和与合同履行相关联的所有单

位、部门、人员，包括发包方和业主、项目管理方（PMC）、承包商、分包商、供应商、监理方、第三方（质量检验等）等。

合同履行过程控制责任载体和形式主要有《合同履行过程控制责任书》、《合同履行过程控制责任人名册》、《合同履行过程控制日志》。

（1）《合同履行过程控制责任书》由合同履行过程控制责任主体，即项目部设立的"控制部"、"法律部（合同部）"的专职合同管理人员及业务部门的兼职合同管理人员，与项目法人或项目部签署责任书，明确合同履行过程控制的责任内容、范围，以及与控制责任相挂钩的奖励和经济处罚措施等。

（2）《合同履行过程控制责任人名册》，由项目法人或项目部对建设工程项目所有合同逐一落实控制责任人，建立名册和责任网络体系。

（3）《合同履行过程控制日志》，由履行过程控制责任按固定格式和要求，在合同履行过程阶段，每天对合同履行情况、动态、问题做的记录和描述。

（五）合同履行过程控制主要方式

（1）常规方式有：提示、建议、通知、催告、督察、检查、报告，即合同履行过程控制责任主体，按照合同履行过程控制制度、流程和规范的要求，就合同履行中存在的问题，向合同执行主体发出风险提示、整改建议、任务催告、问题督察，以及向项目法人或项目部定期、不定期的工作报告。

（2）检查与考核：有由合同履行控制责任部门对合同履行过程控制对象定期、不定期进行检查，对其合同履行中的问题、偏差、绩效进行考核。对项目法人和项目部内部单位，提出精神、经济奖励或处罚建议，对项目部法人或项目部外部单位，提出"守合同、重信誉"精神、物质奖励建议或提示风险、终止、解除合同建议等。

（3）专项督导：在合同履行过程中，针对建设工程项目某个阶段或某类合同，采取的特殊措施，保障合同正常履行。专项督导的合同往往是关键路径上的合同、控制性工程合同、对建设工程项目整体按期完工有风险性的合同。

（4）飞行检查：主要是针对合同的履行情况不定时、不通知到工地现场，随时空降检查。这种检查的优点在于能保证合同履行控制检查的时效性、客观性和真实性。对于被检查单位而言，也切实减轻了迎接检查而必须进行的准备工作的负担。

（5）工作例会制度，通过定期（每月）召开合同运行分析会议，进行合同履行实际状况与五大控制目标偏差分析，对时态、状态、影响范围、影响程序、影响周期、法律及合同约定符合性等进行合同因素识别评价，发现、揭示、预防、纠偏合同履行过程中的各种法律风险。

第八节
合同关闭管理

一、合同关闭与项目收尾管理

（一）合同关闭

合同关闭管理是指对合同项下主义务已经履行完结的合同，进行竣工验收法律审查，做出试车和试运行法律安排、完成合同尾款结算、进行合同履行评价、整理归集合同档案，最后由合同管理部门进行销号的一整套程序和过程（见图8-7）。

合同就如同生命体，有一个产生、发展和消亡的完整生命周期。合同的订立阶段就是合同的出生阶段，合同的履行就是合同的成长阶段，合同的关闭则是合同的消亡阶段。在我们传统的合同管理工作中，对合同订立管理的制度非常系统和成熟，对合同履行过程控制和管理的规范就相对比较薄弱和欠缺。对于合同关闭管理几乎没有相应的制度和要求，处于一种随意、无序的状态。如一个工程合同的关闭，往往政出多门，互不关联。工程部门认为竣工验收合格了合同关闭了，财务部门认为合同款支付完了合同就了结了，合同管理部门也不必对合同的执行情况做总结和评价。一个自然人的死亡有死亡证明或宣告死亡裁定，一个法人的消亡有清算和注销登记。总之，还没有一个公认的、统一的合同关闭的标志。

出现这些问题既有合同管理的理念问题，也有合同管理操作上的问题。在合同管理的理念上存在重订立、轻履行、漏关闭的认识缺陷，"合同履行完结，合同自然关闭"，合同关闭被淹没在合同履行中，没有形成合同完整生命周期的理论。在操作上，只是简单地把合同管理分成了订立和履行两个阶段，习惯上，只要最后一笔合同款项结清、见到竣工验收合格证书或货物验收入库凭证，就视为合同关闭，没有细化的合同关闭规范、要求和流程，特别是没有最后收口的合同关闭标志文件或证明。

因此，为了更加规范地进行合同收尾管理，我们从管理的角度，把合同关闭管理从合同履行阶段独立出来，设定为一个完整的、单独的管理过程。

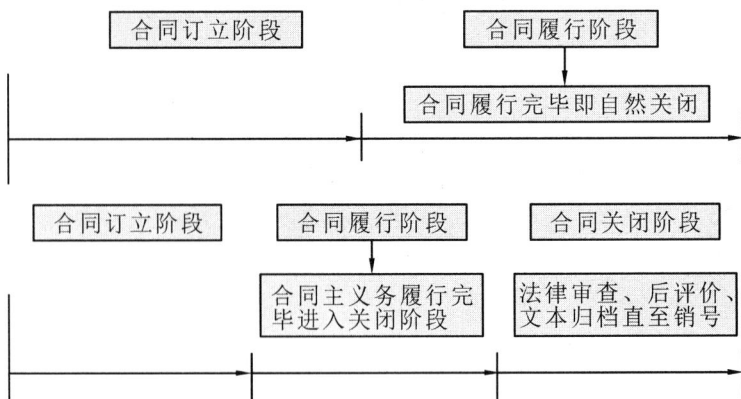

图 8-7　合同关闭

（二）工程项目收尾管理

按照《建设工程项目管理规范》和《建设工程项目总承包管理规范》，建设工程项目的收尾管理是有内容、要求、流程和标志的一个体系。工程项目收尾管理包括竣工收尾、验收、结算、决算、回访保修、管理考核评价等方面的内容，按合同约定或总承包项目收尾管理还包括试运行，最后由项目经理签署工程关闭书，项目部撤销，工程项目最终收尾关闭。所以，工程项目的收尾关闭，对合同关闭，特别是建设工程合同的关闭管理有着直接的借鉴意义。我们首先要弄清项目收尾管理中有几个重要概念及其法律意义，这对我们准确理解合同关闭管理，构建合同关闭管理架构是非常重要的。

1. 竣工

承包商完成工程项目的全部施工和安装任务，项目具备投料试车条件，项目资产的占有权和管理权具备移交发包方条件。竣工也可以被称之为完工、机械完工、物理完工。竣工但还没办验收的建设工程项目，其占有权和管理权仍在承包方手里。按照合同法和担保法关于"留置"的规定，如果发包方不能按时支付承包方的工程款，承包方对其正在施工的工程项目可以行使"留置权"。而行使留职权的前提，是对留置物有合法的占有权。竣工只涉及承包方一方当事人。

2. 竣工试验

工程建筑、施工、安装完工后，建设单位和业主接收前，由承包商负责进行的试验，承包方在其合同项下主义务履行完毕后，对其是否适当、全面履行义务（规格、数量和质量）进行的自我检测。

3. 竣工验收

已竣工的项目，承包商自行组织（包括监理方）初步验收检查合格后，向发包人提交竣工报告。发包方按国家法律法规、项目审批文件、合同约定，会同监理、质检等机构进行验收，签发验收合格书，接收承包方移交的工程项目资产及管理权、工程文件档案资料。竣工验收分为阶段竣工验收、隐蔽工程、子工程、单体工程竣工验收、统一整体竣工验收。竣工验收后项目资产的所有权和风险转移至建设单位和业主。竣工验收涉及发包方和承包方双方当事人，还涉及监理方、质检部门、政府主管部门等第三方。

4. 竣工结算

承包人编制竣工结算报告和资料，发包人审核。对工程项目全部工程款项进行核实、确认，对已支付的预付款、进度款进行找差补齐，对工程进度款的最后的尾款确认并支付，对质保金或保留金进行预留或处理。竣工结算完成后，发包人在合同下的支付义务全部完成，与承包方竣工验收后合同项下主义务完成构成对价。

5. 竣工决算

发包人自己根据已经完成的竣工验收和竣工结算，编制项目竣工决算，反映工程实际造价和投资，在建工程转固定资产，进入正常商业运营。成为发包人、业主确立运营成本、固定资产折旧和缴纳各种税费的基础。

6. 中间交接

对于土石方工程、结构工程、隐蔽工程、建造工程、道桥工程等而言，施工、安装完成之后，一般不存在试运行问题。但是对于大型成套设备、生产装置、流水线、车间、整体工厂建设工程而言，施工、安装完成之后，为保障业主的管理人员、生产人员能及时熟悉、掌握工程项目下成套设备、生产装置的操作、运行，为进入生产状态做好准备，承包商和业主可以在施工安装任务完成后、试车、试运行之前，约定进行交接，将工程项目下的资产、设备、装置的占有权、管理权由承办商移交给发包方、业主。发包方、业主的管理人员、生产人员进入各个管理、操作岗位，熟悉生产流程、工艺流程、操作技巧。由于此时的交接是在承包商完成施工安装任务后、最终竣工验收前的交接，故而被称为中间交接。

中间交接大多数存在于大型成套设备、生产装置和流水线工程项目中，也就是FIDIC所说的"合同工厂"。中间交接，只是工程项目下的资产、设备、装置占有权和管理权的移交，承包商承包合同项下主义基本完成，但没有完成全部合同义务，合同并没有因为中交而履行完毕。如果原承包合同中约定有承包商承担试车、试运行的义务，或者协助业主、第三方试车、试运行的，则承包商要继续按合同履行。

7. 试车、试运行（Commissioning）

对于大型成套设备、生产装置工程项目而言，在项目最终竣工验收之前，业主和承包商需要对成套设备、生产装置的运行情况进行实验和检验。为此就要进行试车和试运行。试车又分为单机试车、联动试车和投料试车。试运行则是在投料试车后，全部设备、装置在一定期限内，按照正常生产状态运行，以合同目标为核心，全面考核原材料和水电气消耗、所产产品质量、规格和数量、生产装置和设备运行的稳定性、持续性，等等。试运行不同于施工安装，而是在已完工的项目中，进行全流程的投料试车（有明确的持续时间），要发生原材料和公用设施消耗，要投入人力、物力、财力，要对操作人员进行培训、要按照 HSE 标准和产品质量标准进行生产运行。合同目标考核的时间和周期应按合同约定或商定执行，在考核期内当全部保证值达标时，合同双方及相关方代表应按规定签署合同目标考核合格书。试运行必须制定单独的"试运行管理计划和实施方案"，大型项目中设有专门的"运行管理部"、"生产准备部"等机构。

试运行法律意义在于，从合同性质上讲，试运行不再是严格意义上的建设工程合同，而是一种技术、管理综合服务合同。发包方、业主可以委托承担施工、安装义务的承包商完成试车、试运行任务，也可以另行委托第三方来组织、完成试车、试运行任务，但原承包商又配合第三方的义务。试运行单独作为合同的话，属于项目管理合同（PMC）类型。可以由原承包商作为合同方，也可以由另外的专业的公司（如酒店管理公司）作为合同方。

在 EPC 模式下，试运行阶段项目的项目所有权和风险已转移至业主。在 Turnkey 模式下，试运行阶段项目所有权和风险仍在承包商方。

8. 交钥匙工程（Turnkey）

工程指总承包商为业主完成工程项目的设计（E）、采购（P）、施工安装（C）之后，继续延伸服务，实现试车及初步操作顺利运转后，即将该项目所有权和管理权的"钥匙"依合同完整地交给业主，由对方开始经营。因而，交钥匙工程也可以看成是一种特殊形式的管理合同。在某种意义上讲，交钥匙工程就是 EPC 加试运行。

9. 项目回访保修

承包人移交完成竣工验收的项目后，对业主接管的项目（试运行和正常运行）定期进行或不定期的回访，包括电话、现场、座谈等方式。承包商在竣工验收时要签发《质量保修书》，明确保修范围、期限、责任、费用分担等。项目回访保修实际上是以质量保证为主的后合同义务开始履行。

10. 项目管理考核评价

建设工程全部竣工后，对项目管理活动进行的全方位考核评价，定量指标包括：工期、质量、成本、HSE、合同目标。定性指标包括：管理理念、管理水平、管理制度和方法创新、新工艺、新技术推广、社会效益、社会评价等。

二、合同关闭管理的时间范围

合同关闭是合同完整生命周期的一个阶段，那么这个阶段本身也应有起点和终点，也是一个过程。

（一）合同关闭的起点

为了明确合同关闭管理范围和对象，必须建立具体的标准，凡符合这些标准的就是属于合同关闭范围内的合同。这样，合同关闭的标准，从时间上看也就成为合同关闭的起点，即凡是达到合同关闭条件的那个时点，就是合同关闭的起点。为了保证合同履行过程控制与合同关闭的无缝对接，一个合同，尤其是建设工程合同履行过程控制阶段的终点，也就是合同关闭阶段的起点。

鉴于工程项目的特性千差万别，纳入建设工程项目合同管理范围的合同种类众多。我们主张按正常和非正常两种情况来确定进入合同关闭状态的标准。

1. 正常进入合同关闭状态的标准

正常进入合同关闭状态，是指合同项下主义务履行完毕或合同有效期届满，根据合同管理流程而自动进入关闭状态。其标准有如下四项。

第一，建设工程项目达到竣工条件，承包商向建设单位和业主提出竣工验收申请。

在这种条件下，承包商合同主义务履行完毕，项目管理本身此时属于结算、试运行的项目收尾管理阶段。就合同管理而言，此时合同管理的重点也将是合同的非主要义务和后合同义务。对于一般土石方工程、结构工程、建筑工程、道桥工程而言，达到竣工条件，合同主义务基本完成。对于"合同工厂"项目而言，则要注意查看承包合同中，承包商有没有承担试车、试运行义务，如果有，则主合同义务尚未完成。

第二，建设单位、业主应支付的工程款累计支付已达到 90%。

在这种条件下，安装建设工程领域的法律法规和合同约定，此时剩余的款项一般是 5% 的资料抵押保证金和 5% 的质量保证金。虽然剩余的 10% 的款项属于工程款的一部分，但它们针对的却并不是合同主义务，即不是应当支付给承包商的材料款、工程款、措施费，而是预留的资料抵押金和质量保证金。建设工程竣工验收过程中，承包商向发包方应当移交资料包括：设计图、施工图、使用说明、操作手册、保修维修单据等档案资料。从物权法和知识产权法角度讲，设计文件的所有权和知识产权是属于发包方，所以 5% 的资料抵押金是合理的安排。至于使用说明、操作手册、保修维修单据等，则是承包商应当履行的附随义务。

第三，买卖合同、承揽合同、技术合同项下标的物验收合格。

第四，合同有效期届满而未予以延期、展期的。

上述第一、二、三项标准的核心或实质是合同项下的主义务已经履行完毕，承包商提出竣工验收申请其在承包合同项下的施工、安装主义务完成。买卖合同、承揽合同、技术合同项下标的物交付，也是主义务完成的标志。建设单位、业主支付90％的合同款项，其付款义务也基本完成。在第四项标准下，会出现两种情况，一是合同有效期届满而主合同义务已经完成，这样和前三项标准下的合同主义务完成竞合；二是合同有效期届满而主合同义务完成履行或未履行完毕，这时合同也要进入关闭状态。

2. 非正常进入合同关闭状态的条件

非正常进入合同关闭状态是指合同主义务尚未履行完，因为合同被宣布无效、被撤销、被终止而强制进入关闭状态。

第一，合同被法院或仲裁机构宣布无效、被撤销的，自判决、裁定最终生效之日起进入关闭状态。

第二，因不可抗力或情势变更，一方要求或双方要求解除、或双方协商一致而解除合同的，以能够确定的、有效的解除之日为进入合同关闭状态之日。

第三，附条件生效的合同，所附条件不能成立的，以能够明确的所附条件不成立之日为合同进入关闭状态之日。如某些合同的生效条件是以政府主管部门批准为条件的，政府主管部门不批准，或批准的事项与合同约定的内容有重大偏离，合同就不具备法律效力。合同失去履行的意义。

因此，我们认为合同在运行状态上达到上述标准之一的那个时点，就是合同进入关闭状态的起点。而且进入合同关闭状态的合同，不仅仅是履行后的合同，还有未生效而不履行的合同。符合关闭条件，进入关闭状态但还没有最终销号关闭的合同，我们可以称之为"等待关闭的合同"或"关闭状态中的合同"。

（二）合同关闭终点

合同关闭终点是指合同关闭程序和手续全部履行完毕，由合同管理部门对合同实施销号，销号之时就是合同关闭的终点。

三、合同关闭管理内容和要求

一个合同，尤其是工程合同的关闭阶段和一个工程的收尾阶段大致能相互吻合。我们可以从一个工程项目收尾管理的工作内容来确立一个合同的关闭工作内容。根据建设工程范围类合同类型的不同，对不同类型合同的关闭要求不同。

（一）工程项目竣工验收的法律审查

对于施工安装类合同来说，当承包方说承担的工程达到竣工条件，并向发包方提出竣工验收申请，此类合同就进入关闭状态。合同管理人员对进入关闭状态的施工类合同要做的第一件事情，就是参与工程的竣工验收，负责法律审查。竣工验收一般由发包方项目部负责施工管理或工程管理的部门牵头组织，参加竣工验收的外部单位有：设计单位、承包单位和承包单位合法合规的分包商、主要装备和设备的供应商、监理单位、质量检测检验部门、建设行政主管部门，等等。参建竣工验收的内部单位，既有设立项目部的项目法人的工程、设计、计划、财务部门，也有项目部的计划、财务、法律部门。参建竣工验收的各部各司其职，履行对竣工验收的审查职责。法律部门在参建竣工验收的过程中，重点要查验下列内容：①合同主要义务是否履行完毕；②承包商和分包商有无非法转包和违法分包行为；③有无应当办理行政许可而没有办理，或已经办理还没获得正式批文，或已经办理但批文不予行政许可的，或存在未了结的行政处罚；④是否存在发生重大合同纠纷的可能，是否存在针对发包方、承包方的诉讼、仲裁案件，诉讼、仲裁案件结果对工程项目资产的影响；⑤是否存在对第三人人身、财产、环境影响方面的侵权或被第三人侵权；⑥是否存在承包方、供应商对工程项目资产设立抵押权、留置权等他项权的情况。

（二）对非施工安装类合同验收的法律审查

非施工安装类合同验收及法律审查，与施工安装类合同竣工验收及法律审查相比较而言要简单一些，主要是标的物的质量和数量验收和检验，如一些土石方工程、隐蔽工程，竣工验收后不存在试车、试运行的要求。但对于大型设备、专用设备、技术的采购合同而言，除了质量和数量验收外，要查验知识产权权属是否清楚、合法。

（三）试车、试运行法律安排

在大型建设工程的施工安装合同或总承包合同中，一般对试车、试运行已经提前做好合同条款安排和法律安排。但如原承包合同没有相应安排或者决定聘请第三方来负责试车、试运行的，法律部门要负责办理试车、试运行合同。

（四）查验竣工验收报告、结算报告、质量保证书

合同管理部门要查验竣工验收报告、结算报告、质量保证书的真实性和合规性，主要查验竣工报告、结算报告、质量保证书出具的程序是否完整，参与竣工验收部门加盖的公章是否齐备、清晰，签字人是否有代理权或由授权。

（五）结清工程款项

合同管理部门要查验最后一笔工程款是否结清，按合同计算的5％的资料抵押金和5％质量保证金，或双方约定的质量保留金是否已做出安排和预留。

（六）合同评价

根据《工程管理规范》和《工程管理规范》的规定，合同管理应包括合同订立、实施、控制和综合评价等工作。合同履行结束即合同终止，应及时进行合同评价，总结合同签订和执行过程中的经验教训，提出总结报告。可见，从项目管理的制度性规范就要求在合同关闭阶段进行合同评价，要结合合同检查控制点和

检查得分、扣分情况，根据实际履行情况与合同目标、合同管理目标对照，进行偏差原因分析，对合同管理水平和风险控制程度进行判断。

合同评价可以及时发现合同执行过程中的偏差，使合同目标与项目目标保持一致，可以对不同建设单位、施工单位、供应商、监理单位的管理水平、业绩进行考评，起到奖优罚劣的作用，可以促使项目部、项目法人增强依法治企和依法经营能力，提高固定资产投资、工程技术、HSE 管理水平，推进企业管理创新。

根据合同管理评价类型及作用可以对合同评价做以下分类。

（1）过程评价：项目实施过程中的合同管理评价，包括项目的不同阶段和里程碑后评价。

（2）对子项目、重大单体工程合同评价。

（3）单件合同评价：主要单件合同的合同目标完成情况考核和评价。

（4）类别合同评价：对于物资采购等类型的合同来说，同类型的合同数量多，同一标的物的合同批次多，对此类合同采取类别、批次评价的更为有效、合理。

（5）整体合同评价：主要对整体工程项目合同管理质量、水平、风险控制进行评价。

（6）完结评价：全部项目竣工验收、试运行、交钥匙后的评价。

（7）内部合同管理评价：对项目部内部各职能和专业部门合同执行和管理水平的评价，可以构成对各职能和专业部门绩效考核的一部分。

（8）外部合同管理评价：对项目的承包商、分包商、供应商合同履约能力、水平、情况的评价，可以构成对承包商、分包商、供应商"守合同、重信誉"的奖励性评价，也可以构成对承包商、分包商、供应商"合同履行失信"的惩罚性评价。

合同总结报告应包括下列内容：合同签订情况评价、合同执行情况评价、合同管理工作评价、对本项目有重大影响的合同条款的评价、其他经验教训。

（七）合同资料归档

合同管理部门要参与对方移交的工程文件、档案资料的查验工作，负责收集、整理、归档全部合同资料。

四、合同关闭销号

完成上述合同关闭内容和要求工作的合同，就履行完合同关闭的全部程序和手续。由合同管理部门负责人签署意见后，报项目部经理或分管合同法律事务负责人。项目部负责人签署同意意见后，由合同管理部门进行销号，此合同至此关闭。

（一）合同关闭销号可以采取的几种形式

1. 台账式合同关闭销号

一个合同完成全部关闭内容和要求的工作后，由合同管理部门在合同管理台账的专门栏目内做销号标注。

2. 表格式合同关闭销号

由合同管理部门制作专门的合同关闭审查表格，由合同关闭涉及的各个部门、各个单位，按照表格设计的流程，在表格上签署关闭意见，加盖公章。最后由合同管理部门签署销号意见。

3. 网上合同关闭销号

实行合同网络系统管理的，按 OA 系统或工作流系统，进行网上操作，实施销号。

（二）合同销号后的管理

合同销号完成后，该合同就处于冻结状态，与此相关联的竣工验收、款项结算、资料归集等工作都不再进行。网络化管理的，与该合同有关的流程终止运行。但合同销号后 5% 的质保金、工程回访、保修维修等工作，怎么处理？有一种观点认为，应当在质保金结算完之后，再实施合同销号，关闭合同。根据法律规定和合同约定，质保期往往都有一年或更长的时间，而项目部在工程竣工验收合格后是要予以解散的。如果不对已经关闭合同及时做销号处理，就会出现项目部解散后还有大量未了结的"挂账"合同。所以，我们不主张一定要等质保金结算完后再实施合同销号。

合同质保金与工程质量是密切关联的，如果质保期结束后工程质量没有任何问题，那么承包商可以据此向发包方要求结算 5% 质保金，而不需要再履行由多方参加的验收手续。在质保期和质保期结束后，如果质量出现问题，发包方当然可以据此拒绝支付质保金，而且还可以主张质量索赔。在这种情形下，该合同实际上不再是履行和关闭问题，而是纠纷处理问题。

所以，合同销号后并不是对合同撒手不管，而只是从合同完整生命周期角度来看，合同管理工作已经结束。至于法定时效内，合同双方当事人就质量、数量、价款发生的合同争议可以由合同纠纷管理程序来处理。至于合同的附随义务、后合同义务由于其内容相对简单，多数是法定义务和交易惯例所规定。可以另行设定管理办法。

本章主要参考文献

[1] 建设部、国家质量监督检验检疫总局. 建设项目工程总承包管理规范（GB/T 50358－2005）[G]. 北京：中国建筑工业出版社，2005.

[2] 建设部、国家质量监督检验检疫总局. 建设工程项目管理规范（GB/T 50326－2006）

[G]. 北京：中国建筑工业出版社，2006.

[3] 国家发改委. 水电工程招标设计报告编制规程（DL/T 5212—2005）[G]. 北京：中国电力出版社，2005.

[4] 建设部、国家质量监督检验检疫总局. 建筑工程施工质量评价标准（GB/T 50375—2006）[G]. 北京：中国建筑工业出版社，2006.

[5] 王利民，崔建远. 合同法新论·总论 [M]. 北京：中国政法大学出版社，2000.

[6] 张经，等. 企业合同管理 [M]. 北京：中国工商出版社，2003.

[7] 李涛，张莉. 项目管理 [M]. 北京：中国人民大学出版社，2005.

[8] 宋明顺. 质量管理学 [M]. 北京：科学出版社，2005.

[9] 张水波，何伯森. 新版合同条件导读和解析 [M]. 北京：中国建筑工业出版社，2003.

[10] 何伯森. 国际工程合同与合同管理 [M]. 北京：中国建筑工业出版社，1999.

[11] 刘力，钱雅丽. 建设工程合同管理与索赔 [M]. 北京：机械工业出版社，2004.

[12] 张远堂. 公司合同管理操作指南 [M]. 北京：中国法制出版社，2008.

[13] 赖一飞，等. 项目采购与合同管理 [M]. 北京：机械工业出版社，2008.

[14] 胡科峰，等. 企业合同管理实务指南 [M]. 北京：法律出版社，2007.

[15] 成虎. 工程合同管理 [M]. 北京：中国建筑工业出版社，2005.

[16] 吕文学. 国际工程合同管理 [M]. 北京：中国化学工业出版社，2006.

第九章

大型建设工程项目
外部法律条件管理

第一节
大型建设工程项目的外部法律条件构成

一、外部法律条件的概念

大型建设工程项目外部法律条件能决定工程项目最终目标的实现，外部法律条件既能为大型建设工程项目顺利进行提供条件，同时也必然对建设工程起制约作用。因此，加强对大型建设工程项目外部法律条件的管理很有必要。大型建设工程项目管理者应分析工程项目的外部法律条件变化，尤其是不利的外部法律条件，及时适应外部法律条件的变化，力争使内外部法律条件协作良好，最终实现工程建设目标。所谓大型建设工程项目的外部法律条件具体是指存在于工程建设全过程中、影响工程建设活动及其运行的各种外部法律因素与力量的总和。

分析大型建设工程项目外部法律条件管理的主要目的如下。

（1）摸清在大型建设工程全过程中存在的外部法律条件情况，分清外部法律条件的类型，了解工程建设过程运行中所碰到的法律问题及工程建设所面临的外部法律形势，把握建设工程项目运行有利的外部法律条件，合理规避不利的外部法律条件。

（2）开展大型建设工程项目外部法律条件分析，弄清建设工程运行管理中哪些方面受到外部法律条件影响较大，影响是朝有利于建设工程运行方面发展，还是朝不利的方面发展，建设工程合同管理受到了哪些外部法律条件及外部因素的挑战和威胁。

（3）通过外部法律条件分析，理解外部法律条件的具体构成，从外部法律条件的各个组织方面来看，需要对哪些外部法律条件做出积极反应，采取何种措施对外部法律条件加以影响。如何改进建设工程外部法律条件管理，促进建设工程项目顺利运行。

加强对大型建设工程项目外部法律条件管理的总体目标是：根据建设工程的实际需要和具体情况，针对不同的外部法律条件和不断变化的外部环境，运用科学的方法，全面、系统地识别出外部法律条件对建设工程项目运行及建设工程进程的影响，保障建设工程项目的合法运行及建设工程的如期完成，以流程梳理，风险识别和控制为中心，实施全面、规范、动态的管理，为建设工程总体目标的实现创造条件。

二、大型建设工程项目外部条件的构成

一般而言，大型建设工程项目的外部条件可分为不可控外部条件及可控外部条件。不可控外部条件主要指外部环境，如宏观经济环境、政治、政策、法律、社会、科技进步以及地理环境、气候变化、交通事故、自然灾害等其他不可控因素，对于此类不可控外部条件，要充分考虑其不可控性对建设工程所带来的风险，在建设工程运行中应对其发生进行合理预测，从而采取最为恰当的措施，将其对建设工程的不利影响控制到最小，如参加相应的保险等。可控外部条件主要指社会关系因素和资源因素，如相关方、相邻方、农民工、工农关系、工程周边房屋、工程与周边不动产之间相邻关系以及项目所需资源、资金、技术等。

不论是不可控外部条件，还是可控外部条件，从法律角度来看对工程建设项目运行的影响既有不可控的外部法律条件，如国家法律、法规的调整和变化，也有可控的外部法律条件，如合同关系、相邻关系等。如相关方主要是指合同的相对方、参与建设工程的总承包方及其分包商、大型建设工程发包方的内部各个单位及部门；相邻方主要是指不直接参与建设工程，但对建设工程的合同运行有直接影响的单位（部门）和个人，如具有建设工程行政审批权限的地方各级政府部门，建设工程所涉及的征地、房屋拆迁的有关群众等。这些外部条件对于大型建设工程项目而言是相对可控外部法律条件，对其管理时主要注重于外部法律条件的协作，如协调农民工工资支付、协调工农关系、协调合同相关方与相邻方的配合等（见图 9-1）。

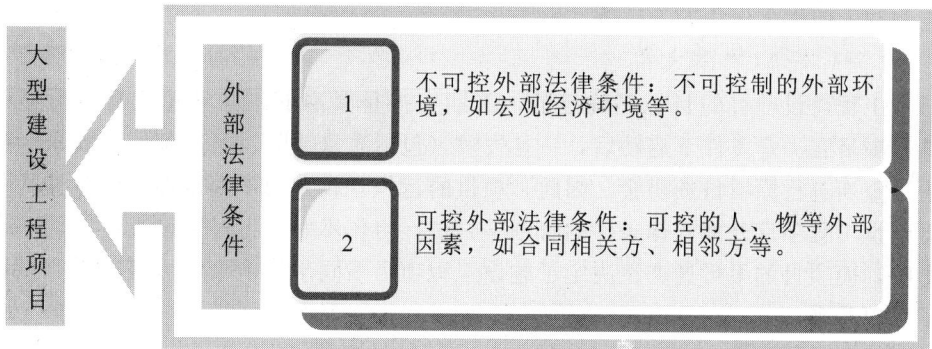

图 9-1　大型建设工程项目的外部法律条件

本文将结合大型建设工程管理实践，主要对大型建设工程项目相对可控的外部法律条件管理进行分析，即对建设工程项目运行中外部法律条件管理进行分析，注重对相关方、相邻方、农民工问题、行政前置审批手续等外部法律条件管理进行初步探讨。

三、大型建设工程项目外部法律条件的主要特点

（一）动态性

构成外部法律条件的各种因素是不断变化的，各种外部法律条件因素在不断地重新组合，不断形成新的外部法律条件，这种外部法律条件的自身变化就是外部法律条件的动态性。外部法律条件经常性的发展变化，使建设工程项目与外部法律条件的平衡经常被打破，如自然环境的突然变化，不可抗力事件的发生、法律法规的修订或是新出台，行政管理部门的更替或是行政审批权限的改变等。因此，大型建设工程项目管理中要对外部法律条件给予充分的重视，正确分析所面临的环境中的各种组成要素及其状况，适时修订项目实施方案，以适应不断变化的外部法律条件。通过合理的预测和分析，审时度势，应机而变，来促使外部法律条件更加有序化地朝着有利于工程建设的方向发展。

（二）交互性

正如前面章节所述，建设工程本身就是项目，具有项目的全部特点，项目的系统性特点决定了项目中的一切活动包括串联式活动、并联式活动和层级式活动都是相关联的，构成一个整体。某一个环节、某一个子项活动会影响整体项目的进程和质量。大型工程建设项目的外部法律条件不是相互绝对独立的，而是相互交织，相互作用。比如合同相邻方的相关作为可影响至合同的相关方；人的因素作用于物的因素，使物的因素作用发挥良好或者发挥失常；物的因素有时又有可能制约人的因素作用的发挥等。

（三）影响的重大性

工程建设项目的目标是确定的，工期安排是紧凑的，并且建设有不可逆转性：项目在一定条件下启动后，一旦失败（包括质量缺陷、时间延误）就永远失去了重新进行原项目的机会。因此，项目的运作有较大的不确定性和风险性。大型建设工程项目外部法律条件的管理不到位，协作不好，将对建设工程造成不良影响，而项目的不可逆转性决定了建设工程项目不同于其他事情可以试做，做坏了可以重来。

（四）影响的直接性

即外部法律条件直接影响到建设工程的顺利进行，外部法律条件直接作用于建设工程项目，如建设工程项目开工审批、环境影响评价审批等行政审批取得与

否，直接影响到项目的正常运行，更影响到项目所涉合同。又如建设工程涉及的必须经过行政审批才能生效的某些特殊合同，未通过行政机关的生效审批，合同无法继续运行下去。最典型的是土地使用权转让合同，依照《土地管理法》的规定，改变土地权属、用途的，应当办理土地变更、登记手续；按照《城镇国有土地使用权出让和转让暂行条例》规定，土地使用权转让合同既应报审批，又应办理过户登记。

四、外部法律条件与建设工程合同

如前所述，建设工程项目运行的过程本质上是建设工程项目合同运行的过程。因此开展大型建设工程项目外部法律条件管理，首先得明白建设工程所涉及的合同类型主要是什么。从实践来看，在大型建设工程项目中，涉及的合同类型较多，不同类型的合同受外部法律条件影响的敏感度不同。对于部分特殊合同（如需取得行政前置审批手续的合同等），外部法律条件对其具有不可逆转的影响，外部法律条件因素一旦影响到此类合同，就会使合同发生十分迅速和明显的转变，而管理者对于这一变化若没有充分预测，往往是无法驾驭的。因此，在合同管理中，对不同类型的合同采取的外部法律条件管理策略和措施应有所区别。对容易受到外部法律条件影响的合同（比如土地使用权转让合同、技术引进合同、危险化学物品运输合同等），应该从合同前期论证到合同履行完结，充分评估外部法律条件对合同的影响，采取积极措施，保障合同的顺利履行。一般而言，建设工程中涉及的合同类型主要有：建设工程类合同、物资采购合同、不动产合同（包括征地、拆迁补偿合同）、承揽类合同、技术合同（包括咨询论证、技术转让、技术服务合同）、其他合同等（见图 9-2）。

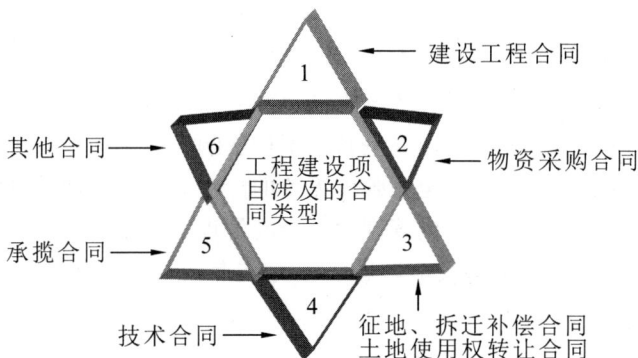

图 9-2　工程建设项目涉及的合同类型

五、大型建设工程项目外部法律条件管理的必要性

存在于大型建设工程项目的外部法律条件不是一成不变的，外部环境的波动性决定了外部法律条件的变化性，外部法律条件的变化性决定了对外部法律条件管理的动态性。并且外部法律条件的变化，有时候并不受某个企业所控制，如行政审批条件的变化等。不同的外部法律条件对不同类型合同的作用和影响各不相同，各个合同对外部法律条件的敏感度和承受力也各不相同。如果不重视大型建设工程项目外部法律条件的管理，将会给工程建设带来风险。

（一）直接法律风险

直接法律风险往往是指因企业自身的行为或法律关系相对人的行为直接产生的法律风险。间接法律风险是指企业受到其他法律关系的牵连而产生的法律风险。合同关系中产生的法律风险是直接法律风险，因为别的企业提供担保而产生的法律风险是间接法律风险。外部法律条件导致合同失效，如必须登记才能生效的合同未办理登记致使合同失效，所带来的风险是直接的法律风险，法律风险的产生对建设工程而言，会大大增加工程建设成本。

（二）关联性风险

风险发生的领域是广泛的，建设工程的所有活动都离不开法律的调整，建设工程过程中实施任何行为都必须遵守法律的规定，法律是贯穿建设工程的一个基本依据，可以说法律风险存在于建设工程的各个环节，存在于建设工程的开始到结束的全过程。但是许多风险并不是截然分开的，往往可能互相转化，存在交叉和重叠，如财务风险往往也包含法律风险，法律风险发生后往往也可能会导致财务风险等。外部法律条件的管理最根本的目的是规避风险，防范关联性风险的发生。

（三）管理的失效

风险的产生往往暴露出管理上的一些问题，即使是不以人的意识行为为转移的客观事件（如自然灾害）引起的风险，也能暴露出管理上的漏洞。外部法律条件的变化导致建设工程工期延误或是其他不良影响，说明项目管理者在外部法律条件管理上是存在缺陷的，甚至是管理无效的。例如，合同因外部法律条件因素影响而无效，说明在日常的合同管理中，合同管理人员未提前做好合理预测，未分析外部环境的变化，提前反应，管理上存在漏洞，管理体制的构建仍需有待完善。

第二节
大型建设工程项目外部法律
条件管理的主要内容

一、大型建设工程项目外部法律条件管理面临的形势

正如前章所述，大型建设工程本身就是项目，具有项目的所有特点（一次性、独特性、目标的确定性、系统性、项目组织临时性和开放性、不可逆转性），往往资金巨大、周期较长、地域较广、技术难度高，而且受政治、经济、环境影响大，涉及国家和社会公众利益和安全等。大型建设工程的特点必然决定了在大型建设工程过程中，存在合同主体较多，如业主方、业主为建设工程专门组织的管理机构、工程管理方、贷款方（各类金融机构等）、设计方、施工方、材料设备供应方、监理方、保险机构、中介方（法律顾问、评价、审计、税务咨询服务等）、政府相关部门等。合同关系错综复杂、劳动用工复杂、土地问题较为集中、安全管理形势严峻、环境管理任务繁重的特点。建设工程项目管理面临的外部法律条件是比较复杂的，如农民工问题、征地补偿及拆迁、众多的分包商、行政前置审批手续办理等，一旦处理不好，将导致工程不能如期建成。

二、大型建设工程项目外部法律条件管理的主要内容

就大型建设工程项目管理实践来看，大型建设工程项目外部法律条件管理主要包括以下几个方面（见图9-3）。

一是抓好农民工工资支付管理，在大型建设工程的土建等项目中，存在大量的农民工，完善农民工工资支付保障对地面建设工程项目的如期建成至关重要。

二是抓好相关方的管理，如地面建设项目中分包商的管理，采取分包检查，定期工作会议等制度，协调其积极配合总包合同的履行。

三是抓好相邻方的管理，如工农关系的协调，迅速有序地组织好房屋拆迁，协调好占地补偿等对外关系；及时取得政府对项目的行政审批手续等。

四是营造项目好的外部法律环境，如与地方政府司法部门联合成立调解庭等争议协调组织，积极协调与建设工程有关的民事纠纷等，与地方政府联合开展形式多样而卓有成效的普法宣传教育活动。

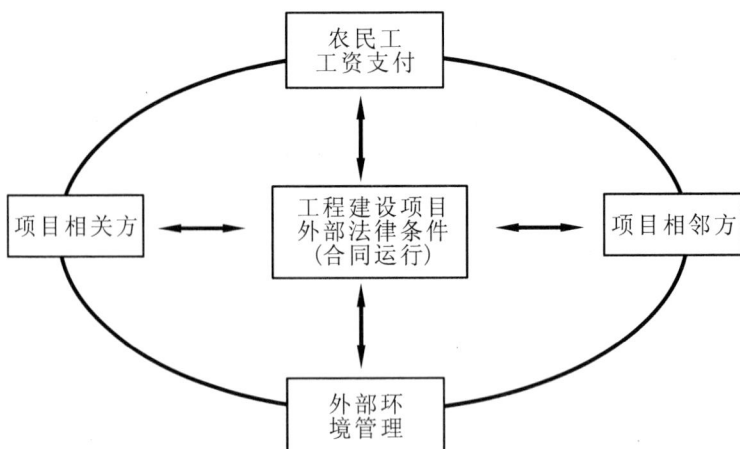

图 9-3 大型建设工程项目外部法律条件管理

三、外部法律条件管理的基本原则

从实践看,外部法律条件管理主要遵循以下原则。

(一) 合法性原则

合法性原则是建设工程全过程中应该遵守的最基本的原则,建设工程的每个环节都受法律的约束,企业违反法律规定、合同侵权,怠于行使或者放弃法律赋予的权利等,这些原因都是由法律规定或者合同等约定的。以建设工程项目的合同管理而言,只有合同是合法有效的,才有进行合同外部法律条件管理的必要。合同签订阶段,应确保签订的合同条款符合法律规定;合同履行过程中,应严格按照法律规定行使权利与履行义务,避免违反法律法规规定,而招致承担法律责任。合同的合法有效是保证整个建设工程良性并合法运行的基本保障。合同外部法律条件的管理就是使合同运行处于法律保障之下,减少外部法律条件对建设工程合法正常进行的制约。如果合同是非法或无效的,那么外部法律条件的管理就失去了意义。

(二) 系统性原则

建设工程中的各种活动都是相互关联的,是一个有机的整体。外部法律条件管理工作自然也是一项系统管理的工作,外部法律条件管理体系就是针对设定的目标,识别、理解并管理一个由相互关联的过程所组成的体系。外部法律条件的管理,并不是只针对建设工程外部的某一个因素进行孤立的管理,建设工程初始阶段的某一外部法律条件往往会延伸影响到建设工程的运行阶段,外部法律条件的管理需要对大型建设工程项目的外部法律条件做系统分析，整体把握其对建设工程的影响，全面思考其对建设工程如期按质建成的利弊所在。其次，建设工程项目对不同类型的外部法律条件的敏感度不同，如果采取单一手段管理，或是针对外部法律条件的单一因素进行管理，可能会造成管理效率的低下和管理结果的不理想。正像人手在人体中它是劳动的器官，一旦将手从人体中分离出来，它将不再发挥任何劳动机能。

（三）持续改进原则

外部法律条件存在于建设工程的全过程，也存在于合同运行的整个周期。随着建设工程外部环境的变化和建设工程持续推进，外部法律条件也在不断变化，外部法律条件对建设工程及建设工程合同运行的影响可能会出现波动性的特征。所以管理者需要审时度势，在建设工程的不同时期和合同运行的不同阶段，针对不同的情况，需要对外部法律条件管理不断进行持续改进。使外部法律条件管理符合建设工程的实际需要。并且持续改进是外部法律条件管理不断完善，实现外部法律条件管理最终目标的有效办法。通过日常收集信息，分析管理失效原因，制定纠正偏差措施并付诸实施，不断对管理方法等进行调整，定期或是不定期进行评价分析，提出改进和预防措施，不断实施纠正措施，可以持续避免偏差的出现，直到达到预期的效果。

四、外部法律条件管理的主要方法

如前所述，大型建设工程项目的外部法律条件具有波动性的特点，不同类型项目管理活动受外部法律条件影响程度不同。因此，对外部法律条件的管理也应有所区别和不同，也应采取区别对待的管理方式。总体来说，大型建设工程项目外部法律条件的管理应该是动态分析，细分管理对象，随时跟踪外部法律条件相关信息的变化，及时掌握外部法律条件的变化对建设工程和合同运行的影响。外部法律条件管理的主要方法有如下几种。

（一）表格审核法（CHECKLIST）

对影响到建设工程项目运行的各个外部法律条件进行仔细的识别，将建设工程项目运行的因素（即影响建设工程项目合同运行的外部法律条件因素）放入表格，逐一分析和评价其对合同运行的影响，具体见表 9-1。

表 9-1　表格审核请示例

范围	主要内容	是否存在问题	影响分析评价	应对措施
农民工问题	分包合同管理			
	农民工利益保护的条款			
	农民工利益保护的条款的履行控制			
	工资保障金制度			
	发包方监督（如考勤制度、工资管理制度、工资发放公示及报告、进度款发放制约等）			
	农民工工资支付信用评价机制			
	农民工普法教育			
	联合机制督促企业与农民工签订劳动合同			
相关方	合同相对方管理，主要是合同生命周期的管理 1. 合同签约阶段 2. 合同履行阶段 3. 合同关闭阶段 合同双方的共同协作 1. 协商会办 2. 紧急情况下的相互配合			
	总承包方对其分包商的管理 1. 资质审查制度 2. 合同签订的规范性 3. 合同是否按约履行 4. 合理的奖惩制度 5. 合同纠纷风险的合理规避			
	发包方内部单位的相互协作 1. 协调组织和机制 2. 重大合同的协助履行			
相邻方	工农关系协调（如拆迁补偿、征地补偿等）			
	相关行政前置审批手续的办理，行政许可的取得			

续表

范围	主要内容	是否存在问题	影响分析评价	应对措施
好的外部环境	法务环境（如治安环境等）			
	政务环境			
	企地联合综治机构			
	律师团队服务			
其他	其他			

（二）典型案例提炼法

案例分析是通过对建设工程过程中发生的或是别的企业实际发生的典型案例进行分析研究，剖析外部法律条件对建设工程项目实施的影响，找出引发案例失败或成功的因素，从而发现其中包含的风险或成功的原因。案例分析法的好处是从案例中提炼出经验可以迅速有效的转变为文本，分析的准确性高，外部法律条件对建设工程的实质原因把握到位。但要准确地分析并提炼出管理经验，并将经验转化为书面文本直接用于指导实际管理，对项目管理人员的要求较高，对工作人员的专业素质要求也较高。

（三）流程梳理法

流程是企业所有运作活动的路径和范式，是运作活动"先做什么、接着做什么、最后做什么"的先后顺序，企业通过执行流程来实现其经营目标。一个大型建设工程项目涉及诸多业务流程，而流程不仅是建设工程标准化的载体，而且是标准化得以实现的途径。但流程也不是一成不变的，需要不时进行梳理，通过梳理来发现流程存在的问题，然后逐一进行修订整改，使之更加符合实际工作的需要。因此，在对建设工程外部法律条件进行管理时，了解、熟悉、掌握建设工程各项业务流程及其变化就显得非常必要。

不同建设工程项目的管理模式不一，导致项目管理的业务流程各不相同，不同业务流程的优劣直接关系到项目运行和管理的效率。通过各种业务流程全面梳理，选取流程样本不断进行穿行测试，发现其中隐藏的问题和风险，评价流程与实际需要的相符性，持续改进流程设置，以保证项目管理制度的执行力。项目外部法律条件管理是项目管理的一部分，管理流程的设置要从业务出发，进行流程规划与建设，建立流程组织机构，明确流程管理责任，监控与评审流程运行绩效，适时进行流程变革。

第三节
规范农民工工资支付管理

一、农民工问题出现的原因

随着建筑业管理层和劳务层的分离，催生了大量的建筑劳务队伍，以"包工头"牵头组成的劳务队伍仍是建筑劳务的主流群体，"包工头"式用工的泛滥，造成了转包、挂靠、违法分包等违法违规行为的大量出现。目前，建设工程层层转包、违法分包，层层收取管理费，工程最终由"包工头"实际组织施工的现象普遍存在。不仅严重扰乱了建筑市场秩序，也出现了一些深层次的矛盾和问题，如非法用工现象较为严重，农民工劳动和生活条件差、管理混乱，克扣、拖欠工资问题严重。由于"包工头"本身无用工权，不可能与农民工签订劳动合同。同时，农民工维权意识差，加之现在农民工出来打工，基本上都是由熟人介绍的，因为有熟人在中间牵线、担保，不仅不在意有无劳动或劳务合同，手中甚至无任何可以证实其从事劳务的凭据。也使得"包工头"拖欠、克扣农民工工资甚至卷款逃走后，农民工维权困难重重。

二、农民工工资支付及保障措施

针对农民工问题出现的原因及现状，从建设工程实践来看，大型建设工程项目的外部法律条件管理应采取以下措施规范农民工利益保护（见图9-4）。

（一）规范涉及农民工利益的合同条款

一是规范分包合同管理。如果承包人实施了分包，要求承包人必须加强对分包单位的管理，签订分包合同时须同时签订农民工工资保障协议。在签订了分包合同后，及时与分包单位负责人共同将合同副本、农民工工资保障协议、分包单位负责人向农民工签订的劳动合同、雇用农民工名单（农民工本人签字确认）提交给工程所在发包方进行备案。由分管工程项目的部门核实分包单位负责人身份、分包单位资质和施工能力、农民工工资保障协议和农民工名单的真实性。

二是明确合同对农民工利益保护的条款。对工程的分包及相应的权利义务，合同中应有明确的约定，对于工程转包或违法分包行为，应约定惩罚性条款，目前的建设工程合同中，一般都有工期违约应承担的违约责任，有质量不合格应承担的责任，但多数未对转包或违法分包的行为约定应承担的责任。合同中还应约定关于保证农民工工资支付方式及监督机制的条款。发包方应积极督促在合同中明确上述条款内容。

三是强化合同条款的履行控制管理。发包方及总承包方应建立起合同条款履行控制管理制度。对合同中涉及农民工的条款要对合同履行控制责任人进行交底，由其督促落实相关条款的实际履行。在合同履行完毕后，要进行合同关闭管理，清查农民工工资的支付情况，看有无引发社会稳定的因素，及早做好应对和准备。

（二）建立工资保障金制度并监督施工企业农民工工资的发放

发包方或是地方政府相关部门应建立起农民工工资保障金制度，设立农民工工资保障金专户，在开工前要按规定缴纳农民工工资保障金，存入工资保障金专户，并不得随意挪用。一旦发生工资拖欠，经确认后即可直接以保障金支付，切实从源头上解决和防止发生拖欠农民工工资问题。

发包方项目分管单位或部门应监督施工企业将工资按月足额直接发放给农民工本人，不得拖欠或克扣，同时要求施工企业报送农民工工资管理制度及及时支付情况，包括内部工资支付办法、考勤制度、工资表编制制度、工资发放公示制度、工资支付报告制度等。如施工企业未及时支付农民工工资，建设方暂缓支付工程进度款或工程款，并制定相应的处罚措施，施工企业付清农民工工资后，再按规定程序支付工程进度款或工程款。上述内容应以合同条款表现出来。

发包方根据施工企业农民工工资发放情况建立农民工工资支付信用评价机制，对拖欠或者克扣农民工工资而引起农民工群体性上访，并造成严重影响的施工企业，降低施工企业信用评价等级，对其不良行为记录将在发包方诚信信息系统予以公示，性质较为恶劣的，直接清出发包方市场。

（三）进行普法教育提高农民工法律意识

在工余时间，发包方应联合地方相关部门，如地方政府司法局等。积极组织针对农民工的法制宣传教育活动，如加大劳动保障法律法规的宣传等，增强农民工的法律意识，使广大农民工知法、懂法、守法，运用法律武器维护自身合法权益。不断改善农民工的生存状况，对农民工的发展进行科学合理的引导，为农民工创造良好的劳动氛围。

（四）建立联合机制督促企业与农民工签订劳动合同

强化由劳动保障、建设、工会等部门共同组成的联合执法机制。由劳动保障、建设、工会等部门共同配合、协调，形成各部门共同执法是有效地解决建设领域拖欠农民工工资问题的办法之一。同时，同各部门共同督促用工单位必须与所使用的农民工签订劳动合同，并为农民工交纳各项社会保险。特别是农民工工伤保险的缴纳，应给予高度重视，避免农民工一旦在劳动中发生伤亡事故，得不到应有的赔偿。

规范分包合同管理
明确农民工保护条款
强化保护条款的履行控制
建立农民工工资保障金制度
农民工工资支付信用评价

农民工工资支付及利益保障

发包方监督分包商工资支付
对农民工开展普法教育
农民工劳动合同签署
建立多部门联合综治机制
及时缴纳社会保险

图 9-4 农民工工资支付及利益保障

第四节
规范相关方的管理

在大型建设工程中，为建设项目提供的外部协作条件，随建设项目情况而有所不同，一般包括：环境影响及评价，征地和移民安置，原料、材料、燃料等供应。动力供应（水源、电源等），通信，集散条件（交通储运、站场等设施），外部配套条件（水、电、气、热、汽输出等接入系统），重大设备（工程中的重大设备或特殊装备预安排）等。这些外部条件涉及建设工程的相关方较多，因此，抓好相关方的管理对实现建设工程目标非常有意义。由于相关方大多与建设工程的发包方存在合同关系，主要是通过合同来进行经济往来，以合同为联系的纽带，所以规范相关方的管理主要是指规范合同相关方的管理。合同相关方的管理主要包括三个内容：一是合同相对方的管理；二是总承包方对其分包商的管理；三是发包方内部单位之间的内部协作。

一、合同相对方的管理
（一）强化合同全周期管理
施工方经过严格资质审查进入项目市场后，在签订合同时，推行规范订立合同制度，严格审查合同主体及授权情况，尽量选用标准合同文本或是示范合同文本，最大限度保证建设项目的如期完成。在合同履行过程中，推行合同履行控制制度，确定合同履行控制责任，由法律事务部门对合同履行控制责任人进行合同交底，对工期、质量、投资、HSE、合同实施的主要风险，合同签订过程中的特殊问题，合同实施计划的主要内容，各种合同责任和合同事件的责任分解落实情况进行交底，对工期、质量、投资等目标严格控制，同时，在合同控制中加强对农民工利益的保护，及时跟踪和诊断合同履行情况。合同履行完结后，开展合同关闭管理，组织合同后评价，推行合同全面清查制度，全面查看合同遗留问题，其中包括"查农民工工资的支付情况，看有无引发社会稳定的因素"。在合同的全周期管理中，法律事务部门应全程参与管理合同，合同签订后对合同约定内容进行全面审查，合同履行过程中实施控制，合同关闭时对合同进行全面清查，看是否留有遗留问题，法律事务部门的管理，对合同法律风险的规避和合同双方按约履行起了至关重要的保障作用（见图9-5）。

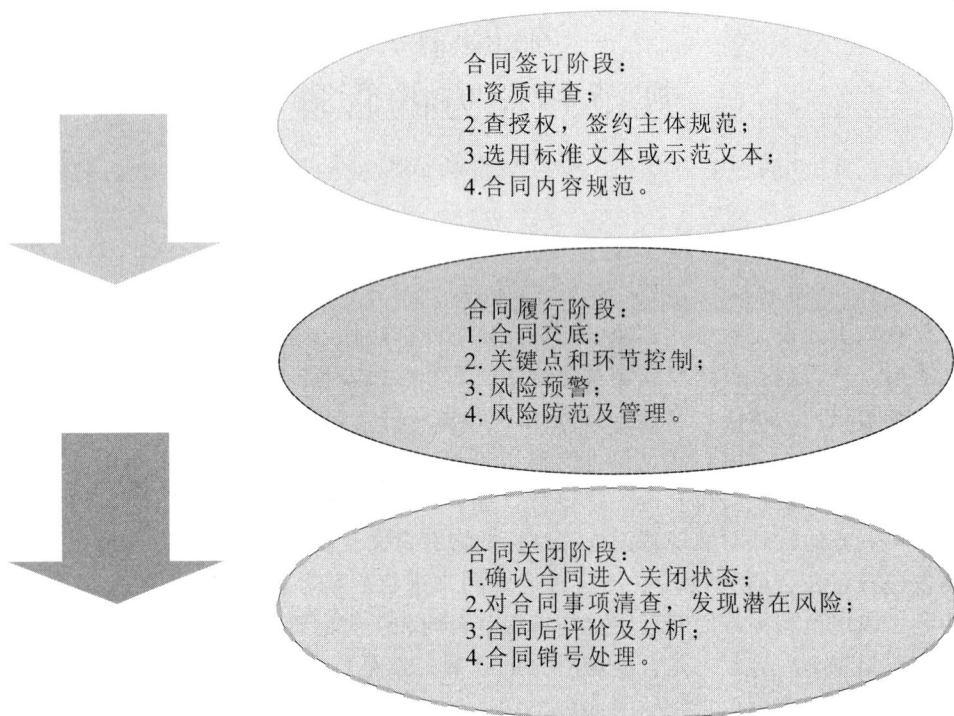

合同签订阶段：
1.资质审查；
2.查授权，签约主体规范；
3.选用标准文本或示范文本；
4.合同内容规范。

合同履行阶段：
1.合同交底；
2.关键点和环节控制；
3.风险预警；
4.风险防范及管理。

合同关闭阶段：
1.确认合同进入关闭状态；
2.对合同事项清查，发现潜在风险；
3.合同后评价及分析；
4.合同销号处理。

图 9-5　合同全周期管理

（二）甲乙两方的共同协作

大型建设工程项目多数是由项目群构成，工程浩大复杂，在建设过程中，多方协作，同心协力搞好建设意义非凡。因此，在建设工程过程中，甲乙双方的共同协作，共同履行好双方签署的合同，互相配合理顺大型建设工程项目的外部法律条件显然成为双方的共同需要。在大型建设工程中，甲乙双方协作履行最为常见的形式有以下两种（见图9-6）。

一是定期和不定期的协商会议。如双方定期召开会议，合同履行例会等，对合同履行情况定期沟通，解决存在的问题。又如发包方定期组织参与建设工程各经济体就某些特殊工作或工序进行专题讨论，协调各方经济体之间的关系。

二是关键时期或紧急情况的相互配合，如突发事故、地质灾害等不可抗力事件发生时；如工期或建设节点要求较紧时，双方的互相配合等。

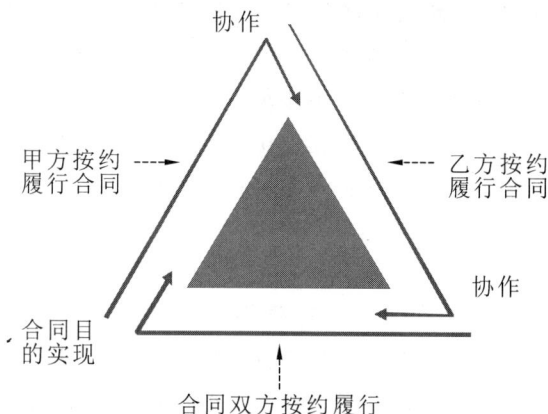

图 9-6　合同双方协作

二、总承包方对其分包商的管理

在大型建设工程过程中，大部分的农民工问题源于分包商，尤其是劳务分包商对农民工的管理不善引起的；部分结算争议或纠纷也源于总承包商对分包商的管理不善。因此，建设工程中外部法律条件出现问题，合同履行出现异常，分包商管理不到位是原因之一。从实践来看，大型建设工程过程中总承包商对分包商的管理，可采取以下措施（见图 9-7）。

（一）倡导总承包商对分包商建立资质审查制度

总承包商建立资质审查制度，筛选出诚信和履约能力较强的分包商，可以减少诉讼风险和管理成本。因此，总承包商要对分包商建立资质审查制度，或者发包商也可积极要求总承包商对分包商建立资质审查制度，对其分包商的资质等级、安全资质、施工能力、业绩信誉、质量、合同履行、服务承诺等进行详细的审查。另外对分包商人员质量关也要严加控制，方式可采取入场安全考试，特殊作业人员必须持证上岗，设备必须报验，检验合格后才能使用。

（二）总承包商与分包商规范签订合同

严格执行先签合同，后组织进场施工的原则，严格禁止先施工后签合同。另外在签订分包合同的同时，必须签订有关附件，如"HSE 协议书"等，明确总包单位与分包单位的安全生产权利和义务，分包单位对总包单位负责，分包单位必须服从总包单位的安全管理。工程项目专业分包、劳务分包方必须具有按健康、安全与环境管理体系要求运作及提供削减风险服务的保证能力，及时提供必要的 HSE 活动记录；制定与工程内容相关的有效培训计划。认真组织实施，并留有记录。应遵守健康、安全与环境方针及体系要求，共享有关信息。

（三）总承包商严格把关分包合同的履行

在合同签订后，及时实施过程控制，及时发现问题并解决问题，保证合同的正常履行。杜绝以包代管或包而不管的现象发生，特别要防止对方管理不善，既延误工期，又无实力赔偿，或者能赔偿但由于受到地方保护主义者的干扰而得不到赔偿。及时选出具有较高综合业务素质的业务人员，专职把好现场管理关。及时掌握合同履行情况。同时要求施工单位提交一定的履约保证金，来确保合同的正常履行。

（四）实行合理的奖惩制度，提高相对方积极性

实行事故终身淘汰制，将出现过质量问题的企业列入黑名单，清出市场，永不再签合同，形成威慑作用；对于不严格按照合同履行的单位，实行一定的惩罚制度，严格控制。组织相关人员定期联合检查，对多家施工单位可组织联合检查，编制考核办法，进行互相打分排队，张榜公布，促进落后，提高管理，奖优罚劣。对于提前高质量完成合同的单位，质量验收达到优质的单位给予一定的奖励，以提高对方的积极性。

（五）合理规避法律纠纷风险

按照分包工程容易发生法律纠纷的特点，必须从分包前的分包策划，分包队伍的选择，分包合同的签订，分包队伍施工过程的合同管理，合同后评价方面进行风险分析，风险规避和转移，对无法规避和转移的风险，要有相应的对策。在实际施工过程中，总承包方的管理人员要加强廉政建设，把"廉洁从业责任书"作为合同的一部分，有效地推进廉政建设。

通过选择好的分包队伍和严格的合同管理，虽然能将法律纠纷降低到最小。但是，仍无法杜绝法律纠纷，在双方往来过程中及时把双方的往来信函及原始资料加以留存，以防出现法律纠纷。

总之，建设工程中相对方的管理涉及多方面，在合同的履行过程中，合同相对方的各方面都关系着发包方的利益，要采取各种有利的措施来加强管理，确保合同有效运行，实现双方利益的最大化。

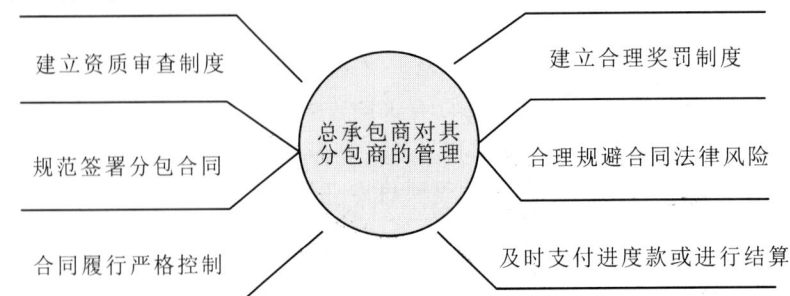

图 9-7　总承包商对分包商的管理

三、发包方内部单位的相互协作

大型建设工程的最终目标主要是将建设工程建成为"安全工程"、"优质工程"、"生态工程"和"福祉工程"。而作为大型建设工程的组织者，发包方往往内部机构较多，或是所属单位或部门较多，难免会有行动不统一，协调难度大的弊端，要实现这一目标，参与建设工程的所有单位都必须齐心协力、上下同欲方可实现这一目标。尤其是建设工程技术密集，建设施工难度大的项目，更需要建设工程者参与建设的各个内部单位或部门紧密合作，齐心合作。为加强和协调工程组织者的相互协作，可采取以下措施。

（一）分界面成立协调组织

结合实践来看，目前在我国，业主与由业主为建设工程组建的与其有着管理和被管理关系的建设管理机构间隶属关系的运作模式基本上有四种：即项目法人、非法人实体及有别于过去工程指挥部的项目法人制度下的指挥部、项目部。工程项目的建设特点不一，建设工程组织者采用的管理运作模式也不相同，但无论采取何种运作模式，组织、协调、监督、服务建设工程是必须具有的职能。因此，在不同层面上成立协调组织，对建设工程的协调保障至关重要。

就目前而言，采用项目法人制度下的指挥部总体协调建设工程，再按项目群具体情况分层面成立工作委员会的模式较为常见。如"川气东送"建设工程，中国石油化工集团公司和中国石油化工股份有限公司成立了"中国石化川气东送建设工程指挥部"，工程建设现场代表中国石化总体指挥、组织、协调整个工程项目。参与工程建设的中国石化系统内各单位相继成立工作委员会、项目部、工作部等协调机构，负责管理、协调本单位所管辖参加工程建设诸多二级、三级单位。

（二）相互协调履行好 EPC 等重大合同

工程自身特性、建设的复杂程度、现有的建设条件决定建设工程合同运作模式的不同，对于大型建设工程项目而言，多采取总承包方式。而在建设工程总承包模式里，较为常见的是 EPC 模式，发包方与总承包方签署 EPC 合同，由总承包方负责工程的设计、采购、施工，最终向业主提交一个符合合同约定、满足使用功能、具备使用条件并经竣工验收合格的建设工程。从国内看，石油化工领域，大型炼油化工装置多采用 EPC 合同。由于 EPC 合同涉及工程全过程，承包商工作范围往往包括项目策划、提出方案、进行设计、市场调查、设备采购、施工、安装和调试、技术培训，直至竣工移交的全过程。其间，对 EPC 合同运行外部法律条件管理要求更为广泛，包括项目策划、提出方案、进行设计、市场调查、设备采购、施工、安装和调试、技术培训，直至竣工移交均需要合同双方共同配合，为合同运行提供好的条件。两方协调履行好 EPC 合同是合同双方共同的追求，也给合同双方带来较大的实惠。

第五节
规范相邻方的管理

相邻方的管理较之相关方的管理外延更大，涉及的主体较多，虽然相邻方并不直接参与建设工程或直接参与合同的履行，但由于其对建设工程目标实现及合同履行成功与否影响较大，如建设工程前征地、拆迁所涉及的群体的安置妥当与否、政府相关行政部门的前置审批与管理等，将直接影响项目和合同的合法有效性及实施的可能性。将相邻方纳入在外部法律条件管理范畴之内是建设工程项目管理的必然需要。

一、工农关系的协调

在建设初期，各类项目的建设均会涉及工农关系的协调处理。如征地、拆迁、临时占地涉及的补偿问题、与地方行政主管部门的协调问题、建设工程合同在履行过程中造成工农损害赔偿问题、建设项目周围存在的建筑物、养殖业等影响施工环境的清理、保障工作问题等。在办理建设项目的征地、拆迁、临时用地事宜过程中，除在办理建设用地审批手续之外，在合同签订时考虑协议签订时内容的完整性，如临时占地协议，约定我方支付的相应费用包括一切遗留问题的处理等，以免日后发生问题再次向我方要求。

另外，合同履行过程中出现人身或财产损害情形，相关部门应及时参与，尽早进行调查，并应固定相应的证据，积极、妥善地处理好工农关系，保障工程的顺利完成。项目建设过程中，应注意到及时与当地行政主管部门的协调，如水土保持、防震减灾、防洪、环境影响评价等事宜，避免因施工行为违反相关法律而受到行政处罚等。

二、合同运行与行政审批

一般地说，审批乃是主管机关根据公民、法人或者其他组织的申请，经审查准予其从事特定活动的行为。在大型建设工程项目，同样涉及相关行政机关的审批问题，其不仅包括合同生效的审批，还包括在合同的履行过程中，涉及其他问题的行政审批等。如标的物为危险化学物品时，在采购、运输、储存、使用等方面均需取得相关行政主管部门的审批。尽量减少因违反法律法规而受行政处罚的风险。如建设工程项目开工审批、环境影响评价审批、特种物质采购、运输、储存审批（如雷管、炸药民爆物品，盐酸等化工产品，特种压力容器等设备、硫黄等特种物质）、建设工程人防、消防、环保、水土保持、防震减灾的行政许可等。

（一）合同生效的审批

《合同法》第四十四条："依法成立的合同，自成立时生效。法律、行政法规规定应当办理批准、登记等手续生效的，依照其规定。"依据上述法律规定，部分合同生效及变更需要取得相关行政部分的审批，否则，不发生法律效力。我国目前至少有20部法律、行政法规规定了合同的审批或者登记问题。此类合同主要有：中外合资经营企业、合作经营企业合同、对外合作开采石油合同，我国大陆企业与华侨、港澳同胞举办合资、合作经营企业的合同、保证合同、房地产转让合同、房屋买卖合同、土地使用权转让合同、技术引进合同、运输工具转让合同、抵押合同、质押合同等。在实践中，如涉及涉外技术服务合同的签订时，一定要注意我方引进的技术是国家限制类技术，还是自由类技术，如果标的物是前者，则应对合同取得主管行政机关的审批。同时，在审查合同条款时，亦应注意符合《技术进出口条例》第二十九条的规定。涉及建设工程用地时，应到主管行政部门办理建设用地的划拨或出让手续。在合同履行过程中需要对方提供担保时，应适用物权法有关抵押登记的规定，及时办理抵押物的登记手续，否则抵押不发生法律效力。

（二）部分合同在签订、履行过程中，需要取得相关行政部门的审批

部分合同在签订、履行过程中，亦需要取得相关行政部门的审批。否则，可能会面临违反法律法规而受行政处罚的风险。具体而言，主要有以下几类。

（1）建设工程项目开工审批。建筑工程开工前，建设单位应当按照国家有关规定向工程所在地县级以上人民政府建设行政主管部门申请领取施工许可证，建设工程项目未办理施工许可，虽然不会导致建设工程合同无效，但极有可能受到建设行政主管部门的行政处罚。因此，对此类项目应依法办理施工许可。

（2）环境影响评价审批。在实践中，建设单位应依法根据建设项目对环境影响的程度，编制环境影响评价文件，并报环境行政主管部门审批，否则，则可能受到该行政部门的处罚。

（3）特种物质采购、运输、储存审批。对建设工程中采购的各种特殊物质，如雷管、炸药等易爆物品，盐酸等化工产品，特种压力容器等设备。在采购、运输、储存、销售上述物质时，在相关合同签订前，应依据相关法律法规的规定办

理各种行政审批许可手续。

（4）建设工程人防、消防、环保、水土保持、防震减灾的行政许可。依据《人民防空法》、《消防法》、《环境保护法》、《水土保持法》、《防震减灾法》等各项法律的规定，建设工程必须同时建设人防、消防、环保工程，建设水土保持措施，进行地震安全性评价，并在工程开工或竣工验收时取得有关行政主管部门的审查批准。

第六节
规范项目外部法律环境管理

此处所讨论的建设工程项目外部环境法律管理仅从狭义理解，未从宏观的角度分析，不包括企业外部政治环境、社会环境、经济环境、技术环境、自然环境等。外部法律环境仅对建设工程项目有最密切、最直接影响的法律方面的阻却因素，如争议和纠纷、外部矛盾、治安案件等。

一、外部法律环境管理的必要性

企业作为市场主体之一，是政府的管理对象。参与建设工程的各方均受政府的管理。从接受政府干预和政府管制方面，法律赋予政府的职责决定了企业处于被管理者的地位。良好的政务环境和法务环境是保障企业生产经营活动的基本条件。例如，合同是企业生产经营的载体之一，是建设工程项目的运作手段，贯穿于建设工程项目管理的全过程。如发生阻却合同正常履行的外部矛盾、纠纷、争议，将影响到工期等目标的实现，如出现农民工围堵办公场所、或分包商等蓄意教唆他人阻扰施工等将严重影响到正常的生产和施工秩序，导致工程进度滞后等。建设工程过程中，纠纷和矛盾的形成原因不一，纠纷和矛盾的类型多样，但不论矛盾纠纷类型如何，牵涉面大小，对建设工程项目运行而言，均属于异常履行。在建设工程过程应注重对项目运行外部法律环境的管理。

二、大型建设工程项目外部法律环境管理的实施

首先，大型建设工程项目外部法律环境管理离不开企业自身努力，在项目运行过程中，项目管理部门应对项目运行全程实施控制，实时进行跟踪和诊断，全面收集信息，认真分析比对，对可能出现的阻却项目顺利运行的潜在因素及时发现和识别，采取针对性措施，转移、减少、降低、避让可能的风险，防止问题的扩大和重复发生，减少大型建设工程项目外部矛盾、纠纷、争议的形成。

其次，对别有用心之人蓄谋损害企业利益、干扰正常生产和施工的活动实施

的行为，如其性质恶劣，及时建议政府相关部门尽可能建立综治联动工作制度，采取多系统多部门整治的方式，严厉打击，公开处理；或针对不同情况，采取行政、司法、民间调处等方式化解矛盾。

再次，企业、项目管理机构可联合政府相关部门成立联合调解组织，借助政府力量，协调处理外部矛盾和纠纷。如川气东送建设工程实施中，中国石化与普光气田所在地宣汉县政府联合成立了人民调解性质的"普光气田油地联合巡回调解庭"，对化解纠纷起到了积极的作用，充分保障了项目运行的良好外部法律环境。宣汉县委、人民政府有关领导与中国石化中原油田普光分公司相关企业领导共同参与巡回调解庭的组织领导工作，选聘调解人员组成调解庭，受理在普光气田开发建设中出现的矛盾纠纷一方或双方自愿申请进行调解的民事纠纷，化解普光气田开发建设中出现的矛盾纠纷。巡回调解庭调解具有耗时少、调解机制灵活、程序简便、无须费用等优点，深受项目周边群众、参与项目建设的农民工喜爱。加之，联合巡回调解庭建立了人民调解与司法调解、行政调解的联动联调机制，普光气田巡回调解与司法调解、行政调解相互衔接，对问题的解决相对较快。如一旦出现施工企业拖欠农民工工资，对农民工利益造成损害的，利益受损农民工可以立即直接到巡回调解庭要求进行调解，即使调解不成，也为后续的行政调解、司法调解，乃至仲裁、诉讼准备了相应的证据和事实，为后续法律程序创造了较好的条件。企业、地方双方联合组建巡回调解庭，解决建设工程过程中的民事纠纷，是一个创新的举措，有利地促进了普通民事纠纷和矛盾的化解。

最后，发挥选聘律师的作用，提供好的法律服务。根据建设工程中外部法律条件和外部法律环境管理的实际需要，如法律事务的难易程度，工作量大小，是否跨地域、是否很紧迫，是否涉及复杂的社会关系等，来确定选聘律师的目的和形式。如选择律师团队还是律师个人，是选择律师的专业知识、诉讼技能还是律师的资源，是选择外地律师还是选择当地律师？是通过律师主管机关推荐，还是请本行业协会或同类企业推荐，或是通过招投标方式，择优选择律师事务所和律师？但不论采取何种方式选择律师，最根本的目的是要保证其真正为建设工程服务，真正为建设项目外部法律条件和外部法律环境管理服务，真正实现建设项目外部法律条件和外部法律环境管理目的。防止缺乏职业道德的律师钻管理漏洞，简单问题复杂化，非诉讼问题诉讼化，短期解决问题的长期化，或是参与建设项目外部法律条件和外部法律环境管理后故意设置陷阱，或是利用掌握的核心秘密要挟企业，反而给建设项目外部法律条件和外部法律环境管理带来很大的祸害。

本章主要参考文献

［1］朱树英. 工程合同实务问答 ［M］. 北京：法律出版社，2007.

［2］建筑法律小全书 ［G］. 北京：中国法制出版社，2007.

［3］建设部、国家质量监督检验检疫总局. 建设项目工程总承包管理规范（GB/T 50358－2005）［G］. 北京：中国建筑工业出版社，2005.

［4］建设部、国家质量监督检验检疫总局. 建设工程项目管理规范（GB/T 50326－2006）［G］. 北京：中国建筑工业出版社，2006.

后　记

　　当这本历时两年的书稿最终完成时，我们有一种如释重负的感觉。看到它由最初的一闪念，到策划和设计，到艰苦而枯燥的反复讨论、写作，直至最后终于成型，我们的兴奋丝毫不亚于看到一个大型建设工程的建成投产。

　　本书的作者们都全过程参加了国家"十一五"期间重点工程——"川气东送建设工程"的建设。川气东送建设工程包括以四川东北部地区天然气的勘探开发、天然气气田和净化厂、天然气化工、长输管线建设，是横贯我国西部、中部和东部的能源大动脉，把四川东北地区丰富的天然气输送到经济最发达、最活跃的长三角地区。

　　川气东送建设工程是目前国家级重点工程中少有的设立了专门的法律事务机构的项目，我们深感责任重大。我们有责任，也有义务为大型建设工程的法律管理积累精神财富。从2006年9月开始，本书的作者们搬家舍业，历尽辛苦，以饱满热情投入到川气东送建设工程的大会战之中。我们一直有一个梦想，那就是不仅要建设一个高质量、高标准、高水平的国家级大工程，而且还要建设一个非物质的管理工程。

　　本书的策划来源于建设工程的实际需要和需求，最初是为了解决建设工程中所碰到具体的法律问题，如项目部工商登记手续怎么办，拆迁补偿合同如何签，环境影响评价报告怎么报批，施工出现伤人事故如何去找保险索赔，等等。于是，我们开始按照建设工程项目涉及法律领域和法律分类，设计了九个课题开始研究。在有了初步结果的基础上，我们对这九个题目进行了内在逻辑的梳理，按照统一思路进行了汇总整理。

　　在这里我们要深深感谢中国石化川气东送建设工程常务副指挥王春江先生，在本书的策划、研究、成稿、审查过程中给予了精心指导和全力支持。

　　在这里我们要深深感谢作者们的家属，是他（她）们的支持，作者们才能全身心投入川气东送的大会战，才能全身心地完成这本书的编写。

杜江波

2010 年 3 月 1 日

达州　上林苑